国家出版基金项目
NATIONAL PUBLICATION FOUNDATION

"十三五"国家重点图书出版规划项目
城市安全风险管理丛书
编委会主任:王德学　总主编:钟志华　执行总主编:孙建平

城市大客流风险防控

Prevention and Control of the Risk of Urban Mass Passenger Flow

范　军　屈晓宜　主编

同济大学出版社
TONGJI UNIVERSITY PRESS

图书在版编目(CIP)数据

城市大客流风险防控 / 范军，屈晓宜编著. —上海：同济大学出版社，2021.6

(城市安全风险管理丛书 / 钟志华总主编)

“十三五”国家重点图书出版规划项目

ISBN 978-7-5608-7384-8

Ⅰ.①城… Ⅱ.①范… ②屈… Ⅲ.①城市—客流—风险管理—研究 Ⅳ.①D035.34

中国版本图书馆CIP数据核字(2021)第126908号

“十三五”国家重点图书出版规划项目

城市安全风险管理丛书

城市大客流风险防控

Prevention and Control of the Risk of Urban Mass Passenger Flow

范 军 屈晓宜 编著

出 品 人：华春荣

策划编辑：高晓辉 吕 炜 马继兰

责任编辑：马继兰 高晓辉

责任校对：徐春莲

装帧设计：唐思雯

出版发行 同济大学出版社 www.tongjipress.com.cn

(地址：上海市四平路1239号 邮编：200092 电话：021-65985622)

经 销 全国各地新华书店、建筑书店、网络书店

排版制作 南京文脉图文设计制作有限公司

印 刷 上海安枫印务有限公司

开 本 787mm×1092mm 1/16

印 张 18

字 数 449 000

版 次 2021年6月第1版 2021年6月第1次印刷

书 号 ISBN 978-7-5608-7384-8

定 价 88.00元

内容简介

本书是“城市安全风险管理丛书”中阐述城市大客流风险防控管理的专业图书，全书共 11 章内容，分为两篇来阐述。第 1 篇立足于我国城市人口聚集的现状与态势，围绕大客流风险管理的基本原理和风险防控的共性问题展开，探讨城市大客流的风险与形态特征，阐述人群拥挤机理，梳理城市大客流风险管理的基本要素与管理架构，并提出切实有效的防控对策。第 2 篇选取了轨道交通车站、城市大型活动场所、综合客运枢纽、城市广场道路、旅游景区、学校教育场所和宗教活动场所等 7 类公共场所，从组织体系、监测预警、现场组织、社会参与、应急处置等方面介绍了城市大客流风险防控管理的目的、要点和方法等。分别提出风险管理的具体防控要略。

本书可供城市公共安全、大客流等管理相关人员进行学习和参考，也有助于社会公众了解大客流的安全隐患与防范对策。

作者简介

范军

女，副教授，上海开放大学学历教育部部长，曾主持并直接参与了国内首个“城市公共安全管理”本科专业建设和人才培养项目。近年来，着力围绕城市风险管理体系构建、城市公共场所大客流管理以及城市治理人才培养等方面开展探索和实践。范军副教授参与研究的教育类相关课题曾获得国家级教学成果一等奖(成员之一)。近年还获得了全国巾帼建功标兵、上海市育才奖等荣誉。近期完成并出版的著作主要有《城市大人流风险管理导则》《城市公共场所大客流风险管理实务》等。

“城市安全风险管理丛书”编委会

总序

浩荡40载，悠悠城市梦。一部改革开放砥砺奋进的历史，一段中国波澜壮阔的城市化历程。40年风雨兼程，40载沧桑巨变，中国城镇化率从1978年的17.9%提高到2017年的58.52%，城市数量由193个增加到661个(截至2017年末)，城镇人口增长近4倍，目前户籍人口超过100万的城市已经超过150个，大型、特大型城市的数量仍在不断增加，正加速形成的城市群、都市圈成为带动中国经济快速增长和参与国际经济合作与竞争的主要平台。但城市风险与城市化相伴而生，城市规模的不断扩大、人口数量的不断增长使得越来越多的城市已经或者正在成为一个庞大且复杂的运行系统，城市问题或城市危机逐渐演变成了城市风险，特别是我国用40年时间完成了西方发达国家一二百年的城市化进程，史上规模最大、速度最快的城市化基本特征，决定了我国城市安全风险更大、更集聚，一系列安全事故令人触目惊心。北京大兴区西红门镇的大火、天津港的"8·12"爆炸事故、上海"12·31"外滩踩踏事故、深圳"12·20"滑坡灾害事故，等等，昭示着我们国家面临着从安全管理1.0向应急管理2.0乃至城市风险管理3.0的方向迈进的时代选择，有效防控城市中的安全风险已经成为城市发展的重要任务。

为此，党的十九大报告提出，要"坚持总体国家安全观"的基本方略，强调"统筹发展和安全，增强忧患意识，做到居安思危，是我们党治国理政的一个重大原则"，要"更加自觉地防范各种风险，坚决战胜一切在政治、经济、文化、社会等领域和自然界出现的困难和挑战"。中共中央办公厅、国务院办公厅印发的《关于推进城市安全发展的意见》，明确了城市安全发展总目标的时间表：到2020年，城市安全发展取得明显进展，建成一批与全面建成小康社会目标相适应的安全发展示范城市；在深入推进示范创建的基础上，到2035年，城市安全发展体系更加完善，安全文明程度显著提升，建成与基本实现社会主义现代化相适应的安全发展城市。

然而，受制于一直以来的习惯性思维，当前我国城市公共安全管理的重点还停留在发生事故的应急处置上，突出表现为"重应急、轻预防"，导致对风险防控的重要性认识不足，没有从城市公共安全管理战略高度对城市风险防控进行统一谋划和系统化设计。新时代要有新思路，城市安全管理迫切需要由"强化安全生产管理和监督，有效遏制重特大安全事故，完善突发事件应急管理体制"向"健全公共安全体系，完善安全生产责任制，坚决遏制重特大安全事故，提升防灾减灾救灾能力"转变，城市风险管理已经成为城市快速转型阶段的新课题、新挑战。

理论指导实践，"城市安全风险管理丛书"(以下简称"丛书")应运而生。"丛书"结合城市安全管理应急救援与城市风险管理的具体实践，重点围绕城市运行中的传统和非传统风险等热点、痛点，对城市风险管理理论与实践进行系统化阐述，涉及城市风险管理的各个领域，涵盖城市建设、城市水资源、城市生态环境、城市地下空间、城市社会风险、城市地下管线、城市气象灾害以及城市高铁运营与维护等各个方面。“丛书”提出了城市管理新思路、新举措，虽然还未能穷尽城市风险的所有方面，但比较重要的领域基本上都有所涵盖，相信能够解城市风险管理人士之所需，对城市风险管理实践工作也具有重要的指南指引与参考借鉴作用。

“丛书”编撰汇集了行业内一批长期从事风险管理、应急救援、安全管理等领域工作或研究的业界专家、高校学者，依托同济大学丰富的教学和科研资源，完成了若干以此为指南的课题研究和实践探索。“丛书”已获批“十三五”国家重点图书出版规划项目并入选上海市文教结合“高校服务国家重大战略出版工程”项目，是一部拥有完整理论体系的教科书和有技术性、操作性的工具书。“丛书”的出版填补了城市风险管理作为新兴学科、交叉学科在系统教材上的空白，对提高城市管理理论研究、丰富城市管理内容，对提升城市风险管理水平和推进国家治理体系建设均有着重要意义。

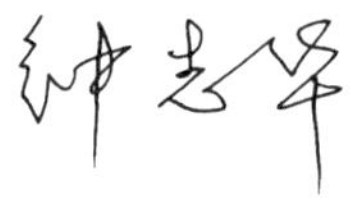

中国工程院院士

2018 年 9 月

前言

随着我国市场经济活力的持续增强，城镇化进程明显加快，城市发展进入了一个新的历史时期，社会发展水平迅速提高，大量人口快速向各大城市、中心城市和中心城区集中，大客流已成为城市运行的常态。

在所有大城市中都有不同类型的大型客流集聚的人群密集场所，以及散布在城市各处的中小型人群集聚场所。城市大客流活动存在诸多不确定性和复杂性，各类风险极易发生叠加效应。科学认识城市大客流的成因和机理，探索城市大客流风险防控方法，提高城市大客流风险防控能力，是确保城市安全健康有序运行的迫切需要。

本书分两篇，共 11 章内容。第 1 篇共 4 章，着重理论分析；第 2 篇共 7 章，着重场所实践。第 1 章主要介绍城市大客流形成的社会原因、大客流风险防控的基本原则、重要意义和文化内涵；第 2 章主要介绍公共场所大客流的基本特性、集群行为和拥挤风险，以及城市大客流的形成机理和主要形态；第 3 章主要介绍城市大客流风险管理的概念和基本架构，城市大客流风险管理的要素、工作流程和相关法律规定，探讨城市大客流风险预警系统的构建；第 4 章以城市轨道交通为例，介绍城市大客流风险防控的相关理论和技术、多模式协同大客流分线管控策略和组织管理模式，并结合典型案例加以分析；第 5—11 章选取了城市轨道交通车站、城市大型活动场所、综合客运交通枢纽、广场及道路、景区和公园、学校场所、宗教活动场所等常见的城市公共场所，从组织体系、监测预警、现场组织、社会参与、应急处置等方面介绍城市大客流风险管理的目的、要点和方法等。

本书第 1 篇第 1 章由上海市社会科学界联合会方宁撰写，第 2 章由同济大学邹晓磊、朱炜，上海开放大学屈晓宜等撰写，第 3 章由上海开放大学刘阳丽撰写，第 4 章由同济大学江志彬、李健等撰写；第 2 篇第 6 章由上海开放大学范军撰写，第 5 章和第 7 章由屈晓宜撰写，第 8 章由王晓楠撰写，第 9 章由焦娇撰写，第 10 章由邓彦龙撰写，第 11 章由赵文秀撰写。全书由范军和屈晓宜统稿。

本书在编著过程中得到了同济大学交通运输工程学院、同济大学城市风险管理研究院、上海开放大学公共管理学院、上海申通地铁集团有限公司等单位的大力支持，以及同济大学邹晓磊、江志彬、朱炜、李健、涂辉招等学者的悉心指导和帮助，在此表示衷心感谢。

因编著者水平和科学研究能力有限，本书难免存在疏漏和不足之处，恳请广大读者批评指正。

编者

2020 年 11 月 6 日

目　录

第1篇

城市大客流风险管理总论

从风险管理的要求出发，对城市大客流的形成演化过程进行分析，进而有效识别、防控和化解风险，是有效应对城市大客流风险隐患的基本方法。本篇主要介绍城市大客流风险管理和防控的基本原理、理论方法和技术体系：分析了城市大客流形成的社会经济文化因素和大客流风险防控的基本原则；研究了城市局部空间大客流的集群行为和拥挤风险，以及城市交通网络大客流的形成和形态演化机理；介绍了城市大客流风险管理的基本架构、内容要素、法律规定和工作流程；也以客流最集中的城市轨道交通系统为例，探讨了城市大客流风险防控和多模式协同风险管控的理论方法和全景式应用。

1 绪 论

城市是人类文明进步的标志，是现代社会各类要素资源和经济社会活动最集中的地方。

改革开放40多年来，中国经历了世界历史上规模最大、速度最快的城镇化进程，城市发展波澜壮阔。城市已成为我国政治、经济、文化、社会活动的中心，城市建设对推进经济社会发展、提高资源利用率、推动科技进步、提升社会治理能力、改善和促进民生发展，对全面建成小康社会、加快建设社会主义现代化国家，都具有举足轻重的作用。

城市快速发展的过程也是人口大量向城市集聚的过程。伴随着经济发展、社会进步和文明程度的提升，城市人口密集化态势十分明显。城市的功能集中、设施集中、财富集中、生产生活集中以及人口的集中，已成为我国城市发展的常态化趋势。

城市人口大规模集聚会带来两个极为明显的效应：一是创新力增强，二是人均资源消耗率降低。城市人口的增长与城市创新能力提升有相对稳定的指数关系。[1]人口集聚带来行业竞争，行业竞争导致分工细化，分工细化会刺激技术创新，技术创新推动技术进步，技术进步的结果势必增强城市对人口的吸引力，从而推动城市跃上新一轮集聚、竞争、分工、创新、进步的循环。人口的集聚对于城市发展的推动效能是巨大的，城市的繁荣与活力也正在于此。

1.1 我国的城市与城市大客流

21世纪人类全面进入城市化。联合国2018年5月16日发布的《2018年版世界城镇化展望》报告数据显示，势不可当的城市化进程以及全球人口增长，使得各国的城市居民数量从1950年的7.51亿，激增到2018年的42亿，世界人口的55%居住在城市，到2050年，这一比例预计将增加到68%。在新增城市人口中，有近90%的人口居住在亚洲和非洲，并且高度集中在几个国家，其中中国预计增加2.55亿城市人口。报告还指出，到2030年，全球预计有43座人口超过1 000万的超大型城市，其中大部分都位于发展中国家。①

伴随着改革开放的持续发展和不断深入，在全国人口总规模持续平稳增长的基本国情和持续快速推进的新型城镇化进程背景下，中国已经开始面临一个全新的城市时代的挑战。人口总量基数大、城市新增人口多，人口分布不均衡、人口流动性强，这是我国人口分布及流动现状的基本特点，也是城市大客流现象频繁发生的宏观国情背景。

---

① 人民网.联合国报告：2050年中国城市人口将新增2.55亿，2018.5.17。

1.1.1 我国人口分布及流动现状

从人口总量上看，我国是世界第一人口大国，人口规模庞大且持续稳定增长。目前全世界有200多个国家与地区，人口总数超过75亿。据2021年5月公布的第七次全国人口普查结果的数据显示，我国大陆总人口已达到14.117 8亿，与2010年第六次全国人口普查相比，年平均增长率为0.53%。① 经推算，我国预计在2030年前后达到人口总量峰值，约14.5亿人。②

从人口分布上看，我国人口的地理分布很不均衡，“西疏东密”的分布差异依然持续。由于地理自然环境、经济发展情况、社会历史条件的区域性差异，长期以来我国人口的空间分布和密度极不均衡，东南地狭人稠，西北地广人稀。1935年，著名人口地理学家胡焕庸研究了中国人口密度在不同地区的分布情况，他从东北的黑龙江瑷珲(今黑河)至西南的云南腾冲之间画了一条约45°倾斜角的直线(即著名的胡焕庸线)，指出在这条线的东南部人口极为稠密，其面积约占全国国土的36%，人口却约占全国总人口的96%。[2]半个世纪后，胡焕庸再次根据1982年全国人口普查数据计算，这条线以东仍居住着全国人口的94.4%，而西部人口仅占全国人口的5.6%，与50年前的统计数字仅有1.6个百分点的差别。也就是说，东西部人口分布的比例虽然经过半个世纪仍没有多大变化。[3]21世纪以来，由于东南部城市经济社会的高速发展，进一步产生强大的人口吸引和集聚效应，我国人口由中、西部向中、东部发达省市聚集的趋势愈加明显，“西疏东密”的人口分布空间差异依然持续存在。

据第七次全国人口普查的总人口数区域分布显示，目前东部地区人口占人口总数的39.93%，中部地区占25.83%，西部地区占27.12%，东北地区占6.98%，与2010年第六次全国人口普查相比，东部地区人口所占比重上升2.15个百分点。③

从人口流动上看，我国人口流动规模极为可观，人口流向大城市的态势非常明显。改革开放以后，经济建设发展迅速，我国迎来了规模庞大的人口流动大潮，其主要流向是：由乡村向城市、由欠发达地区向发达地区流动。大批农村剩余劳动力来到城市，投入城市建设和发展的热潮中。

伴随经济的迅猛发展，我国人口流动进入历史上罕见的活跃期。2000年，全国流动人口超过1亿人，2010年全国流动人口达到2.21亿人，10年时间增长了1亿多人。2010—2014年流动人口总量以年均800万的速度增长，2014年流动人口总量达到2.53亿人，占总人口的18.5%，约每5个人中就有1个流动人口。④ 从2015年开始，我国流动人口规模出现新的变化，在经历长期快速增长后进入调整期，全国流动人口规模从此前的持续上升转为缓慢下降，且已连续多年下降，⑤2019年，我国流动人口已降至2.36亿人。⑥ 在社会转型时期，世界各国都曾出

---

① 国家统计局国务院第七次全国人口普查领导小组办公室：第七次全国人口普查公报，2021.5.11。

② 国务院：国家人口发展规划(2016—2030年)，2016.12.30。

③ 国家统计局国务院第七次全国人口普查领导小组办公室：第七次全国人口普查公报，2021.5.11。

④ 国家统计局：统筹人口发展战略 实现人口均衡发展——改革开放40年经济社会发展成就系列报告之二十一，2018.9.18。

⑤ 国家卫生健康委员会：中国流动人口发展报告(2018)，2018.12.22。

⑥ 国家统计局：2019年国民经济和社会发展统计公报，2020.2.28。

现人口的大量流动，但是如此大规模的摇摆、潮汐式流动，却是中国改革开放以后特有的。目前，我国流动人口规模依然可观，人口流动趋势依然明显。流动人口主要流向东部地区，城市群逐渐成为流动人口集聚的主要区域，长三角、珠三角、京津冀三大城市群等人口聚集地聚集了多数流动人口。大城市尤其是超大城市、特大城市，本来就人口稠密，再加上外来人口大量聚集，人口聚集度已达到全国平均水平的数倍。

人口的集聚，在给城市带来创新与活力的同时，也使城市的资源环境承载能力、基础设施供应能力、公共服务能力、医疗卫生供给和安全管理能力，以及社会保障和社会福利体系等面临严峻的挑战。

1.1.2 城市人口集聚的现状及表现

随着我国城镇化水平的提高，城市综合实力持续增强，城市的综合发展建设对人口产生强大的集聚作用。

到 2017 年年末，我国共有城市 661 个，比 1978 年末增加 468 个，增长 2.4 倍；其中地级以上城市 298 个，增长 2.0 倍，县级市 363 个，增长 3.0 倍。建制镇 21 116 个，增长 8.7 倍。2016 年年末，全国城市建成区面积 5.4 万 km^2，比 1981 年年末增加 4.7 万 km^2，增长 6.7 倍。① 2014 年，国务院调整了城市规模划分标准，以城区常住人口为统计口径，将城市划分为五类七档。其中，城区常住人口 100 万以上 500 万以下的城市为大城市，城区常住人口 500 万以上 1 000 万以下的城市为特大城市，城区常住人口 1 000 万以上的城市为超大城市。截至 2019 年年底，我国市域总人口超过千万的城市已增至 16 个②，其中排名前三的城市常住人口规模都超过了 2 000 万，分别是重庆市 3 124.32 万人③、上海市 2 428.14 万人④、北京市 2 153.6 万人⑤，还有更多的城市在朝着大城市、特大城市、超大城市的方向发展。根据《国家新型城镇化规划（2014—2020 年）》的总体部署和要求，2020 年，全国常住人口城镇化率达到 60%，后面十年，我国城镇化率将向 70%迈进。预计 2016—2030 年，农村向城镇累计转移人口约 2 亿人，转移势头有所减弱，城镇化水平持续提高，人口将持续向沿江、沿海、铁路沿线地区聚集，城市群人口集聚度加大。⑥

当前，城市群建设已经成为我国城市发展的新潮流，正在重构中国经济“新版图”，传统的省域经济、区域经济逐步转向城市群经济发展模式。在规模经济与集聚经济效应下，生产要素和经济活动不断向城市群内的中心城市集聚，导致中心城市或整个城市群人口规模扩大和空间范围扩张。城市群是全国人口密度和人口总量增长的高值区，是人口自然增长的低值区。由于城

---

① 国家统计局：城镇化水平显著提高 城市面貌焕然一新——改革开放 40 年经济社会发展成就系列报告之十一，2018.9.10。

② 第一财经：16 城市总人口超千万 新一线强二线加速冲刺，2020.3.5。

③ 重庆市人民政府：2019 年重庆市经济运行情况，2020.1.20。

④ 上海市统计局，国家统计局，上海调查总队：2019 年上海市国民经济和社会发展统计公报，2020.3.9。

⑤ 北京市统计局，国家统计局，北京调查总队：北京市 2019 年国民经济和社会发展统计公报，2020.3.2。

⑥ 国务院：国家人口发展规划（2016—2030 年），2016.12.30。

市群对人口的吸引作用，全国常住人口的空间分布重心进一步朝城市群密集的东南方向移动。城市群也是中国人口流动最活跃的区域，全国集聚或扩散的人口流量较大的城市主要位于城市群内。[4]随着京津冀协同发展、长三角一体化发展、粤港澳大湾区建设等国家战略的启动，京津冀、长三角、珠三角已成为我国经济最具活力、开放程度最高、创新能力最强的地区，是国民经济重要的增长极，肩负着引领国内高水平城市群建设、打造世界级城市群的任务。这些城市群社会发展基础良好，经济活跃，环境优良，教育、医疗、文体、社保等公共服务水平较高，聚集了大量优秀资源，吸纳了大量外来人口的就业和居住。据2019年中国发展研究基金会发布的《中国城市群一体化报告》显示，包括长三角、京津冀、珠三角等在内的全国12个城市群，2006—2015年的10年间，占全国GDP的比重从70.56%上升至82.03%，年均增长超过1个百分点。其中，长三角、京津冀、珠三角三大城市群占全国经济份额超过40%。在人口层面，12个城市群占总人口的比重在10年间从61.12%上升至63.07%，增加了1.95个百分点。人口集聚主要发生在长三角、珠三角和京津冀三大城市群，三个城市群的人口相比同期增加了2.54%，可见，这三个地区经济增长对人口的吸纳能力全国最高。[5]

城市群决定了城镇化过程中人口的空间分布状况。中国未来经济社会结构的调整，是向高质量发展转型，实现均衡发展，这在很大程度上都要依托各大城市群，即以城市群为主体形态促进大中小城市和小城镇协调发展。可以预计，城市群和中心城市的人口集聚规模和集聚程度还将持续增高，更多人口会向城市群地区聚集，城市群地区仍将是中国重要的人口集聚区和密集区。

1.1.3 城市大客流的风险及特点

中国特色社会主义进入了新时代，中国城市发展也进入了新的历史时期。随着市场经济活力的持续增强，城镇化进程明显加快，社会发展水平迅速提高，大量人口快速向各大城市群集中、向各大中心城市集中、向城市的中心城区集中。从四面八方涌向城市的人口、集聚的客流，与城市的快速发展、人民生活的日益富足如影随形，城市大客流已成为我国城市经济社会发展的常态。

城市的活力与流动性成正比。检验一座城市的活力，主要看其人流、物流、资金流、信息流的通畅程度，其中人流是最重要的。人口集聚可以带来丰富的人力资本，资源利用得到优化，科学技术得以进步，经济实现增长，城市获得繁荣。研究显示，人口集聚对中国城市经济增长产生显著的正向影响，城市人口密度每增加10%，地均收入水平则增加6.2%左右，并且在控制行业集聚、知识和人力资本等要素时，这一正向影响依然显著。这表明人口集聚在城市经济增长中发挥着重要作用。[6]然而，人口的过度集聚也为城市管理带来了巨大挑战。从世界城市发展经验来看，人口的过度集聚会导致规模膨胀、交通拥挤、环境污染、资源紧缺等诸多社会问题，以及生活配套不完善，宜居水平不高，生活品质不优，教育、医疗、卫生等公共服务设施短缺等问题。就风险防控而言，城市人口增至一定规模后，城市运行管理将面临严峻考验，城市安全风险指数也将激增。

1986年，德国著名社会学家贝克在《风险社会：迈向一种新的现代性》一书中首次以“风险社会”的概念来描述当今的现代社会，并从社会学层面反思、批判现代性出现以来风险因素日益突出的社会现象。实际上,现代社会本就是一个风险社会,并不存在绝对的安全,也不存在所谓的“零风险”,但风险是可以有效防控的。风险防控的目标就是要降低风险事故发生的概率或降低其损失程度。从辩证的角度看,风险具有双重性,既有消极的一面,即可能造成灾难和损失;又有积极的一面,即可能带来发展和创新。所以,风险也往往与机遇相伴相随,推动社会的发展和技术进步。

城市大客流活动存在着诸多不确定性和复杂性。可以说,大客流的过度集聚本身就是一种风险,它可能直接导致拥挤踩踏事件,或是产生风险叠加,扩大公共卫生突发事件、自然灾害、事故灾难、刑事案件,甚至恐怖袭击的危害范围和程度。如果防控不力,极易导致产生次生事故或发生衍生性公共安全事件。世界很多国家和地区都发生过由于大客流风险防控不力所导致的安全事件,据不完全统计,全世界每年有数千人在人群聚集活动的突发事件中丧生。[7]

在我国,几乎所有大城市都有若干个大型客流集聚的人群密集场所,以及散布在城市各处的中小型人群集聚场合。倘若城市原本的规划布局不尽合理、功能分区不够科学、公共服务供给不足,再加上管理者的安全意识和治理水平的问题,人群聚集可能引发的风险将会进一步加剧。大客流风险主要来自“相对大客流”,即高密度人群,也就是在一个相对短的时间段里、在一个相对小的空间内出现的人群集聚现象。人群的高度集聚和流动,极易在某些特定因素的触发下,造成人群的无序、失控,从而引发城市公共安全重大风险,造成人员伤亡和恶劣的社会影响。城市公共场所集聚的大客流具有三个显著风险特征:一是难以预测性。公共场所的大客流活动人群结构复杂多样,人数众多,行动不一,大客流群体的统一活动性大大低于小规模群体,人员结构的复杂性更易导致整个群体的行为难以预测。二是难以控制性。城市公共场所大客流高度集聚,对活动场所和设施造成很大压力。同时,受活动内容的影响,集聚的人流一般情绪容易激动,情绪失控的个体更可能增加指挥的难度,极易引发安全事故,而一旦发生事故也难以及时有效救援和疏散。三是潜在危险性。当公共场所大客流人群密度到一定程度,就成为风险爆发的潜伏地带,而且这种风险和威力会随着人群集聚密度的增长而大幅提升。如遇突发公共卫生事件或意外灾难,客流高度集聚又可能会扩大事件的原有影响,导致危害范围与程度的升级。如果没有科学的预警机制和应急预案,风险等级和危害程度还可能进一步升级,造成灾难性后果。

2003 年的非典疫情和 2020 年的新冠肺炎疫情,引起人们对城市大客流集聚的公共卫生安全风险的高度警惕和重视。公共卫生是保障城市安全健康运行、促进公众生命安全的重要基础。突发公共卫生安全事件一旦形成,极有可能对城市经济社会运行和人民群众生命安全带来极大风险,造成重大危害。在突如其来的传染病疫情等突发公共卫生事件面前,城市往往会因为人口密集、空间集聚、交通频繁、流动性强、联系面广等特征而面临巨大的风险防控压力。许多传染病疫情的暴发往往就发生在城市人群居住和生活聚集的高密度区域,出现疫情后如果预警不及时、认知不准确、管控不到位,又往往会因为城市空间的过度聚集和公共交通的大客流高频流动进一步快速扩散,甚至导致向城市周边辐射和城市间的远程传播。

因此,当大客流集聚成为城市运行的常态,大客流风险防控就成为城市管理的必解之题。

探索城市大客流风险防控的规律和方法，将城市大客流风险防控能力提升到更高水平，是适应当前人口不断向城市集聚的态势，以及确保城市安全健康有序运行的迫切需要。

1.2 城市大客流现象的主要成因

在当前的经济社会和文化生活背景下，我国城市大客流现象频现的成因是多方面的，归结起来大致有三方面的内容，即城市人口的增加、大型庆典集体活动以及大型文化娱乐活动。具体内容如下所述。

1.2.1 新型城镇化发展战略下的城市人口扩张

党的十九大指出，我国社会主要矛盾已经转化为人民日益增长的美好生活需要和不平衡不充分的发展之间的矛盾。我国社会主要矛盾的变化，是中国特色社会主义进入新时代的重要标志，也是新时代的重要特征。但必须认识到，社会主要矛盾的变化，没有改变对我国社会主义所处历史阶段的判断，我国仍处于并将长期处于社会主义初级阶段的基本国情没有变，我国是世界最大发展中国家的国际地位没有变。所谓初级阶段，就是不发达阶段，这种不发达不是只表现在一两个方面，而是表现在经济、政治、社会、文化生活的各个方面。中国仍是最大的发展中国家，也是正在经历快速城镇化和工业化进程的发展中国家，这就决定了我国必须从实际情况出发，遵循城镇化发展规律，走中国特色新型城镇化发展道路。

城镇化是指人口向城镇聚集、城镇规模扩大以及由此引起的一系列经济社会变迁的过程，以农村人口不断向城镇迁移和聚集为特征，实质是由以农业为主的传统乡村社会向以工业和服务业为主的城镇社会的经济结构、社会结构和空间结构的变迁，是现代化的必由之路。改革开放开启了我国城镇化的新篇章，在陆续经历恢复发展（1978—1983 年）、稳步发展（1984—1995 年）、快速发展（1996—2011 年）等阶段后，进入了新型城镇化发展阶段（2012 年至今），城镇化水平快速提高，城镇人口快速增加。2012 年，党的十八大提出要走中国特色新型城镇化道路，城镇化进程进入“坚持以人为本、注重质量提升”的新阶段。2014 年，政府工作报告提出实现“三个一亿人”的目标，其中就提到要解决 1 亿进城常住农业转移人口落户城镇的目标。近年来，为积极推动新型城镇化建设，户籍、土地、财政、教育、就业、医疗、养老、住房保障等领域配套改革不断推进，农业转移人口市民化速度加快。从 2011 年年末至 2017 年年末，常住人口城镇化率提高了 7.25%，年均提高 1.21%。① 截至 2019 年年末，我国大陆城镇常住人口达到 8.48 亿，常住人口城镇化率达到 60.60%，户籍人口城镇化率为 44.38%。② 上海、北京、天津三个直辖市常

① 国家统计局：城镇化水平显著提高 城市面貌焕然一新——改革开放 40 年经济社会发展成就系列报告之十一，2018.9.10。

② 国家统计局：2019 年国民经济和社会发展统计公报，2020.2.28。

住人口的城镇化率都已超过了80%，其中，上海更是达到87.7%①，居全国之首。

中国的城镇化已经发展到一个重要的历史时刻，有8亿多人在城市里工作、学习和生活，如何有效解决城市人口扩张和城市大客流风险管理问题，主动提升城市公共管理能力和公共管理服务水平，积极推进城市治理能力和治理体系现代化，是必须正视和面对的现实问题。

1.2.2 传统文化和民俗节庆活动与大客流的产生

除了城市人口规模对城市公共设施承载力、公共服务能力和治理能力造成压力之外，受传统文化和民俗节庆活动影响而聚集起来的大客流，也是需要我们高度关注的。在这些特定时间节点，各大城市会产生阶段性的大规模人群集聚和流动高峰。城市的公共交通、生活设施、旅游景点、娱乐场所等，经常会迎来短期的或瞬间的大客流集聚高峰。最常见的有春运、黄金周、跨年迎新、节假日旅游出行以及重要的民俗节庆活动等。

以春节为例，春节是中国人一年之中最隆重、最热闹的传统节日，团圆是春节的第一主题，回家团聚成为所有人的心愿。伴随着流动人口的大规模增加和交通网络的快速建设发展，我国每年都会迎来一次规模宏大的春运客流。每年春运就相当于一次全国范围内的“人口大迁徙”，而且还是人类最大规模的周期性迁徙。近年来，春运客流量持续高位运行，并呈现出增速放缓、总量趋稳的态势。以2019年春运为例，据交通运输部统计发布，春运40天，全国旅客发送量达到29.8亿人次，其中铁路4.07亿人次、道路24.6亿人次、水运4 076.9万人次、民航7 288.2万人次。2月10日（正月初六）为2019年春运开始以来客流最高峰，当日共发送旅客9 551.6万人次。春运期间，铁路部门每天安排图定列车4 800对，公路营运客车达81万余辆，水路客运船舶运力达2万余艘，民航安排航班53万余个，加班机3.5万余个。铁路、民航客运量大幅增长，道路客运以中、短途为主，长途客运量有所下降。越来越多的人选择自驾出行，路网运行压力持续增大。② 29.8亿人次可以说相当于将全国总人口一来一回大挪移了一次，这在全世界是绝无仅有的。此外，诸如春节逛庙会、正月初五祈福、元宵节观灯、清明节扫墓、端午节赛龙舟以及全国各地举办的各种民俗文化节、民俗体验、非遗项目展示体验活动等，都会出现大规模的人群流动和聚集。

随着人民生活水平的提高，人们更加注重生活品质，民俗文化活动样式不断创新，节假日休闲活动日益丰富。人们不再满足于传统的聚会或休息，转而利用春节假期、黄金周、节假日集中外出旅游或参与各种文体活动。据文化和旅游部统计，2019年，国内旅游人数达60.06亿人次，比上年同期增长8.4%。其中，城镇居民44.71亿人次，增长8.5%；农村居民15.35亿人次，增长8.1%。③ 全国各大风景名胜区都是摩肩接踵、人潮涌动的景象。

旅游过年已成新民俗，家庭游、敬老游、亲子游、文化休闲游成为节日期间主流的旅游休闲

---

① 国家统计局：中国统计年鉴2018。

② 中国交通新闻网，2019.3.2.http://www.mot.gov.cn/jiaotongyaowen/201903/t20190302_3170940.html。

③ 文化和旅游部：2019年旅游市场基本情况，2020.3.10。

方式。休闲旅游、观影观展、民俗活动等体验式消费越来越受到欢迎，“北上赏冰雪，南下享温暖”成为热门选择。据中国旅游研究院（文化和旅游部数据中心）调查，2019 年春节期间参观博物馆、美术馆、图书馆和科技馆、历史文化街区的游客比例分别达 40.5%，44.2%，40.6%和 18.4%，观看各类文化演出的游客达 34.8%。① “博物馆里过大年”已经成为一种“新年俗”。在文物部门组织下，全国数千家博物馆推出上万场精彩活动，受到广大游客和市民的广泛欢迎，并掀起新一轮博物馆热潮，全国各地不少博物馆都迎来了一拨客流高峰。例如，2019 年故宫博物院推出“紫禁城里过大年”活动，并首次启动每天限流 8 万人次的淡季限流措施。“博物馆里过大年”成为人民群众欢度春节的重要选择，这反映了广大人民群众节日休闲理念和方式的转变，也体现了人民群众对高品质精神文化产品的需求日益旺盛。

1.2.3 城市生活和文化消费与大客流的产生

现代城市生活与繁华、喧闹以及人流、物流、车流天然地联系在一起。在城市中，轨道交通、客运枢纽、商业综合体、文体娱乐设施、医院、学校、广场道路、旅游景点等人群密集的城市公共空间和活动场所的数量正迅速增加，规模也越来越大，城市大客流集聚几乎已成常态。例如，城市轨道交通早晚高峰时段，地铁车站站厅、换乘通道、列车车厢往往人满为患、拥挤不堪；三甲医院的就诊时段，门诊大厅、候诊区域、走道电梯等场所人头攒动；中小学校也是如此，学校楼梯、走道是最易引发中小学生拥挤踩踏事故的地方。

作为与市民生活密切相关的城市交通骨干，轨道交通承担着重要的运输作用，已成为城市中心城区公共交通出行的重要方式。北京、上海等超大城市的轨道交通每天千万级大客流已是运行常态，如果叠加天气变化、假日出行等因素，轨道交通特殊时段的极端大客流的出现不可避免。以上海为例，截至 2019 年年末，上海市轨道交通运营线路 17 条，长度达到 704.91 km，运营车站 415 个，全年轨道交通客运量 38.84 亿人次。② 2019 年 3 月 8 日，上海地铁客流破纪录地达到 1 329.4 万人次，创历史新高。究其原因，是多种因素复合叠加的结果：一是春运后外地来沪人员集中抵沪，城市出行人流量随之增加，轨道交通基础通勤客流不断高企，日均客流不断抬升；二是当时的连绵阴雨天气终于在周末结束，天空放晴，市民出行意愿增加；三是当天恰逢三八妇女节，在下班、放学等通勤客流的基础上，休闲购物、外出活动的轨道交通出行人数也大幅上升。

伴随经济发展、各项社会事业的全面进步和人民生活水平的不断提高，人民对美好生活的需求也更加旺盛，需求总量越来越大，需求层次大大提升，消费潜力不断释放。为满足这些变化，城市基础设施和公共文化服务设施正在持续改善，城市公共空间、文化场所数量正在迅猛增加，空间承载量越来越大，人群集聚效应越来越突出。例如，某些大型体育赛事、文化活动、会展

---

① 中国文化报：2019 年春节假期旅游人数、收入双增，2019.2.12. https://www.mct.gov.cn/whzx/whyw/201902/t20190212_837269.htm。

② 上海市统计局，国家统计局，上海调查总队：2019 年上海市国民经济和社会发展统计公报，2020.3.9。

项目动辄数千、上万甚至几十万人参与;各大风景名胜、旅游景点、文化场馆每逢假日人潮汹涌、一票难求;各种文艺节、文化节、特色节庆持续升温,屡屡迎来客流高峰。这些都对城市公共场所的规划、布局、承载力设计以及公共服务水平和城市治理能力提出新的挑战。

仍以上海市为例,2019 年,上海共举办国际国内重大赛事 163 场,包括举办了 F1 第1 000 站、国际篮联篮球世界杯上海赛区比赛和第十五届世界武术锦标赛等。上海城市业余联赛共开展赛事活动近 6 000 场,参赛市民 330 万余人次。举办了第十二届中国艺术节、第二十二届国际电影节等重大文化活动,第二十一届中国上海国际艺术节推出 7 大板块 350 余项活动。“文化进地铁”推出 19 列地铁文化列车、20 余场文化长廊、100 场音乐角演出。“文化进机场”在浦东和虹桥机场艺术馆推出 4 场展览。黄浦、静安等 6 个中心城区开放历史建筑 1 237 处,推出 327 种建筑可阅读文创产品和 87 条建筑微旅行线路,全年接待游客 1 830 万人次。① 2018 年 11 月在上海举行的中国首届进口博览会,来自五大洲的 172 个国家、地区和国际组织参会,参展企业 3 600 多家,80 多万人进馆洽谈采购、参观体验,30 万 m^2 的展厅人潮涌动。[8]

近年来,“博物馆热”也在一定程度上催生了城市大客流。博物馆是服务于人民大众和社会发展的公共文化机构,在经济社会文化发展中具有独特地位和作用。党的十八大以来,我国博物馆体系建设更加完备,全国博物馆总数已达 5 136 家,博物馆免费开放深入推进,公共服务效能显著提升。2018 年故宫博物院接待游客数量突破 1 700 万人次,创造了新的历史纪录,稳居世界博物馆接待游客数量榜首。2018 年,故宫博物院实行每日限流 8 万人次的措施共 76 天,也是自 2015 年实行这一制度以来的新高。② 2018 年全国举办各类展览超过两万个,社会教育活动超过 20 万次,近 10 亿人次走进博物馆,参观博物馆日趋成为一种新的文化生活方式。[9]

1.3 城市大客流风险防控的意义与文化内涵

城市是现代文明发展高度集中、高度发达、高度协调的重要载体,体现了人们对美好生活的向往和追求,而安全是追求美好生活的基础和前提。我国城市发展已经进入新的重要历史时期,城市大客流风险防控对城市公共安全、对城市发展的价值和影响日益突显。面对不断扩张的城市人口规模和日益常态化的大客流集聚现状,我们应当充分尊重和适应城市发展规律,不断提升公共服务供给能力和风险防控能力,建设安全发展的城市。

1.3.1 城市大客流风险防控的意义

中国正在经历世界历史上规模最大、速度最快的城镇化进程,城市发展带动了整个经济社会发展,城市建设成为现代化建设的重要引擎。在国际上,通常将一个国家的城市化水平达到

---

① 上海市统计局,国家统计局,上海调查总队:2019 年上海市国民经济和社会发展统计公报,2020.3.9。

② 光明网:故宫年游客量首破 1 700 万,系世界参观人数最多博物馆,2018.12.15. http://politics.gmw.cn/2018-12/15/content_32173583.htm。

50%当作进入城市时代的标志。2011 年,中国城市人口首次超过农村人口,城市化比例突破50%,所以中国的城市时代已经来临。城镇化进程既是积聚人口、资源、财富的过程,也是积聚风险的过程,充分认识我国加速推进城镇化所面临的现状与问题,立足城市风险和公共安全视阈,建立健全城市大客流风险防控体制机制,健全完善我国城市公共安全管理、改善公共政策和公共服务供给,成为有效化解城市发展风险的当务之急,城市大客流风险防控的必要性和意义也正在于此。

1. 城市大客流风险防控是城市风险管理和公共安全管理的重要内容

城市风险防控和公共安全管理是政府部门与其他社会公共组织为了保护人民群众生命财产安全,运用政治、法律、经济等管理方式,及时发现、控制、降低多种公共安全风险和隐患,提高社会安全管理水平与危机处理能力,有组织地学习、制定与实施一系列合理管控的行为。面对新型城镇化发展带来的种种挑战,目前我国城市风险防控和公共安全管理能力建设明显跟不上城镇化的发展速度,国内多数城市地区风险防范意识不足,公共安全管理保障体系基础薄弱,城市公共安全管理形势严峻。推进国家治理体系和治理能力现代化,具体落实到城市层面上,就是要提升城市风险管理和公共安全管理能力和水平,实现城市治理体系和治理能力现代化建设。城市风险管理和公共安全建设当前日益受到全世界的普遍密切关注。城市公共安全管理是城市管理和安全管理两个复杂问题的耦合。按照城市安全的性质划分,城市安全问题可分为城市传统安全和非传统安全。城市传统安全的主体是城市,其影响因素主要是外部风险,如自然灾害、军事威胁等。而城市非传统安全的主体是人及由人组成的群体,其影响因素是与人造风险相衔接,具有多样性、不确定性、复杂性的特点。大客流风险就是典型的、非传统的、人造的城市安全问题。随着大客流集聚风险对城市发展的挑战日益凸显,对科学、合理、高效的大客流风险防控机制和模式的探索已经成为世界各国提高城市治理水平、提升安全管理质量的重要课题。

2. 城市大客流风险防控是城市现代文明和城市治理水平的重要标志

城市现代文明不仅要有光鲜亮丽的文化地标、整洁优美的生活环境,更需要有安全有序的城市运行体系。城市的安全发展要求城市治理水平的全面提升,要求持续推进城市治理体系和治理能力的现代化。当前我国新型城镇化建设迫切需要提升城市大客流风险防控水平,推动实现城市安全治理能力和治理体系的现代化,夯实城市持续健康发展的稳固基石,把每一座城市建设成为有可靠安全保障、高度安全文明的现代化都市。

3. 城市大客流风险防控是满足人民日益增长的美好生活需要的重要保障

新时代,我们不仅对物质文化生活提出了更高要求,而且在民主、法治、公平、正义、安全、环境等方面的要求日益增长。城市发展越来越强调人与自然的和谐,越来越强调发展的生态性和可持续性。我们应当站在新的高度来审视和分析城市风险防控中的问题和不足,深刻理解安全是人民美好生活需要的基本内涵,确保和夯实美好生活的基础保障;应当牢固树立安全发展理念,切实保障人民群众的生命财产安全,为人民群众营造安居乐业、幸福安康的生活环境。

1.3.2 城市大客流风险防控的目的

安全是城市繁荣发展的前提，也是重要的民生问题。

从世界各国城市风险防控和公共安全管理的演进过程和研究现状来看，各国的城市安全理念都建立在不同的国情之上，在不同的发展阶段也有其特定的发展模式和发展历程。计划经济时代，我国城市面临的主要是自然灾害以及交通事故、火灾、违法犯罪等传统的公共安全威胁。随着改革开放和城镇化进程的加快，城市功能定位的转变、城市生活水平的提升以及生活方式的深刻变迁，给城市带来了更多、更复杂的不确定因素。21 世纪以来，我国城市风险防控和公共安全管理成为一个涉及面更广、影响因素更多、复杂多变的综合系统，尤其是各大城市，人口多、密度大、流动快，人员构成复杂，居民生活态度、生活方式差异较大，文体娱乐场所数量多、分布广，极易产生公共场所大量人群的集聚和流动。影响我国城市公共安全的事件不断出现，大客流引发的公共安全事故多次发生，伤亡人数也呈增长趋势，引起社会极大关注。我们对城市大客流集聚的安全风险缺乏理性、专业的研究和认知，城市风险防控和安全管理仍处于粗放型的管理阶段。当前，城市大客流风险防控必须要适应城市风险社会的治理需要，从制度层面上实现从行政管理向法治管理、从事后管理向前瞻性管理、从危机管理向风险防控的转变，制度建设要朝着精细化管理方向发展，将大客流风险防控纳入法治化、制度化治理轨道。

党的十八大以来，党和国家高度重视城市公共安全问题，把维护公共安全摆在更加突出的位置，做出了关于加强公共安全体系建设的一系列部署和要求。党的十九大强调了以安全为中心的治理，强调要“树立安全发展理念，弘扬生命至上、安全第一的思想，健全公共安全体系，完善安全生产责任制，坚决遏制重特大安全事故，提升防灾减灾救灾能力”。党的十九届四中全会，进一步提出坚持和完善中国特色社会主义制度、推进国家治理体系和治理能力现代化的总体目标，明确指出要“健全公共安全体制机制。完善和落实安全生产责任和管理制度，建立公共安全隐患排查和安全预防控制体系”。2018 年 1 月印发的《关于推进城市安全发展的意见》，是我国转型期城市安全发展的指导性文件，明确了城市安全发展的总目标是“建成与基本实现社会主义现代化相适应的安全发展城市”。

现在，越来越多的城市关注城市安全建设，确立建设安全发展城市的目标。在《北京市城市总体规划(2016—2035 年)》中，提到“强化安全风险管理，提高城市公共安全水平”；在《上海市城市总体规划(2017—2035 年)》中，预期到 2035 年，“上海将成为全球最令人向往的健康、安全、韧性城市之一”。

1.3.3 城市大客流风险治理文化

近年来，随着我国社会经济的快速转型和城市化进程明显加速，诸如人口拥挤、交通堵塞、环境污染、生态破坏等各种不良症状也多有出现。有研究指出，从城市人口增长和城市发展紧张关系的真实原因分析，其根源并不是人口规模的扩大，而在于城市发展能力和管理水平及应对能力的不足，在于城市的公共服务供给能力不足[10]。因此，要从根源上防控城市大客流安全风险，就必须进一步完善城市公共管理和服务，完善安全保障体系，加强安全文化建设，构建政府主导、社会协同、公众参与的治理体系。

1. 城市大客流风险治理要强化公共安全文化理念

尽管我国城市建设与发展取得了举世瞩目的成就，但就总体而言，目前我国城市公共场所、文体设施的建设、规划和管理尚滞后于城市发展进程，城市管理者的大客流风险意识有待增强，治理能力和手段有待提高，市民的安全意识和风险防范能力也需要通过有效的宣传和教育加以提升。全社会应当树立新时代的城市公共安全文化理念：一是坚持以人为本，牢固树立以人民为中心的安全发展理念，必须明确城镇化以人为核心，城市安全最本质的是人的安全；二是坚持以预防为主，防灾、减灾、救灾相结合，从不惜一切代价应急处置向千方百计做好预防和准备转变；三是加强风险管理，从以事故为中心向以风险防控为中心转变；四是完善社会治理体系，由政府包揽向政府主导、社会协同、公众参与、法治保障的治理体系转变。

2. 城市大客流风险治理要强化政府责任

政府在城市风险治理和公共安全管理中居于主导地位，保障公共安全是政府履行管理与服务职能的重要组成部分。加强风险防控、维护公共安全必须从源头治理、前端处理，针对暴露出来的问题进行地毯式排查和立体化整治。要建立统一的组织机构，理顺城市安全综合治理体制，从而构建完整的城市公共安全保障体系。实现城市公共安全管理平台与各部门信息化平台、数据共享，为大数据和网格化信息技术利用提供基础数据支撑。要充分发挥专业部门的作用，积极探索建设职业化、专业化的应急处置队伍，建立完备的应急预案体系和应急物资保障体系，构建强大迅速的动员响应能力，建立公开透明的舆情信息管理机制和更加规范有序的舆论环境。从而形成事故预防、灾害预警、应急处置和灾后处理等一系列完备的城市公共安全系统，并积极组织和保证每个环节的无缝衔接、协调一致。同时，通过法律程序确定社会各界和公民在社会生活中的地位、责任、义务和权利，以确保社会体系在紧急状态下的稳定和有序。

3. 城市大客流风险治理要强化公众参与

在城市风险防控和公共安全管理中，各级政府处于核心主导地位，但这并不意味着政府是唯一的力量。伴随城市社会的发展和城市形态多元化、复杂化的趋势，以政府主导为特征的城市管理模式向多元化城市治理模式整体转变，是城市安全治理现代化的必然选择。现代城市治理的主体是多元的，除了政府，还有社区、社会团体、企业、媒体、市民公众等。城市安全涉及每一个人的切身利益，政府的管理更需要得到公众的理解、支持和积极配合。社会公众应当树立成熟、理性的公共安全文化意识，应当认识到自己也是构建城市公共安全的重要的权利主体和责任主体。公众公共安全意识的高低和参与的程度是衡量一座城市公共安全治理水平的重要指数。公众需要不断提升规则意识和安全意识，树立公共安全防范意识，提高安全防护能力，为公共安全治理做出努力。国家应当把公共安全教育和突发公共安全事件的应急处置措施纳入国民教育体系，积极引导社会舆论和公众的关注，动员全社会的力量来维护公共安全。

1.4 城市大客流风险防控的基本原则

“安而不忘危，存而不忘亡，治而不忘乱”，城市大客流风险防控应当强化底线思维，不断增强忧患意识，提高风险意识，始终关注当前我国城市发展面临的各种风险与挑战，更加主动地从维护最广大人民群众根本利益的高度来认识和维护城市的大客流集聚安全管理，为人民美好生活、社会安定有序、城市安全发展提供坚强有力的保障。城市大客流风险防控应当遵循以下基本原则。

1.4.1 以人为本原则

“人民城市人民建，人民城市为人民。”城市发展应当始终坚持以人民为中心的工作导向，以人为本，不断完善城市管理和服务，让人民群众在城市生活得更方便、更舒心、更美好。以人为本是一切管理工作的出发点和落脚点，从理念思路、体制机制、方法手段等层面不断开拓创新，提升城市安全风险防控的能力与水平。

1.4.2 依法治理原则

城市治理必须依法治理。加快完善相关地方性法规和规章，严格依法管理，把牢风险防控的每一个环节、每一道关口，真正将大客流风险防控和公共安全管理纳入法治化、制度化治理轨道。

城市大客流风险防控和公共场所大型活动的安全管理应当依法明确责任主体，严格落实监管责任和主体责任。根据法律规定，城市大客流风险防控和公共场所大型活动的安全管理应当遵循承办者负责、政府监管的原则，各级政府按照分级管理、属地为主的原则履行监管责任。承办者的主要负责人为大型群众性活动的安全责任人，大型群众性活动的承办者应对其承办活动的安全负责。

1.4.3 预防为主原则

“凡事预则立，不预则废。”在具体工作中，将风险防控关口前移是重中之重，应当把预防和应急管理放在更加突出的位置，加强源头预防。具体而言，在思想认识方面，应当增强忧患意识、责任意识和风险意识，始终保持高度警觉，任何时候都不能麻痹大意；在风险管理方面，应当做好风险评估和预案准备，完善安全风险预警系统，完善应急处置体系，提高应急能力。举办大型活动必须预先进行各类风险评估，应急预案必须定期演练并不断修订；在队伍建设方面，应当建立一支具备风险防控意识和应急管理经验常识的管理队伍，还应当配备一支训练有素的专业安保队伍，并定期进行学习、培训和操练；在设施设备方面，应当配备并定期更新和维护相应的设施设备和应急物资，确保在大客流管理、监测、预警方面能满足工作和活动的需要；在规划设计方面，应当具有一定的前瞻性，所有的空间设计、建筑设计和场所规划应当为未来的风险防控和安全管理预留空间。

1.4.4 重心下移原则

建立健全城市大客流风险防控体系，应当着眼于最基础的地方、最细微的环节。基层一线作为公共安全的主战场，应当按照重心下移、力量下沉、保障下倾的基本思路开展风险防控。

基层是检验公共安全管理方针、政策、措施和预案是否科学、合理、可行、有效的最重要场所，是发现问题、消除隐患最有效的层面。基层也是公共安全出经验、出办法、出成果的沃土。基层一线日常风险防控应当做到有机构、有预案、有队伍，有必备的应急物资储备和保障，一旦发生情况要做到五个“第一时间”，即第一时间到达现场、第一时间报告或报警、第一时间启动预案、第一时间展开救援和第一时间组织疏散。管理机构应当善于汲取、提炼各类公共安全事件的教训，善于推广维护公共安全的方法和经验，不断提升基层风险防控和公共安全治理的实际工作水平。

1.4.5 重点防控原则

城市发展有其自身规律，城市大客流风险防控也有规律可循，关键的时间节点、关键的区域部位是防控重点，应当反复排查，重点防范。从国内外发生的大客流安全事故分析，时间节点、区域部位都具有一定的共性。例如，轨道交通车站、广场道路、大型会场、文体场馆、宗教活动场所、热门旅游景点、大型商业活动现场、学校等都属于高风险场所，应当重点防范。事故发生在早晚交通高峰、节假日重大活动以及观众入场、散场时段比较集中，事故发生的部位往往集中在狭窄的楼梯、自动扶梯上下口、疏散通道、出入口、地铁车站站台、地铁换乘通道等处，以及客流密集的道路的交会处、坡道、滑湿的路面等。因此，凡举办大型活动的场所都应当根据其特征、环境，参与人群的规模、年龄，活动的内容、安排，等等，进行全面风险评估，制定完善的应急预案。防控工作应当着力补齐短板、堵塞漏洞、消除隐患；应当突出重点，特别关注苗头性、倾向性问题，及时整改、督促解决；始终紧盯重点领域，做好应对预案，及时应对处置；对关键时刻、关键部位严密布控、重点把守，以最严的要求加强督查、落实责任。

1.4.6 普及教育原则

增强全民的忧患意识和风险意识，普及自救互救常识，是减少突发事件发生概率并减小灾害损失的最有效、最安全的办法。我国民众对公共安全和公共卫生知识缺乏了解，安全防范意识比较薄弱，同时由于缺乏自我保护的技能，当面对危险和灾难时，难以采取正确的措施保护自己和他人。

全社会应当共同努力开展普及教育，把风险防控和公共安全教育纳入国民教育和精神文明建设体系。首先从学校教育做起，各级各类学校都应开设安全教育课程，帮助学生掌握基本的逃生、自救、互救技能；其次，应当严格按照规定开展各类安全演练，在实战演练中普及安全知识，强化安全意识。同时，还应当更广泛地开展各类生动有效的宣传教育、安全意识的引导、风险防控知识的普及以及针对群众恐慌心理的抚慰。在方式上，可以通过广播、电视、报刊、网络、宣传展板、手机 App、微信公众号等方式发送相关知识信息。

全社会应当大力倡导紧急救助技能的学习，切实提升全社会的安全素养与防范能力。同时，应当健全公共安全社会心理干预体系，积极引导社会舆论和公众情绪。

1.4.7 社会参与原则

城市公共安全与每个人的切身利益相关，也与每一位参与者的行为直接相关，需要全民共同参与并形成合力。风险防控和公共安全治理，要从实际出发，充分听取群众的意见和建议，坚持群众观点和群众路线，拓展人民群众参与城市公共安全管理的渠道，主动发现问题、完善机制。

社会各界应当积极履行社会责任，主动承担协助义务，与毗邻或相关的公共场所联动开展安全教育和应急处置演练。例如，人流密集的公共场所应当与周边社区建立良好的协作关系，秩序维护、宣传教育、志愿者服务以及突发事件的应急救助等都可以主动依托周边社区开展相关工作。

社会公众应规范自身行为，遵守公共秩序，提高公共卫生和安全防范意识，注意安全提示信息，有序参与人群聚集活动。在公共场所参与公共活动，应当听从指挥和引导，主动规避风险，营造有序、文明、礼让的公共环境。发现人群聚集场所存在安全隐患的，应当主动及时向相关部门和单位报告。

应当积极倡导涉及公共安全的公益行为与志愿行动，政府部门或相关机构、组织应当积极推动和组织各种形式的志愿服务，让热心公益的单位、市民直接参与到管理工作中，为城市安全服务。

1.4.8 科技创新原则

城市风险防控和公共安全治理应当充分借鉴和运用现代科技创新手段和信息通信技术，推动互联网、物联网、大数据、云计算、5G、人工智能等新科技在城市安全和风险中的广泛应用，以新信息技术手段带动防控能力和管理水平的全面提升，为风险防控提供有效的科学技术支撑。

新科技手段的发展与普及，极大地影响着人们的行为方式，也改变着社会治理形态。新媒体具有传播快、影响大、互动性强等特点，在城市大客流风险管理中，我们除了运用电视、报纸、广播等传统媒体发布信息以外，更应充分运用新媒体及时获取信息、传递信息。运用互联网、大数据、云计算、5G、人工智能等最新科技手段可以有效地整合信息、分析信息，掌握城市大客流变化的规律，科学预测高密集人群活动的时段、地点、流向和流量，不断推进大客流的信息资源共享和协同应用。同时,我们应当善于通过媒介与公众进行沟通和交流,及时回应社会关切,听取公众的意见和建议,不断完善各项安全管理举措。

参考文献

[1] 李婷.上海的城市品格是如何形成的[N].文汇报,2019-07-02(10).

[2] 胡焕庸.中国人口之分布[J].地理学报,1935,3(2):33-74.

[3] 胡焕庸.中国人口的分布、区划和展望[J].地理学报,1990,45(2):139-145.

[4] 张国俊,黄婉玲,周春山,等.城市群视角下中国人口分布演变特征[J].地理学报,2018,73(8):1513-1525.

[5] 宋兴国,范孜恒.长三角、京津冀、珠三角 GDP 占全国超 40%,《中国城市群一体化报告》建议稳就业优先三大城市群[N].21 世纪经济报道,2019-03-19.

[6] 陈乐,李郇,姚尧,等.人口集聚对中国城市经济增长的影响分析[J].地理学报,2018,73(6):1107-1120.

[7] 王振,城市公共场所人群聚集风险理论及应用研究[D].天津:南开大学,2007.

[8] 吴卫群,张杨.首届进博会交易采购成果丰硕圆满成功[N].解放日报,2018-11-11(2).

[9] 王珏.新年俗:博物馆里过大年[N].人民日报,2019-02-09.

[10] 任远.未来的城镇化道路[M].上海:复旦大学出版社,2018.

2　城市大客流的形态与风险机理

2.1　城市大客流的定义与分类

2.1.1　城市大客流的定义

1. 城市客流

城市客流是指出于某种目的在城市内部出行的旅客出行过程集合。从出行的本质来讲,城市客流具有目的性、时间性、空间性、方向性,即旅客的出行总是发生在一定时间段和一定空间范围,从出发点指向目的地。

城市客流由大量旅客的出行集聚形成。每一个旅客的出行受到其对交通方式的时间成本、经济成本、舒适度、便捷性等方面的主观偏好和客观条件约束,具体发生在某些交通方式及其经由的路线上,这构成了每个旅客个体具有时空特性的出行路径。大量旅客个体出行路径在一定的时间段和城市范围内叠加就构成了城市客流。

按照活动范围把城市客流分为两个层面:在大尺度空间层面,城市客流(Passenger Trip)是指在较大区域范围的交通网络内出行的客流;在小尺度空间层面,城市客流(Passenger Flow)是指在限定空间范围和场景中运动的客流。不同范围内的城市客流具有不同的衡量特征和行为过程,应区别看待。在城市内较大区域范围出行的客流(如到数公里远的购物中心去购物,到十几公里外的单位上班,到几十公里远的公园游玩),需要借助城市综合交通网络,因此称为城市交通网络客流。在城市中限定的空间内(比如车站、购物中心、公园、体育比赛场馆等)一定场景下(比如上下班高峰、比赛散场等)的人群运动、选择、活动等,称为城市局部空间客流。

城市交通网络客流既是城市功能布局、交通系统运行的结果,又反过来影响城市功能布局和交通系统的优化与改造。因此,研究城市交通网络客流对于整个城市功能布局、城市交通系统规划、城市交通组织优化具有重要意义。同样,研究城市局部空间客流对于优化局部空间设计、局部空间交通组织具有重要意义。

2. 城市大客流

当城市客流在较短的时段内集中出行,就产生了城市大客流。因此,城市大客流就是在短时间内、相对集中的路径和区域大量发生的城市客流。

城市大客流分为城市交通网络大客流和城市局部空间大客流。研究城市交通网络大客流对于整个城市应急交通管控和组织优化具有重要意义。研究城市局部空间大客流对于局部空间设计优化、客流组织管控、安全事故预防具有重要意义。

2.1.2 城市大客流的分类及场景

为便于研究并对城市大客流制定有针对性的应对措施，可从不同角度对城市大客流进行分类研究。按照客流的时效性，可将大客流分为可预见性大客流和突发性大客流。根据大客流产生的影响和后果不同，可分为一级大客流和二级大客流[1]。按照大客流的发生频次可以分为常态大客流和非常态大客流[2]。不同类型的大客流呈现出不同的特点[3]。

通过对大客流事件的界定及其出现过程的定性分析可以看出，城市大客流发生的场景主要有以下几个方面。

1. 工作日早晚高峰

城市的日常客流以上班、上学的通勤客流为主。该类客流出行具有明显的规律性，通常在早晚上下班，上学、放学期间会产生客流高峰。通勤客流致使早晚高峰出现较大的客流量。该类大客流与线路途经地区的功能密切相关，且每天发生的时间与位置规律性很强。

2. 节假日

在国家法定节假日期间或这些节日的前后几天，居民出行量会因为休闲娱乐活动的增加而增加，往往会造成全路网客流大幅上升。该种大客流影响范围较大，一般会影响到城市交通的各种方式和交通线路，并且全线客流都有上升的趋势。

3. 举办大型活动

随着国民经济的发展和人民生活水平的提高，人们的物质文化生活需求逐步提升，以城市大型文化体育活动、商业会展、博览会等为代表的大型活动举办越来越多。大型活动会引起大规模客流，使得城市内出行客流量出现突变。

4. 恶劣天气

在大雨、大雪、大雾等恶劣天气下，地面交通存在极大不便，这会使较多市民选择城市轨道交通出行或进入公共场所躲避雨雪，造成各类公共场所客流上升。该类大客流影响范围比较广泛。

5. 突发事件

城市场所发生突发事件或事故，会导致客流大量积压。这类事件属于偶发性的，很难找到规律，事件发生后的影响和波及范围较大，严重事故会导致城市交通正常运行的中断，甚至出现人员伤亡，引起客流混乱。在网络化情况下，事故对整个城市运行系统的波及影响范围极广。

6. 交通方式及线路间运输能力不匹配

在城市系统中，各方式和各条线路的运营基本独立，不同方式的客流运输一般只能经由换乘站进行换乘，如果换乘站衔接线路的运输能力差距过大，且运输能力大的线路向运输能力小的线路的换乘量较大，则也有可能形成客流枢纽和换乘节点的大客流冲击。

7. 规划阶段对线路客流预测偏差

规划阶段的客流预测准确性如果不能保证，就会对整个城市系统后续运营产生巨大的影响。以城市轨道交通为例，当预测客流量过大，建成的城市轨道系统能力远大于运输需要能力，会造成能力和资源的极大浪费；当预测客流量过小，建成后客流成长过快，在短时间内就达到了该系统的能力极限，沿线各站将面临经常性大客流。

8. 城市功能区规划的不平衡

当城市功能区规划不当，如核心功能区过于集中，则容易导致通勤、商务以及旅游等客流重合叠加，使该区域的运力紧张，造成高峰时段该区域交通站点出现大客流的概率大大增加。同时，功能区的不平衡也易形成客流在空间与方向上的不平衡。

除上述原因外，大客流的产生还与城市交通网络通达性和交通规划设计有关。随着新方式、新线路的接入，城市交通系统的网络通达性增强，对客流吸引范围扩大，客流量会出现较明显的增幅。

不同范围、不同特征的客流均应采取有针对性的研究，以预防大客流拥挤带来的风险。本章从城市局部空间的公共场所大客流和城市交通网络范围的城市大客流两个层面分析大客流的形成机理、行为特征以及风险演化机理。城市大客流因为涉及范围较广，本章仅以承担大客流骨干运输任务的城市轨道交通系统为例，分析大客流形成及在城市系统中传播演化的机理和风险。

2.2 公共场所大客流的集群行为及拥挤风险

公共场所大客流(以下简称“大客流”)是一类典型的局部空间大客流，主要表现为大规模人群在一定的公共场所并在很短的时间段内集中出行。由于公共场所的空间有限，大客流往往表现出高密度人群的基本特性和集群行为，其拥挤的发生及演化也具有明显的高密度人群特征。

2.2.1 公共场所大客流的基本特性

2.2.1.1 客流构成的“同质性”和“异质性”

公共场所的客流构成较为复杂，除了具有不同程度的“同质性”和“协同性”，也表现为一定程度的“异质性”和“异向性”。客流构成的复杂性会使客流聚集既有一定的规律性，又有一定程度的不可预测性。

1. 客流聚集目的和需求的“同质性”和“协同性”

客流的“同质性”主要体现在聚集的目的和需求上。在某一公共场所聚集的主要客流往往具有相同的目的和相似的社会特征。比如，在机场、高铁车站和公交站点聚集的主要是旅客，需要便捷、高效的交通出行服务，而机场和高铁车站的旅客一般携带大件行李，移动性受到一定程度的影响。在球场聚集的主要是球迷，观看球赛是其共同的目的，期望看到精彩的比赛和预期的成绩，球迷对球赛具有较高的热情，并且情绪很容易激动。

人群在聚集目的、需求上的“同质性”会相互影响，进而产生自发的或有组织的“协同性”，比如同向客流的行走速度趋于一致，部分球迷的狂热很容易掀起整个球场的狂热。客流的“协同性”可以提高人群整体的行为效率，比如通行、情绪调动等。

2. 个体属性和移动能力的“异质性”和“异向性”

总体上具有“同质性”的人群，在个体属性和移动能力上却表现出极大的“异质性”。人群中每个个体的行走方式和承受拥挤的能力并不相同，甚至存在较大差异。比如，在地铁站中，赶时间的乘客会走得较快且带有冲击性，能够承受更大程度的拥挤；不赶时间的乘客行走较缓且多会避让，对拥挤的承受较弱。

在人群总体的“协同性”下，与大部分人具有明显不同的群体就会成为整个人群的“异质”。比如，在紧急情况下，人们都希望以最快速度到达自己的目的地，急于超过那些行进速度小且阻挡自己行进的人，行进速度明显小于群体平均行进速度的人就成为群体中的“异质”。在人群密度不太大的情况下，行进速度较小者的周围会由于停滞形成一个“旋涡”或“气泡”[4]，后面的人会从两侧赶超绕行；而在人群密度较大的情况下，走得慢的人有可能被后面的人绊倒，进而产生连锁反应，造成严重后果。研究发现，群体性挤踏事件的伤亡者多为老人、小孩和妇女，就是由于这些人最容易成为群体中的“异质”而受到伤害。此外，人群中某些人由于物品失落，停下来弯腰拾物也会成为引发群体性挤踏事件的“异质”。

由于人群具有不同的来源或去向，不同方向的人流相遇时表现为“异向性”。比如，地铁站的换乘大厅中往往有多个方向的换乘和进出站客流，这些异向客流在相同区域相遇就会产生明显的交叉干扰和拥挤。紧急情况下人们总是选择走最短路径以达到自己认为最安全的目标，当人流的行进路线发生交叉时，来自不同方向的人流相互冲突、相互阻塞，互不相让，形成对抗，很容易由于拥挤和践踏而造成大量伤亡。华山多次发生的群体性挤踏事件就是由于在狭窄的山路上，上下两方向的人流发生异向群集现象造成的。

上述同质性主要体现的是大客流群体的宏观特性，异质性主要体现的是行人个体的微观特性。因此，公共场所大客流的基本特性可以从行人个体的微观特性和大客流群体的宏观特性来分别分析。在具体的客流服务和行为诱导上主要考虑个体的基本特性，在流线组织和客流管控上主要考虑大客流群体的宏观特性。以下章节分别从客流（下文指的是行人）个体基本特性和客流群体宏观特性两方面进行分析。

2.2.1.2　行人个体的基本特性

行人个体的异质性源于个体在空间感知、认知、决策和行动等行为心理特征上的差异。

1. 个体的空间占用

1）站立时的自然空间

如不考虑人与人之间的社会关系，仅考虑身体尺寸和运动需要所计算的个体空间可称为行人个体的自然空间。自然空间为个体所需要的最小空间。

行人运动的研究主要聚焦在水平面上的运动，因此，个体空间一般仅考虑行人在水平面上的投影。当个体站立时，常利用人体肩宽与胸厚两个水平尺寸，将人体所占用的空间模拟为长轴（边）为肩宽、短轴（边）为胸厚的椭圆或矩形，从而计算行人站立所需的自然空间。不同国家或地区由于人体形态的差异，计算得到的人体站立自然空间值也各有不同，如表 2-1 所示。中国男性、女性身体尺寸及站立自然空间与西方国家相比偏小[5]。

表 2-1　部分国家/地区男性、女性站立时的自然空间数据

国家/地区	男性				女性			
	肩宽/cm	胸厚/cm	所占面积/m^2		肩宽/cm	胸厚/cm	所占面积/m^2	
			按椭圆	按矩形			按椭圆	按矩形
英国	51.00	32.50	0.13	0.17	43.50	30.50	0.10	0.13
波兰	47.50	27.50	0.10	0.13	41.00	28.50	0.09	0.12
日本	41.00	28.50	0.09	0.12	42.50	23.50	0.08	0.10
中国香港	47.00	23.50	0.09	0.11	43.50	27.00	0.09	0.12
美国	51.50	29.00	0.12	0.15	44.00	30.00	0.10	0.13
法国	51.50	28.00	0.11	0.14	47.00	29.50	0.11	0.14
瑞典	51.00	25.50	0.10	0.13	42.50	30.00	0.10	0.13
瑞士	47.50	29.50	0.11	0.14	45.50	32.50	0.12	0.15
印度	45.50	23.50	0.08	0.11	39.00	25.50	0.08	0.10
中国	46.90	24.50	0.09	0.11	43.80	23.90	0.08	0.10
平均值	48.00	27.20	0.10	0.13	43.20	28.10	0.10	0.12

注：表中人体尺寸指第 95 分位测量值。

如考虑行人是否携带行李、行李的大小，则行人携带不同物品时占用空间如表 2-2 所示[6]。

表 2-2　行人携带不同物品时占用步行设施的宽度

空间＼状态	不携物品	一手提物或怀抱轻物	两手携轻物或肩负轻物	背负重物	背负重物手提物品	大人带一小孩同行	两肩挑重物
占用路宽/cm	60～70	70～80	75～85	80～90	85～100	90～100	100～180
占用空间/（m^2·人$^{-1}$）	0.30～0.40	0.39～0.44	0.42～0.47	0.44～0.50	0.54～0.63	0.50～0.55	0.63～1.13

2) 行走时的自然空间

在行走过程中，个体因步幅、摆动和起停距离，所需要的自然空间比站立时有所增加。根据调查，不同场景下行人占用自然空间的宽度有很大差别。

为了较自由地行走，行人所需的前后距离以及个体空间也有所区别。在行走过程中，个体前方需要两个区域：步幅区和反应区。其中，步幅区是个体跨步所需要的距离，反应区是个体运动反应和舒适需求等所需的距离。

经过试验和测量，行人行走时的自然空间近似如图 2-1 所示的两层蛋形。其中，核心区域为安全空间，可以实现紧急避让，保证行走时不撞到四周行人或障碍；外围区域为舒适空间，保证行走中不急停，可以较为舒适地减速、转弯。

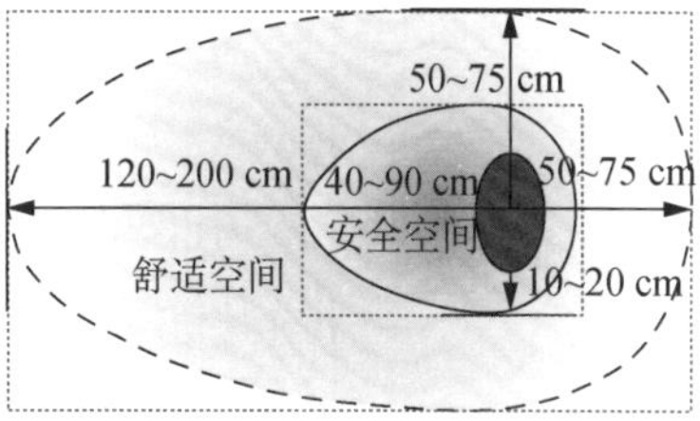

图 2-1　行人行走时的自然空间

其中，安全空间的前方应包括对突发情况的反应距离和可以急停的步幅长度。因性别、年龄不同，行人的步行速度、步幅、反应时间均有差异。一般来讲，步行速度取 1.0～1.3 m/s，步幅取 0.5～0.75 m，感知反应时间取 0.14～0.4 s，如设定急停的步幅长度为正常步幅的一半，安全空间前方的长度为行人重心前的 0.4～0.9 m，后方及左右两侧均可取与前方近似的距离，在身体周围的净空间宽度可取 0.1～0.2 m。

舒适空间的前方应包括反应距离和行走两步停止的距离，可取 1.2～2.0 m。后方及左右两侧也有不被干扰和碰撞的需要，根据期望调查，在身体周围的净空间宽度可取 0.25～0.65 m。

在人群密度分析中，可将上述舒适空间和安全空间简化为矩形。矩形长边为个体行走需占用的纵向长度，短边为行走时的横向宽度。在水平通道中，可根据人群拥挤度和行走状态，将个体行走分为自由行走、受限行走和极限行走三种状态，分别讨论其行走空间需求。

(1) 自由行走。行走过程中满足舒适要求，所需空间为舒适空间，行人个体可按期望速度行走，并且可自由改变速度和方向。横向宽度：取 1～1.5 m，平均 1.3 m。纵向长度：前方 1.2～2.0 m，平均 1.6 m，后方 0.5～0.75 m，平均约 0.6 m，总长度平均约 2.2 m。

(2) 受限行走。行走过程中满足安全要求，所需空间为安全空间，行人个体需密切关注周边状态，随时做好变速准备，方向改变受限。横向宽度：取 0.7～0.9 m，为人体平均宽度(取 0.5 m)两侧各增加 0.1～0.2 m，平均 0.8 m。纵向长度：前方 0.4～0.9 m，平均 0.65 m，后方 0.2～0.4 m，平均 0.3 m，总长度平均约 0.95 m。

(3) 极限行走。行走过程中，安全空间被侵占，行人无法自主行走，随人流移动。此时占用面积和人体面积相近，取矩形。横向宽度取 0.5 m，纵向长度取平均步幅一半再加一定缓冲距离，约 0.4 m。

如在楼梯中行走，人的运动在纵向上被梯级的深度离散化，横向上与水平通道相同。自由行走，前方约需 4 级台阶空间，脚下 1 级。受限行走，前方约需 2 级台阶，脚下 1 级。极限行走，前方约需 1 级台阶，脚下 1 级。

可得到行人在水平通道与楼梯上自由行走、受限行走、极限行走时平均占用的自然空间，如表 2-3 所示。

表 2-3　　行人在步行设施上行走的空间需求

步行设施	行走状态	横向宽度/m	纵向长度/m	空间占用/m^2	密度/(人·m^{-2})
水平通道	自由行走	1.30	2.20	2.86	0.35
	受限行走	0.80	0.95	0.76	1.32
	极限行走	0.50	0.40	0.20	5.00
楼梯（宽度取 0.3 m）	自由行走	1.30	1.50	1.95	0.51
	受限行走	0.80	0.90	0.72	1.39
	极限行走	0.50	0.60	0.30	3.33

2. 个体的运动能力

个体的运动能力主要体现在行走速度、反应时间和灵活性等方面。运动能力会影响人群流动的流畅性和均匀性，在人群密度较高的空间，运动能力的差异足以导致人群的拥挤和堵塞，降低效率和舒适性，甚至引发安全问题。

1）步行速度、步幅和步频

步行速度、步幅和步频是表征乘客步行的主要参数。步速与步幅、步频的关系如下式：

$$v = v(P, f_{\text{step}}) = P \cdot f_{\text{step}} \tag{2-1}$$

式中　v ——行人步速，m/s；

P ——行人步幅，m/步；

f_{step} ——行人步频，步/s。

不同国家和地区乘客的步行速度、步幅和步频有差异。关于行人步速的测量，国内外有一些数据可以比较[7]。如步速范围，国内数据为 1.01～1.32 m/s，日本为 1.14～1.58 m/s，德国为 0.7～1.8 m/s，美国为 1.14～1.32 m/s。而平均步速分别为中国 1.24 m/s，日本 1.44 m/s，德国 1.5 m/s。我国不同地区的行人步行速度也有所差异，2003 年，在上海的行人步行特征实测结果如表 2-4 所示。

表 2-4　　区分年龄、性别的实测数据分析

类别	平均步幅 /[m·$(\text{step})^{-1}$]	平均步速 /(m·s^{-1})	平均步频 /(step·s^{-1})	样本数 /人
老年女子	0.56	1.08	1.91	246
中年女子	0.61	1.20	1.99	621

（续表）

类别	平均步幅 /[m·(step)$^{-1}$]	平均步速 /(m·s^{-1})	平均步频 /(step·s^{-1})	样本数 /人
青年女子	0.63	1.27	2.01	1 002
老年男子	0.60	1.10	1.83	286
中年男子	0.66	1.25	1.91	829
青年男子	0.67	1.32	1.96	949

影响个体步行速度的因素种类繁多、情景复杂。在非拥挤的公共场所，行人的个体因素往往是决定步行速度的关键因素。个体因素中，年龄和性别因素对水平通道个体步行速度的影响程度最大，而携带行李多少有一定影响但并不显著。同时，在速度取向方面，在以往的研究中有如下定性结论[8]：

(1) 如果不是赶时间想尽快到达目的地，行人都倾向于以自己最舒适的(能量消耗最少的)步行速度来行走。

(2) 当行人密度增加时，步速和步幅都会明显地减小。这在地铁通道中进行测量时表现得较为明显，这将在人群的宏观特性中加以讨论。

2) 反应时间

反应时间指行人在运动过程中从出现信息刺激(如遇见障碍物或其他行人)到采取相应动作(如等待或者避让)之间的时间。心理学专家通过试验测得人的生理反应时间大于 0.1 s，一般为 0.15～0.4 s。影响反应时间的因素主要是年龄，20～45 周岁的人群反应时间变化不太明显，45 岁以后则显著延长。

3) 灵活性和疲劳度

在车站空间和人群中，行人不可避免要与其他行人和障碍物发生冲突，改变自己的运动方向和速度，这体现出行人运动的灵活性。不同行人个体的灵活性是不同的，主要表现在速度改变(加速度大小)和方向改变的能力两方面。

行人的灵活性和体重、身高有一定关联，也与行人的疲劳度有关。疲劳度高的行人灵活性低，在选择步行设施时，疲劳度高的行人愿意选择扶梯，而疲劳度低的行人可能为了更高的通行速度和灵活性而选择楼梯。

4) 不同空间条件下的个体行走速度差异

不同的行走空间条件中，行人个体的行走速度会有较大的差异，水平通道个体步行速度一般服从正态分布，而楼梯的个体步行速度分布则具有分段特性：由一段正态分布和一段均匀分布构成。行人在水平通道的步行速度高于上行楼梯和下行楼梯，约为上下楼梯速度的两倍。楼梯个体速度变异系数比水平通道大，个体之间速度离散程度比水平通道高，行人自身生理特性差异被楼梯“放大”[5](表 2-5)。

表 2-5　　楼梯行人步行速度(水平方向观测值)

<table>
<tr><th>国家/地区</th><th>研究者(时间)</th><th>楼梯特征</th><th>上楼梯平均速度/$(m \cdot s^{-1})$</th><th>下楼梯平均速度/$(m \cdot s^{-1})$</th><th>备注</th></tr>
<tr><td rowspan="5">美国</td><td>Fruin(1971)</td><td>/</td><td>0.56</td><td>0.65</td><td rowspan="7">北美行人上楼梯平均值：0.55 m/s；下楼平均值[b]：0.65 m/s</td></tr>
<tr><td rowspan="2">ITE Technical Committee 5-R (1976)</td><td>挡板高:17.8 cm
踏步深:27.9 cm
坡度:32.5°</td><td>0.49</td><td>0.61</td></tr>
<tr><td>挡板高:15.2 cm
踏步深:30.5 cm
坡度:26.5°</td><td>0.55</td><td>0.73</td></tr>
<tr><td rowspan="2">Khisty(1985)</td><td rowspan="2">挡板高:16.5～19.1 cm
踏步深:27.9～30.5 cm
坡度:28.4°～34.4°</td><td>/</td><td>0.63</td></tr>
<tr><td>/</td><td>0.70[a]</td></tr>
<tr><td rowspan="2">加拿大</td><td>Galbreath(1969)</td><td>/</td><td>/</td><td>0.80</td></tr>
<tr><td>Pauls (1987)</td><td>/</td><td>0.61～0.9</td><td>0.51～0.71[a]</td></tr>
<tr><td>英国</td><td>Daly et al.(1991)</td><td>/</td><td>0.59</td><td>0.67</td><td>/</td></tr>
<tr><td>中国香港</td><td>Lam et al.(1995)</td><td>挡板高:15.8 cm
踏步深:29.2 cm
坡度:28.4°</td><td>0.59</td><td>0.68</td><td rowspan="5">亚洲行人上楼梯平均值：0.53 m/s；下楼平均值：0.62 m/s</td></tr>
<tr><td rowspan="4">泰国</td><td rowspan="4">Tanariboon et al. (1991)</td><td rowspan="4">挡板高:13～20 cm
踏步深:30 cm
坡度:23.4°～33.7°</td><td>0.47</td><td>0.58</td></tr>
<tr><td>0.50</td><td>0.60</td></tr>
<tr><td>0.54</td><td>0.61</td></tr>
<tr><td>0.56</td><td>0.62</td></tr>
<tr><td colspan="3">所有平均</td><td>0.58</td><td>0.64[b]</td><td></td></tr>
</table>

注:a 为疏散演习时速度值;b 为未包含疏散演习速度值。

5）不同密度下的个体行走速度变化

行人在行走中的调整变化主要包括速度和方向两个方面,受行人的生理、社会心理因素和外部环境的综合影响。

在人群中,行人受到人群的约束,往往无法按照期望速度行走。行人的步速、步幅和行走方向都会发生变化。当前行人仿真的模型较成熟,可以较真实地再现行人及人群运动的过程和分布,并且可以方便地对运动特征进行可视化再现。图 2-2 是仿真在长 70 m、宽 12 m 的通道中的两股流量均为 3 人/s 的客流,对向行走时得到的人群密度和速度分布,并通过跟踪记录得到并描绘部分个体的行走轨迹。

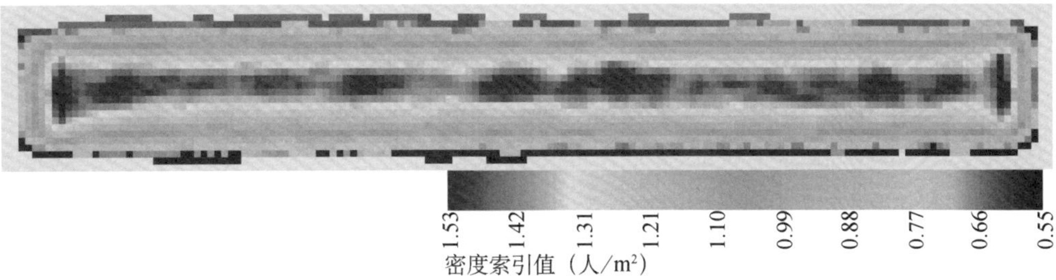

(a) 对冲人群密度分布图

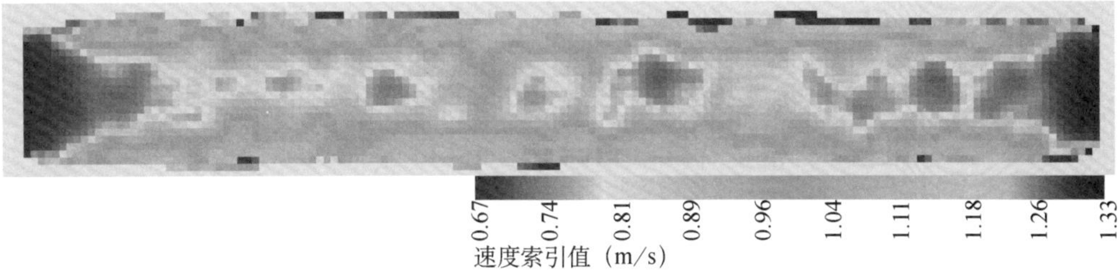

(b) 对冲人群速度分布图

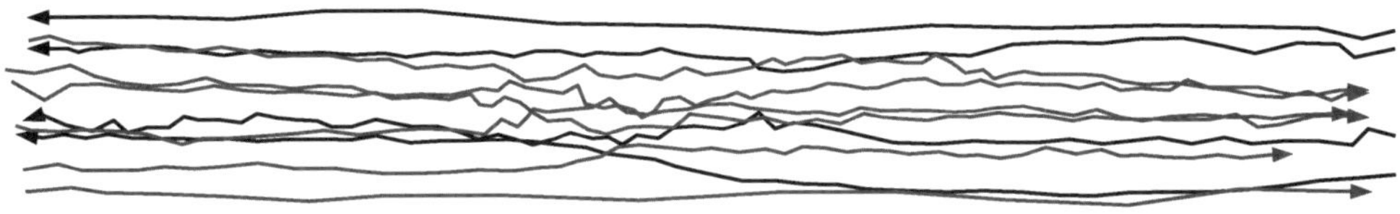

(c) 部分个体行走轨迹

图 2-2 冲突人流的个体行走轨迹

通过对间隔为 0.1 s 的个体速度和方向统计得到行人步速和行走方向变化的频率和幅度，从图 2-3(a)中可以看出，行人个体的步行速度及方向变化和人群密度有关。当人群密度较低时，行人可以保持较大的个人空间，可以根据需要控制行走，步速和方向变化频率较低，变化幅度较为离散；随着密度的增加，行人受到的干扰增加，其步速和方向变化频率和幅度增加；当密度较高时，行人可以保持较小的个人空间，无法完全自己控制步速，人群中的个体逐渐保持同步，个体的行走速度逐渐降低并且稳定，步速变化频率和幅度降低，但行走方向发生高频、小范围的波动。从图 2-3(b)，2-3(c)中可以看出，在密度较高的区域，个体行走方向变化频率较高、角度较大；在低密度区域，个体行走方向变化频率较低、角度较小。

人群中个体运动速度和方向变化受密度影响较大，可以解释为是个体空间受周围行人影响的结果。密度较高时，个体空间难以保持，自由度很低，个体必须不断地调整行走速率和方向，最大可能地顺畅和舒适地行走；密度较低时，个体空间保持得较好，自由度较高，个体可以按照期望的行走方式行走。但密度很低时，由于个体的期望速度不同，自由度很高，速度的分布较为离散。

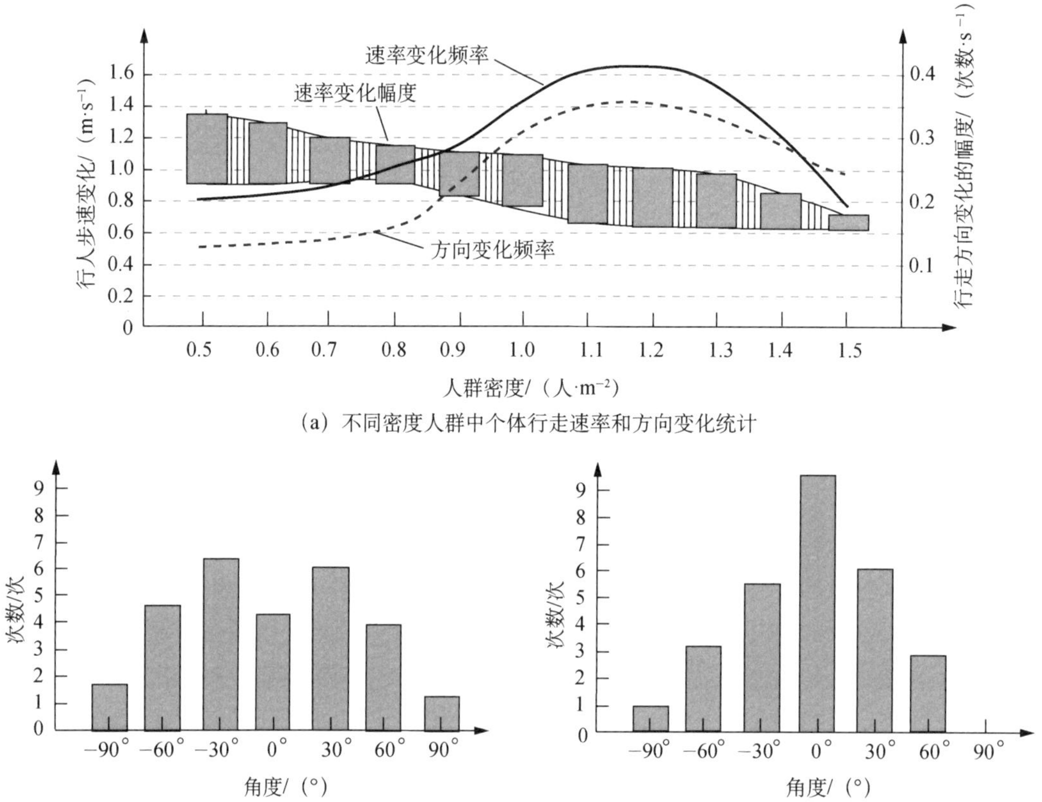

（a）不同密度人群中个体行走速率和方向变化统计

（b）高密度区域个体行走方向变化分布

（c）低密度区域个体行走方向变化分布

图 2-3　不同密度下行人个体行走速率和方向变化分布

上述微观的个体运动特性的变化，在宏观层面表现为人群流密速的关系，将在 2.2.1.3 节介绍。

3. 个体的空间感知与环境认知

1）以视觉为主的空间感知

行人个体主要靠视觉感知行走路径上的障碍物、其他行人、中间节点（进出口、服务设备等）和路径终点。对某公共空间熟悉程度不同的行人，视觉起到的主要作用也不同。熟悉公共空间的行人（简称 A 类行人）事先已形成习惯的行走路径，其视觉主要用于感知附近的障碍物和其他行人，避免行走中的冲突。而对公共空间不熟悉的行人（简称 B 类行人）事先没有习惯性的行走路径，边走边决策，视觉除了起到感知障碍的作用外，还起到判断行走方向、确认路径的作用。因此，A 类行人的视觉可以简化为以视角和中视距构成的平面视野，B 类行人的视觉可以简化为以视角和远视距构成的平面视野。由于 B 类行人在行走过程中视距需在中视距和远视距之间切换，同时进行路径的搜索和障碍的避让，其行走效率低于 A 类行人。

对行人个体视觉感知过程的分析，有助于在公共空间设置动态和静态引导标志，以加快行人的路径辨识速度，快速疏解聚集人群。

(1) A类行人的视觉感知过程。A类行人在重复使用公共空间服务的过程中形成了习惯性的服务路径和行走路线,在公共空间为自己设定一条计划服务路径和计划行走路线。在行走过程中,以中视距感知附近的障碍和干扰信息,以计划行走路线为目标,调整局部行走路线和行为。

A类行人(以下简称“A”)视觉感知过程如图2-4所示。A沿计划行走路线OD行走,因其对空间熟悉,行走路线中已考虑避让固定障碍物,行走过程中只需动态感知附近的临时障碍物和其他冲突行人。当其行至P点时,A按路线OD在P点的切线方向行走,其中心视线PE沿切线方向。行人在以视角为120°,PE为轴线的扇形视野中检查障碍物和其他冲突行人。行人在中视距视野内发现临时障碍时,立即搜索一条避过障碍回到计划路线OD上的临时路径PT。然后再检测PT上近视距视野内是否会遇到冲突行人,如遇冲突行人B,则A根据情况采取等待或者绕行措施。如采取等待措施,则A行至冲突点X前,等B经过冲突点后A再沿PT通行。如采取绕行措施,则搜索绕行路径$PX'T$,绕过冲突点X,行至T点。途中不断扫描近视距视野,如遇冲突行人采取同样的方式避免碰撞。

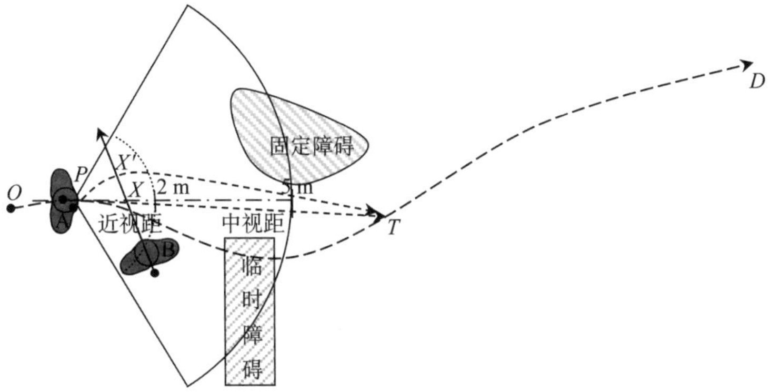

图2-4 A类行人的视觉感知过程

(2) B类行人(以下简称“B”)的视觉感知过程。B没有习惯性的服务路径和行走路线,在其到达公共空间后根据导向标志和人群动态临时生成服务路径,动态搜索行走路线。B在行走过程中以360°视角和远视距视野寻找最近的有效导向标志,分段确定行走方向和搜索行走路线,再以中视距视野感知附近的障碍和干扰信息,以分段行走路线为目标,调整局部行走路线和行为。

B视觉感知过程如图2-5所示。B在O点按远视距寻找服务路径的最近有效导向信息S,并确定线段OS上距S为近视距的点T。搜索O至T的行走路线,路线避开障碍物。再从T沿S指示方向搜索远视距内的行走路线TD。OTD即为当前的分段行走路线。当行人B行走至D时再搜索下一分段的行走路线。其行走过程中的视觉动态感知同A类行人。

2) 基于认知地图的公共场所环境认知

(1) 认知地图的定义。环境心理学研究发现:人之所以能识别和理解环境,关键在于能在

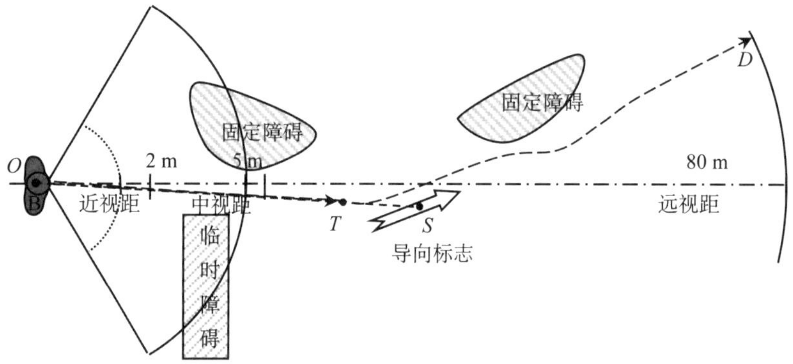

图 2-5　B 类行人的视觉感知过程

记忆中重现空间环境。曾经感知过的事物在记忆中重现的形象称意象或表象(image),具体空间环境的意象称为认知地图(cognitive map)。认知地图由人的经验产生,是人们对环境信息收集、组织、存储回忆并对其空间方位和特征属性加以编码的产物。人们通过认知地图体现前文所说的识途性。

(2) 认知地图的组成要素。认知地图由五个要素组成:路径、标志、节点、区域和边界。实质上,认知地图是一个网络图。以轨道交通车站为例,行人对公共空间的认知地图与空间布局和客流服务网络结构是一致的。主要有如下要素:

① 路径:行人步行的通道,如车站的连接通道步行空间。步行空间虽然没有明确的物理路径,但可以形成行走的意向路径。

② 标志:具有明显特征而又充分可见的定向参照物,标志一定是引人注意的目标和醒目的图形。在车站中即为各种客流导向标志和设备定位标志。

③ 节点:观察者可进入的关键地点。在车站中是服务流程中的各个服务环节,如出入口、售票点、检票点、楼扶梯和候车点等。行人在这些地点必须集中注意力,清楚地感知周围环境,而后做出行动选择。

④ 区域:具有共同特征的较大空间范围,比如车站中的付费区、非付费区等费用区域和售票区、检票区、候车区等各类功能区域。

⑤ 边界:不同区域的分界线,比如车站中付费区与非付费区之间的围栏、候车区域的边界等。

(3) 认知地图的特点。认知地图有很强的主观性,具有把多维信息综合再现和主观个性化的特点。

① 多维信息综合再现。认知地图具有地理地图的特点,但它不只是一张简单的二维平面图,而是个体多次往返活动、反复体验的积累,远比单纯的知觉与认知丰富。

把公共空间布局和设备配置的要素列举出来,对部分行人进行调查,发现行人关心的主要因素,即行人的公共空间认知地图包含的主要信息如下:

a. 空间的布局。包括公共空间的空间结构、各层次和各服务区域的位置、距离等相互关系。

b. 设备分布及服务流程。包括公共空间各类服务设备的位置、按照客运服务布置的先后顺序、大致数量及服务水平等。

c. 人群分布感知，即行人对其经过的路径上各节点和区域的人群分布有大致的概念，即对各节点和区域的大致人群规模、密度和拥挤程度有经验，并在认知地图中有所记忆。

可以看出，行人的公共空间认知地图即为公共空间的层次结构和客流服务网络结构的主观综合。

② 主观个性化。认知地图来源于个体对环境的感知和体验，带有直觉性和形象性，是经头脑加工过的记忆产物，具有很强的主观性和个性化。因此，认知地图不可避免因为认知的错觉、错误以及记忆的错误而产生很多主观性错误。对于不同区域的熟悉程度也会使认知地图存在模糊性和片段性的问题。

经常性客流只使用公共空间中其经常通过的部分服务流程和区域，因此，只对公共空间的部分区域有较高的认知程度，而对其他区域则认知模糊甚至不了解。认知的模糊程度也可以划分成不同级别。

图 2-6(a)是上海人民广场地铁站经常性从某入口进站乘坐地铁 8 号线客流的认知地图示意。图 2-6(b)是经常性从地铁 2 号线到 1 号线的换行客流的认知地图示意。经常性完成同样服务流程的行人主要关注其流程经过的路径，以及路径上的节点、服务区域、导向标志。其经常通过的空间自然而然形成了行人心理的边界(图中白色和灰色区域的交界)。边界外的区域涉足甚少，比如深灰色区域代表基本不涉足，了解很少；很模糊的区域、浅灰色区域代表观察到但未走过的区域，有些了解，但较模糊。

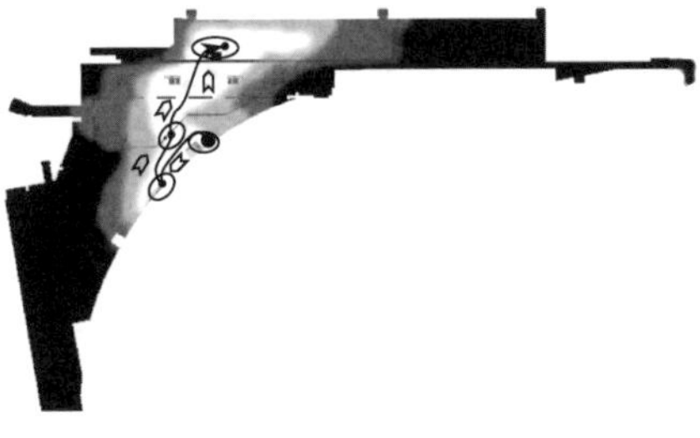

(a) 进站乘坐地铁8号线列车客流认知地图

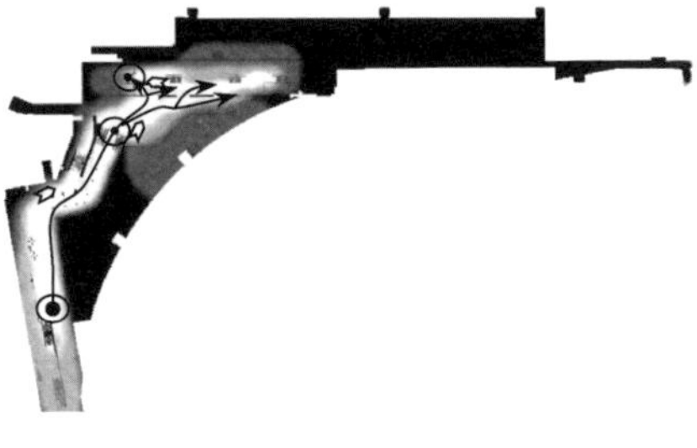

(b) 地铁2号线到1号线换乘客流认知地图

图 2-6　不同客流认知地图示意

非经常性客流没有明确的认知地图或者错误的认知地图，导致其行走路径不一定是最短路径，在行走过程中可能因出错而重新寻找路径和更正。

总的来说，熟悉公共空间的个体认知地图较完整、准确，因而其行为更加自主；不熟悉公共空间的个体认知地图较模糊、不准确，从众的可能性大一些。

(4) 认知地图的功能。认知地图对行人具有解决空间问题、定位、寻址的功能，也是个体接受新环境信息的基础，认知地图的发展体现了行人对空间环境认识的发展过程。

① 解决空间问题。行人依赖于认知地图，理解和描述公共空间，解释自己与环境的关系，确定目标的空间方位、距离，寻找到达目标的路径。面对陌生的公共空间环境，行人会产生不安全和难以控制进展的焦虑和恐慌，而较清晰完整的认知地图有助于行人充分利用和选择公共空间所能够提供的服务，满足需要，从而使个体建立起对公共空间环境的安全感和控制感。

② 接受新环境信息的基础。人类知识的增长是一个循序渐进的过程，接受新知识必须在原有知识的基础上进行，运用原有知识对新知识做出解释，变成概念存入记忆。头脑中原有的认知地图就是接受新的环境信息的基础，人类认识和适应环境的过程，就是在原有环境认知基础上逐步扩大认知地图范围的过程。

2.2.1.3 大客流群体的交通流特性

行人流量、密度、速度三者之间的定量关系被称为行人交通流基本模型，其变化规律反映了人群的宏观运行特性。由于行人流中每一个体总是根据其邻近其他个体的状态调整自身步行行为，因此从某种意义上说，“速度-密度”关系是交通流三参数中最重要、最本质的模型，它刻画了不同密度条件下个体间相互作用的强度，是关于不同密度下行人个体行走速度变化的宏观描述。“流量-密度”关系则描述了不同聚集密度下步行设施断面单位时间内的行人通过量，是确定设施通行能力与服务水平的重要依据。

1. 描述“流密速”关系通常的特征变量

从 20 世纪 50 年代后期开始，国内外一些研究人员就先后通过现场人工观测、摄像记录等手段获取不同步行设施人流移动的原始数据，继而利用统计方法建立行人流量、密度与速度三参数之间的基本关系。“流密速”关系通常通过以下几方面特征变量来表示[5]。

表 2-6 “流密速”关系的常用特征变量

序号	特征变量	变量含义	变量量纲
1	自由流速度	行人自由行走时可获得的速度	米/秒(m/s)， 米/分钟(m/min)
2	最佳速度	行人流达到通行能力时的速度	米/秒(m/s)， 米/分钟(m/min)
3	通行能力	单位时间、单位宽度步行设施断面的最大行人通过量	人/米/分钟(p/m/min)， 人/米/小时(p/m/h)
4	最佳密度	行人流达到通行能力时的密度	人/平方米(p/m^2)
5	阻塞密度	行人流停滞不前，速度趋于零时的密度	人/平方米(p/m^2)

各国学者研究提取了行人自由流速度、最佳速度、通行能力、最佳密度、阻塞密度等行人交通流特征值，发现行人交通流特性具有明显的地区差异：

(1) 自由流速度：中国行人流在水平通道的自由流速度较欧美国家平均约低 10%。上楼梯自由流速度与欧美国家基本相同，下楼梯自由流速度比欧美国家平均约高 10%。

(2) 最佳速度与最佳密度：中国行人流在单向水平通道的最佳速度研究值大于北美及其他亚洲国家，相应的最佳密度小于北美与其他亚洲国家。上、下行楼梯的最佳速度研究值介于欧洲和北美之间，小于其他亚洲国家；相应的最佳密度研究值也有同样特征。

(3) 通行能力：由于中国行人流的最佳密度比北美、其他亚洲国家小，单向水平通道的通行能力研究值显著小于欧洲、北美以及其他亚洲国家（最大实测通行能力也仅为 80 p/m/min，仍然显著小于欧美与其他亚洲国家）。上行楼梯通行能力研究值与其他亚洲国家相同，显著高于欧美国家。下行楼梯通行能力则与欧洲国家接近，介于北美与其他亚洲国家之间。

(4) 阻塞密度：中国行人流单向水平通道阻塞密度研究值介于欧美国家之间，与其他亚洲国家较接近。上楼梯阻塞密度介于其他亚洲国家与北美之间，下楼梯阻塞密度与北美国家相同。

2. “速度-密度”关系模型

“速度-密度”关系模型直观反映了行人可获得的平均行走能力（速度）与行人流中个体间相互影响程度（密度）的关系，是行人交通流三参数模型中最基本的关系式。研究人员经过对公共场所的水平通道、上下行楼梯、双向楼梯等步行设施的交通流参数进行实测，分别建立不同设施行人“速度-密度”关系模型，如图 2-7 所示[5]。

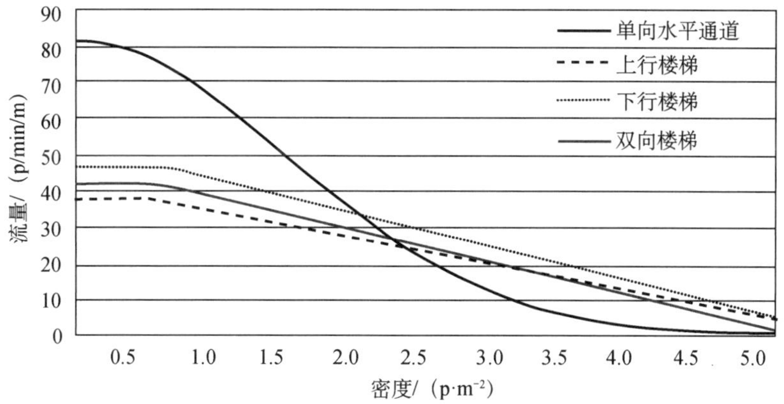

图 2-7 各设施速度-密度关系拟合曲线汇总

根据上述曲线，可分析人群行走速度和密度之间的变化关系。总体来说，行人流的“速度-密度”关系主要以密度为自变量、速度为因变量，研究密度对速度的影响。随着密度的增加，行人流速度变化可分为几乎不受影响的自由流阶段、受密度变化影响明显的密度影响阶段，以及达到一定高密度时的阻塞阶段。

(1) 自由流阶段。当行人流密度较低时，行人在步行设施上自由行走，不受他人和障碍影响。此阶段的速度为自由流速度。自由流速度不受密度增加的影响。但当行人流密度增加到一定程度时，密度再增加，行人的速度就会受他人影响而开始持续明显降低，这个密度称为临界密度。

自由流速度：水平通道自由流速度平均约为 1.3 m/s，约为楼梯上速度的两倍；单、双向水平通道的自由流速度基本无差别，双向楼梯自由流速度介于上行楼梯与下行楼梯之间。由于在楼梯上行走的步幅、步频受楼梯踏步深度与挡板高度的制约，行走自由度低，自由流速度也较水平通道小。

临界密度：行走速度由自由流速度开始明显降低时的行人流密度。水平通道行人流的临界密度约为 0.5 p/m^2，小于楼梯；单向水平通道临界密度低于双向水平通道，双向楼梯临界密度与上行楼梯相等，略低于下行楼梯。

(2) 密度影响阶段。当行人流密度超过临界密度，行人的行走速度因密度增加而明显持续降低直至停滞不前。行人流由可行走至变为停滞不前的密度称为阻塞密度。行人流在不同类型步行设施上的行走速度受密度变化影响有较大差异，主要用同等密度增量下的速度下降量，即速度下降率进行比较。

水平通道与楼梯：水平通道行人速度下降率大于所有楼梯设施，即同等密度增量下，水平通道速度的下降幅度大于楼梯。这是由于楼梯通行本身就是一种受楼梯尺寸限制的行走过程，楼梯上人流速度随密度变化的敏感性低于水平通道。水平通道行人流速度随密度增加快速下降，当密度大于 2.4 p/m^{2}时，水平通道行人平均速度已低于所有楼梯设施。

上行楼梯与下行楼梯：上行楼梯速度下降率小于下行楼梯速度。与下行楼梯相比，上行楼梯速度受楼梯尺寸的影响更显著，因而其速度随密度的变化率也相对要小。较快的速度下降率，导致当密度大于 4 p/m^{2}时，下行楼梯的速度与上楼梯已相差无几。在高密度时，上、下行楼梯上的行人通行状况相近。

上行楼梯与双向楼梯：上行楼梯速度变化率小于双向楼梯。双向楼梯中下楼梯方向行人速度下降率高，且存在对向人流冲突，因而整体上双向楼梯的速度下降率大于上行楼梯。这也导致当密度大于 3 p/m^{2}时，双向楼梯速度已开始逐渐小于上行楼梯。高密度时，即使双向楼梯中有部分速度相对快的下楼梯行人，但由于双向通行的行人个体间干扰较单向通行大，下楼梯行人的快速优势被抵消。个体间干扰越大，下行快速优势被抵消得越多，直到双向楼梯的平均速度低于单向上行楼梯。

下行楼梯与双向楼梯：下行楼梯速度变化率略大于双向楼梯。双向楼梯通行中上楼梯方向行人速度下降率较低，因此双向楼梯速度变化率较下行楼梯小。但双向楼梯存在对向人流冲突，且随密度增加冲突加剧，使得双向楼梯速度下降率没有比下行楼梯显著减少，二者相差不大。这也导致在所有密度范围内，同等密度时下楼梯速度始终大于双向楼梯。

阻塞密度：水平通道阻塞密度约为 4.5 p/m^2，小于楼梯；双向楼梯阻塞密度小于单向楼梯。楼梯上行走时行人的视域范围与感知区都较水平通道小，正常行走所需空间小，可以承受更大程度的拥挤，因此其阻塞密度高于水平通道。双向通行楼梯存在对向干扰，密度越高干扰越严重，使得其阻塞密度低于单向楼梯。

(3) 阻塞阶段。当行人流的密度超过阻塞密度，密度仍可继续增加至物理极限，但行人流的行走速度接近为零，持续阻塞，无法随密度增加而显著变化。在阻塞阶段，行人流的运动状态几乎不变，成为群聚阻滞状态，但轻微的扰动就会引发人群的拥挤、窒息、踩踏等事故，人群的聚集危险性将随着密度增加而显著增大。

3. “流量-密度”关系模型

“流量-密度”关系模型反映了不同人流密度下单位宽度设施在单位时间内的行人通过量，主要用于步行设施通行能力与服务水平分级研究。基于各类设施的实测数据，可分别建立水平通道、上下行楼梯及双向楼梯等设施的行人“流量-密度”关系模型，如图 2-8 所示[5]。

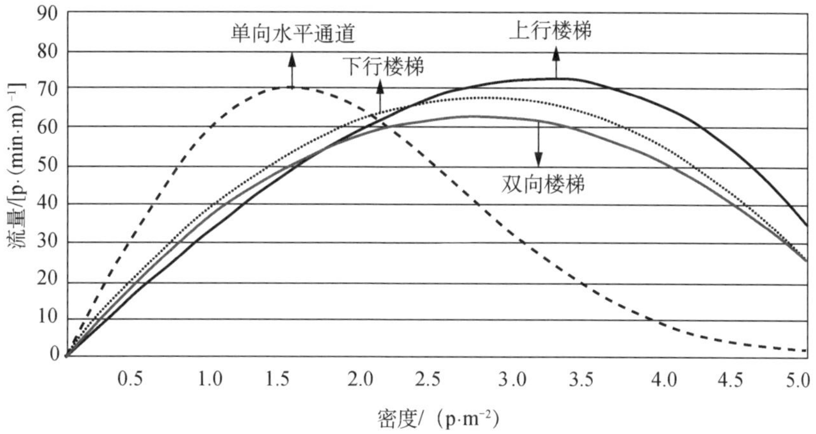

图 2-8 各设施流量-密度关系拟合曲线汇总

1）交通流特征指标

最佳密度：水平通道的最佳密度（1.53 p/m²）显著小于楼梯设施，上行楼梯的最佳密度（3.2 p/m²）大于下行楼梯（2.83 p/m²）和双向楼梯（2.76 p/m²）。较窄的视域范围与感知区使楼梯的最佳密度高于水平通道，下楼梯时行人需要更加集中注意力以防脚下踩空，个体间预留的纵向安全间距较上楼梯大，最佳密度相应比上楼梯小。

通行能力：水平通道与楼梯设施的通行能力差别并不十分显著。经研究测算，上行楼梯通行能力（73 p/min/m）与单向水平通道（70 p/min/m）接近，略高于下行楼梯（68 p/min/m）和双向楼梯（63 p/min/m）。上行楼梯通行能力与单向水平通道相差无几，大于下行和双向楼梯（此处不考虑双向水平通道）。这主要是由于在达到通行能力时，上行楼梯的最佳密度较其他设施明显偏大，上行楼梯可以承受最大程度的拥挤，弥补了其速度低的劣势。

最佳速度：水平通道的最佳速度高于楼梯，下行楼梯最佳速度高于上行楼梯和双向楼梯。与自由流速度相比，水平通道的最佳速度较自由流速度下降了约 40%，三类楼梯设施下降了45%左右。

2）“流量-密度”变化特性

流量随密度变化的趋势：水平通道与楼梯设施的行人平均流量随密度变化都有一个先升后

降的过程，在达到最佳密度前，流量随密度增加而上升；在达到最佳密度后，流量随密度增加而下降。

水平通道与楼梯设施行人平均流量的变化关系：低密度时，水平通道的行人平均流量大于楼梯设备。水平通道的行人平均流量在达到最佳密度 1.53 p/m^2 后逐渐降低，而楼梯设施的行人平均流量还在随密度增加而上升。密度 2 p/m^2 左右是一个转折点，当密度大于 2 p/m^2 时，水平通道的行人平均流量在同等密度条件下已小于所有楼梯设施。这主要是由于水平通道的速度下降率快于楼梯设施，高密度时水平通道速度已下降至楼梯速度以下，平均流量也小于所有楼梯。

不同楼梯行人平均流量的变化关系：上行、下行与双向楼梯的行人平均流量变化趋势相近。在较低密度（0～2 p/m^2）和极高密度（＞4.5 p/m^2）区间，三者的行人平均流量差异不大。但在中高密度区间（2～4 p/m^2），上行楼梯的行人平均流量明显高于下行楼梯和双向楼梯。在密度较高时，下楼梯行人需要保持更大的安全间距、占用更多空间，双向楼梯中的双向人流干扰程度较高，二者行人平均流量均低于上行楼梯。

4. 流速、密度的波动

在单个行人流的运动过程中，其密度和速度沿行走方向产生波动，尤其是在流量较大、前方通道变窄时。速度降低和密度增加的波动方向是与流向相逆的。这种波动是由于乘客个体的个人空间需求和行走运动特性产生的，当乘客前方空间不足时减速行走，后方乘客也减速，于是在减速区域产生拥挤，密度增高。前方乘客加速后，拥挤区域逐步恢复，但减速的动作从人流的前部向后部传播，人流的速度降低和密度增高区域向后传播。

在某一时刻，人流在空间上会产生速度和密度分布的离散，其中速度分布的离散更加明显，形成簇状分布，如图 2-9 所示。

图 2-9　单股流流速在空间上的簇状分布

2.2.1.4　人群聚集密度与空间设施服务水平

根据前述行人个体的基本特性和行人流的交通流特性，随着人群密度增加，行人的运动速度降低，人的运动逐渐受限，公共场所为行人行走所提供的空间服务水平降低。针对这一问题，国内外有很多学者和机构开展了研究，其中比较经典的成果有 Fruin 理论、美国道路通行能力手册（HCM）和我国的《交通工程手册》中关于人行道服务水平的结论。这些结论可推广至人群聚集城市其他空间设施服务水平评价。

1. Fruin 理论对行人服务水平的划分

Fruin 理论主要考虑的是人行道的通行能力，制定的人行道服务水平分为六级，各代表不同的空间及流动特性。Fruin 理论关于服务水平的划分是假设在均质条件下所得到的，属于较理想值，需要结合不同空间设施行人的特征加以修正。

表 2-7 是在 Fruin 理论基础上结合等候空间的人群静态特性、交通枢纽中行人携带行李较多的特征提出了 Fruin 服务等级所对应的一般等候空间人群密度和交通枢纽等候空间人群密度。

表 2-7　　Fruin 理论对行人服务水平的划分及修正

服务等级	人均面积 /($m^2 \cdot p^{-1}$)	通行空间人群密度 /($p \cdot m^{-2}$)	等候空间人群密度 /($p \cdot m^{-2}$)	交通枢纽等候空间人群密度 /($p \cdot m^{-2}$)	人群运动状态
A	>3.30	<0.30	<0.80	<0.50	自由
B	2.30～3.30	0.30～0.40	0.80～1.10	0.50～0.70	相互不干扰
C	1.40～2.30	0.40～0.70	1.10～1.50	0.70～1.00	相互干扰
D	0.90～1.40	0.70～1.10	1.50～3.60	1.00～2.40	相互有较大约束
E	0.50～0.90	1.10～2.00	3.60～5.40	2.40～3.60	拥挤
F	<0.50	>2.00	>5.40	>3.60	阻滞

根据 Fruin 理论的结论，如果要用来评估其他的影响因素对于行人安全感/舒适感的影响和服务水平，需要结合行人流线、行走时间、行走距离等来建立综合评价指标。

2. 美国道路通行能力手册(HCM)对人行道服务水平的划分

美国道路通行能力手册(HCM)针对大部分地区的行人流动情况，以高峰 15 min 的行人流量与人行道有效宽度作考虑，以实际调查得到的资料分析，在考虑“流-密-速”关系的基础上制定出六级服务水平并于 2000 年修订，如表 2-8 所示。

表 2-8　　2000 年美国道路通行能力手册制定的人行道服务水平

服务水平	描述	人均空间/ ($m^2 \cdot p^{-1}$)	行人平均速率/ ($m \cdot min^{-1}$)	流率/ [$p \cdot (min \cdot m)^{-1}$]	V/C
A	完全自由	>5.60	>1.30	<16.00	<0.21
B	偶受阻碍	>3.70～5.60	1.27～1.30	>16.00～23.00	0.21～0.31
C	受限制	>2.20～3.70	1.22～1.27	>23.00～33.00	0.31～0.44
D	中度拥堵	>1.40～2.20	1.14～1.22	>33.00～49.00	0.44～0.65
E	严重拥堵	>0.75～1.40	0.75～1.14	>49.00～75.00	0.65～1.00
F	塞满人群	<0.75	<0.75	不确定	不确定

3.《交通工程手册》对步行空间服务水平的划分

《交通工程手册》有人行道服务水平标准，从我国的实际状况、交通需要、经济基础和行人交通发展趋势出发，按照科学、实用、简明、可行与适当超前的原则确定人行道服务水平标准。《交通工程手册》在广泛搜集各国各阶段服务水平标准后，根据我国行人交通特点和社会经济的实际情况，在对北京、南京等地区的行人流进行实际观测后，建议将我国的人行道服务水平分为五级，如表 2-9 所示。

表 2-9　　我国的《交通工程手册》中制定的服务水平标准

等级	行人占用面积 /($m^2 \cdot p^{-1}$)	纵、横向间距/m	步速 /($m \cdot s^{-1}$)	通行能力 /[$(p \cdot (h \cdot m)^{-1}$]	运行状态
A	>3.00	3.00，1.00	1.20	1 440	可以完全自由行动
B	2.00～3.00	2.40，0.90	1.10	1 830	较自由、偶有减速
C	1.20～2.00	1.80，0.80	1.00	5 200	部分行人受约束
D	0.50～1.20	1.40，0.70	0.80	2 940	大部分行人受约束
E	<0.50	1.00，0.60	0.60	3 600	排队走、完全不自由

2.2.1 节中所列行人在步行设施行走的空间需求与 Fruin 理论以及我国《交通工程手册》对行人服务水平的划分结论较一致。

上述步行设施服务水平划分标准虽然不同，但对于行人的运动状态划分和描述均较一致，对不同运动状态的产生原因也较一致，均认为发生拥挤的直接原因是人群密度太大。人群密度越大，群体的行进速度越低；当人群密度达到一定极限时，就会由于拥挤过度而不能前进。因此，研究人群密度对预防和减少室外大社会活动拥挤踩踏事故的发生具有重要意义。

目前，研究结果表明，针对人群密度的判断依据并没有统一的标准，还仅限于根据自己的研究需要提出相应的特征性描述。国外学者研究表明[4]，运动人群安全的临界密度为 4 p/m^2，静止人群安全的临界密度为 7 p/m^2。综合国内已有研究[9-10]，当人群密度达到 2～4 p/m^2时会出现走走停停的波动；人群密度达到 4 p/m^2 左右时，一旦发生阻塞将很难恢复；当密度达到 5 p/m^2时，人群仍在运动，个体有摔倒的空间，但没有机会站起来，极易造成踩踏；当人群密度达到 5～7 p/m^2时，人群湍流可能形成，人群开始失控；当人群密度大于 10 p/m^2时，人群静止，发生拥堵。《北京市公园风景名胜区安全管理规范(试行)》规定“公园、风景名胜区在遇有黄金周、主要节假日及大型活动等重点时期，景区、景点如展室、桥梁、狭窄路段等处人员过多(室内达到 1 m^2/p、室外达到 0.75 m^2/p)要立即启动应急预案，采取临时关闭景区、展馆、疏散游人等措施”。

有研究指出，拥挤所造成的呼吸窘迫也是造成安全事故的主要原因之一。有学者指出 6～8 p/m^2持续的时间过长[11]，会引起生理问题，如肺的扩张和收缩，呼吸将受到压抑、心脑缺氧，甚至可能造成人员伤亡事故。有研究指出我国人群最大忍受密度为 9 p/m^2。[12]

2.2.2 正常状态的大客流集群行为

人群的集群行为是大量行人个体认知、决策和行为的集合。由于行人个体的复杂性、个体之间相互作用机理的复杂性，很难构建完整的模型来描述和预测高密度人群的集群行为及其演化过程。但大量研究认为，可以用少量关键因素来表征和较为准确地描述集群行为。高密度人群的集群行为看起来非常复杂，但从微观层面上看，仅来自个体对周边有限区域和有限其他个体的认知、有限的理性以及其行为对周围有限人群的有限影响。可以说，行人个体的有限认知、有限理性及有限行为影响形成了人群的集群行为。

2.2.2.1 个体的习惯与决策

行人个体在公共场所的活动具有一定的习惯性，在不同场景下的行为决策也具有相应的特征。

1. 人在自由行走时的行为习惯

1）弱规则性

如果不是想尽快到达目的地，一般人倾向于以自己最舒适（能量消耗最少）的步行速度来行走，不会以整齐的“队列”行进，而是在可能的空间内以不规律的方式向前运动[13]。

2）抄近路习惯

为了到达预定的目的地，人们总是趋向于选择最短路线，这是因为人类具有抄近路的行为习惯，以减少行走路程和时间，满足舒适的需要。要充分考虑这一习性，防止行人因为抄近路而发生安全问题或者降低通行、疏解效率。如图 2-10 所示，行人有在步行广场走对角线抄近路穿越广场的习惯[14]，乘客在使用同一组检票闸机时也会出现距离最近的闸机利用率远高于距离远的闸机的情况[5]。

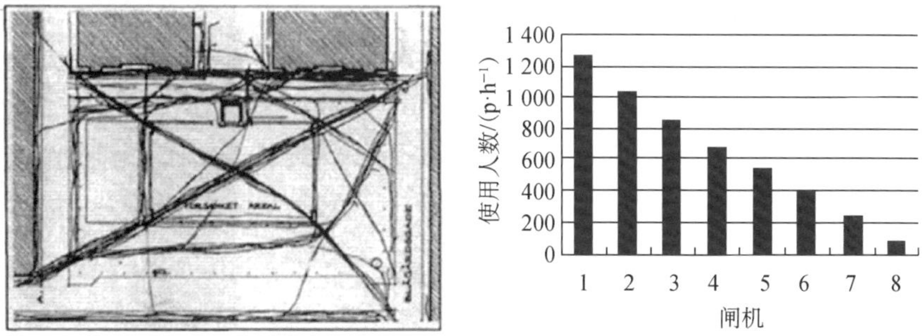

(a) 步行广场对角线穿越　　(b) 同组闸机利用率比较

图 2-10　行人最短路径选择

3）识途性

人们在进入某一场所后，遇到危险如火灾时，会寻找原路返回，这种习性称为识途性。识途性是满足人们安全需要给人安全感的心理特征，但往往是非理性的。在大量火灾事故现场调查发现，许多遇难者因找不到安全出口而倒在电梯口，因为他们是从电梯口来的，所以遇到紧急情况原路逃离，可是在电梯口又没有安全出口。因为在紧急情况下，电梯是自动关闭的，特别是人在慌张之际，更易表现出识途性。因此在设计公共空间安全出口时，要尽量设在入口附近，并且要有明显的位置和方向指识标记。

4）一侧通行习惯

在人群密度较大（0.3 p/m^{2}以上）的室内和广场上行走时，一般人会无意识地趋向于选择在一侧通行。比如，我国大城市公共场合发生人流的干扰和冲突时，大多数行人选择右侧通行。这种习惯对于公共空间客运服务流程及客流流线的组织有重要指导意义。

5）左转弯习惯

人类有趋向于左转弯的习惯，在散步、游览的人群行走轨迹就可以显示这一习性。并且有学者研究发现向左转弯的时间花费比同样条件下的右转弯短。很多运动场（如跑道、棒球、滑冰等）都是左向回转（逆时针方向）的。这种习惯满足了人们舒适的需要，对于公共空间的通道和流线走向设计具有指导意义。

2. 人在受约束行走时的行为习惯

在受约束条件下，行人在步行过程中与其他行人发生更多交互作用，从而呈现出某些自由行走状态下不具备的行为特性。在受约束条件下，行人的常规行为包括其运动过程中与环境和人群之间的关系和行为。比如，冲突解决（避让、等待及竞争）、排队及组群等行为过程。

1）冲突解决

行人在行走和接受服务过程中，会频繁遇到来自其他行人的干扰和冲突。解决冲突、恢复正常运动的行为主要有以下 3 种：

（1）避让，即遇到冲突时，行人采取绕道避开冲突点的行为。在避让过程中，行人需判断新的行走路线，可以在时间和空间上避开冲突点。当行人出行时间不紧张并且人群密度较低时，行人可以选择避让行为。大多数情况下，机动性强的个体或群体会避让机动性弱的，比如男性给女性让路，单个行人给行人群体让路，小群体行人给大群体行人让路，年轻人给老年人让路，怀抱婴儿、有小推车、行动不便或背负行李的人一般不给其他人让路。

（2）等待，即遇到冲突时，行人采取原地等待的行为，让其他行人通过，冲突点消失后再自行通过。在等待过程中，行人不改变行走路线，冲突点消失后继续按照原有路线行走。当行人出行时间不紧张、不赶路并且人群密度较低时，行人可以选择等待行为。

（3）竞争，即在行走中遇到冲突或服务中服务节点能力有限时，行人抢先通过或抢先得到服务的行为，以及占据有利位置不肯避让的行为。在竞争过程中，行人不主动改变行走路线，采取加速或争抢，因为竞争使冲突加剧，冲突点不能尽快缓解，行人无法完全按照计划路线行走或接受服务，部分行人做出让步，采取避让或等待行为。当行人时间紧张、赶路时，或者人群密度较高时，行人会选择竞争行为。并且，当人群密度较高时，行人个体的避让和等待往往因为拥挤而无法实现。竞争行为往往形成拥堵和瓶颈，降低整体的通过和服务效率。竞争行为多发生在扶梯入口、检票口以及列车乘降点。

2）排队行为

排队行为主要发生在服务界面能力有限的情况下，比如城市轨道交通车站的售票设备、检票闸机、狭窄通道、自动扶梯和候车区域。不同服务环节的排队行为存在差异，主要有以下两种排队方式：

（1）线形排队，行人按先后顺序排成一条队伍。多发生在一次仅能服务1人的服务界面，比如售票设备和检票闸机。

（2）面形排队，行人按先后顺序并排成多条队伍。多发生在一次能同时服务两位以上行人的服务界面，比如狭窄通道、自动扶梯和候车区域。

线形排队可以完全避免行人间的竞争，而面形排队由于同一服务界面上存在多条队伍，行人有在队伍间转换的可能，因而易造成一定程度上的竞争，引发混乱，影响服务秩序和效率。因此，人群的拥堵往往发生在竞争的人群和面形排队的人群中（图2-11）。

(a) 线形排队　　(b) 面形排队

图2-11　不同服务区域的排队方式

排队的方向受地形影响，线形排队可以与服务界面垂直，也可以与之平行，甚至沿引导设备迂回。过长的队伍也会影响空间中其他行人的通过，因此对于排队较长的服务区域，需要对排队空间和排队方式进行合理安排。

3）组群行为

行人结伴出行或者同方向上客流相互联合形成组群，这在车站客流中非常明显。这种行为是由人的社会心理属性引发的。行人的组群行为会在一定程度上影响人群的运动。

行人组的成员在遇到外界环境变化和其他冲突时，都尽可能保持成员间的亲密距离。同时，小组成员间尽可能保持一定的距离，满足个人空间。这就形成了小组成员之间平衡的位置关系和小组稳定的结构，一方面，小组成员行走不受阻碍；另一方面，部分成员可以跟随他人而减少与其他组冲突的概率。

组内保持相对稳定的结构和平衡的成员关系可以使小组的决策更加简单，反应更加迅速，小组成员移动和完成服务流程更快速、安全和舒适。为了保持平衡和稳定的结构，小组内部有收缩、扩张、解体和重组四种基本的行为。

（1）收缩。小组成员间的距离被迫减小，小于平衡状态，小组成员的相互关系和组结构发生改变。

(2) 扩张。小组成员间的距离增加,恢复平衡状态,小组成员的相互关系和组结构发生改变。

(3) 解体。当外力太大,小组成员无法再保持亲密关系时,小组解体,即成员被迫分开。

(4) 重组。被解体的小组成员互相寻找并重新组成小组的过程。

收缩和扩张、解体和重组是两对相反的行为过程,收缩和解体多为被动,扩张和重组则多为主动,都是在特定的环境下,外部影响与内部需要的共同作用下,为了小组成员能够更安全、舒适地运动而发生的行为。

收缩一般发生在组间的干扰冲突及通过狭窄空间时。由于组空间变小,小组被动收缩,成员距离小于平衡距离,并最大程度同步移动和避免碰撞。扩张一般发生在人群的冲突消失或者通行空间变宽时,组空间变大,收缩的小组为了恢复原有的平衡状态,成员距离扩大,可以更顺畅、安全地移动。

解体一般发生在人群冲突严重和空间极度狭小时,小组抵抗不住冲突带来的冲击力,成员之间的连接被打破,成员单独行动更有利,各自通过人群或狭窄的通道。当通过冲突区域或狭小空间后,小组成员相互寻找,重新构成小组,恢复成员间的亲密关系及平衡状态。

图 2-12(a)中组 A 和组 B 对向行走,并在狭窄的空间发生冲突,A 先收缩后扩张,B 先解体后重组;图 2-12(b)中组 C 在通过窄门前在人群中受到其他组和个体的影响而收缩,行走路径也在不断变化。

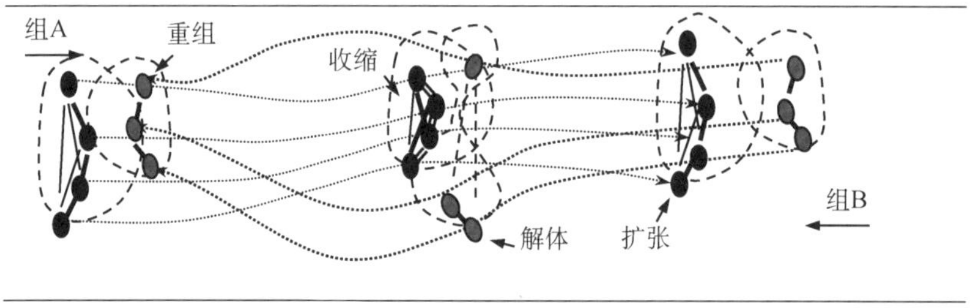

(a) 行人组的基本行为

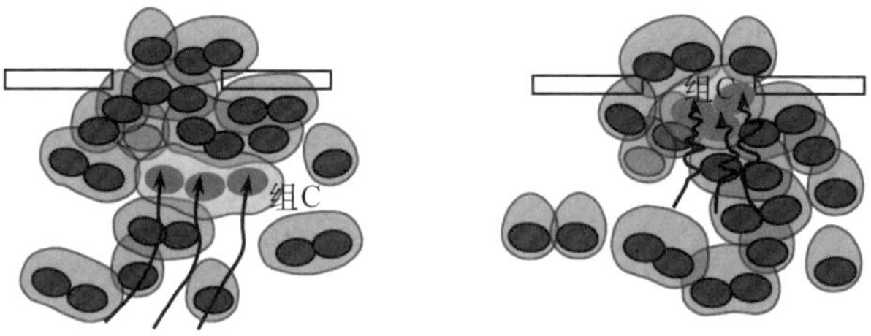

(b) 在狭窄通道前行人组被压缩

图 2-12 行人组的基本行为示意

在紧急情况下,组群行为在人群疏散时会影响疏散效率。有研究人员对个体单独行动的人群和全部由 2~3 人的行人组构成的人群分别进行了空间疏散的仿真分析,发现组群行为对空间疏散的效率会产生较大的影响[15]。该研究设置了室内大厅的仿真环境,大厅长 30 m,宽 20 m,仅有一个出口，厅内聚集了 200 人。发生突发事件后，厅内所有行人从出口疏散出去。在单独行动的情况下，得到疏散指令后行人不用考虑结伴行为而直接向出口移动，在出口处有少量拥堵，随着疏散的继续进行，拥堵逐渐消失，平均疏散时间约 56 s。在结伴的情况下，得到疏散指令后，行人开始寻找同伴，产生交叉行人流，在大厅内有一定程度拥挤混乱的现象；在出口处，拥挤区域向后延伸，疏散效率相对较差，最终疏散时间达到 95 s。疏散过程中人群分布的情况如图 2-13 所示，左图为非成组出行模式，右图为成组出行模式。

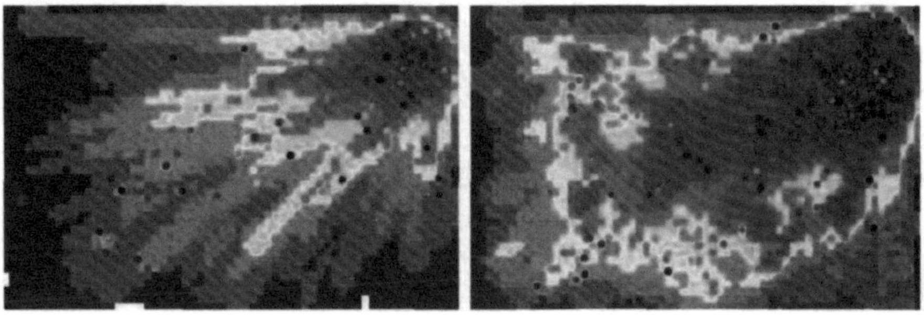

图 2-13　非成组出行和成组出行疏散效率的仿真比较

2.2.2.2　正常状态集群行为

行人个体的基本特性使个体在空间行走时具有相对明确的空间需求、选择偏好和运动特征，在环境发生变化时也有相对明确的决策趋势和调整策略。这些个体的需求、偏好、特征、策略在个体间发生相互影响，形成一些典型的群体性行为或现象，同向人群会放大其成员的协同性需求和特征，异向人群则会强化其成员的冲突或妥协性需求和特征。这种由个体间的非线性作用产生的，不受外部计划、规定、引导等因素影响的应激性集群行为和现象，称为人群的自组织行为或自组织现象。

1. 同向人群行走中的自组织现象

同向行走的人流的自组织现象主要体现在行人个体对通行条件的合作、竞争与利用上。当通行宽度较大可容多人并列行走时，高密度同向行走人流会出现“内实外松现象”；当通道宽度有限仅容少量个体并列行走时，人流会出现“同向渠化现象”；当通道宽度仅容 1 人行走时，在通道入口处人流会出现“拉链效应”。

1）内实外松现象

在宽通道高密度人流的内部，因为行人的相互挤压，会在密度较高、个体行走速度趋同但较低的人群内部“结块”，而外部则密度较低，行走较为自由，速度较高的外围会“环流”。因而，人群内部一旦发生停滞或摔倒等突发情况，极易发生拥挤踩踏事故，外侧则成为快速通行的区域。图 2-13 为某地节日期间人群聚集、密集单向过街的场景，在人流中部密度较高、行人行走自由度较低，多为人群“裹挟”行走，速度较低，而在外侧则个体空间较为充裕，行人可以较为自由地行走，速度较高，如图 2-14 所示。

图 2-14　行人流的内实外松现象

2）同向渠化现象

在仅容两人并列通行的狭窄通道中，单向行走的密集人流会在通道瓶颈入口处汇集，并以两两并行的形式进入通道行走，在通道中自动渠化为相对稳定的两条路径。这也是行人个体间在进入通行瓶颈时为保证最大通行效率而自发形成的最佳群体决策。

如图 2-15 所示，荷兰代尔夫特理工大学学者 Hoogendoorn 和 Daamen 在观测中发现[16]，当人流进入 2 m 宽的狭窄通道后会自发分成两条通行路径。当人流密度较低时，未发生拥堵，渠化不明显，两条路径多有交叉；但随着人流密度增加、拥堵逐渐严重后，这两条路径则越来越清晰，最后形成完全独立的两条并行路径，以最大程度地减缓瓶颈通道的拥堵。

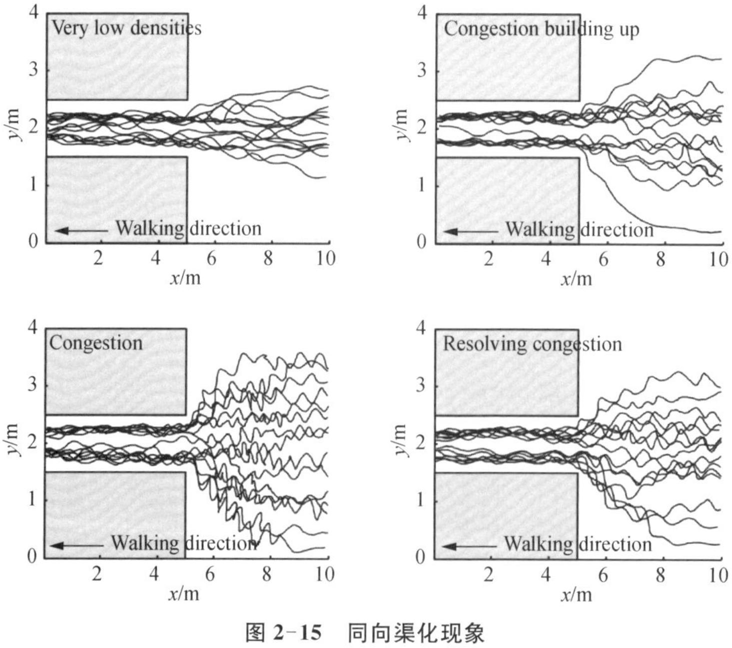

图 2-15　同向渠化现象

2016 年,笔者进行的人群实验也发现了同样的自组织现象(图 2-16)。

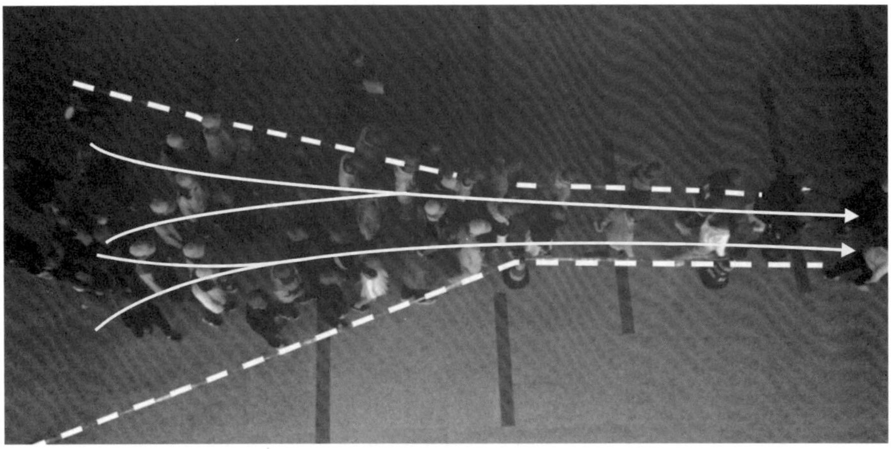

图 2-16 实验中的同向渠化现象

3) 拉链效应

在仅容 1 人行走的狭窄通道入口,单向行走的人流会在通道入口处汇集,在进入通道的过程中逐渐形成左右交替进入通道的规则,像拉链一样汇成一条通行路径。这也是在通行条件有限时,行人个体间自发形成的最佳通行策略。

有的狭窄扶梯入口前设置一个分隔桩,将汇集人流分成左右两侧的队伍,更容易形成拉链效应,改善扶梯入口秩序、提升进入效率并有效利用有限的扶梯通道通行能力。在容两人进入的扶梯入口设置分隔桩,也有利于将密集人流进行同向渠化(图 2-17)。

图 2-17 自动扶梯入口"拉链效应"示意

在笔者2016年组织的行人流实验中，设置了仅供1人通行的狭窄通道，单向行人流被分成两列，在通道入口瓶颈处清晰地反映出单向行人流会合通行的“拉链效应”（图2-18）。

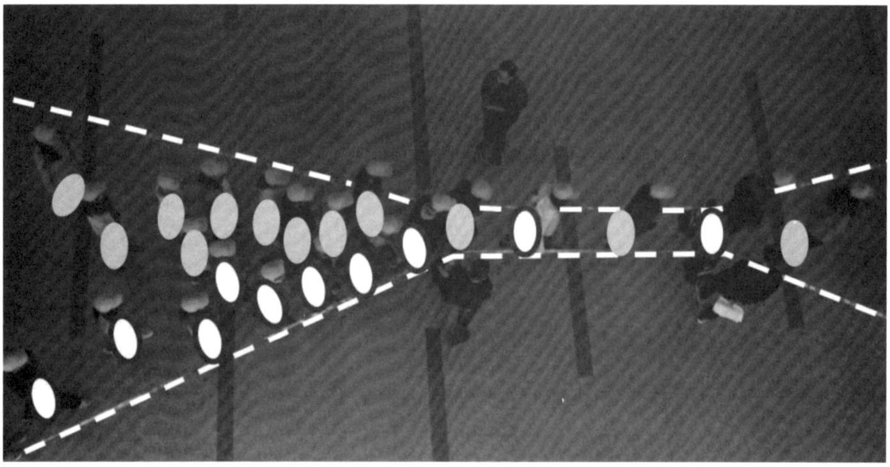

图2-18 行人流实验中的“拉链效应”

2. 异向人群行走中的自组织现象

异向行走的人流的自组织现象主要体现在对向行走或交叉干扰的行人个体对通行条件的竞争、妥协与利用上。当通行宽度较大可容多人并列行走时，高密度对向人流会出现“渠化现象”，交叉人流会出现“斑纹特征”；当通道宽度有限仅容少量个体并列行走时，人流会出现“交替通行现象”。

1）对向人流的渠化现象

人流的渠化行为如图2-19所示，受乘客的社会心理属性影响，行人个体的个人空间、跟随的意愿使得同向行走的个体集结在一起，依序行走，渠化形成类似于两手手指交叠的形态。一方面，渠化现象减少对向冲突面积和行走阻力；另一方面，渠化现象形成往前走的群体动力，是缓解对向人流正面冲突的有效行为。

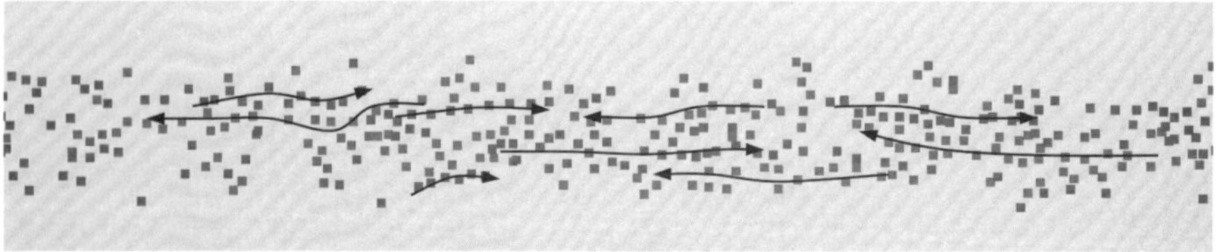

图2-19 对向冲突的人流的自动渠化行为

实验发现通道宽度和共同行走的行人组大小均会影响渠化的指形排列数量和宽度。如图2-20所示，左图行人3～5人成组出行，右图行人个体出行。经多次实验，同样为6 m宽的通道，左侧成组出行中存在3～5个指形排列，平均宽度约1.5 m；右侧个体出行时存在8～10个指形排列，平均宽度约 0.7 m。可见，在同样宽度的通道，行人成组出行增加了对向人流指形排列的宽度。

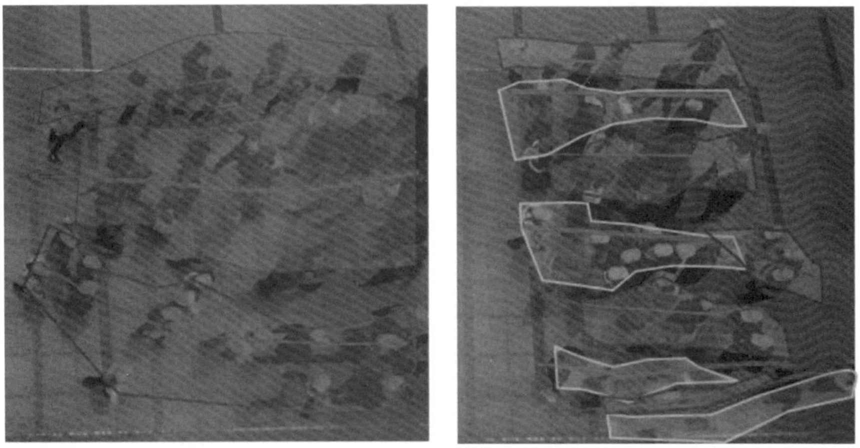

(a) 成组出行实验　　(b) 个体出行实验

图 2-20　对向行人流成组出行和个体出行的渠化现象差异

如减小通道宽度，对向人流不足以构成多个指形排列时，则会出现对向人流各选一侧通行的现象，通行方向与所在国家和地区的交通习惯有关。比如，在我国，大多数对向人流在一侧通行时选择从右侧通行。图 2-21 为通道宽度缩小至仅容两人通行时，对向人流的单行右侧通行。

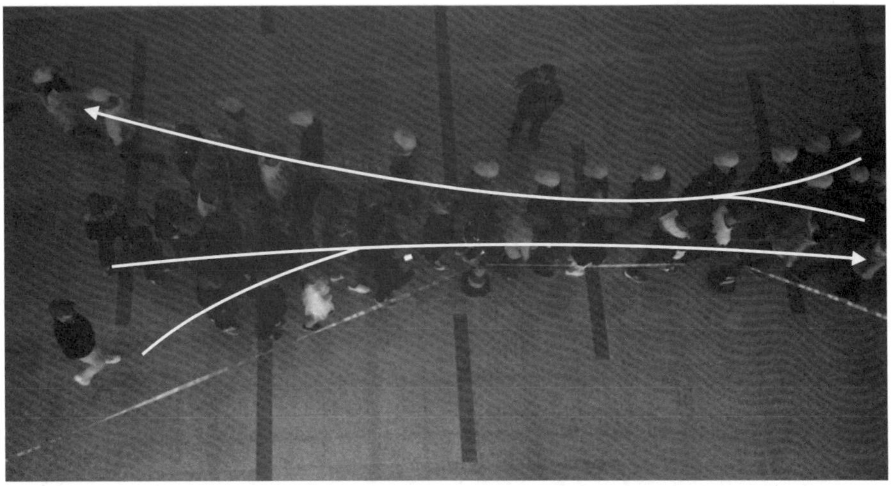

图 2-21　对向行人流单侧通行的实验

2）交叉冲突人流的斑纹特征

交叉冲突的行人流，在冲突区域会出现两股人流交叠的斑纹特征，这也是人流渠化现象的差异化表现，其效果也是减少正面冲突、提高行走效率。经仿真实验和实际观察发现两股流的渠化行为较简单，容易发生，斑纹特征明显，形态较简单。而多股流交叉，斑纹特征不明显且形态较复杂，如图 2-22 所示。

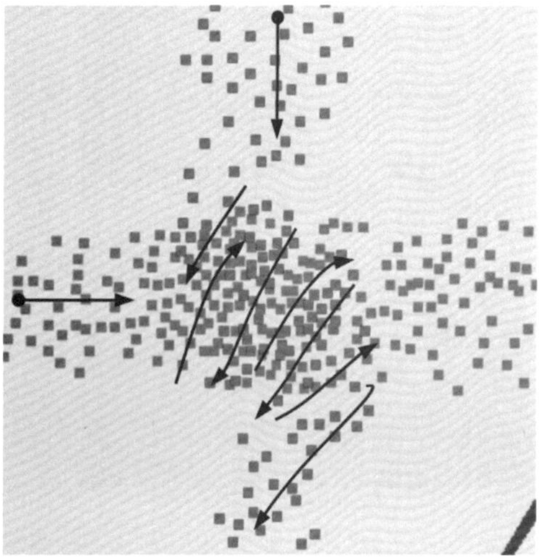

(a) 两股流交叉的斑纹特征

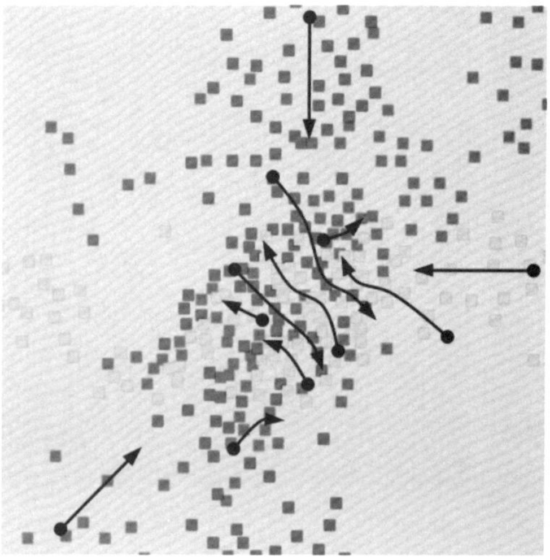

(b) 三股流交叉的斑纹特征

图 2-22 交叉干扰人流的渠化行为及斑纹特征

经实验发现，行人成组出行会影响交叉人流的斑纹数量和宽度。如图 2-23 所示，左图行人 3～5 人成组出行，右图为行人个体出行。在多次实验中，成组出行时存在 3～4 个斑纹，平均宽度约 1.3 m；个体出行时存在 6～8 个指形排列，平均宽度约 0.6 m。可见，在同样通行条件下，行人成组出行增加了交叉人流冲突区域斑纹的宽度。

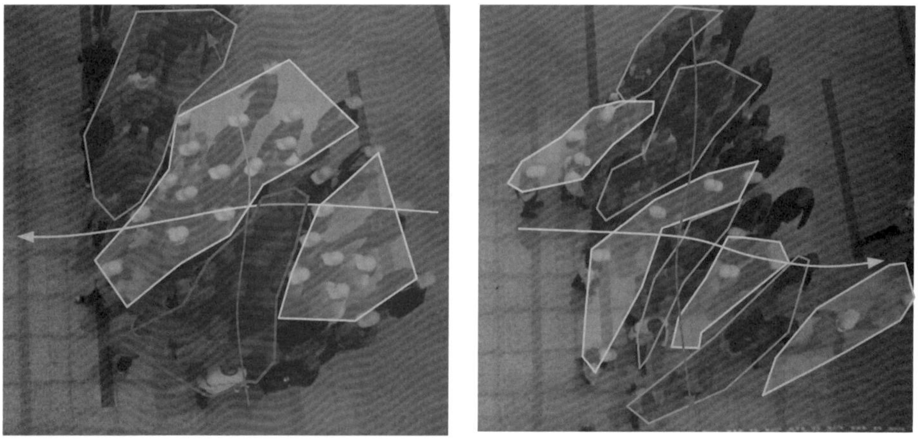

图 2-23 交叉行人流成组出行和个体出行的斑纹特征差异

两股流和三股流交叉时由于渠化行为而表现的斑纹特征差异如表 2-10 所示。

表 2-10　　两股流和三股流交叉时斑纹特征的比较

特　征	两股流	三股流
斑纹长度	较均匀	长短差别大
斑纹形状	简单，较顺滑	复杂，弯曲
斑纹方向	沿冲突人流夹角的平分线	沿主要客流夹角的平分线
发生概率	大，极易两股流同时发生	较小，不易多股流同时发生，交替发生
稳定性	较稳定，变化平稳	不稳定，变化复杂

总的来说，两股流交叉由于冲突较为简单，各种密度的人流交叉时渠化行为均较容易发生，而且分布较为均匀，形态较为稳定；而三股流交叉由于冲突复杂，渠化行为难以发生，且斑纹形态不稳定，易被打破。

流的渠化和交叉区域的斑纹特征可以表征交叉干扰的顺畅程度，多股流交叉的渠化行为和斑纹特征不明显，则说明其冲突较严重，应尽量避免。

3）交替通行现象

通道瓶颈区域的双向人流交替通行现象也叫瓶颈摆动现象，与同向人流的“拉链效应”类似，都是在通行资源不足时，行人间竞争而达到妥协，以更充分利用通行资源的现象。主要是指在通过窄门（如车门）或狭窄通道（如楼梯）时发生冲突的人流会交替通行。这个现象是由个体心理特征的变化和成组出行引起的。某一流向的个体耐心程度降低，促使其采取竞争行为通过冲突区域，对向人流的个体忍耐到一定程度也会采取竞争行为，双方交替采取竞争行为，表现为人流交替通行（图 2-24）。

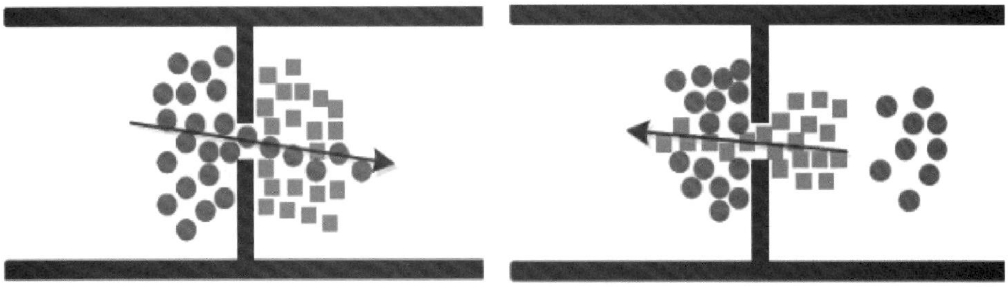

图 2-24　交替通行现象示意

2.2.3　紧急情况下的大客流集群行为

行人个体在紧急情况下的有限认知、有限理性及有限行为影响形成了人群在紧急情况下的集群行为。因此，要研究大客流的集群行为并制定相应的管理和风险防控措施，需要对紧急情况下行人个体的行为决策，以及大客流集群行为产生的原因进行较为系统的了解。

2.2.3.1 紧急情况下个体的行为及决策

在紧急情况下，公共空间人群中的行人个体、个体之间以及小组之间会有更加复杂、激烈的心理性和社会性关系，导致与常态情况下行为和决策的差异。

1. 紧急情况下行人个体的心理状态

公共空间中发生突发事件后，受到刺激的行人一般会有以下几种心理状态：惊慌、恐惧、愤怒、冒险、群聚、镇静等[17]。不同的应急心理会导致不同疏散行为选择，不同的应急心理也是各类应急场景施加影响的着力点。

(1) 惊慌。当行人面对突发事件或是间接得到突发事件的信息时，惊慌是其最直接的心理反应。突发事件的发生本身就不可预料，而且会不断侵蚀行人的有效生存空间或安全领域，再加上周边行人骚动，任何成熟镇静的行人都难免会产生惊慌心理。惊慌心理有可能会导致行人采取最直接的“最近疏散行为”或是“从众疏散行为”。

(2) 恐惧。当行人离突发事件过近或是突发事件的危害过于严重时，可能会产生更加强烈的恐惧心理。突发事件一般都是对行人不利的事件，尤其是爆炸、火灾、投毒等突发事件会直接威胁行人的生命安全，在这种情况下，强烈的恐惧会促使行人首先选择“退避疏散行为”，临时避开突发事件的直接伤害。

(3) 愤怒。公共空间本身的特点(如地下、密闭、狭窄、客流密集等)导致行人在疏散过程中容易受到其他行人或是设施、设备的阻碍与限制，这时强烈的惊慌和恐惧心理有可能转化为愤怒心理。愤怒的疏散行人有可能会做出一些不理性的临机疏散行为或举动损害整体的疏散效率。各种应急心理的产生与变化是由不断变化的场景决定的，不断变化的应急心理又会对疏散行为决策产生重要的影响，所以对应急疏散心理的分析是进行疏散行为决策分析的基础和前提。

(4) 冒险。当行人在疏散过程中面临疏散选择时，有可能会产生冒险一试，更快疏散出站的心理。例如面对火灾突发事件，如果火灾的蔓延与发展并不是十分迅速，行人有可能会放弃向火灾相反方向的“直接退避疏散”，有可能沿着火灾蔓延边缘进行“绕行退避疏散”，以求能够选择更快捷的疏散通道。这种疏散行为模式是比较危险的，车站应急管理人员应当在第一时间明确突发事件的危险边界，引导行人进行安全的疏散。

(5) 群聚。当疏散行人在没有合理疏散引导或是找不到有效的疏散通道时，巨大的恐惧会促使其向其他行人靠近以寻求帮助和心理上的安慰，这就是群聚心理。群聚心理是“从众疏散行为”产生的主要原因，也是车站应急管理人员进行疏散引导的着力点。

(6) 镇静。有疏散经验或是得到疏散引导的行人可能会由惊慌、恐惧心理转为镇静。这类行人会根据周边不断变化的应急场景选择较为合理、有效的疏散行为以及疏散通道(有可能选择“回返疏散行为”“均衡疏散行为”等)，不容易做出一些非理性的举动，有利于整体疏散效率的提高。所以应急疏散管理人员应当在突发事件发生的第一时间，通过广播或是现场解说的方式安抚疏散行人，使其保持镇静。

2. 紧急情况下行人个体的行为表现

在紧急疏散过程中，行人个体的行为主要分为寻路行为和社会行为两大类。

不同的疏散心理组合会产生不同的寻路行为，包括最具代表性的“最近疏散行为”“退避疏散行为”“回返疏散行为”“从众疏散行为”“均衡疏散行为”等 5 种[17] 以及其他临机疏散行为，同时，不同疏散心理及社会需求也会产生“竞争行为”“群聚行为”“服从行为”“排队行为”“互助行为”等社会/集群行为。如图 2-25 所示。

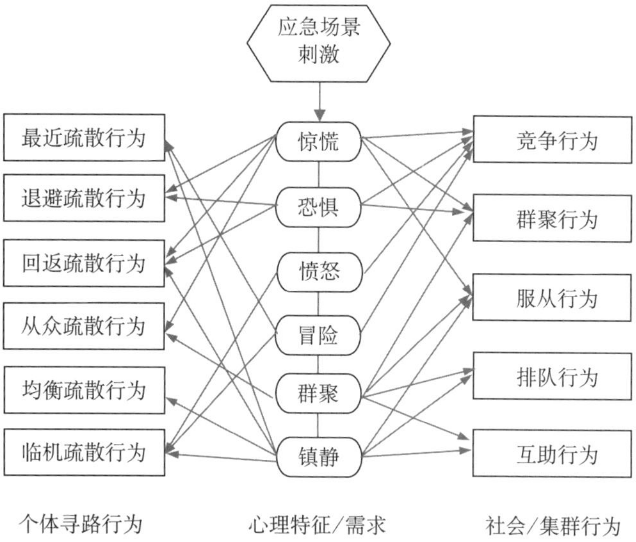

图 2-25 不同心理状态对应的个体应急行为

(1) 最近疏散行为。该行为是建立在对空间结构、出入口布局等情况充分了解的基础上做出的，其主要特征就是疏散行人会选择距离自己最近的出入口离开。这种疏散行为在疏散行人较少的情况下是符合空间应急处置措施的疏散引导目标的。但是当疏散行人密集时，同时采取最近疏散行为有可能导致最近的疏散通道或是出入口拥堵不堪，而其他有效疏散通道不能得到有效利用而影响全局的疏散效率，这种情况下需要加强对有效疏散通道的均衡引导。除此之外，当最近疏散路径上出现突发事件危险源时也应加强疏散引导，防止意外事故发生。所以最近疏散行为并不是最优疏散行为。

(2) 退避疏散行为。当行人遇到突发事件(如火灾、毒气等事件)时，他的第一反应就是“退避”，尽快逃离危险源。这种疏散行为是人类本能行为。退避行为能够保证疏散行人免受直接伤害，引导行人进入安全区域。但是大范围的退避疏散行为却并不一定是最优的，疏散行人脱离危险区域后如果仍然按照退避方向进行疏散，有可能错过最优疏散机会，甚至进入死胡同。在这种情况下，空间引导人员需要标定危险源合理的安全界限，在界限之外应加强引导，使行人能够分流和绕行。

(3) 回返疏散行为。根据相关调查和研究，在突发事件中会发生疏散行人中途回返的现象。这种疏散行为发生的动因有三个：一是找不到合适的疏散路径，不得不按原路返回，在回返的路上找寻合适的疏散路径；二是进站行人直接按照进站时选定的出入口进行疏散，这条路径最熟悉和可靠；三是进站行人极为自信，不但确信自己能够安全疏散，而且要回返去协助他人，尤其在团体疏散时这种行为更为明显。

(4) 从众疏散行为。当疏散行人对空间结构以及出入口布局不太熟悉或是对自己的选择不够自信时，经常会放弃自己的疏散路径或方式选择，改而跟随其他行人疏散，这种行为就是从众疏散行为。从众疏散行为在日常生活中也很常见，例如：在商场购物或是街道围观时，常常会产生跟随大众选择的行为或趋向。在讨论中，如果自己的意见与其他人不同时，很容易产生动摇进而附和他人。“从众疏散行为”的作用有两种可能：一方面，如果行人没有选择或者选择是错误的，跟随正确的选择会产生积极的作用，在应急疏散中会提高疏散效率，保证疏散安全；另一方面，如果自己本来的疏散行为选择是正确的，而盲目依赖他人的选择产生了误导，会降低疏散效果。当行人处于应急状态时，从众现象就更加普遍了，突发事件给人的巨大压力往往使疏散行人不由自主地选择人流量大的方向疏散，尤其在对突发事件信息了解不太清楚的情况下，从众行为更加明显。

(5) 均衡疏散行为。行人在疏散过程中，会面临均衡疏散选择的问题。当某一最近疏散通道、楼梯或出入口人满为患，影响疏散速度时，行人有可能会选择相对远一点，但是占用人数较少的疏散设备离开，该行为称为均衡疏散行为。该行为产生的动机依然是最近疏散行为的心理动机——尽快疏散出站。这种均衡选择行为可以有效利用空间内所有的疏散设施设备，对整体疏散效率是有利的，也是空间应急管理人员疏散引导干预的着力点。在应急状态下，空间管理人员应当加强引导，提高易被忽视的疏散设施的利用率。

在环境信息不明确的情况下，行人还会表现出趋光行走、沿墙行走、绕行等临机疏散行为。

在疏散过程中，行人个体与其他个体发生各种交互关系，表现出各种应急条件下的典型社会行为。

3. 紧急情况下行人个体的行为决策过程

在紧急情况下，个体的行为决策与平常相比通常会具有更高风险、更高不确定性和更有限的时间。在上述各种应急的心理特征下，行人个体要做出更快的决策，只会依据自身的本能、以往的经验和有限的理性。本能、经验和有限理性往往使个体在紧急情况下采取不完全理性的决策和行为。

在紧急情况下，无论从组织管理者和出行参与者的角度，尽快将人群疏散到安全的区域都是最关键的做法。行人也会不断根据周边环境的变化以及突发事件的发展变化而不断调整应急疏散策略，直到疏散成功。在 5 种主要疏散行为中，只有两种行为是行人自发产生的，一种是“最近疏散行为”，这直接反映了疏散行人最直接的疏散动机——“尽快疏散出去”；另一种是“退避疏散行为”，这是人类对灾害最自然的反应。这两种疏散行为反映了人类“趋利避害”的本能和目的，其他的疏散行为都是为了能够达到“趋利避害”目的而采取的临时疏散策略。

由此可见，疏散行为的选择是由更复杂的应急疏散心理所决定的。行人根据所在空间的具体位置、结构、突发事件状况以及应急处置措施等应急场景进行相应的应急疏散决策，临时选择一种寻路行为和社会行为，在疏散过程中还有可能会根据应急场景的变化而动态改变自己的疏散行为选择，直到疏散成功。行人应急疏散决策的过程如图 2-26 所示。

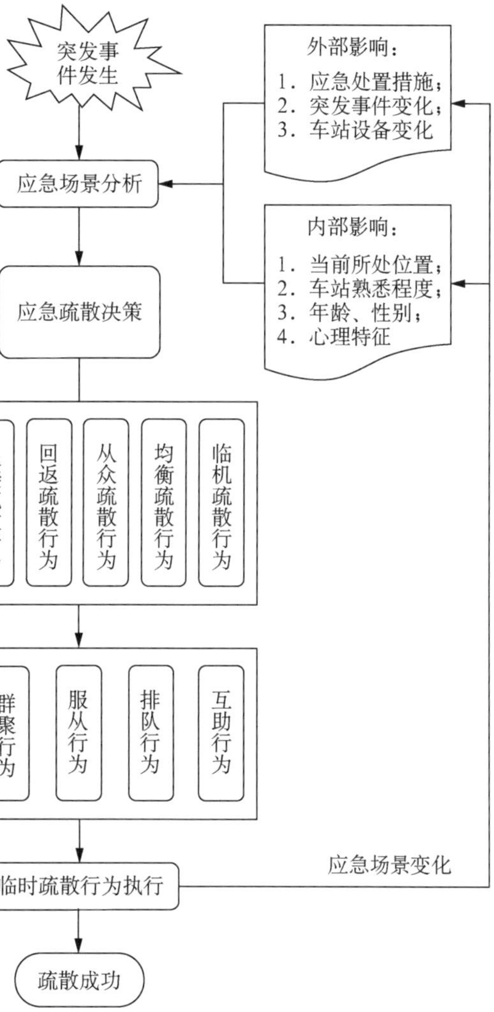

图 2-26 行人个体的应急疏散行为决策过程

突发事件环境下行人的行为决策涉及疏散客流分布、突发事件状态以及应急处置干预等复杂因素，受其影响，行人对疏散行为的决策反映在三个层面上：

(1) 自身决策：疏散个体根据突发事件信息独立做出相应的应急疏散决策。

(2) 群体决策：个体在自身决策的基础上还会受到他人的影响，同时也会潜移默化地影响他人的决策。

(3) 外界干扰：外界环境的干扰，比如应急处置措施的干预或障碍物（倒下的行人以及墙壁等）对疏散行人行为决策的作用。烟气有可能会使行人受到毒害而丧失正常的行为判断，临时性障碍物的产生有可能改变行人的行为决策，这些复杂的行为决策因素综合在一起共同影响着行人的疏散行为决策。

2.2.3.2 紧急情况下的集群行为

上述行人个体在紧急情况下的有限理性以及应急行为与决策特征相互影响会构成大客流群体的集群行为。这些集群行为主要包括竞争行为、排队行为、群聚行为、互助行为以及服从行为。在以上行为中，竞争行为、群聚行为和服从行为是相对非理性的，排队行为、互助行为是相对理性的。

1. 竞争行为

许多情况都有可能导致聚集人群的竞争行为。行人个体对紧急事件的重要性、不确定性和紧急性的感知度综合造成个体的压力，当压力超过阈值时，个体可能会产生不理性的决策和行为，导致人群的竞争行为。例如，当个体认为事态紧急、急需疏散，就会认定竞争疏散的行为是最好的选择，因此就会表现出竞争性。当个体感受到高度的重要、紧急和不确定性时，受到恐惧的影响，也会以竞争的方式逃向最近的出口。个体表现出的竞争性，又会影响到其他个体，形成大量个体选择跟随他人的竞争行为，从而表现出人群的竞争行为。

当竞争行为发生时，行人心里着急，缺乏耐心，导致争相向安全出口处移动，由于存在成拱和聚集现象，安全出口前通行效率大大降低，反而使得行人实际移动速度变小，出现“快即是慢”的现象。为避免过度的竞争行为，应加强引导，减少行人间的盲目竞争。同时加强对人群密集区域的管控，降低竞争人群的密度，提高疏散效率。

2. 排队行为

与竞争行为相比，当行人个体感受到的突发事件重要性、不确定性和紧急性程度降低时，其压力水平会降低。比如个体认为突发事件已经得到控制、会得到安全疏散，并且有足够的时间来安全疏散，个体表现出排队行为，又会影响其他个体选择跟随大众，加入排队，使人群在公共场所的出口处集结排队并有序流出。排队的形式在很大程度上是自组织的过程。不同于竞争行为，排队行为通常不会导致出口处堵塞，而是会形成更有效的疏散。

为提高排队疏散的效率，应合理规划和引导排队区域及排队形式，以提升排队疏散效率，减少对其他人流的干扰。

3. 群聚行为

群聚行为经常出现在有多个疏散出口的场所。在紧急疏散时，人群并不像设计师和管理者期望的从多个出口均匀疏散，而是经常会聚集在一个出口，导致出口拥堵，而其他出口则没有被完全利用。导致群聚行为的主要因素是不确定性，即当个体没有足够的信息来决定怎么做时，他们倾向于跟随他人的做法，因而发生出口的不均衡使用。这种现象广泛存在于自然界的各种动物群体中。

由于人群的群聚行为，造成短时间内大量行人试图进入安全出口或通道，无论正面或侧面的行人都很难顺利疏散，形成拱形人群，导致人群滞留，如图 2-27 所示。

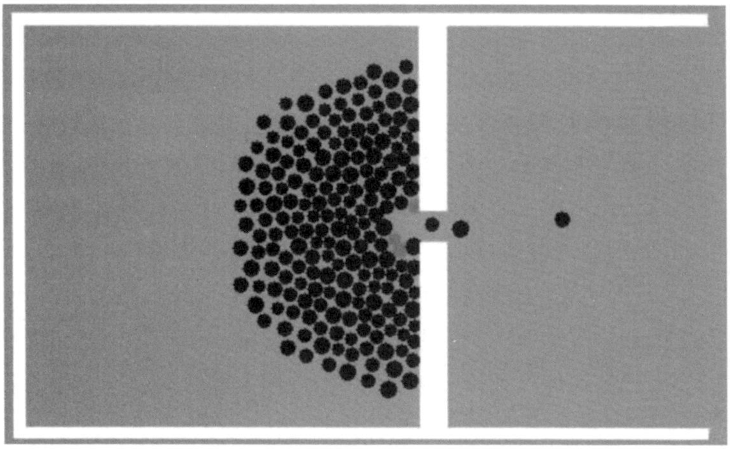

图 2-27 拱形人群

为避免盲目群聚行为的发生，在发生紧急情况时应通过应急手段加强引导，合理利用出口，帮助人群快速疏散。

4. 互助行为

紧急情况下，群体也经常会出现互助行为。互助行为的发生是社会价值和社会道德的结果——如果个体发现他人发出帮助需求，他们会更愿意帮助那些需要帮助的人。如果个体对需要帮助的人产生共鸣，有可能会无私地帮助他们。这种互助行为也会引起其他人的模仿与跟随，从而形成更有序的疏散。

为避免不专业的互助行为导致时机延误，应加强专业队伍的辅助作用，为互助者提供快速支持。

5. 服从行为

在紧急疏散中，具有层次结构群体（比如家庭）的成员倾向于待在一起并服从领导。有时，当大多数人对事件发展不确定时，人群中出现一个领导者则会对疏散产生巨大的影响，导致人群服从领导者的指令疏散。服从行为和群聚行为的不同在于，领导者更具有权威性和指令确定性，服从行为往往比群聚行为更加理性。

在紧急疏散时，管理方应尽快树立人群中领导者的形象和形式，以促进人群按照预期的方式、方向快速疏散。也可运用领导者身份，引导人群避免高密度聚集。

2.2.4 公共场所大客流拥挤风险及事故演化

根据行人个体的基本特性和大客流群体的交通流特性，当公共场所客流聚集密度过高时，行人行走受限，具有较高的拥挤风险，极易因为各种诱因引发拥挤事故。拥挤事故又会受紧急情况下的个体和集群行为以及外界因素影响而发生复杂的演变发展，造成生命和财产损失及严重社会影响。

2.2.4.1 拥挤事故分类

拥挤事故的类别可按事故发生原因、过程和影响程度进行划分。

1. 根据拥挤事故发生的原因分类

根据拥挤事故发生的原因分类，可以分为三种类型：人为引发型事故、自然灾害引发型事故和技术管理引发型事故。人为引发型事故主要是因为行人个体或群体行为原因引发的事故，主要包括“恐怖”“谣言”（如传言人群中有恐怖袭击、有炸弹等）、“争抢”（如争相获得救济品、争抢场所内有利的位置等）行为引发的拥挤踩踏；自然灾害引发型事故是指突发火灾、地震、冰雹等，人群为了避难而发生的拥挤踩踏；技术管理引发型事故是指由于场馆（看台、楼梯、出口、疏散通道等）设计不合理、设施设备故障以及不当的管理（如人群入场时间过于集中、疏散指挥失误等）而导致的事故。

2. 根据事故发生的过程分类

根据事故发生的过程，可以分为两种类型：一是疏散时引起的拥挤踩踏，大多数是由于人数众多、疏散引导不及时或者无效引起的；二是活动进行中由突发事件引起，比如火灾、冰雹、人群骚动和建筑物坍塌等。

3. 根据事故影响的程度分类

根据事故造成的人员伤亡或者直接经济损失，事故一般分为以下等级：

(1) 特别重大事故，是指造成 30 人以上死亡，或者 100 人以上重伤（包括急性工业中毒，下同），或者 1 亿元以上直接经济损失的事故；

(2) 重大事故，是指造成 10 人以上 30 人以下死亡，或者 50 人以上 100 人以下重伤，或者 5 000万元以上 1 亿元以下直接经济损失的事故；

(3) 较大事故，是指造成 3 人以上 10 人以下死亡，或者 10 人以上 50 人以下重伤，或者 1 000万元以上 5 000 万元以下直接经济损失的事故；

(4) 一般事故，是指造成 3 人以下死亡，或者 10 人以下重伤，或者 1 000 万元以下直接经济损失的事故。

2.2.4.2 拥挤事故特点

根据研究，拥挤事故导致的伤害主要包括踩踏和拥挤窒息两种情况[18]。踩踏是指在整个队伍产生拥挤移动时，有人意外跌倒后，后面不明真相的人群依然前行，从而对跌倒的人产生踩踏。拥挤窒息是指当人群密度非常高且被挤压的行人几乎不可能移动时，行人的肺部受拥挤力压迫，站立中窒息失去行动力，然后引发踩踏事故。受到伤害或惊吓的人群行为激烈，从而加剧拥挤和踩踏，如此恶性循环。

拥挤事故通常发生在演唱会、球场、宗教仪式、纪念活动等聚众集会场合。20 世纪以来，国内外发生的部分较有影响、资料较为完整的拥挤事故，其共性有以下几点：

1. 诱因众多

诱发人群拥挤踩踏事故的原因有很多，常见的包括火灾、地震、人群哄抢、谣言恐慌、人群短时间大规模疏散、疏散硬件设施被破坏等。近些年来,恐怖袭击在全世界范围内蔓延,造成的影响和损失也日趋扩大,恐怖袭击通常选在人流密集的火车站、飞机场等地,人员伤亡惨重,社会危害恶劣,很明显此类事故的主要原因是安检管理措施不力。通过对事故统计分析,各类事故原因分布如图 2-28 所示。

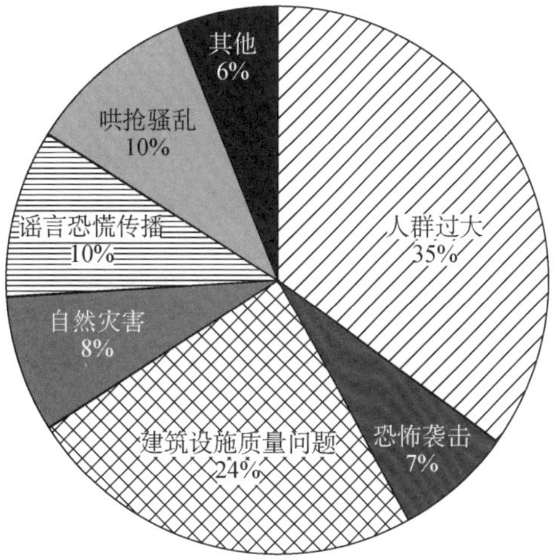

图 2-28　事故原因分布图

2. 事发突然,蔓延迅速

重大活动或集会现场人数众多,当拥挤事件出现时恐慌情绪迅速蔓延,在极短时间内就会波及大量人员,场面难以控制。有事故幸存者回忆说:"事故发生时像突然间被人流淹没,卷入其中的人完全身不由己,开始大声呼救,人群成片倒下,数分钟后,刚才还在呼救的一些人沉默了,因为他们已经因窒息而昏迷。"

3. 事发位置集中

步行设施出入口处容易发生堵塞成拱,狭窄的过道容易造成堵塞,光线较差或地面不平整有陡坡地带行人容易摔倒。场所中的这些位置因为人员集中容易形成瓶颈,所以通常是事故多发地带。2004 年北京密云灯展事故中,灯展公园游客最大承载量为 6 000 人,而事发当晚有 2 万～3 万人拥入园中,彩虹桥是灯展交通的关键节点,其宽度不足 4 m,成为通行瓶颈,最终酿成惨剧。

4. 群死群伤

在高密度人群拥挤事故中,如果前面有人摔倒,而后面不知情的人继续向前,人群极易出现类似"多米诺骨牌"一样连锁倒地的踩踏现象。公众安全意识淡薄、在事故中无所适从是行人大面积死伤的主要原因。应急预案不科学、监测预警不到位、现场指挥协调不到位、疏导控制不及时等往往会加剧危害程度,造成严重后果。体质较弱的人在事故中遭受伤害最严重,比如老人、孩子和妇女。

5. 社会影响性大

大型社会活动,尤其是一些具有象征意义的活动,可以吸引众多的目光,为人关注。成功地举办某项活动可能给某个组织甚至是承办地区、城市带来很高的声誉和影响。相反,一旦发生重大事故,造成严重死伤或者出现一些严重的疏漏,其负面影响同样巨大。

2.2.4.3 拥挤事故发生演化的一般机理

1. 拥挤事故发生的一般规律

(1) 事故发生的必要条件:人群处于高度密集状态,往往超出区域最大限度人数,人群处于高度密集状态使聚集场所或空间可扩展性差。

(2) 诱因事件作用:出现突发事件,突发事件可以是一个很微小的事件,甚至没有明显的外在触发事件,也可以是多种事件的综合。突发事件导致人群局部恐慌,周边小规模的人群本能地逃离事件现场。

(3) 事故发生和早期蔓延:人群管理、疏导失败,人群不稳定状态加剧。在环境因素、人的因素等影响下,个别人员跌倒或被挤倒,密集人群未做出或来不及采取措施,从而引发事故。不理智的恐慌情绪由局部向全局疾速扩散,开始有人在拥挤中受伤。

(4) 发展和扩大:人群信息沟通困难,个体行人不知道整个人群正发生着什么和自己所处的危险境地,恐慌情绪的蔓延演变成人群疯狂的拥挤和对于周边环境的极度恐惧。受不了挤压的行人倒地并发生踩踏。

(5) 结果:部分行人死亡或重伤,且主要是老人、孩子和妇女。

2. 拥挤事故的因果连锁机理

事故灾害大多是违背人的意志而发生的意外事件。拥挤事故具有偶然性、突发性、破坏性和复杂性等特征,一旦发生,极易造成人员伤亡。然而,各种灾害的发生都有其发生发展的规律,研究这些规律可以预防或者减轻事故给人员和财产带来的伤害。研究认为,事故的发生都是由"隐患"造成的,而"隐患"多由物的不安全状态和管理上的缺陷共同耦合形成,客观上一经出现事故隐患和人主观上表现的不安全行为,就会导致事故的发生[19]。

亚当斯的事故因果连锁理论认为,单一原因诱发的公共场所大客流活动拥挤事故是不存在的,事故的成因往往是多种原因相互影响、相互作用的结果。

1) 管理波动和失误

连锁论认为安全管理是事故因果连锁论中的最重要因素。对于公共场所大客流管理和大型社会活动来说,管理工作是庞大的系统工程,涵盖的内容也相当广泛。管理主体素质缺陷、管理体系内在缺陷以及活动现场气氛会造成安全管理失误,"人—人"关系或"人—机"关系失衡会造成安全管理波动。安全管理失误和安全管理波动的后果与突变的环境相互作用,进而导致事故的发生。

2) 现场失误

人的不安全行为及物的不安全状态称作现场失误。就大客流活动而言,人的不安全行为表现为人群失控。人是大客流活动的参与者,人群失控是导致拥挤事故的直接原因。人群失控主要体现在两个方面:一方面是活动场地总体人数失控;另一方面是高发区局部人群密度过大。

物的不安全状态中这个“物”主要表现为活动场地选择与布置、临时建筑物设计与使用、设施设备布置与使用、环境影响分析等方面。

3）诱因事件

诱因事件是导致拥挤事故发生的一个重要条件。通过事故案例可以将诱因事件归纳为以下几个方面：

（1）谣言。谣言是造成拥挤事故的主要诱因之一。其主要是散播虚假的恐怖消息等引发人们心理恐慌，致使人员四处逃散来避免危险降临在自己身上。而这种不理智的行为恰恰最终导致拥挤事故的发生。

（2）突发事件。突发事件主要指活动现场或周围突发火灾、爆炸、骚乱等意外事件。其之所以成为诱因是因为在面对突发事件时，人们心理表现出恐慌、惊吓，行为上表现为急于离开现场，进而造成场面更加混乱，最终导致悲剧发生。

（3）个体伤害。个体伤害主要表现为人群中的个体由于场地、自身或他人的原因，在行进中摔倒或发生其他意外，导致后面的人来不及做出反应，引发多米诺效应。

（4）人流突变。人流突变一般易出现在活动开始或结束时的出入口，人们往往表现出急于进入或者退出。此类诱因多发于商场促销、音乐会、体育场等活动现场。

（5）其他。除上述诱因外，一些拥挤事故的诱因不明，无任何征兆。

4）事故

连锁论中的事故是指在活动中导致活动暂时中止或取消、人员伤亡和财产损失的一系列意外事件。通常情况下，拥挤事故多表现为群死群伤的伤亡事故。

5）伤亡或损失

伤亡单指因事故造成的人员受伤和死亡的情况。而损失涵盖的内容比较广泛。它既包括人身伤亡后支付的费用，善后处理费用，场地、设备、设施维修费用等直接经济损失，又包括政府公信力下降、主办者声誉下降等造成的间接经济损失。

人群拥挤事故的发生，是随时间变化而聚集能量、由量变到质变突然释放的过程。由人群移动特征、事故形成到造成踩踏事故发生需要经过四个阶段，即移动阶段、滞留阶段、拥挤阶段和踩踏阶段。如果人群能及时疏散，则变成移动、滞留、拥挤和疏散四个阶段。

如图 2-29 所示。

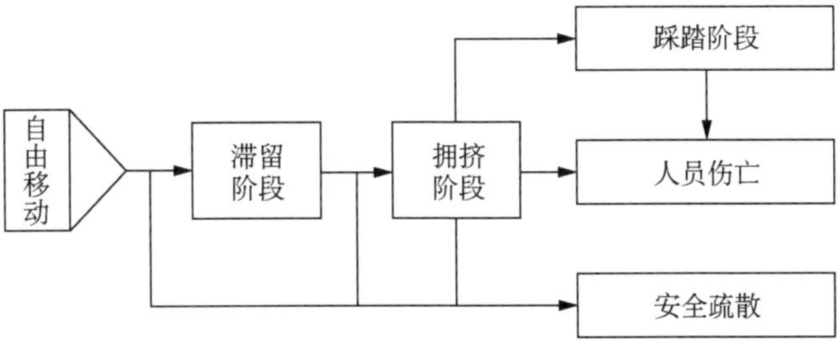

图 2-29 事故发生的四个阶段

拥挤事故风险在四个阶段各有不同，从自由移动到拥挤阶段风险越来越大，安全疏散也越来越难，人群中个体心理随着事故的演化而越来越焦虑和不安。拥挤事故可能发生在人群拥挤之前，也可能发生在拥挤之后，可能不在最危险的点上发生，但是一旦在一个点发生，这个点便可能成为新的危险点，事故可能在此点附近蔓延。此阶段目前是比较难研究的点，因此，拥挤事故风险防控的重点是避免滞留和拥挤状态，而预防时机则应提前到移动阶段。

2.3 城市大客流形成机理与主要形态

城市大客流风险防控是城市风险管理和公共安全管理的重要内容，对其主要形态和形成机理的分析可为其防控研究与实践提供重要参考。其中，城市公共交通系统是城市范围大客流产生及其防控的主要场景之一，本节以城市轨道交通大客流为例，来说明城市大客流形成机理与主要形态。

2.3.1 大客流的主要形态

城市轨道交通车站大客流事件是轨道交通系统应急事件的一种，是指在轨道交通运营过程中由于某些因素的影响致使轨道交通车站在某一时间内候车、停留的乘客超过了该站设计许可的客流容量，并有继续增加趋势的一种客流情况。大客流事件对于轨道交通系统的运营管理提出了挑战，有着特殊的要求，在大客流事件发生期间若不采取相应的应急处置措施将极有可能发生人员伤亡事故或意外事件。

如前所述，自然灾害、人为破坏等重大突发事件也可能引发大客流事件，但在现实情况下，上述定义的大客流事件常常由于三种原因而产生，因而可以分为三种不同的类型。

1. 大型活动大客流事件

大型活动大客流事件是一类由诸如大型展览会（如世博会）、大型体育盛会（如奥运会）、大型庆典（如国庆庆典）、演唱会等城市大型活动举办引起的连发事件[20]。例如，2009 年国庆期间，北京天安门广场周边轨道交通车站客流量大幅增加，其中王府井站的客流量最高增幅超过 700%，从而发生了大客流事件[21]。

2. 事故或故障大客流事件

在轨道交通系统正常运营过程中若发生一些事故或故障，将导致相关轨道交通线路运行中断，乘客在轨道交通车站内大量滞留、积压，也会引发大客流事件，称为事故或故障大客流事件。例如，2012 年 7 月 2 日，上海轨道交通 2 号线、1 号线在短时间内先后发生列车故障和道岔故障，致使部分车站一度出现客流积压，最终发生了大客流事件，造成大量乘客上班迟到[22]。

3. 高峰时段大客流事件

在上述两类大客流事件之外，随着轨道交通系统在中国大城市中快速发展并迅速进入网络化运营的新阶段，轨道交通网络所承担的客流迅猛增长，特别是在早晚通勤的高峰时段更是经常出现客流“爆棚”的情况，从而引发大客流事件。

上述大客流事件由于具有人数众多、人流路径复杂、流动性大等一些不确定因素的特点，再叠加长时间高强度的常态客流，对轨道交通网络的运输能力、安全可靠性、协调调度等各个方面都是巨大的考验。同时，大客流事件期间也极易产生突发公共事件，且一旦发生又往往会造成重大人员伤亡和财产损失。

2.3.2 大客流的形成机理

轨道交通车站的主要功能是实现各类客流的集散，是乘客、列车、车站、线路交互关系最集中和复杂的场所。如图 2-30 所示，乘客由车站入口经过闸机进站后，步行一段距离到达站台，在站台候车等待，而后登上列车去往目的地。通常，乘客都能顺利登车离去，车站内的客流组织也井然有序，但会出现以下三种特殊情况：

第一种情况，由于列车都有一定的容量限制，当在站台候车的乘客较少时，所有乘客均能登车。但是，当候车乘客较多时，将有一部分乘客无法顺利登车，从而出现乘客滞留——“留乘”，留乘的持续累积致使车站客流量持续增加并超过车站的容许客流量。

第二种情况，当列车运行中断时，乘客不断滞留在车站而出现客流量的积压，从而超过车站的容许客流量。

第三种情况，乘客在极短时间内大量拥入车站，在列车到达前便已迅速超过车站的容许客流量，使车站“爆满”。

按照轨道交通车站大客流事件的界定，这三种情况下都将出现大客流事件。此外，由于宏观客流是微观乘客个体行为的集中涌现，大量拥入车站的轨道交通乘客由于在紧急情况下心理发生异常而导致的诸如紧张、从众、推挤等行为，也会对大客流事件的形成、加剧及演化产生影响。

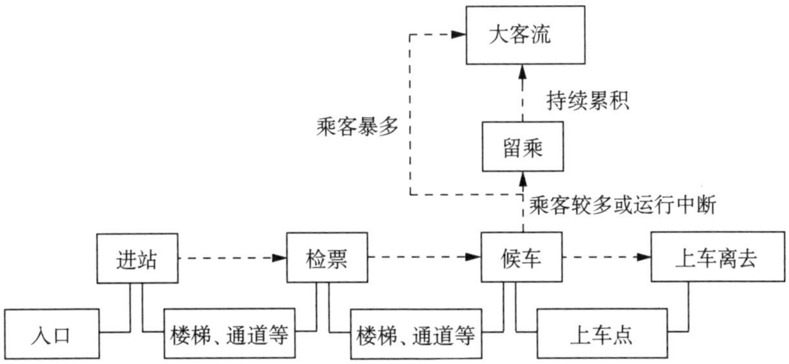

图 2-30 车站客流组织流程及大客流事件产生过程分析

由上述对轨道交通车站大客流事件的界定及其出现过程定性分析可以看出，不论是大型活动大客流事件，还是事故或故障大客流事件或高峰时段大客流事件，其之所以形成主要取决于车站容量、车站输送能力和到达流量三个指标，三者之间的数量关系决定大客流事件是否发生，下文基于此进行具体的定量分析。

2.3.2.1 车站容量

车站容量是指轨道交通车站的容许客流量，以 R 表示，其大小取决于地面出入口及通道、站厅、站台 3 个主要构成部分的容纳能力[23]。由于车站地面出入口及通道、站厅、站台的容纳能力由事先设计决定，因而 R 通常是一个固定不变的常量。当车站内候车、停留乘客超过车站容量时，会使车站的客运组织工作面临压力，需要采取特殊的应急处置措施，否则极有可能发生人员伤亡事故或意外事件。

2.3.2.2 输送能力

轨道交通车站的输送能力是指在车站整体设备正常的情况下所能通过的最大客流量[10]。车站输送能力大小主要取决于车站通道、乘降设备、自动售检票的设备能力以及轨道交通列车的运送能力，若分别以 A，B，C，D 表示，则车站的输送能力可以表示为 $E=\min\{A,B,C,D\}$，即取各设备能力、列车运送能力中的最小值，也即车站输送瓶颈处的能力值。从国内外一些城市的轨道交通运营情况来看，列车运送能力是车站输送能力最主要的影响因素，其单位时间的运送能力通常通过列车的发车间隔来计算。

$$G=\frac{60}{I}g \tag{2-2}$$

式中 G——车站单位时间的输送能力；

I——列车发车间隔时间；

g——每列列车的设计载客量。

轨道交通车站随时间 t 变化的运送能力则可用下式表示：

$$H(t)=ng \tag{2-3}$$

式中 $H(t)$——车站在时间 t 内的输送能力；

n——时间 t 内列车发车数，$n=\left[\frac{t}{I}\right]$，取整数。

2.3.2.3 到达流量

1\. 大型活动大客流乘客的到达流量

车站乘客的到达流量与大型活动场址出口处观众的离开流率和观众到达车站的步行时间有密切关系，利用其可推算出车站乘客的到达流量。

设大型活动散场时段活动场址出口处观众随时间变化的离开流率为 $\rho(T)$，观众由出口处至轨道交通车站的步行距离为 L，步行速度 v 服从参数为 μ，σ 的正态分布，则观众在 T 时刻从出口出来在 T_1 时刻到达轨道交通车站的概率密度函数为

$$f(T_1-T)=d\left(1-\int_{-\infty}^{\frac{L}{T_1-T}}\frac{1}{\sqrt{2\pi}\sigma}e^{-\frac{(x-\mu)^2}{2\sigma^2}}dx\right)/dt=\frac{L}{\sqrt{2\pi}\sigma\,(T_1-T)^2}e^{-\frac{\left(\frac{L}{T_1-T}-\mu\right)^2}{2\sigma^2}} \tag{2-4}$$

从而在 T_1时刻轨道交通车站的乘客到达流量 $U(T_1)$为

$$\begin{aligned}U(T_1)&=\int_0^{T_1}\left[\int_0^{T_1}\rho(T)\cdot f(T_1-T)dT\right]dT\\&=\int_0^{T_1}\left[\int_0^{T_1}\rho(T)\cdot\frac{L}{\sqrt{2\pi}\sigma(T_1-T)^2}e^{-\frac{\left(\frac{L}{T_1-T}-\mu\right)^2}{2\sigma^2}}dT\right]dT\end{aligned} \tag{2-5}$$

2. 事故或故障大客流或高峰小时大客流乘客的到达流量

在事故或故障或高峰小时大客流情况下，乘客到达规律与常态客流情况类似，相关客流调查结果显示乘客间的到达时间间隔可用爱尔朗分布加以描述，其概率密度函数为

$$\sqrt{P(t)=\lambda e^{-\lambda t}\frac{(\lambda t)^{L-1}}{(L-1)!}}\qquad L=1,\ 2,\ 3 \tag{2-6}$$

式中　$P(t)$——乘客间到达时间间隔小于计数间隔 t 的概率；

$\sqrt{\lambda}$——单位时间间隔的乘客平均到达率(人/s)；

L——表征客流拥挤程度的参数，取整数，L 取值越大代表客流拥挤程度越高；

t——每个计数间隔的持续时间(s)；

e——自然对数的底，取值为 2.718 28。

根据上述概率密度函数可以推算得到在 T_1时刻轨道交通车站的乘客到达流量 $U(T_1)$。同时，通过调整参数 L 的取值，爱尔朗分布能较好地拟合不同拥挤程度下客流的到达规律。当 $L=1$ 时，为负指数分布的客流随机到达情况；当 $L=\infty$ 时，为非常拥挤的客流均匀到达情况。在实际分析时，可根据事先观测到的客流到达间隔时间数据对 L 值进行估算。

2.3.2.4　大客流形成的条件表达式

根据对轨道交通车站大客流事件的界定，大客流形成与否取决于到达流量(U)、输送能力(E)和车站容量(R)三者之间的数量消长关系，其判断的条件表达式为：

(1) 当 $U(T_1)-E(T_1)\leqslant R$ 时，轨道交通车站的容纳能力尚能满足客流需求，大客流事件不会出现。

(2) 当 $U(T_1)-E(T_1)>R$ 时，轨道交通车站在时刻 T_1时的客流需求超过了车站的容纳能力，此时大客流事件出现。

由此，便可将通常定性化处理的城市轨道交通车站大客流事件成因进行定量化分析，从而对大客流事件的内在发生机理有了更深入的把握，且结合上述条件表达式及各决策变量的计算公式，还可就相应的应对策略进行启发性探讨。

2.3.3 城市大客流的网络传播与演化机理

大客流事件在发生、发展直至消退的演化过程中，通过“涟漪反应”将产生的影响加以传播。这种“涟漪反应”体现在两方面：一是事件产生的影响在时间、空间上的扩散；二是初始事件对次生事件的引发。事件在其影响扩散的同时，引发次生事件，次生事件所产生的影响又会继续在时间、空间维度上传播扩散，直至遇到自然或人为的干预而转入消退。对此，可以借鉴燃烧理论对轨道交通车站大客流事件的传播机理进行分析[24]，概念模型如图 2-31 所示。

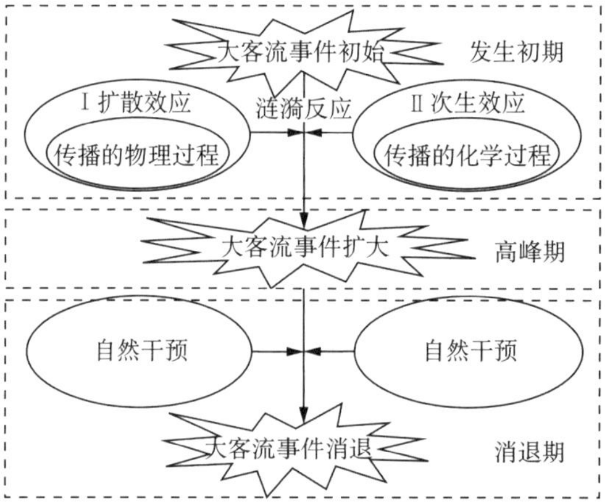

图 2-31 轨道交通车站大客流事件传播机理概念模型

1. 传播的物理过程——扩散效应

多数燃烧过程是在气相中进行的，燃烧的传播借助于气体的扩散效应实现，气体分子由密度(或浓度)较密部分进入较疏部分，从而使得气体的密度渐趋均匀。轨道交通车站大客流事件影响在时间、空间上传播的物理过程也同样可看作是一个扩散效应过程。

1）时间维度的扩散

事件的影响在时间维度上的扩散是指自事件发生那一刻起，其引发的影响在时间维度上的延续，其影响的扩散(延续)时间取决于事件本身的持续时间和其引发的影响在交通网络上的传播时间，如图 2-32 所示。

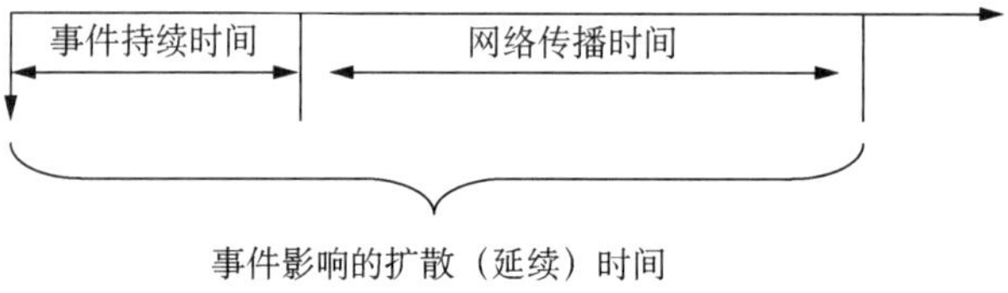

图 2-32 轨道交通车站大客流事件影响的扩散时间构成示意图

以 T_p表示事件影响的扩散时间，T_d表示事件的持续时间，T_s表示事件影响在交通网络上的传播时间，则有：

$$T_p = T_d + T_s \tag{2-7}$$

其中，T_d与大客流事件的类型及所处阶段有关；T_s与大客流事件的类型及轨道交通网络条件有关。

2）空间维度的扩散

大客流事件发生后，因其紧迫性、连带性和不确定性，产生的影响可能蔓延到轨道交通网络上更大的空间范围。以大型活动事件为例，当大型活动结束后散场观众短时间内大量拥入邻近的轨道交通车站，给车站带来极大压力而引发突发大客流爆满情形，其影响显然不仅局限于该轨道交通车站，而是随列车运行向网络中其他车站和区段转移扩散，其在交通网络空间上的扩散路径如图 2-33 所示。

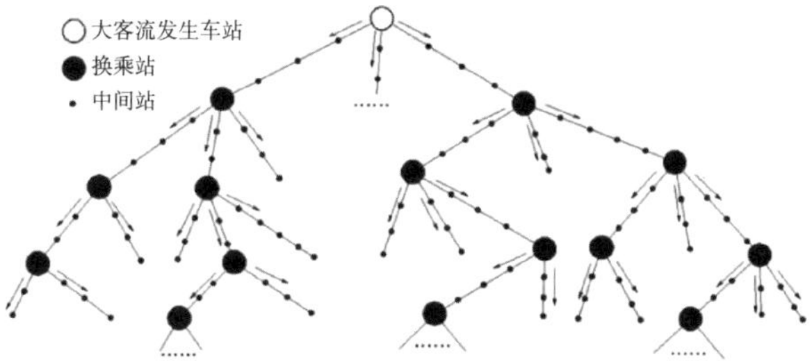

图 2-33　大型活动大客流事件交通影响扩散示意图

轨道交通车站大客流事件产生的影响在空间维度上的传播有如燃烧过程中燃烧混合气的扩散。事件的影响如同混合气一般，由许多单元组成，每一个单元相当于一粒影响颗粒，分配到整个影响范围内，而其扩散则是在各方向紊动状况相同的紊流场中受大客流事件的影响力推动的。大客流事件的影响力与其类型及所处阶段有关。事件的影响在空间维度上的扩散效应可以表示如下：

$$C(x,\ y,\ z) = \frac{q}{2\pi\mu\sigma_y\sigma_z}\exp\left[-1/2\left(\frac{y^2}{\sigma_y^2} + \frac{z^2}{\sigma_z^2}\right)\right] \tag{2-8}$$

式中　$C(x,\ y,\ z)$——轨道交通网络中（x，y，z）点上大客流事件的影响程度；

x，y，z——距离大客流事件单元发生点的水平、垂直及横向距离，其中又以 x 方向为影响的扩散方向；

q——大客流事件的影响力，它与大客流事件的类型、所处阶段以及轨道交通网络条件有关；

μ——大客流事件单元的分配速度，它与轨道交通网络条件有关；

σ_y，σ_z——分别是大客流事件单元在 y，z 方向上的分布参数，它们是 x 的函数。

2. 传播的化学过程——次生效应

在燃烧的化学过程中,燃烧物质和助燃物质在一定的温度、压力下经化学反应后生成新的物质。类似地,轨道交通车站大客流事件影响传播过程中的"涟漪反应",除体现在其影响于时间、空间上的扩散外,也表现在其事件本身还会引发其他不同性质、不同类型的次生事件,即次生效应。

轨道交通车站大客流事件影响传播的次生效应过程可描述为:大客流事件影响的传播扩散并不是单个事件本身影响力在网络上的简单物理扩散,而是同时伴随着较复杂的若干个相继发生或相继又平行发生的基元次生反应,整个事件影响的传播过程便是由这些基元次生反应相继不断地反复进行来完成的。

次生效应过程如同链环一样紧密联系在一起,因而也可视作一种链效应。根据大客流事件影响传播过程中众多基元次生反应是相继发生还是相继又平行发生,次生效应可以分为直链式次生效应与支链式次生效应。在次生效应中,每一个基元次生反应尤其是那些在链环中处于薄弱环节的基元次生反应都可能影响到整个大客流事件影响传播的速度和范围。因此,控制轨道交通车站大客流事件影响传播过程的有效策略之一,便是针对那些次生效应薄弱环节处的基元次生反应开展研究,并提出有效的方法。

2.4 典型案例分析

"12·31"外滩陈毅广场拥挤踩踏事件调查报告①

2014 年 12 月 31 日 23 时 35 分,上海市黄浦区外滩陈毅广场东南角通往黄浦江观景平台的人行通道阶梯处发生拥挤踩踏,造成 36 人死亡,49 人受伤。

事件发生后,习近平总书记、李克强总理等中央领导同志分别做出重要批示,要求上海市全力以赴救治伤员,做好各项善后工作,抓紧调查事件原因,深刻吸取事件教训,及时准确向社会发布信息。

市委书记韩正同志、市长杨雄同志对事件调查工作高度重视,要求彻查原因,严肃问责,举一反三,深刻吸取教训。依据《中华人民共和国突发事件应对法》和《上海市实施〈中华人民共和国突发事件应对法〉办法》等有关法律法规,上海市迅速成立了市政府联合调查组,市委常委、常务副市长屠光绍任组长,副市长周波任副组长,市政府相关副秘书长和市监察局、市安全监管局、市公安局纪委、市应急办、市政府法制办、市卫生计生委、市旅游局等部门相关负责同志为成员。联合调查组邀请了国家和本市应急管理、公共安全管理、法律等方面的专家对事件调查进行分析论证。

① 选自人民网,"12·31"外滩陈毅广场拥挤踩踏事件调查报告,2015.1.21. http://sh.people.com.cn/BIG5/n/2015/0121/c134768-23635883.html。

联合调查组通过现场勘查、调查取证、专家论证、综合分析等，开展事件调查工作。事件发生后，联合调查组迅速组织力量对事件现场进行勘查，先后对受伤人员、值勤民警、市民游客、地铁工作人员等调查走访，了解事件发生经过，并对事件现场有关情况进行核查。联合调查组还调取查看外滩区域36个监控探头、累计时长约70 h的视频录像，系统梳理相关法律法规，查阅市级和区级有关部门“三定方案”、规范性文件、会议纪要等资料195份，对市级10个部门(单位)和黄浦区政府以及区有关部门领导共51人进行了谈话询问，详细调查相关管理情况。

经调查，联合调查组还原了事件全过程，查明了有关应对情况，分析了事件原因，认定了事件性质，对相关责任人提出了处理建议，并就加强城市公共安全相关工作提出了整改建议。

一、事件发生地基本情况

(一) 外滩风景区

外滩风景区是黄浦区辖区内的公共区域，东起黄浦江防汛墙，西至中山东一路和中山东二路西侧人行道，南起东门路北侧人行道，北至苏州河南岸，面积3.1 km^2。

(二) 陈毅广场

陈毅广场位于外滩风景区中部(与中山东一路335号至309号段隔路相望)，与南京东路东端相邻，与中山东一路相连，公共活动面积约2 877 m^2。陈毅广场通过大阶梯及大坡道连接的黄浦江观景平台，是外滩风景区最佳观景位置。此外，陈毅广场附近交通便捷，距离轨道交通2号线、10号线南京东路站约580 m，是外滩风景区人员流量最大、密度最高的区域。

(三) 拥挤踩踏事发现场

事发现场位于陈毅广场东南角通往黄浦江观景平台的上下人行通道阶梯处。阶梯自上而下分为两组共17级，两组阶梯间距2.3 m，阶梯两侧有不锈钢条状扶手。阶梯宽度6.2 m，最高处距地面高度3.5 m，纵深8.4 m。

(四) 外滩风景区周边情况

外滩风景区东侧黄浦江对岸是上海东方明珠和新落成的上海中心等标志性建筑所在的浦东陆家嘴地区，西侧沿中山东一路有外滩历史建筑群，并与延安东路、广东路、元芳弄、福州路、汉口路、九江路、南京东路、滇池路、北京东路、南苏州路等道路相通。市民游客可沿阶梯上至观景平台，观看黄浦江两岸景观灯和建筑群。

外滩源位于中山东一路33号，邻近外滩风景区，与陈毅广场步行距离约550 m，是事发当晚新年倒计时活动的举办地点。

二、新年倒计时活动变更和准备情况

(一) 新年倒计时活动变更的有关情况

2011年起，黄浦区政府、上海市旅游局和上海广播电视台连续三年在外滩风景区举办新年倒计时活动。鉴于在安全等方面存在一定的不可控因素，黄浦区政府经与上海市旅游局、上海广播电视台协商后，于2014年11月13日向市政府请示，新年倒计时活动暂停在外滩风景区举行，将另择地点举行，活动现场观众将控制在3 000人左右，主办单位是黄浦区政府和上海广播电视台。对此，市政府同意暂停在外滩风景区举办新年倒计时活动，并就另择地点举办的活动，明确要求“谁主办、谁负责”，坚决落实属地管辖，切实把责任落到实处。

2014年12月9日，黄浦区政府第76次常务会议决定。2015年，新年倒计时活动在外滩源举行，具体由黄浦区旅游局承办。同时，要求区有关部门落实活动的各项保障措施。12月26日，黄浦公安分局做出大型群众性活动安全许可决定书，同意区旅游局举办新年倒计时活动的申请。

（二）黄浦区有关准备情况

1. 黄浦区政府。2014年12月9日黄浦区政府第76次常务会议明确：“区公安分局要会同区市政委(即黄浦区市政管理委员会，以下简称‘黄浦区市政委’)等部门做好活动预案，尽快梳理活动当天全区范围内各类迎新活动，认真研究应对方案，做到统筹协调、有序安排，合理部署各类保障力量，确保外滩、人民广场、新天地等重点地区安全有序。”12月31日当晚，黄浦区政府未严格落实24小时专人值班和领导带班制度。

2. 黄浦公安分局。12月25日，黄浦公安分局制定了新年倒计时活动安全保卫工作方案，主要内容是成立新年倒计时活动安保工作指挥部，下设现场管控、外滩及南京路沿线秩序维护两个分指挥部。新年倒计时活动共安排安保警力771名、主办方保安180名。其中，外滩、南京路沿线秩序维护警力350名(陈毅广场60名，阶梯处7名)，其余警力分别用于外滩源活动现场管控、反恐处突、综合保障、公共安全管理、机动力量武警等。

3. 黄浦区市政委。12月31日，黄浦区市政委及其下设的黄浦区外滩风景区管理办公室，共安排了108名城市管理执法人员和社会辅助力量，参加外滩风景区中班时段的管理工作(中班日常工作时间为14时15分至22时15分，当日安排工作时间为14时15分至次日凌晨1时)。

4. 黄浦区旅游局。2014年12月9日，黄浦区政府第76次常务会议，通过了黄浦区旅游局制定的在外滩源举办的新年倒计时活动方案。12月30日上午9时30分，黄浦区新闻办召开新闻发布会，由黄浦区旅游局对外发布了新年倒计时活动信息。

（三）上海市公安局有关工作情况

2014年12月19日、24日，上海市公安局先后召开两次党委会议，专题研究部署元旦春节安保维稳工作。12月25日、28日，又召开各公安分局领导专题会议，转发公安部《关于切实做好2015年元旦春节期间安保维稳工作的通知》，就做好元旦春节安保维稳工作提出明确要求。12月30日，上海市公安局主要领导在安保维稳工作动员部署视频会上强调，上海中心的亮灯和灯光秀仪式可能造成陆家嘴、外滩等相关区域短时间内游客大量聚集，要按照“一活动一方案”“一点一方案”的要求，制定周密的安保工作方案和应急处置预案，加强活动现场警力配置。

三、事件发生当晚外滩风景区人员流量变化及应对情况

（一）事发当晚外滩风景区人员流量总体情况

事发当晚20时起，外滩风景区人员进多出少，大量市民游客拥向外滩观景平台，呈现人员逐步聚集态势。事后，根据上海市通信管理局、上海市公安局、地铁运营企业(即申通集团)等部

门单位提供的数据综合分析，事发当晚外滩风景区的人员流量，20时至21时约12万人，21时至22时约16万人，22时至23时约24万人，23时至事件发生时约31万人。

（二）外滩风景区人员流量监测和报告情况

20时12分，上海市公安局指挥中心要求黄浦公安分局指挥中心整点上报外滩风景区和南京路步行街人员流量情况。20时20分，黄浦公安分局指挥中心上报，外滩风景区观景平台人员流量有五成（民警凭经验对人员密集程度的判断），南京路（河南路至中山东一路）人员流量有五六成。

20时27分，上海市公安局指挥中心要求黄浦公安分局指挥中心每半小时上报外滩风景区和南京路步行街人员流量情况。21时14分，黄浦公安分局指挥中心上报陈毅广场人员流量为五成，情况正常；21时39分，黄浦公安分局指挥中心指挥员致电外滩分指挥部，询问外滩风景区和南京路步行街人员流量情况，分指挥部回复均为六七成，但电台和电话记录未显示上报上海市公安局指挥中心；22时45分，黄浦公安分局上报，外滩风景区观景平台人员流量为五六成。

（三）黄浦公安分局警力调配情况

20时25分，黄浦公安分局要求指挥中心收集辖区各派出所可调用警力数。

21时09分，黄浦公安分局致电外滩分指挥部，外滩风景区仍由黄浦公安分局副局长、外滩分指挥部现场指挥长负责指挥，南京路沿线交由副局长指挥，并对警力部署进行调整。21时13分，黄浦公安分局调集辖区5家派出所40名警员增援南京路沿线，22时左右到岗；21时18分，通知警训队20名警员增援外滩分指挥部，21时44分，警训队20名警员到岗。

21时20分，指挥中心指挥员带领40名警员到达外滩分指挥部增援。

20时27分，黄浦公安分局局长致电现场指挥长，询问南京路步行街人员流量、警力配置情况。要求采取"铁马"措施，每隔10 m安排1名警员；外滩风景区观景平台入口设立单向通行警戒带。

此后，黄浦公安分局根据人员流量情况，对现有警力部署进行调整。22时44分，周正致电姚华，要求南京路沿线警力设置拦截线减缓人群往外滩方向流动。

经调查，截至23时30分，黄浦公安分局在外滩风景区、南京路沿线共布置警员510名，其中陈毅广场80名（阶梯处13名），南京路沿线150名。

（四）上海市公安局指令和警力增援情况

20时31分，上海市公安局主要领导致电黄浦公安分局，要求重视外滩风景区人员流量情况，落实安保措施。

22时，上海市公安局副局长在市局指挥中心大厅，通过视频监控查看外滩风景区等区域人员流量情况。通过视频电话提示黄浦公安分局，外滩风景区人员已经很多，要求其进行安全评估，如有需求及时提出。对此，黄浦公安分局未提出需求。

22时12分，上海市公安局指挥中心指令培训三部200名、培训四部100名、静安公安分局100名、虹口公安分局50名、闸北公安分局50名共500名警员增援黄浦公安分局。23时10分，虹口公安分局增援警员到达中山东一路、滇池路口，任务是负责中山东一路（南京东路至北京东路)沿线警戒和人群疏导;23时30分,闸北公安分局增援力量到达陈毅广场北侧观光隧道入口,任务是引导和疏散观景平台人群。23时35分,培训三部、培训四部增援力量分别位于中山东一路福州路路口、中山东一路北京东路路口,静安公安分局增援力量尚未抵达。

23时24分,上海市公安局指挥中心致电黄浦公安分局指挥中心,建议在外滩风景区沿线的中山东一路两端对机动车进行改道分流,实施交通临时管制措施。黄浦公安分局指挥中心回复,意见是继续保持交通畅通,否则老百姓会认为外滩风景区有大型活动。

四、事件发生和应急处置及救援情况

(一)事件发生经过

22时37分,外滩陈毅广场东南角北侧人行通道阶梯处的单向通行警戒带被冲破以后,现场值勤民警竭力维持秩序,仍有大量市民游客逆行拥上观景平台。23时23分至33分,上下人流不断对冲后在阶梯中间形成僵持,继而形成“浪涌”。23时35分,僵持人流向下的压力陡增,造成阶梯底部有人失衡跌倒,继而引发多人摔倒、叠压,致使拥挤踩踏事件发生。

(二)现场救援情况

23时35分拥挤踩踏事件发生后,在现场维持秩序的民警试图与市民游客一起将邻近的摔倒人员拉出,但因跌倒人员仍被上方的人流挤压,多次尝试均未成功。此后,阶梯处多位市民游客在他人帮助下翻越扶手,阶梯上方人流在民警和热心的市民游客指挥下开始后退,上方人员密度逐步减小,民警和市民游客开始将被拥挤踩踏的人员移至平地进行抢救。许多市民游客自发用身体围成人墙,辟出一条宽约三米的救护通道。现场市民游客中的医生、护士都自发加入了抢救工作,对有生命体征的受伤人员进行紧急抢救。

23时41分22秒起,上海市“120”医疗急救中心陆续接到急救电话。23时49分起,先后有19辆救护车抵达陈毅广场,第一时间开展现场救治和伤员转运。上海市公安局及黄浦公安分局迅速开辟应急通道,调集警用、公交及其他社会车辆,将受伤市民游客就近送至瑞金医院、长征医院、上海市第一人民医院和黄浦区中心医院抢救。同时,迅速组织力量千方百计收集伤亡人员信息,及时联系伤亡人员所在单位和家属。

(三)事发后应急处置与善后情况

事件发生后,市委、市政府主要领导迅速赶赴现场指挥应急处置工作,并分别赶往医院看望慰问受伤人员和伤亡人员家属。同时,连夜召开紧急会议,决定成立医疗救治、善后处置等专项工作组和联合调查组,各组当即开展工作。

调动全市优质医疗资源全力以赴救治伤员,在专家会诊评估的基础上,按照“一人一方案、一人一专家”的要求,逐一明确医疗方案,尽一切可能挽救生命,截至1月20日,49名伤者中已有46人经诊治后出院(包括13名重伤员中的11人),3名伤员(2名重伤、1名轻伤)仍在院治疗。通过多种途径尽快确认伤亡人员身份,及时向社会公布遇难者名单,并对出院伤者进行随访。指派专人全力做好伤亡人员家属的接待、安抚,组织专业人士对受伤人员和伤亡人员家属进行心理疏导。通过组织集体采访、书面发布、“上海发布”政务微博及微信等形式,及时向媒体和社会发布相关信息。

1月1日上午，市委、市政府召开全市党政负责干部紧急会议，全面部署各项善后工作和全市面上安全防范工作，并在会议开始前向遇难者表示深切哀悼。1月4日，市领导分别参加市十四届人大三次会议各代表团会前组团活动和市政协十二届三十八次主席会议，会前全体与会人员肃立默哀，向遇难者表示深切哀悼。1月7日，市委、市政府召开全市安全工作会议，要求全面开展各类安全隐患排摸，针对薄弱环节和短板，一个一个认真梳理，一件一件细致解决，切实做好人员密集场所的安全管理工作。

五、事发原因分析

对事发当晚外滩风景区，特别是陈毅广场人员聚集的情况，黄浦区政府和相关部门领导思想麻痹，严重缺乏公共安全风险防范意识，对重点公共场所可能存在的大量人员聚集风险未作评估，预防和应对准备严重缺失，事发当晚预警不力、应对措施不当，是这起拥挤踩踏事件发生的主要原因。

（一）对新年倒计时活动变更风险未作评估

大量市民、游客认为外滩风景区仍会举办新年倒计时活动，南京路商业街和黄浦江对岸的上海中心、东方明珠等举办的相关活动吸引了部分市民、游客专门至此观看。对此，黄浦区政府在新年倒计时活动变更时，未对可能的人员聚集安全风险予以高度重视，没有进行评估，缺乏应有认知，导致判断失误。

（二）新年倒计时活动变更信息宣传严重不到位

新年倒计时活动变更后，主办单位应当提前向社会充分告知活动信息。但是，直至12月30日，黄浦区旅游局才对外正式发布了新年倒计时活动信息，对“外滩”与“外滩源”的区别没有特别提醒和广泛宣传，信息公告不及时、不到位、不充分。

（三）预防准备严重缺失

黄浦公安分局未按照黄浦区政府常务会议要求，在编制的新年倒计时活动安全保卫工作方案中，仅对外滩源新年倒计时活动进行了安全评估，未对外滩风景区安全风险进行专门评估。黄浦公安分局仅会同黄浦区市政委等有关部门在外滩风景区及南京路沿线布置了350名民警、108名城市管理和辅助人员、100名武警，安保人员配置严重不足。

（四）对监测人员流量变化情况未及时研判、预警，未发布提示信息

12月31日20时至事件发生时，外滩风景区人员流量呈上升趋势。黄浦公安分局指挥中心未严格落实上海市公安局指挥中心每半小时上报人员流量监测情况的工作要求，也未及时向黄浦区委区政府总值班室报告。黄浦公安分局对各时段人员流量快速递增的变动情况未及时采取有效措施，未报请黄浦区政府发布预警，控制事态发展。对上海市公安局多次提醒的形势研判要求，未作响应。

（五）应对处置不当

针对事发当晚持续增加的人员流量，在现场现有警力配备明显不足的情况下，黄浦公安分

局只对警力部署做了部分调整，没有采取其他有效措施，一直未向黄浦区政府和上海市公安局报告，未向上海市公安局提出增援需求，也未落实上海市公安局相关指令，处置措施不当。上海市公安局对黄浦公安分局处置措施不当指导监督不到位。黄浦区政府未及时向市政府报送事件信息。

六、事件性质

这是一起对群众性活动预防准备不足、现场管理不力、应对处置不当而引发拥挤踩踏，造成重大伤亡和严重后果的公共安全责任事件。

七、责任分析

按照依法依规严肃问责的要求，依据《中华人民共和国突发事件应对法》《上海市实施〈中华人民共和国突发事件应对法〉办法》《上海市外滩风景区综合管理暂行规定》等法律法规和政府规章，以及市、区相关部门的“三定方案”，黄浦区政府和相关部门对这起事件负有不可推卸的责任。责任分析如下：

（一）黄浦区政府对事件负有主要管理责任

黄浦区政府依法负责本行政区域内的突发事件应急管理的领导工作。对新年倒计时活动场所变更后的风险预判不足；对包括黄浦公安分局、黄浦区市政委等相关部门落实黄浦区政府常务会议要求的情况未进行检查督促；未建立健全预警机制；未严格按照中办、国办的要求“严格执行24小时专人值班和领导带班制度”；事件发生后，未按规定及时向市政府报告。

（二）黄浦公安分局对事件负有直接管理责任

黄浦公安分局负责本行政区域内重大节庆、重要人员密集场所的安全保卫工作方案和专项安全保卫应急预案的制定与实施。未落实黄浦区政府常务会议提出的具体要求，未研究制定专门的应对方案；对12月31日监测到的人员流量变化情况风险评估不足，未及时提出预警；应对处置措施不到位；未及时向本级政府和上级主管部门报送突发事件信息；对上级主管部门的要求执行不力。

（三）黄浦区市政委对事件负有管理责任

黄浦区市政委负责本行政区域内市容市貌和外滩风景区等重要地区的管理。未落实黄浦区政府常务会议提出的具体要求。

（四）黄浦区旅游局对事件负有管理责任

黄浦区旅游局负责本行政区域内旅游经营活动的指导和监督管理。作为历年新年倒计时活动以及2015年新年倒计时活动的承办方，对活动场所变更风险未充分评估，变更信息向社会公众告知不充分。

（五）黄浦区外滩风景区管理办公室对事件负有管理责任

黄浦区外滩风景区管理办公室具体负责外滩风景区内市容景观等公共事务管理的组织和协调工作。未具体落实黄浦区政府常务会议提出的工作要求。未依法制定外滩风景区域内相应的应急预案。

（六）上海市公安局对事件负有指导监督管理责任

上海市公安局负责全市范围内公共场所安全保卫工作的指导监督管理。对黄浦公安分局落实上海市公安局"'一点一方案'，制定周密的安保工作方案和应急处置预案，加强活动现场警力配置"的要求监督检查不到位；对黄浦公安分局12月31日外滩风景区安全保障工作的检查指导督促不够。

八、整改建议

这起公共安全责任事件，后果极其严重，社会影响极其恶劣，教训极其深刻。必须时刻牢记，维护人民群众生命财产安全和城市运行安全，是政府法定的职责和应尽的义务。事件调查结果警示我们，领导干部思想麻痹是城市公共安全的最大隐患，安全责任落实不力是城市公共安全的最大威胁。事件调查结果告诫我们，各级政府和领导干部必须时刻把人民群众生命财产安全放在第一位，不能有丝毫侥幸，不能有丝毫疏忽，不能有丝毫懈怠，必须以对党和人民极端负责的精神，不遗余力、竭尽全力、殚精竭虑，切实保护好人民群众生命财产安全，切实维护好城市运行安全，切实履行好党和人民赋予的神圣使命。在对事件原因进行深入剖析的基础上，联合调查组提出以下整改建议：

（一）切实落实安全责任制，大力增强"红线""底线"意识

要真正把安全作为不能触碰、不能逾越的高压线，把"红线""底线"作为守护生命安全的保护线。按照"党政同责、一岗双责、齐抓共管"的要求，进一步健全安全责任体系，全面落实管行业必须管安全、管业务必须管安全、管生产经营必须管安全，切实把安全责任逐级落实到基层、落实到岗位、落实到人头。要严格落实政府部门监管责任，进一步落实区县、乡镇属地管理责任，依法强化企业安全生产主体责任，切实做到守土有责、守土负责、守土尽责，坚决把好每道安全关。

（二）切实加强对大客流场所和活动的安全管理，进一步落实和完善相关制度规定

这起事件暴露出本市公共安全管理方面仍存在盲点，特别是对于无主办单位的大型群众性活动安全风险评估不足，准备不充分，存在管理空白。要按照国务院《大型群众性活动安全管理条例》，对大型群众性活动严格依法审批，切实落实相应监管和防范措施。尽快制定并出台本市大型群众性活动安全管理实施办法，加强对公共场所群众自发聚集活动管理，填补无组织群众活动的管理空白。对照国家旅游局日前下发的《景区最大承载量核定导则》，本市各景区要抓紧核算游客最大承载量，制定游客流量控制预案。各区县、各部门和单位要按照"分类管理、分级负责、属地为主"的要求，坚持预防为主、关口前移、重心下沉。在6月底前完成对旅游景点、商业设施、体育场馆、娱乐场所、公园、学校、地铁、机场、车站、码头等人员密集场所的公共安全检查，梳理风险隐患清单，落实整改治理措施。要督促相关经营和管理单位制定应急预案，明确最大客流承载量、限流措施和疏散路线等具体内容，做到"有组织活动有预案，群众自发活动也要有预案"，尤其对活动变更要做好风险评估、信息发布等工作。要根据应急预案，落实活动场所的供水供电、临时厕所、移动通信等基本保障措施。各区县要在年底前对涉及公共安全的重要

场所进行全面梳理和评估，符合条件的要建立区县级基层应急管理单元，明确管理单元牵头主体，做实特定区域应急管理工作。

（三）切实加强监测预警，进一步提升突发事件防范能力

这起事件反映出：相关管理部门对监测信息研判不够、对人群高度密集产生的后果估计不足。要健全“谁主管、谁监测，谁预警、谁发布”的预警管理机制，针对不同突发事件，完善预警标准和响应措施。进一步加强重点环节、重点领域和重要时段的现场情况监测，结合大规模人员聚集、大流量交通等情况变化，加强分析研判，及时发现苗头性、趋势性问题，及时启动相关应急预案，采取限流、划定区域、单向通行等交通管控措施，重点加强台阶、扶梯、连接通道等特定区域的人员流动管理。要适时在全市重要场所设立显示屏和高音喇叭等安全提示设施，充分利用应急广播、新闻媒体、网络等平台发布预警信息和相关提示，规范引导市民游客采取合理避险措施。要利用大数据加快构建全市统一的公共安全信息平台，实现信息共享，进一步加强预警信息沟通。

（四）切实加强应急联动，进一步强化应急处置能力

这起事件表明，“条块分割、条线分割、各自为政”依然是城市运行管理亟待破解的难题。要结合这起事件教训，近期抓紧组织修订本市突发事件应急联动处置暂行办法，进一步规范本市应急联动体制机制和响应程序，强化指挥协同，提升应急联动处置效能。要加强应急队伍训练和管理，组织开展实战化应急演练，特别是要针对轨道交通、高层建筑、危险化学品、人员密集场所等开展专项处置和救援训练及演练，确保现场处置和救援有序高效。各区县政府、各有关部门和单位要认真执行值班值守制度，严格落实重要节假日及重大活动前后领导值班带班制度。要按照突发事件信息报告规定的时限要求，向同级和上级政府总值班室报告，避免信息迟报、漏报，杜绝谎报、瞒报。

（五）切实加强宣教培训，进一步提升全社会公共安全意识和能力

加强人民群众的公共安全教育是各级政府的一项重要工作，需要常抓不懈。要充分发挥“5·12”防灾减灾日等公共安全宣传活动作用，依托传统媒体和新媒体，开展公共安全知识普及。要扎实推进公共安全宣传教育工作“进社区（乡村）、进企业、进学校”，鼓励市民积极参与社区（乡村）组织的防灾宣传活动，督促企事业单位组织职工开展应急技能培训和实战演练，加强大中小学安全教育，增强青少年学生安全意识和自救、互救能力。加紧研究制定本市院前急救地方性法规。要加强以急救知识为核心的应急技能培训，不断提高急救专业资质人员比例。推动市民参与应急演练和宣传教育，共同树立忧患意识，增强安全防范知识，提高突发事件应对能力。

“12·31”外滩陈毅广场拥挤踩踏事件联合调查组
2015 年 1 月 20 日

参考文献

[1] 张星臣.城市轨道交通运营管理[M].北京：高等教育出版社，2017.

[2] 朱海燕.城市轨道交通客运组织[M].北京:中国铁道出版社,2009.
[3] 刘涛,徐瑞华.基于行车间隔协调调整的换乘站大客流处置[J].城市轨道交通研究,2014,17(2):50-53.
[4] Still G K. Crowd Dynamics[D]. Warwick: Department of Mathematics University of Warwick, 2000.
[5] 叶建红.行人交通行为与交通流特性研究[D].上海:同济大学,2009.
[6] 中国公路学会交通工程手册编委会.交通工程手册[M].北京:人民交通出版社,1998.
[7] 陈然.城市行人交通流的实测、建模和模拟初探[D].上海:上海大学,2003.
[8] 陈然,董力耘.中国大都市行人交通特征的实测和初步分析[J].上海大学学报(自然科学版),2005,11(1):93-97.
[9] 王振,刘茂.疏散过程中人流运动特征及阻塞现象的分析研究[C]//中国灾害防御协会风险分析专业委员会第二届年会论文集(一).中国灾害防御协会风险分析专业委员会,2006:175-180.
[10] 李伟,胡成,宁利君,等.春运密集人群的安全警示[J].现代职业安全,2016(1):110-111.
[11] 卢春霞.拥挤人群中的挤压分析[J].交通运输系统工程与信息,2007,4(2):98-103.
[12] 冉丽君,刘茂.人群密度对人群拥挤事故的影响[J].安全与环境学报,2007(4):135-138.
[13] 周晓红.城市步行交通与步行空间的规划设计[D].上海:同济大学,1993.
[14] 盖尔·扬.交往与空间[M].何人可,译.北京:中国建筑工业出版社,2002.
[15] 陈鹏.基于行人行为特性的大型铁路客运站应急疏散仿真方法研究[D].北京:北京交通大学,2018.
[16] Winnie Daamen. Modelling Passenger Flows in Public Transport Facilities[D]. Delft: Department Transport & Planning, Delft University of Technology, 2004.
[17] 洪玲,徐瑞华,段晓英.基于动态切换的城市轨道交通车站应急疏散模型[J].同济大学学报(自然科学版),2016,44(1):87-94.
[18] 张磊.行人拥挤事故风险评价和致伤机理仿真研究[D].北京:北京交通大学,2016.
[19] 白锐.室外大型社会活动拥挤踩踏事故机理研究[D].沈阳:沈阳航空工业学院,2009.
[20] 朱炜.大客流条件下的城市轨道交通网络客流分布模型研究[D].上海:同济大学,2011.
[21] 李志勇.天安门广场客流暴涨[EB/OL].(2009-10-06)[2012-06-29]. http://www.bj.xinhuanet.com/bjpd-zhuanti/2009-10/06/content_17878691.htm.
[22] 钟晖,谢磊,吴雪莹.1、2 号线昨故障,不排除天热引发[EB/OL].(2012-07-03)[2012-12-29]. http://sh.people.com.cn/n/2012/0703/c138654-17199609.html.
[23] 唐寿成.地铁车站客流组织工作探讨[J].铁道运输与经济,2007,29(9):48-50.
[24] Turns Stephen R.燃烧学导论:概念与应用[M].2 版.北京:清华大学出版社,2009.

3 城市大客流风险管理

3.1 城市大客流风险管理的基本概念

城市大客流风险管理以城市大客流风险为管理对象，旨在构建全面性、预防性、系统性、科学性的城市公共安全社会治理新格局。目前，城市大客流风险管理尚处于探索阶段，需要通过大量的实践和管理策略来实现。为此，学习和掌握风险管理相关的理论与方法，确定城市大客流风险管理的场景与内容，开展包括风险监测、风险评估、风险处置等系列活动，来整体提升城市安全治理水平，乃当务之急。

本书从城市正在进行的经济社会转型现实出发，全面系统地认识城市大客流风险及其规律，从风险应对视角提出相应的风险管理对策，营造公众参与风险管理的意识和文化，促进城市运行安全和可持续发展。

3.1.1 术语解析[1]

1. 风险

风险(risk)是不确定性对目标的影响。ISO 定义“风险”为不确定性对目标的影响，可以用函数来表述风险：

$$R = f(O, U, E) \tag{3-1}$$

式中 O——目标；

U——不确定性；

E——影响。

此公式非常简洁、准确地指出了风险这个概念中最基本的三个要素，即目标(O)、不确定性(U)及二者之间的影响(E)关系。

既然风险是一种“影响”，也可以用图 3-1 描述“风险”的定义。图中的圆圈代表一个组织，五角星中的“目标”是组织的一个目标，“不确定性”对目标的影响，通过“事件”来体现，事件充当风险的载体。

2. 风险管理

风险管理(risk management)是指导和控制组织的协调活动。

3. 风险管理框架

风险管理框架(risk management framework)为设计、执行、监督、评审和持续改进整个组织的风险管理提供基础和组织安排的要素集合。

4. 风险评估

风险评估(risk assessment)包括风险识别、风险分析和风险评价的全过程。

"风险评估"是"风险管理过程"中的核心部分。从定义来看,"风险评估"是一个大过程的总称,该过程由"风险识别""风险分析"和"风险评价"三个子过程组成,如图 3-2 所示。

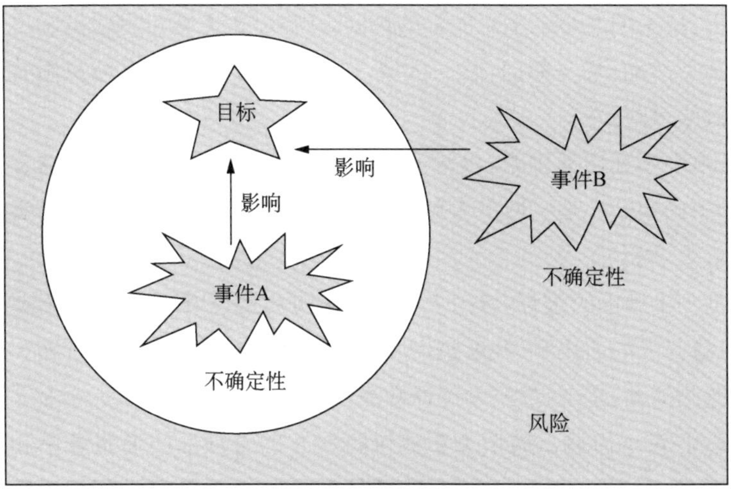

图 3-1　描述风险的定义

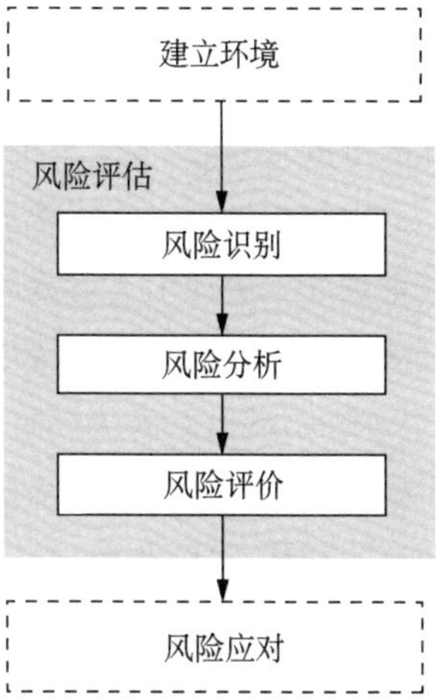

图 3-2　风险评估过程

5. 风险识别

风险识别(risk identification)是发现、承认和描述风险的过程。

6. 风险分析

风险分析(risk analysis)是理解风险性质、确定风险等级的过程。

7. 风险评价

风险评价(risk evaluation)是对比风险分析结果和风险准则,以决定风险和/或其大小是否可以接受或容忍的过程。

8. 风险应对

风险应对(risk treatment)是处置风险的过程。

城市大客流风险管理是针对大客流聚集和疏散风险,以实时客流预测的结果作为依据,开展城市大客流风险识别、风险评估、风险预警和风险处置的协调控制活动。整体提升城市大客流风险管理水准、整合能力及指挥控制能力。城市大客流风险管理概念的基本内涵主要体现在以下三个方面:一是城市大客流风险管理的组织整合,建立大客流风险管理的领导机构、应急指挥专门机构和专家咨询机构；二是城市大客流风险管理的信息整合，即加强大客流风险信息的收集、分析及处理能力，为建立综合的大客流风险预警系统提供信息支持；三是城市大客流风险管理的资源整合，旨在提高资源的利用率，为实施综合风险管理和增强应急处置能力提供物质保证。其核心是优化大客流风险管理系统中的内在联系，并创造可协调的运作模式，即大客流风险管理综合协调机制。

3.1.2 城市大客流风险管理的基本特征

近年来，随着城市化进程的加速，城市中人群、建筑、基础设施等要素高度集中，加之受到时空因素、极端天气引发的自然灾害、技术创新等不确定因素的共同影响，城市大客流风险链随之拉长，其风险管理也不再局限于某一活动、某一部门、某一区域，这更增加了城市大客流风险管理的难度，必须从源头上进行有效的风险防控。

由于对城市大客流管理服务水平不到位等因素，极易产生大客流聚集与疏散的风险，这在一定程度上增加了大客流风险的不确定性。基于城市大客流形态及风险机理分析，可知城市大客流风险管理具有以下特征：

第一，城市大客流风险管理是一个动态的过程，城市大客流安全防范是一项系统工程，需要在确定城市大客流风险场景和风险信息的前提下，开展包括风险识别、风险分析、风险评价在内的风险评估、风险处置以及风险监测活动，是全过程、动态性和综合性管理的过程。

第二，城市大客流风险管理核心在于协调。城市大客流风险涉及的管理部门通常各不相同，市区关系、条块关系、政企关系等多层次、多元关系层叠，致使其风险管理具有显著的层次化、多元化特征，风险预警和协调控制的难度增大。多部门管理时需要明确地划分区域、事件等责任主体，部门之间的信息沟通、协调机制尤为重要，否则容易引发新的风险或者管理漏洞。

第三，城市大客流风险管理重在量化不确定性的程度和每一风险可能造成损失的程度。城市大客流风险管理要着眼于风险控制，采用积极的措施来控制风险，通过降低其损失发生的概率，缩小其损失程度来达到控制目的。由于城市大客流安全风险诱因较多且管理主体多，各相关管理单位应按照"党委领导、政府负责、公众参与、社会协同、法制保障""党政同责、一岗双责、齐抓共管"等相关管理要求，加强日常安全管理，开展风险评估工作，完善区域管理体系建设。

第四，城市大客流风险管理是城市治理中的一部分，建立和完善系统化、结构化的风险管理理论和流程，有助于提升城市治理水平和城市品质。针对城市大客流风险管理特点，建立城市大客流风险疏导和防控机制，对于营造公众参与风险管理、提升公共安全风险意识、构建公共安全文化建设体系起着正向引导作用，为探索风险源头治理和构建城市安全文化提供了丰富的经验和路径选择。

从某种程度上来讲，城市大客流风险管理重在管理，主要工作是建立和维护良好的风险管理环境，为提升风险管理中的合作效率提供保障，营造风险责任分担机制，构建公共安全文化体系。

3.2 城市大客流风险管理的基本架构

3.2.1 城市大客流风险管理的标准化建设

完善的风险管理标准体系能够促进系统地开展各类管理工作，有效防范和控制各类隐患，营造良好的内外部发展环境。从国际上来看，风险管理标准化是大势所趋，各国都开展了相关政策和标准的制定工作，建立起完善的风险管理标准体系。其中，国际标准化组织（International organization for standardization, ISO）①发布的《ISO 31000：2018 风险管理指南》（以下简称“新标准”），采用三轮圆形（图 3-3）构建出风险管理的原则、框架和流程[2]，为风险管理体系的整体构建提供了一套通用标准和方法，这为城市大客流风险管理提供了一定的参考和借鉴。

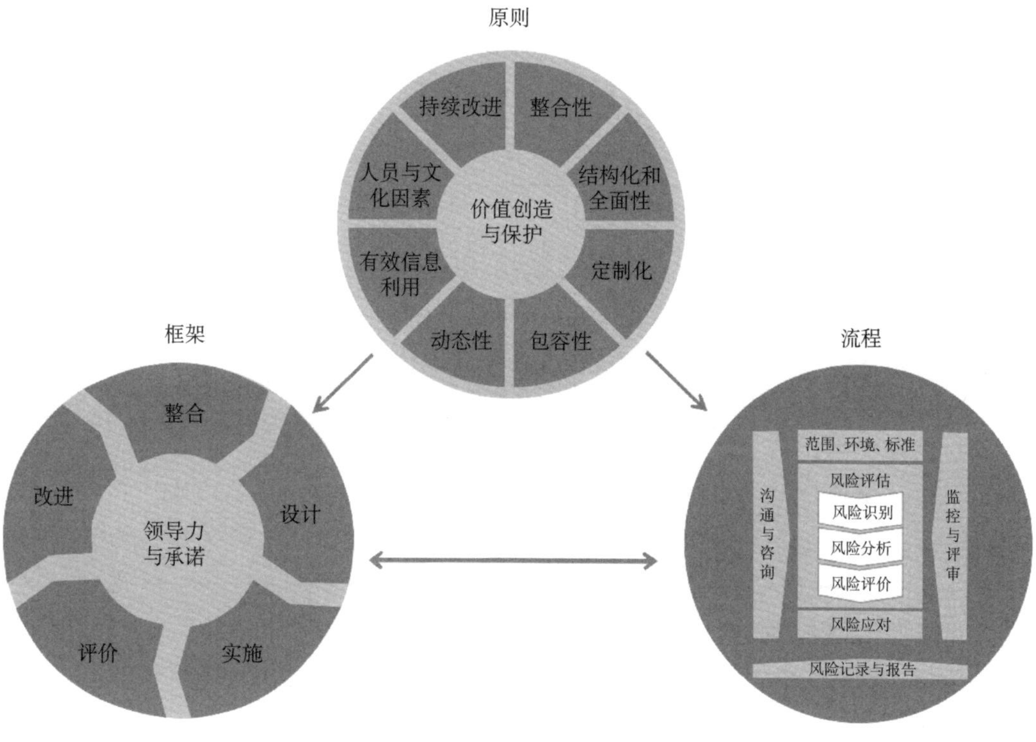

图 3-3 ISO 31000:2018 风险管理原则、框架和流程

在风险管理原则方面，新标准明确其最核心的内容为“价值创造和保护”，并将其作为风险管理的关键驱动力。表 3-1 说明了风险管理的八项原则，它们从不同层面来确保组织风险管理的成效。

① ISO 31000:2018 Risk management-Guidelines. https://www.iso.org/standard/65694.html.

表 3-1　　　ISO 31000:2018 风险管理八项原则

序号	原 则	主要内容
1	整合性	风险管理是组织所有活动的组成部分
2	结构化和全面性	风险管理的结构化和全面性有助于获得一致的和可比较的结果
3	定制化	可根据组织与其目标的外部和内部背景来制定风险管理框架和流程
4	包容性	需要考虑利益相关方适当和及时的参与，融入他们的知识、观点和看法
5	动态性	风险管理应以适当和及时的方式预测、监控、掌握和响应事件风险变化
6	有效信息利用	风险管理信息应及时、清晰地提供给利益相关方
7	人员与文化因素	人员行为和文化明显影响着风险管理在不同层面和阶段的各个方面
8	持续改进	通过学习和经验积累，不断提高风险管理水平

在风险管理框架方面，新标准强化了领导层职责的重要性，将“领导力与承诺”视作核心，明确高级管理层和监督机构应确保风险管理融入组织所有活动。表 3-2 说明了风险管理框架的构成要素，分别是整合、设计、实施、评价和改进风险管理。

表 3-2　　　ISO 31000:2018 风险管理框架

序号	元素/步骤	主要内容
1	整合	将风险管理整合到组织活动中，在风险管理过程中首先要进行资源整合，形成合力，共同解决风险问题
2	设计	理解组织与环境，明确风险管理责任，分配并确定风险管理者的角色、权限及职责，分配资源，建立咨询和沟通机制
3	实施	开发合适的包括时间和资源的实施计划，识别组织中的各类决策，尤其是风险管理决策，制定调整适用的决策程序，确保风险管理得到清晰的理解和准确实施等一系列过程
4	评价	组织定期衡量风险管理框架施行效果，确保其实用性和有效性
5	改进	面对新形势和新变化，组织要对风险管理框架进行监控和调整，确保所有管理活动的一致性和有效性

在风险管理流程方面，新标准系统地将政策、程序和实践应用于沟通和咨询活动，建立了环境和评估、应对、监督、审查、记录和报告风险等环节。表 3-3 介绍了风险管理流程的六大要素，该要素贯穿于整个风险管理过程。

表 3-3　　　ISO 31000:2018 风险管理流程

序号	流程	内 容
1	沟通与咨询	协助利益相关方理解风险、明确做出决策的依据以及需要采取特定行动的原因
2	范围、环境、标准	针对性地设置风险管理流程，实现有效的风险评估和恰当的风险应对。范围、环境和准则涉及界定流程的范围并理解内外部环境
3	风险评估	风险评估是风险识别、风险分析和风险评价的整个过程
4	风险应对	风险应对是一个迭代的过程，包括制定和选择风险应对方案，准备和实施风险应对计划，评估应对方案的有效性，决定残留风险是否能够接受

（续表）

序号	流程	内　容
5	监控与评审	其目的是保证和提升流程设计、实施和结果的质量、有效性
6	风险记录与报告	应通过适当的机制记录和报告风险管理流程及其结果

新标准将风险管理视作一种文化建设、能力建设和实践过程，指出管理风险是组织治理和领导力的一部分，这将有助于在宏观层面上构建风险管理的顶层设计和资源分配，为有效开展风险管理工作奠定组织基础和治理目标。

3.2.2　城市大客流风险管理的原则及框架

基于《ISO 31000:2018 风险管理指南》中对于风险管理框架的构建分析，城市大客流风险管理的基本架构由下列三部分构成。

1. 城市大客流风险管理原则

城市大客流风险管理是城市安全运行管理的一项重要内容，组织实施大客流风险管理时，应遵循下列原则：

（1）整合性原则。该原则认为风险管理是组织所有活动的组成部分，强调在政府、公民社会、企业、国际社会和组织等不同利益主体之间，进行组织整合、信息整合、资源整合，形成统一领导、分工协作、利益共享、责任共担的机制。通过激发城市大客流不同利益主体间的多层次、多方位的沟通和合作，确保公众共同参与、不同利益主体行动的整合和有限资源的合理利用。

（2）全面性原则。该原则强调城市大客流风险管理应与政府日常的公共管理活动或者企业的日常管理活动有机地整合在一起，在其日常管理活动中实现对城市大客流的风险分析和风险管理，建立城市大客流风险管理常态化工作机制，将其风险管理的内容全面融入城市安全运营与管理工作中，全面降低和减少城市公共安全管理治理风险，提升公共安全治理的效能。

（3）全过程原则。该原则表明要从大客流风险的构成和形成机制出发，将城市大客流风险管理作为一个系统的过程，开展针对城市大客流的风险准备、风险识别、风险评估和风险处置等工作。

（4）多方参与原则。城市大客流风险管理是城市治理体系的一部分，非常强调多方参与。首先，城市大客流风险要被民众认知、熟悉，就一定需要民众的广泛参与；其次，城市大客流风险评估是专业性与多方参与相结合的风险评估，既需要将不同利益相关者代表纳入该评估过程中，同时在后续的城市大客流应急预案体系的制定和实施中，也需要利益相关方的参与执行。

2. 城市大客流风险管理框架

城市大客流风险管理是一项复杂的系统工程，其框架体系的构建主要包括以下要素：

（1）城市大客流风险管理保障体系建设。城市大客流风险管理的保障体系建设由体制、机制和法制三部分组成，共同为城市大客流风险管理的高效运行提供背景支持。为此，首先要明确建立城市大客流风险管理体制建设，特别是加强城市大客流风险管理的组织体系建设，为基层开展城市大客流风险治理提供组织保障；其次要建立与城市大客流风险管理相协调的法律法规体系，进一步规范纵向和横向协调过程中相关管理主体和个人的行为和活动；最后根据城市大客流风险管理的过程分析，构建基于城市大客流风险管理相关工作机制，诸如城市大客流风险识别和隐患排查机制、城市大客流风险监测预警机制、城市大客流应急管控处置机制、城市大客流社区参与机制等。

（2）城市大客流风险管理过程模式建设。根据《中华人民共和国突发事件应对法》相关规定，结合《大型群众性活动安全管理条例》《上海市公共场所人群聚集安全管理办法》等相关规定，可将城市大客流风险管理分为“预防与准备（事前）→监测与预警（事发）→应急处置与救援（事中）→恢复与重建（事后）”四个阶段，这些阶段共同构成了城市大客流风险管理“测、防、报、抗、救、援”六个环节的任务和内容。事实上，在城市大客流风险管理过程中，应将“测、防、报”和“抗、救、援”适度分开，进一步细化城市大客流风险管理的过程及任务，将有助于构建灵活、高效的城市大客流风险防控机制。这也是今后城市大客流风险管理的重要内容。

（3）城市大客流风险管理评估与沟通体系建设。城市大客流风险管理把贯穿整个管理全过程的评估机制和沟通机制作为管理过程高效运行的关键因素，评估为决策提供依据，沟通为应急联动提供信息保障。建立基于城市大客流风险管理五要素在内的风险评估工作，既有助于多元主体参与城市大客流风险评估建设，又为制定城市大客流应急预案、实施灾后救援计划提供科学方法和重要依据。而城市大客流风险沟通机制的建立，能够起到信息互动和交流的作用，有助于提高风险管理的能力，促进民众正确理性地应对风险事件。

（4）城市大客流风险管理辅助决策支持系统建设。辅助决策支持系统是一种先进的信息管理系统，通过建立数据库、案例库、预案库、模型库、知识库和方法库，为城市大客流风险管理提供分析问题、建立模型、模拟决策过程和方案的环境，调用各种信息资源和分析工具，帮助决策者提高决策水平。目前各地正在建设的“一网统管”以城市运行管理和应急处置系统为基础，在充分利用大数据技术和手段的基础上，进一步提升城市大客流风险监测预警的准确性，从技术层面提升了城市大客流风险管理的治理水平。

3. 城市大客流风险管理流程

城市大客流风险管理是对城市大客流日常管理和应急管理的优化、改善和升级，其管理流程与应急管理和日常管理有着显著不同。表 3-4 对日常管理、应急管理和风险管理三个词在内容上做了简要区分，有助于管理者更好地理解风险管理的内涵①。

表 3-4　　日常管理、应急管理与风险管理的主要区别

名 称	工 作 重 心
日常管理	主要应对事中管控
应急管理	通常是事件发生后，迅速采取一系列管理方法，即应急救援，减少事件发生后造成的损失

① 孙建平.特大城市如何进行风险管理.上观新闻，2017-04-23。

(续表)

名称	工作重心
风险管理	更多的是在灾害事件还没有发生时,研究导致其产生问题的相关因素,分析其可能发生的后果,然后采取适当的措施尽可能地消除或减少这些因素,尽可能防范事件发生

本书借鉴澳大利亚 AS/NZS 4360 标准中风险管理的框架①(图 3-4),认为风险管理过程必

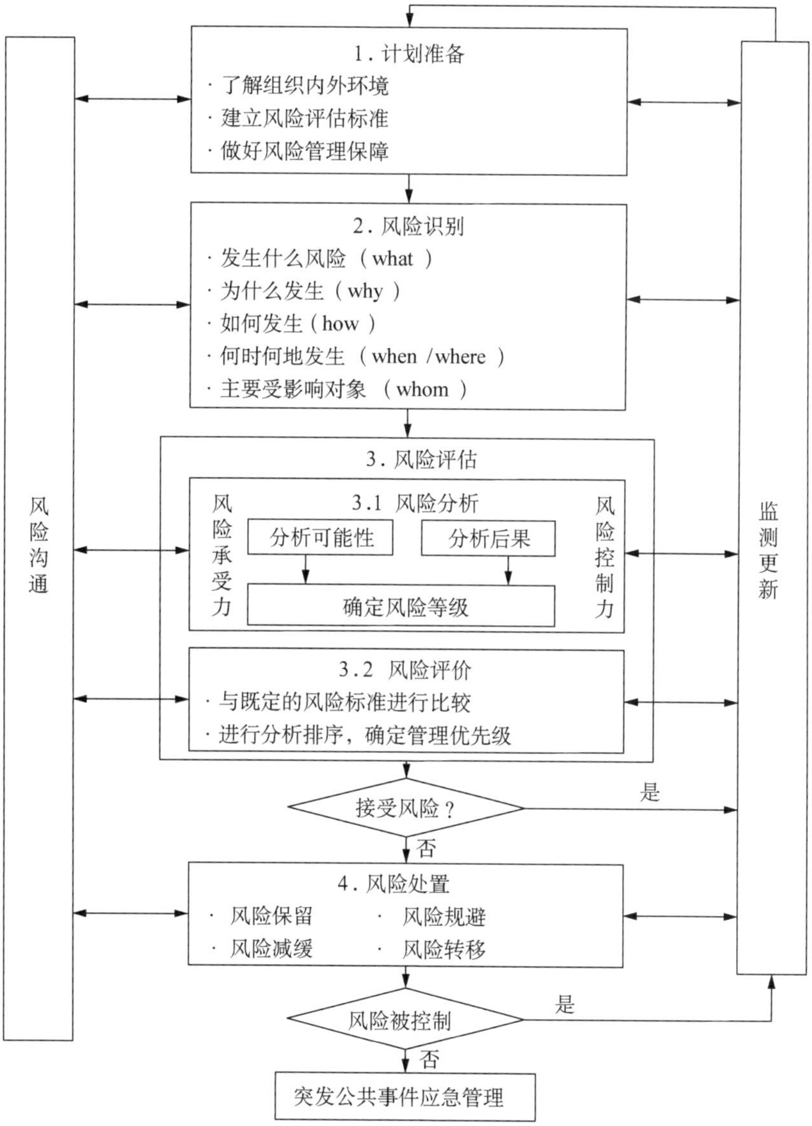

图 3-4 AS/NZS 4360 风险管理的基本流程

① Emergency Management Australia. Emergency Management Applications Guide. Manual 5. Commonwealth of Australia. 2004:4.

须先有一个组织架构，然后才能进行处理流程，进而推进风险管理标准化进程。从城市大客流风险应对出发，将城市大客流风险管理分为计划准备、风险识别、风险评估和风险处置四个过程和环节，意图构建城市大客流风险管理的共性思维，并对各个环节的具体工作流程进行了解析。

3.2.3 城市大客流风险管理系统工程

面对新时期城市公共安全管理的新要求和新挑战，城市大客流风险管理必须把安全发展和尊重生命作为新的安全管理体系建设的目标。本书借助系统脆弱性理论分析框架，剖析城市大客流风险产生的深层原因，探索治理城市大客流风险的路径和策略，构建城市大客流风险管理的内容。

城市大客流风险管理是一项复杂的系统工程，从城市安全生产与运营角度看，城市大客流风险事件或事故的产生与其系统属性和层次相关，应当把系统整体属性存在的问题作为工作重点，从根源上解决系统性、基础性、制度性问题，提升城市大客流风险治理及事故灾难应急准备能力。

1. 城市大客流风险分析

随着经济发展，城市扩张进入快车道，人口数量、流动速度不断增长，城市风险也在不断酝酿、发酵，风险管理已经成为我国城市管理的重中之重。城市大客流往往具有人口密度大、流动性强、环境特殊等特点，在现场人流管控、治安秩序维护、消防交通安全管理、突发事件应急处置等方面也不断出现新情况、新问题，各种可以预见和难以预见的风险隐患增多，安全管理难度加大。如果组织和监管不力，极易引发安全事故，由此所产生的政治影响以及对经济建设和社会发展所造成的损失十分惊人。因此，必须对此加以分析并进行有效应对。

关于城市大客流风险，其类型分析可以是多方面的：一是从风险信息角度，根据对信息掌握的程度，把风险区分为简单风险、复杂风险、不确定风险、模糊风险；二是从突发事件角度，将风险概括为自然灾害、事故灾难、公共卫生事件、社会安全事件等四大类；三是从安全生产角度，按导致事故的直接原因分析，把事故风险分为物理性危险、化学性危险、生物性危险、行为性危险以及心理、生理性危险等[3]。

上述这些风险分析多限于个别领域或独立事件，暴露出城市大客流在应对突发事件处置过程中存在一些薄弱性环节。实际上，城市大客流风险管理作为城市治理的一部分，加强风险源头治理，有助于城市决策者确定风险的可接受程度以及风险处理的合理性与有效性。

2. 城市大客流风险的脆弱性分析

脆弱性是当前灾害研究和风险评估中非常重要的概念，其原意是指物体易受攻击、易受伤和被损坏的特性。自 1974 年美国学者 G.F.White 在其著作 *Natural Hazards* 中首次提出“脆弱性”的概念以来，此概念在生态学、灾害学等自然科学领域以及社会学、经济学等社会科学领域得到了广泛应用。一般认为，脆弱性是指面对灾害时，自身存在较易遭受伤害和损失的因素。

城市大客流风险管理作为一个复杂的、开放的系统，其脆弱性存在于整体和内容相关管理的各个层面和各个环节，从某种意义上讲，风险具有相对性，而脆弱性则具有绝对性。

脆弱性是一种系统属性，受到很多系统内在和外在因素的影响。其内在因素包括系统属性、人为和组织因素、维护因素、员工影响、技术属性、技术性失败和危险等；外在因素则包括基础设施因素、环境因素、社会因素、法律因素、财务因素、市场因素等。

城市大客流风险管理的脆弱性表现在多个层面：首先，大客流本身作为一个系统，具有一定的脆弱性，具体表现在其群体内部存在风险的不确定性和复杂性，一旦灾害事件发生，大客流在突发事件面前更显脆弱性，这是导致城市大客流风险产生的内部系统因素；其次，城市作为一个复杂的运行系统，其在政治、经济、文化、社会、生态等众多层面都表现出一定的脆弱性，这是导致城市大客流风险产生的外部系统因素；最后，传统和非传统风险的叠加，导致城市大客流风险呈现出系统脆弱性特征，甚至打破系统间的结构平衡，使得脆弱性超过特定的安全阈值，直接导致了灾害风险或者危机事件的产生。各个国家和地区的经济、政治、文化、历史、地理、民族和宗教等诸多因素都可以使脆弱性的来源和形态表现出很大差异甚至完全相悖，识别这些差异性对评估和减控脆弱性有很大意义。

城市大客流风险管理系统脆弱性来源具有多维度特征，按照其来源属性可分为自然、社会、管理、技术等四大类：自然系统属性主要指地理、地质、气象、自然环境和生物等；社会系统属性主要包括政治、社会、经济、法治、文化、宗教、教育制度和传媒网络等；管理系统属性主要指公共管理、应急管理法制、体制、机制与应急准备；技术系统属性主要指工程、装备、技术和生产活动等[4]。这些系统属性为城市大客流风险管理提供了理论分析，也为研究城市大客流风险治理提供了理论工具。

3.3　城市大客流风险管理的内容

城市大客流风险作为一项系统工程，要从源头上治理，除了控制城市大客流本身的脆弱性外，必须控制城市大客流风险管理所处的诸如社会、管理、技术、自然等四个系统的不利因素或脆弱性，规范和改善与城市大客流风险管理相关的机构建设、制度完善、流程规范、预案管理等，构建城市大客流安全防护体系。借鉴国内外众多学者和机构的成果，结合政府相关部门实际开展的风险管理工作内容，城市大客流风险管理应当包括以下四方面的内容。

1. 开展城市大客流风险管理组织机构体系建设

2018 年，应急管理部成立，我国城市风险管理工作迈向常态化、制度化轨道，城市公共安全管理呈现由应急管理部门牵头的多主体协同网络体系建设。应急管理相关部门在防范化解重大特大安全风险、健全公共安全体系、整合优化应急力量和资源等方面发挥着重要作用。与此同时，网格化管理中心、基层治安综合治理中心等基层一线管理机构作为城市基层风险识别和治理的重要载体，也为城市大客流风险治理提供了组织支撑。

针对城市大客流风险管理工作，要通过建立由最高决策层领导的城市应急管理委员会及其日常办事机构、非常设的专家咨询机构，在城市公共安全风险治理及其相关立法、经费筹措、协调救援等方面，整合城市各专业部门的资源，为强化城市大客流风险管理能力提供组织保障。随着城市“一网通管”的推行，将有更多部门、机构和组织参与到城市大客流风险管理的相关工作中，这将进一步拓展和创新城市大客流风险管理的机构建设及组织力量。

2. 建立风险评估和隐患排查机制

为保证城市运行安全，应建立健全城市公共安全风险管理和隐患排查长效机制，探索建立企业自查、行业互查、政府部门督查、群众积极参与的监督检查机制，形成综合部门与专业部门相结合的评估机制，最大限度地减少各类灾害或事故隐患。

各部门、各单位要立足于源头管理，对公共场所，特别是重点人员密集场所、安全风险较高的大型群众性活动开展风险评估，认真分析其潜在危险性、存在条件、触发因素和可能造成的危害，确定风险等级，并按照规定向社会公布。

可通过购买服务的方式，广泛动员社会资源，开展与城市大客流有关的重大活动、重大区域、重大事件的风险评估活动，最终形成预案并付诸实施，总体提升城市大客流风险防范能力。

3. 建立城市大客流风险监控机制

城市大客流风险监控机制至少应包括三方面的内容，即建立城市大客流监测预警机制，完善城市大客流预警响应机制，形成大客流人群管理和监控制度。

首先，开展各类风险隐患调查，建立大客流监测预警机制。针对涉及城市大客流风险管理的点、线、面等重要环节(表 3-5)，高度关注大客流状态及其风险变化情况，充分利用移动网络技术完善监测预警网络，提高预警发布效率。提前实现重点区域人群安全容量预警，并预测未来活动期间的人群总量和峰值时段，为及时启动预案、采取有效的应对措施提供坚实基础。

表 3-5　　城市大客流风险之点、线、面的含义[5]

维度	点 （关键点）	线 （串联关键点的通道/进程）	面 （整个系统）
时间	关键时间点 （开场、散场、华彩）	进程 （活动进程、出入进程）	活动全过程
空间	关键空间点 （出入口、排队区、游艺设施、仓库）	人群通道 （疏散通道、游览线路）	整个场所或 典型区域

其次，进一步完善城市大客流预警响应机制，确保大客流安全风险始终处于受控范围内。建立城市大客流分级预警报警机制，当达到预警阈值时即显示报警，确保现场所有人员的安全。

最后，建立城市大客流人群管理和监控制度，施行人群安全计划。人群管理是指对人群活动进行全面考虑，建立针对包括人群、场地、环境、管理及活动等众多因素在内的制度和措施。这就要求人群安全管理人员必须连续地对城市大客流的形势进行评估并采取有效的控制措施，

图 3-5 就是一种有效的人群实时管理的方法和工具[6]。针对城市大客流风险，常用的人群控制手段和措施有控制人员流量、分区隔离人员、预留紧急通道和公众行为指引等。

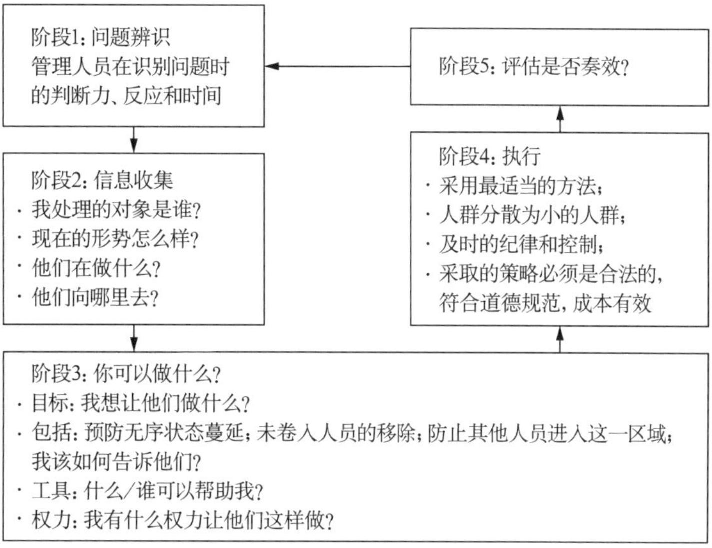

图 3-5　人群实时管理程序与内容

4. 构建城市大客流风险沟通机制

风险沟通是风险管理的核心，是解决冲突的有效途径。其主要功能在于与风险相关的利益主体基于共同的风险知识，达成相互理解与尊重并最终建立信任关系。

风险沟通机制的建立包括两个层面：一是政府内部及跨部门风险沟通机制的建设，重点加强信息互通和信息值守工作，确保风险信息向预案相关部门顺畅传递并实现共享，为合作协调提供基础；二是创新政府同社会的风险沟通渠道及内容，增强社会安全意识，有效引导和控制人群安全行为。

城市大客流风险沟通机制的启动以城市大客流人流变化为客观标准。除了要明确有关部门的协作和信息沟通方式外，还要及时掌握和发布突发大客流信息。城市大客流风险信息沟通具体包括以下内容：精确的、最新的大客流数据信息；有关活动情况的预报和实时信息；关于活动计划变更的信息；场所内正在发生的信息，如位于队列前方的人正在遭受挤压、为避免或减少人群拥挤对人群进行重新调整的信息，鼓励人群使用可选择的路径、入口和出口的信息等。信息要采用多种语言进行发布，降低信息不对称造成的风险。

3.4　城市大客流风险管理适用的法律规定

随着经济社会活动的不断发展，城市大客流正逐步兼具常态化风险和突发性风险的特征，成为影响城市公共安全风险的重要因素，城市大客流风险管理也日益引起人们的关注。近年来，国内发生的重大拥挤踩踏事件为城市大客流风险管理敲响了警钟。

城市大客流风险管理是一项复杂的系统工程，受到诸如人群类别、活动场所、组织管理、环境和活动性质等因素的影响和制约，存在于社会生活的各个领域。与此相对应，城市人员密集场所安全管理、大型活动安全管理、公共场所安全管理等方面有相应的法律规定，其范围涵盖密集人群的风险识别、监测预警、应急疏散等方面，强调密集人群的应急疏散、缓解疏导，这些为进一步识别城市大客流风险、探索城市大客流风险管理规律提供了一定的法治保障基础。本章从法律法规方面对城市大客流风险管理适用的法律规定进行梳理，以期对推进城市大客流风险管理法制化进程作出贡献。

3.4.1 城市大客流风险管理相关法律法规

当前，针对城市大客流的安全问题，我国已经形成了以《中华人民共和国突发事件应对法》（以下简称《突发事件应对法》）为基本法，以强调非常态应对的《国家突发公共事件总体应急预案》与以常态管理为主的《大型群众性活动安全管理条例》为两翼，辅以各地政府制定的地方性规章为补充，再加上其他部门和组织制定的各类法律规章制度及技术标准规范等并存的多层级共治的法律体系。但是，总体而言，我国公共安全与应急管理法治建设仍相对薄弱。

通常，一个国家或地区城市公共安全管理的水平同该区域经济社会发展的水平呈较强的正比关系。回顾我国大型群众性活动安全管理相关法律法规的出台和完善，也正说明了这一点。下文将结合我国城市公共安全管理相关实践，以大型群众性活动安全管理的相关法律体系完善为例，从国家和地方两个层面对城市大客流风险管理涉及的相关法律法规简要加以分析。

3.4.1.1 国家层面

最近十几年以来，有关部门相继出台了一系列针对人员密集场所、大型群众性活动安全、公共场所等方面的政府规范性文件，这为城市大客流风险管理提供了一定的政策基础和法治保障，具有较强的指导和规范意义。具体见表 3-6。

表 3-6　　城市大客流风险管理相关法律及政府文件一览表

序号	名称
1	国家突发公共事件总体应急预案（2006）
2	中华人民共和国突发事件应对法（2007）
3	大型群众性活动安全管理条例（2007 国务院第 505 号令）
4	城市轨道交通运营管理规定（中华人民共和国交通运输部令 2018 年第 8 号）
5	景区最大承载量核定导则（LB/T 034—2014）

一般来讲，2007 年《突发事件应对法》和《大型群众性活动安全管理条例》这两部法规的颁布，为大客流风险管理法律体系的建立奠定了基础。公共交通工具和公共场所一个共同的特点就是人员密集，往往在某一特定时间聚集成群，一旦发生意外情况，非常容易造成人员伤亡的严

重后果。因此,对这些人员密集场所的经营单位或者管理单位在突发事件预防方面的要求,理应比一般单位要高。[7]

因《大型群众性活动安全管理条例》和《景区最大承载量核定导则》这两项法律法规分别对城市大客流风险管理的制度建设和客流监测有一定的启发意义,下面择其要点加以介绍。

1.《大型群众性活动安全管理条例》[8]要点

《大型群众性活动安全管理条例》是一部专门规定大型群众性活动安全责任制度和安全监督管理措施的行政法规,2007 年 8 月 29 日国务院第 190 次常务会议通过,由国务院于 2007 年 9 月 14 日发布,自 2007 年 10 月 1 日起施行。

该条例共五章二十六条内容,对大型群众性活动的范围,承办者、场所管理者的安全责任和公安机关的职责,安全许可的条件、程序、时限,安全管理措施以及法律责任等做了明确的规定。其中,第三章规定了大型群众性活动的安全管理制度和安全保障措施:一是确定大型群众性活动实行安全许可制度。明确公安机关是安全许可的实施单位,并对活动应当符合的安全条件、承办者提交的申请材料以及实施许可的程序、时限等做出了明确要求。二是明确规定了大型群众性活动举办过程中的安全保障措施。主要包括:公安机关根据安全需要组织警力,维持现场周边的治安、交通秩序,预防和处置突发治安事件,查处违法犯罪活动。承办者发现进入活动场所的人员达到核准数量时,应当立即停止验票;发现持有划定区域以外的门票或者持假票的人员,应当拒绝其入场并向活动现场的公安机关工作人员报告;在大型群众性活动举办过程中发生公共安全事故、治安案件的,安全责任人应当立即启动应急救援预案,并立即报告公安机关。

2.《景区最大承载量核定导则》[9]要点

《景区最大承载量核定导则》(以下简称《导则》)由国家旅游局于 2014 年 12 月 26 日发布,自 2015 年 4 月 1 日起施行。《导则》规定了景区最大承载量的核定原则、方法和步骤,要求各大景区核算出景区最大承载量,并制定相关游客控制预案。

最大承载量,是指在一定时间条件下,在保障景区内每个景点旅游者人身安全和旅游资源环境安全的前提下,景区能够容纳的最大的旅游者数量。《导则》将最大承载量从性质上划分为空间承载量、设施承载量、生态承载量、心理承载量、社会承载量五种类型,从时间节点上分为瞬时承载量、日承载量两种类型。

1) 景区瞬时承载量

景区瞬时承载量一般是指瞬时空间承载量,瞬时空间承载量 C_1 由以下公式确定:

$$C_1 = \sum \frac{X_i}{Y_i} \tag{3-2}$$

式中 X_i——第 i 景点的有效可游览面积;

Y_i——第 i 景点的旅游者单位游览面积,即基本空间承载标准。

当景区设施承载量是景区承载量瓶颈时，或景区以设施服务为主要功能时，其瞬时承载量取决于瞬时设施承载量，瞬时设施承载量 D_1 由以下公式确定：

$$D_1 = \sum D_j \tag{3-3}$$

式中，D_j 为第 j 个设施单次运行最大载客量，可以用座位数来衡量。

2）日承载量

景区日承载量一般是指日空间承载量，日空间承载量 C_2 由以下公式确定：

$$C_2 = \sum \frac{X_i}{Y_i} \times \mathrm{Int}\left(\frac{T}{t}\right) = C_1 \times Z \tag{3-4}$$

式中　T——景区每天的有效开放时间；

t——每位旅游者在景区的平均游览时间；

Z—— 整个景区的日平均周转率，即 $\mathrm{Int}(T/t)$ 为 T/t 的整数部分值。

当景区设施承载量是景区承载量瓶颈时，或景区以设施服务为主要功能时，其日承载量取决于日设施承载量，日设施承载量 D_2 由以下公式确定：

$$D_2 = \frac{1}{a} \sum D_j \times M_j \tag{3-5}$$

式中　D_j——第 j 个设施单次运行最大载客量；

M_j——第 j 个设施日最大运行次数；

a——根据景区调研和实际运营情况得出的人均使用设施的个数。

通过系数 a 去掉单一旅游者使用多个设施而被重复计算的次数。

当旅游者在景区有效开放时间内相对匀速进出，且旅游者平均游览时间是一个相对稳定的值时，日最大承载量由以下公式确定 C：

$$C = \frac{r}{t} \times (t_2 - t_0) = \frac{r}{t_1 - t_0} \times (t_2 - t_0) \tag{3-6}$$

式中　r——景区高峰时刻旅游者人数；

t——每位旅游者在景区的平均游览时间；

t_0——景区开门时刻（即景区开始售票时刻）；

t_1——景区高峰时刻；

t_2——景区停止售票时刻。

《导则》对景区出现大客流在预警方面做了规范要求。景区内旅游者数量达到最大承载量80%时，启动包括交通调控、入口调控等措施控制旅游者流量；景区内旅游者数量接近最大承载量时，当向社会公告并同时向当地人民政府报告。同时，在当地人民政府的指挥、指导、协助下，配合景区主管部门和旅游行政主管部门启动应急预案；而景区内旅游者数量达到最大承载量时，立即停止售票，向旅游者发布告示，做好解释和疏导等相关工作。

景区客流达到最大承载量时需要疏散客流。《导则》指出，一旦启动应急预案，地方政府组织相关部门，重点是交通与公安部门，构建一级指挥调度系统，对通往景区的外围道路入口和主要集散中心（地）进行流量监控，在景区外部进行引导、分流和截流。

根据《导则》，景区将逐步推进旅游者流量监测常态化，采用门禁票务系统、景点实时监控系统等技术手段，还应针对节假日及大型活动制定相应旅游者流量控制预案。

3.4.1.2 地方性法规和政府规章[10]

在《突发事件应对法》颁行之前，很多公共场所治安管理的法律法规都涉及大型群众性活动秩序和公共安全管理，具体在地方层面则各有不同。政府对大型群众性活动的管理主要是通过公安机关对“公共场所”或者“公共娱乐场所”的管理来实现的，治安管理工作仍是其工作重心。1984 年十二届三中全会以后，商业展销展览等大型交流活动不断增加，为规范活动的安全保卫工作，不少地方专门制定了符合本地实践的管理制度，大型群众性活动安全管理条例办法逐渐形成。详情见表 3-7。

表 3-7　　城市大客流风险管理主要地方性法规一览表

序号	名称
1	北京市人民政府办公厅关于商业性展销活动安全保卫工作的暂行规定(1985)
2	北京市人民政府关于展览展销安全保卫工作的暂行规定(1986)
3	上海公共场所治安管理办法(1987)
4	天津市展览展销治安保卫工作暂行规定(1988)
5	广东省公共场所大型临时性群体活动治安管理规定(1993)
6	太原市大型群众活动安全保卫管理规定(1995)
7	江苏省大型活动安全保卫工作规范试行(2002)
8	北京市大型社会活动安全管理条例(2005)
9	上海市公共场所人群聚集安全管理办法(2015)
10	中山市群众自发性聚集活动安全管理规定(2017)

表 3-7 中这些地方层面规章制度的发布，既反映出当时安全管理的具体需求，又呈现出一定的政策连续性和灵活性。比如，《上海公共场所治安管理办法》首次将“公共场所”界定为“从事文娱、体育和贸易等活动而形成的群众集散场所”，扩大了公共场所治安管理的内涵；《广东省公共场所大型临时性群体活动治安管理规定》作为全国第一部大型群众性活动管理的专门性政府规章，明确规定大型临时性群体性活动由公安机关实施治安管理，则进一步丰富了大型群众性活动的管理内容。同时期制定的其他如消防、烟花爆竹等安全管理规定，充分显示出大型群众性活动内容的多样性和安全管理问题的复杂性。这为今后安全管理、大客流风险管理等相关工作提供了一定的法治保障。

在回顾地方层面相关法规规章的同时，下面两部法规条例不可忽视：

1.《北京市大型社会活动安全管理条例》(2005)

2005 年 9 月 9 日，北京市第十二届人大常委会第二十二次会议审议通过了《北京市大型社会活动安全管理条例》(以下简称《条例》)，自 2005 年 11 月 1 日起施行。《条例》建立了政府领导、公安部门主管、相关部门各负其责的管理体制，明确了安全责任和规范，确立了安全许可制度，为北京市大型活动的安全举办提供了重要的法制保障。

作为我国首部大型活动安全管理地方法规，《条例》将庙会、灯会、游园会等民俗文化活动正式纳入大型社会活动范围之中，明确强调主办者对安全工作全面负责，公安机关是大型社会活动的安全许可机关；专设"安全职责"一章，将主办者、场所提供者和公安机关的职责进行了细化规定，并建议主办者投保公众责任险，以此来转嫁风险。

《条例》从法律层面强调了大型活动各相关方所应承担的安全责任，强化了各相关方的主体地位及相应关系，是真正意义上的大型活动安全管理法规。

2007 年，国务院发布并实施了《大型群众性活动安全管理条例》，针对大型活动安全管理实践中一些凸显问题，北京市对《大型群众性活动安全管理条例》进行了修改，制定了《北京市大型群众性活动安全管理条例》，自 2010 年 12 月 1 日起施行。

2.《上海市公共场所人群聚集安全管理办法》(2015)

为了加强对公共场所人群聚集活动的安全管理，防范拥挤踩踏及其他突发事件发生，上海市政府依据《中华人民共和国突发事件应对法》和国务院《大型群众性活动安全管理条例》，制定了《上海市公共场所人群聚集安全管理办法》(以下简称《办法》)，该办法自 2015 年 7 月 1 日起施行。

《办法》在反思 2014 年上海外滩拥挤踩踏事件的基础上，将大型群众性活动安全管理的范围进行了拓展，提出"人群聚集活动"这一新概念，并将其分为预计参加人数 1 000 人以上的"大型群众性活动"、低于 100 人的"小型群众性活动"和人群自发聚集达到一定密度的"其他群众性活动"三大类活动；同时，《办法》又对"人群聚集公共场所"进行了概念扩展，将宗教活动场所、人群经常聚集的广场、道路等其他公共场所均囊括其中；进一步明确了人群聚集公共场所经营、管理单位的工作职责和工作内容，在日常监测、安全提示、风险评估和隐患排查、应急管理方面做了明确规定。

《办法》要求严把大型活动的"源头审批关"和"现场管理关"，在全国最先就公共场所人群聚集安全管理工作进行规范，为大型活动安保工作提供了有力的法律支撑。

2019 年 12 月，上海市公安局结合实际需要发布了《关于加强公共场所人群聚集活动安全管理的若干规定》的通知，细化了包括实施安全风险评估机制、鼓励投保公众责任险、举办大型群众性活动申请材料及安全工作方案内容、小型群众性活动和人群聚集活动的报告等方面共计 14 条内容，进一步强化本市公共场所人群聚集活动的安全管理，推动相关工作更加规范、有序开展。该规定自 2020 年 3 月 1 日起施行。[11]

需要指出，2015 年以后我国部分地方法规规章将“自发性群聚活动”放入大型群体性安全管理范围，制定并完善了相关法律规章，强调公共场所经营、管理单位的安全管理责任、安全风险监测与预警信息发布职责，进一步构建了我国城市大客流风险管理的法律和制度基础。

3.4.2 城市大客流风险管理相关技术标准规范

3.4.2.1 国家标准

目前，针对城市大客流风险管理并没有明确的国家标准，但与城市大客流风险相关的管理标准和规范则有很多，诸如风险管理、大型活动安全、公共安全、应急管理、演练疏散等。这些标准的推行和使用，为大客流风险管理工作的规范化和标准化提供了基础，有利于降低城市安全管理成本。相关标准规范见表 3-8。

表 3-8 适用于城市大客流风险管理的标准规范一览表

序号	名称	编号	实施日期
1	风险管理原则与实施指南	GB/T 24353—2009	2009-12-01
2	风险管理　风险评估技术	GB/T 27921—2011	2012-02-01
3	风险管理　术语	GB/T 23694—2013	2014-07-01
4	大型活动安全要求	GB/T 33170—2016	2017-04-01
5	地铁安全疏散规范	GB/T 33668—2017	2017-11-01
6	公共安全　大规模疏散　规划指南	GB/T 35047—2018	2018-11-01
7	公共安全　应急管理　预警颜色指南	GB/T 37230—2018	2019-06-01
8	公共安全　应急管理　突发事件响应要求	GB/T 37228—2018	2019-06-01
9	公共安全　演练指南	GB/T 38209—2019	2020-04-01

2017 年 4 月开始正式实施的国家标准《大型活动安全要求》(GB/T 33170—2016)，对大型活动安全管理做了全面的规范与要求，在有效预防和减少大型活动治安事件和灾害事故、提升大客流安全风险防控能力方面，发挥了重要作用[12]。

1. 安全评估

安全评估是以实现大型活动安全顺利举办为目的，应用安全系统工程原理和方法，辨识与分析系统中的危险因素，评估发生事故的可能性及其严重程度，并得出评估报告的活动。

该标准对大型活动安全评估的原则、内容、流程和活动报告进行了分析。大型活动从筹备到闭幕过程中存在各种各样的风险，标准要求大型活动安全评估必须以科学的、系统的、全面的理论作指导，确保真实反映大型群众性活动安全状况。标准的制定可以规范大型活动安全评估的工作，这是做好大型活动安全保障工作的第一步。

2. 人员管控

人员管控是指为保障大型活动的安全运行，在活动中对人员采取必要的安检、监视监测等控制措施。通过分析人员流动的相关因素，研究人员安全监控与预警技术，对大型活动的人员监控程序、级别、水平等做出明确要求，并在明确人员监测内容的基础上，提出有效的预警及处置措施。

该部分规定了为保障大型活动安全在安全检查、人员监测、预警以及处置等管控措施方面的要求。适用于大型活动中的人员管控工作。

3. 场地布局与安全导向标识

场地布局是指大型活动场地的空间分布，主要表现为从安全角度考虑场地及所处的周边环境之间的协调关系，以及场地内部功能分区、设备设施空间布置及出入通道的情况。通过分析场地选择和布局的基本要求，研究场地布局安全评估内容、方法、流程等要素，提出场地布局安全评估规范。

该部分规定了为保障大型活动安全，在场地布局和安全导向标识方面的基本要求，以及场地的选择和安全导向标识的设置要求。适用于大型活动场地布局设计和安全导向标识设置。

4. 临建设施指南

临建设施是指为顺利进行活动所必须搭设的临时建筑物、构筑物和其他临时设施。该部分分析了临建设施的组成，提出了临建设施设计、搭建、使用和拆除的要求，明确了主承办单位、施工单位、场地提供单位对临建设施的安全管理职责，对大型活动的临建设施安全评估的评估内容、方法、流程、报告等做出明确要求。

该标准适用于大型活动临建设施设计、搭建、运行和拆除的全过程。

5. 安保资源配置

安保资源是指为了维护大型活动的现场秩序和安全，活动主办方为了预防突发事件的发生而配置的人防、物防、技防的资源。本部分明确了为保障大型活动安全而配置的组织、人员、设备、工作方案等安保资源的要求。

该标准适用于大型活动的安全管理和安保资源配置工作。

3.4.2.2 各地方的标准

随着我国经济社会持续快速发展，人民生活水平不断提升，各地举办的文娱活动、商业活动、体育赛事等日渐增多，大客流聚集活动日益繁盛。与此相对应，各地相关管理部门参照国际或国家标准，在广泛调查研究、认真总结实践经验的基础上，制定出了符合地方特色的安全管理标准。主要情况详见表3-9。

表3-9　城市大客流风险管理相关地方标准一览表

序号	名称	编号	实施日期
1	贵州省人员密集场所消防安全管理规程	DB 52/T 697—2010	2011-01-01
2	北京市城市轨道交通线路客流预测规范	DB 11/T—2011	2011-08-01
3	北京市大型群众性活动安全检查规范	DB 11/70—2011	2011-08-01

（续表）

序号	名称	编号	实施日期
4	宁夏回族自治区大型群众性活动消防安全管理规范	DB 64/859—2013	2013-09-02
5	海南省旅游景区（点）安全管理规范	DB 46/T 305—2015	2015-03-01
6	海南省展览会安全管理规范	DB 37/T 3435—2018	2015-03-01
7	内蒙古自治区人群聚集商业场所反恐怖防范要求	DB 15/T 1194—2017	2017-07-10
8	青岛市轨道交通运营安全疏散规范	—	2017-09-01
9	北京市人员密集场所应急疏散演练导则	DB 11/T 1479—2017	2018-07-01
10	北京市安全生产事故应急避难场所分级管理规范	DB 11 1480—2017	2018-07-01
11	山东省城市安全风险评估导则	—	2019-06-29

这些地方层面的标准从人数规模、安全许可、安全管理责任、安全风险监测和预警信息发布等层面进行细化，为因地制宜地开展城市大客流风险管理提供了依据。

1.《北京市大型群众性活动安全检查规范》

2011 年 7 月 5 日，北京市地方标准《北京市大型群众性活动安全检查规范》发布。该规范首次提出人防、技防、物防相结合的综合安检系统理念，是中国内地首个针对大型群众性活动安全检查的标准。主要有以下几方面：

(1) 根据活动的规模、社会影响程度、性质、社会关注度等风险因素，将大型群众性活动分为普检、巡检、抽检三种模式，分为一、二级安全检查两个等级，并规定各级安检活动的安检主体、方式、程序等要求。

(2) 对参加人数在 5 000 人以上，现场可实施封闭管理的文艺演出、体育比赛、展览展销、人才招聘活动实施一级安检措施。现场实行封闭管理，配备安全检查系统，对进入活动现场的人员、车辆、物品实施普检，并辅以巡检。

(3) 对参加人数在 1 000 人以上、5 000 人以下的文艺演出、体育比赛、展览展销、人才招聘，占用公共道路举办的线路型活动或参加人数众多的庙会、灯会、游园会等活动，实施二级安检措施，根据活动情况采取普检、巡检、抽检等方式。

(4) 要求安检员需经培训合格后才能上岗，女性安检人员不得低于 20%，女性受检人应由女性安检人员实施检查。

此外，该规范要求对安检服务中获知的服务客户的个人隐私和被安检人明示保密的商业秘密长期保密，不得向任何单位或个人泄露。

2.《青岛市轨道交通运营安全疏散规范》

《青岛市轨道交通运营安全疏散规范》（以下简称《规范》）于 2017 年 9 月 1 日起实施，这是山东省轨道交通运营安全疏散领域的首部地方标准。

《规范》规定了青岛市城市轨道交通运营安全疏散的总体要求、安全疏散设备设施、安全疏散工具备品、安全疏散教育培训、安全疏散宣传、预案及演练、安全疏散职责、安全疏散响应、事后处置等方面的基本要求，是《青岛市城市轨道交通运营突发事件应急预案》的具体细化和有效补充。

根据《规范》，运营单位应针对不同突发事件类型进行分类管理，明确各类突发事件的影响等级、事件危害、需要采取的应急处置措施和主要应急流程等。运营单位应定期组织运营突发事件应急演练，每年至少组织一次综合应急预案演练或者专项应急预案演练，每半年至少组织一次现场处置方案演练。轨道交通运营突发事件发生后，运营单位、专项应急指挥部、相关成员单位、城市轨道途经的区（市）政府应根据《青岛市城市轨道交通运营突发事件应急预案》中突发事件类别和实际影响程度，立即启动相应级别的应急响应，分级负责，有序组织疏散，防止事态扩大。

此外，《规范》还规定，运营单位应定期组织安全活动，应含有安全疏散内容，每年不少于两次。运营单位应通过公益广告、网络新闻媒体、广播电视、报纸、乘客信息显示系统等多种方式向乘客宣传正确的疏散和逃生自救方法，以及安全设备设施、自救工具的设置位置和使用方法。运营单位应建立专职、兼职应急抢险队伍，配备应急所需要的专业器材、设备，并进行经常性维护保养，确保设备完好。

该《规范》的颁布实施，规范了城市轨道交通运营时发生列车撞击、脱轨、设备设施故障、火灾、突发大客流、大面积停电、恐怖袭击、自然灾害等情况下的安全疏散管理工作，对运营突发事件的事前预防、事发应对、事中处置和善后恢复规范化运行具有重要指导意义。

3.4.3 城市大客流风险管理其他规定

2016 年以来，政府及相关部门相继出台了一系列关于推进安全生产领域改革、强化城市运行安全的政策文件，明确指出“发展决不能以牺牲安全为代价”，为加强安全发展城市建设、建立城市安全预防控制体系营造了良好的氛围。各地、各行业以此为契机，开始了健全落实安全责任、改革安全监管体制、推进安全法治建设、建立安全防控体系、强化安全基础保障等方面的新探索。

城市大客流风险管理要求构建一个强有力的组织保障，使大客流处于低风险、稳定的、平衡的状态。这同我国建设安全发展城市的总体目标相一致，并体现在城市建设与管理的相关领域和实践中。以下与城市大客流管理活动密切相关的文件为城市大客流风险管理提供了良好的政策保障和规范的措施保障。

1.《关于推进城市安全发展的意见》

2018 年 1 月 1 日，中共中央办公厅、国务院办公厅印发了《关于推进城市安全发展的意见》（以下简称《意见》），要求促进建立以安全生产为基础的综合性、全方位、系统化的城市安全发展体系，全面提高城市安全保障水平，有效防范和坚决遏制重特大安全事故发生，为人民群众营造安居乐业、幸福安康的生产生活环境。这是首次以中共中央、国务院名义，立足城市安全发展所印发的最高指导文件，科学谋划了城市安全发展的蓝图。

《意见》中明确提出创建安全发展示范城市，要加强城市安全源头治理，健全城市安全防控机制，“对重点人员密集场所、安全风险较高的大型群众性活动开展安全风险评估，建立大客流监测预警和应急管控处置机制”。

2019年11月，国务院安委会及其办公室先后印发了《国家安全发展示范城市评价与管理办法》(安委办〔2019〕5号)、《国家安全发展示范城市评价细则(2019版)》(安委办〔2019〕16号)，后者再一次明确将“建立大客流监测预警”用于人员密集场所安全风险和大型群众性活动安全风险评价中。这与城市大客流风险管理的两大重要内容，即大客流密集场所安全管理和大客流密集区域安全管理密切相关，在此将该评价细则中有关“人员密集区域”的内容摘录如下：

(1) 关于人员密集场所安全风险。评价内容包括以下要点：人员密集场所按规定开展风险评估；设置视频监控系统；建立大客流监测预警和应急管控制度；人员密集场所特种设备注册登记和定检率100%；人员密集场所安全出口、疏散通道等符合标准要求；火灾自动报警系统等消防设施符合标准要求。

(2) 关于大型群众性活动安全风险。其评价内容要点主要是：开展风险评估，建立大客流监测预警和应急管控措施。

这些文件从城市安全的源头治理、风险防控、监督管理、保障能力、应急救援等五个层面，为促进城市安全发展体系建设、完善城市安全各项工作提供了一系列具体要求和制度性措施，成为当前和今后一个时期城市安全发展的指导性文件，必将为今后城市安全发展产生重大和深远的影响。

2.《大型群众性活动安全检查规范》[13]

2018年1月16日，公安部发布了行业标准《大型群众性活动安全检查规范》(以下简称《规范》)，并于发布之日起开始实施。

《规范》内容涵盖了大型群众性活动安全检查的基本要求、活动分类与安全检查模式、系统要求、设备设施要求、实施要求以及应急情况处置等要求。其附录A是“大型群众性活动禁带、限带物品示例”，为资料性附录，适用于体育比赛、展览会、展销会、演唱会、音乐会、人才招聘会、游园会、灯会、庙会、花会、烟火晚会、现场开奖的彩票销售等大型群众性活动。

该《规范》是大型群众性活动安全检查工作的技术支撑。对于有效贯彻落实《大型群众性活动安全管理条例》和《中华人民共和国反恐怖主义法》、加强对各类大型群众性活动的安全检查和监管、保障人民的生命和财产安全、有效预防暴力恐怖事件的发生具有重要意义。

3.5 城市大客流风险管理要素分析

3.5.1 城市大客流风险要素

有效识别影响城市大客流安全管理的风险要素，是进行城市大客流安全管理工作的重中之重。本节从归因理论、系统安全理论出发,结合国内外大客流事故案例的回顾和分析,将城市大客流风险管理的要素概括为人群类别因素、场地因素、环境因素、组织管理因素以及活动特性因素(图 3-6)。

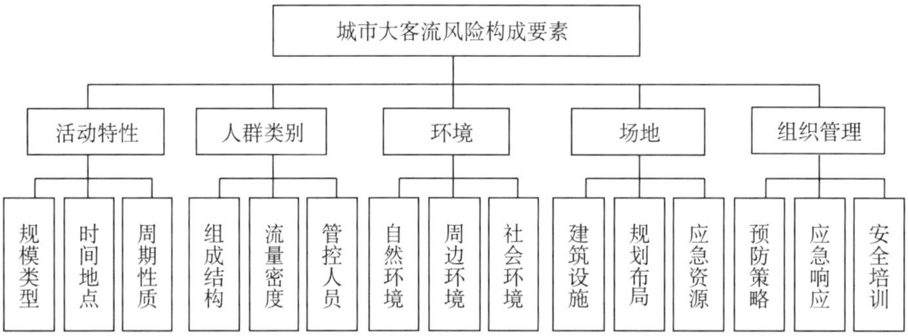

图 3-6　城市大客流风险因素分析

1. 人群类别因素

人是社会活动和安全管理的主体，活动的参与人员、活动的组织人员、负责场地和秩序维护的安保人员和指挥整个活动的决策人员，他们的情绪、安全意识、心理素质以及决策判断能力等都是保障各类活动正常进行的重要因素。

在城市大客流风险管理实践中,人群类别因素的分析至少包括人群密度、人群构成、人群状态等三个要素。这也是大客流风险管理的关键要素。

人群密度反映了一个空间内人员的稠密程度,通常用单位面积上分布的人员数量表示。人群过度拥挤一般表现在两个方面:一是活动场所里的总人数超过安全容量,二是活动场地中局部密度过大。当人群密度达到一定极限时,拥挤过度导致人员之间互相影响甚至引发踩踏。群体动力学研究表明,群体的行进速度并不决定于个体的平均行进速度,而是决定于群体的密度。群体密度越大,群体的行进速度越慢。当群体密度达到一定极限时,就会由于拥挤过度而不能前进,进而发生危险。

人群构成主要包括个体的年龄、文化传统、安全意识、承受拥挤的能力差异、对场所或活动的熟悉程度、特殊人群等。城市大客流主体构成比较复杂,个体与个体、个体与群体、群体与群体之间矛盾性、多样性和差异性共存,使城市大客流本身就存在不确定性且具有复杂性,增加了城市大客流风险管理的不可预期性。

人群状态具体包括三方面:一是心理状态(情绪状态),如炎热、等待、进球等都会影响到人群的心理状态,使人群激动、焦虑、恐慌等,增加不安全行为的发生概率。二是流动状态,包括人流移动速度、方向及速度变化等。人群流动状态的突变是人群不稳定状态的一种表现,容易造成事故隐患。人群的异向流动、异质流动是造成踩踏事故的原因之一。三是密度变化。人群分布不均且不断变化,会造成人群局部密集、人群分流等现象。

此外，人群的安全意识、文化传统、特殊人群等也都是影响大客流风险的重要因素。

通过对人群类别因素的分析可知，在城市大客流风险管理中要加强对人群的观察、预测与研究，强化对人群安全容量的监测以及对现场人员流动的监控，保证人群分布正常有序，防止人群过于集中。

案例 3-1 纽约时代广场运用栅栏分隔人流[3]

在纽约时代广场举行大型活动时，现场总会安置不少类似铁栅栏的临时人群控制设施（图 3-7）。主办方按事先制订的安全计划将它们摆放在现场，把观众科学地分隔在不同的区域，人群只能在原地疯狂，想往任何一个方向流动都十分困难，因此不少人防患于未然地穿着纸尿裤前去参加活动。

图 3-7 航拍纽约时代广场的隔离栏与防护带

这些栅栏的第二个功能是围出供救援人员进出的通道。因为当紧急事件发生时仅靠警察的人墙是不够的，而且警察的主要任务也不是去竖人墙，更重要的是保护所有在场人员的安全。当活动结束后，警方只要移动这些栅栏就可以通过控制人流走向而避免发生过度拥挤。所以纽约时代广场的跨年活动虽人流百万有余，但仍然井然有序。（图片来源：心路独舞的博客）

栅栏的第三个功能是控制每个区域人群的密度。由于有隔离栅栏和防护带的存在，所以警方会按事先规定的安全人群密度放行参加的观众，如果某区的人员密度过大，警察就会移动栅栏改变人流的走向，把观众引到人少的区域。在大型群体活动中，组织方的责任是在观众疯狂之前把所有可能面临的危险降到最低程度。

2. 场地因素

大型社会活动举办地、搭建物和有关设备是活动进行的载体，它们与参与人员一起构成大型社会活动安全运营的主体。活动场地的安全水平直接影响到大型社会活动安全、顺利地举行。

对城市大客流安全有重要影响的场地风险因素至少包括以下四种：一是场所的类型，根据活动性质和目的不同，一般分为开放空间和受限空间两大类；二是建筑物、构筑物及其固有的和临建的设备设施；三是场所布局及其规划与管理水平；四是安全防护物资数量及应急救援物资储备情况。

场地因素，特别是场地规划布局的安全水平和应急资源配备的有效性，是城市大客流风险预防与控制的基本要求，对少而缓的事故概率和影响程度发挥极大的作用。

例如地铁、地下通道的出入口、楼梯、过街天桥、交叉路口等地方，往往是人流交会、人群拥堵的关键区域，容易引起人员拥挤，甚至引发踩踏事故，属于风险区域。

案例 3-2 德国柏林跨年聚会的管理[3]

德国柏林跨年聚会的规模宏大、场面热烈，但井然有序。据活动主办方的统计，2015 年到柏林勃兰登堡门跨年的人数约有 200 万，约 60%为德国公民，40%是外国游客。需要强调的是，德国的安保人员并不多。这样一次百万人的聚会，维持秩序的安保人员约 400 人，其中 240 人驻守在主要活动场地，随时应对突发事件。本次规模超大的国际性大聚会之所以能圆满结束，究其原因在于柏林政府引入了社会力量参与管理，将跨年这项大型活动的筹办与组织外包给了专业的民间组织。

主办方为“Silvester in Berlin”，是由许多社团、企业等组成的联合体，专门承办大型活动。该组织从柏林政府手里承包了整个跨年活动的组织工作，负责场地布置、媒体技术、安全保卫、餐饮服务等一整套的活动服务和人员配备。就城市大人流风险管理的角度而言，该组织主要采取了如下三项举措来维持现场秩序。

第一，严格遵守政府规定。整个活动计划必须经过政府的严格审核，从规划设施、人员安排到环境保护，都有详尽的规定。比如，在规定区域周边设置围栏，在活动主街道上设置上行、下行的分区护栏，在主要的交通路口和人流聚集区设置安保、消防及医疗救护设施等。

第二，精心布局活动现场。百万人参与的聚会，需要很大的场地。但是，勃兰登堡门前的广场并不大。为此，组织者精心设计了活动场地，将几条主要的街道作为集会的区域，周边增设围栏，这样就形成了一个带状且可分散化活动的空间，如图 3-8 所示。(图片来源：Google)

最主要的街道，是正对勃兰登堡门的六月十七大街(Straße des 17.Juni)，即从勃兰登堡门到胜利纪念柱之间的这一段宽阔的主干道。它是跨年活动的主会场，所有的舞台、大屏幕、派对帐篷，都布置在这条主干道上。旁边的 Ebert 大街、Bellevue 大街等城市次干道，是进入主会场 6 月 17 大街的缓冲交通带。这样，从活动的空间布置上，就形成了一条活动带和很多疏散通道，避免了人群向一个中心聚集的现象。如果发生突发情况，人群则可以疏散至主干道旁边的约翰-福斯特-杜勒斯大街(John-Foster-Dulles-Allee)，该大街作为应急疏散场地和通道，活动前已经清理干净了。

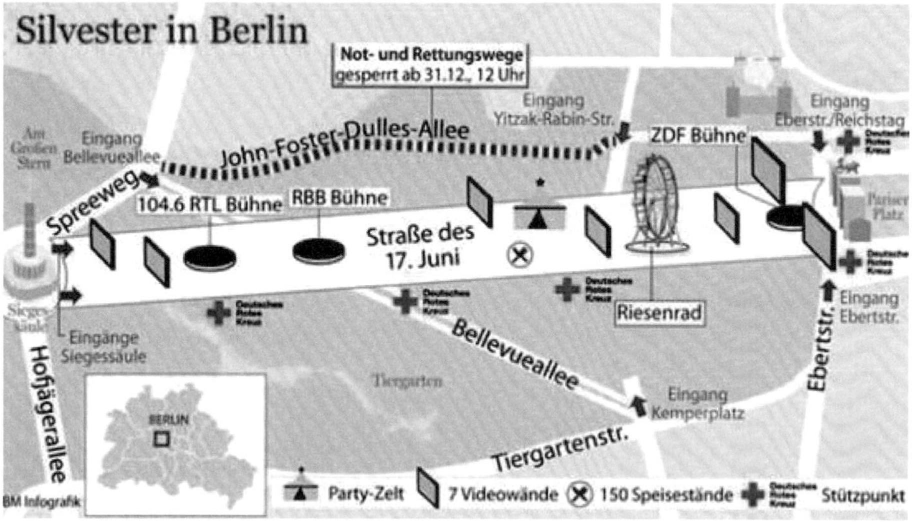

图 3-8　柏林跨年聚会的举办地

同时，主办方还根据活动场地的特点规避了大客流风险。在主干道 6 月 17 大街上，主办方联合德国广播电视公司 ZDF 安置了五面大屏幕，除了播放德国去年的辉煌成绩外，也实况播放世界其他地方的跨年活动。大街上设有两个大舞台，每个舞台表演不同，吸引人群流动观看，避免人群过分集中。

第三，实时掌控现场人流信息。活动之前，主办方通过媒体和各种宣传册，让尽可能多的来访者了解日程表、地图等信息。人们可以事先就对活动有全面了解；在活动进行中，整个区域被封锁，人们只能从设定的七个入口进入。进入的人员要按照引导，向一定方向行进，不能随意游逛。各入口也有即时的人流信息，若某个入口的人数过多，就会被暂时关闭，人流被疏导向其他入口。各个入口间，步行距离所用时间不会超过 15 min。游客还可以通过柏林广播电台，掌握实时人流信息，以选择合适的出入口。此外，主办方在事前就对大人流的高峰时段进行了预测——在 20 点到 22 点之间。基于此，采取按时限流、分批进入等手段，有针对性地缓解了客流量的承载压力。

3. 环境因素

环境是指存在于活动场所人、物系统外的物质、经济、信息和人际的相关因素的总称，一般分为自然环境、社会环境和场地周边环境。

自然环境因素可根据历史资料，确定历史时期内气象灾害的可能性及最恶劣气象预测。社会环境含义宽泛，既可指宏观的政治、经济、文化、制度等环境，也可特指某一现场营造的整体状态氛围。周边环境指周边存在工业危险源、人群密集场所、活动场所周边的交通环境（交通流量、交通枢纽设置等）等环境的不良状态，可促使人群产生不安全行为，同时也是谣言产生、传递的土壤。

城市大客流作为一个复杂的生态系统，涉及的环境因素相对较多。大至国家政策法规、市场竞争环境、经济发展水平、社会各阶层状况分布，小到天气条件、实时道路状况、场地周边环境变化，都会对大客流风险变化产生非常重要的作用。

由环境因素改变引发的突发事件应引起管理者的高度重视。这里的突发事件主要指能够引发区域大规模人群疏散的事件。根据《突发事件应对法》的规定，突发事件分为自然灾害、公共卫生事件、事故灾难和社会安全事件等四大类。事实上，因环境因素改变而产生严重后果的城市公共安全灾害事故中，拥挤踩踏事故是最常见也最有必要严加防范的。

案例3-3　广州春运的八大战术

2008年春运，由于南方暴雪压垮输电线路，所有北上的火车几乎都停滞不前，数十万人滞留在了广州火车站广场。按当时广州警方的估算，在5.7 km^2 的范围内，最多时共计挤入了40万人。火车站附近的人流密度最高峰时达每平方米9人，这意味着身在其中的人挪步甚至伸手都非常困难。

据《广州日报》报道，广州市公安局动用了1万余名警力，在现场使用了“八大战术”，有效地对火车站广场上的密集人群进行了现场管理和疏导。

第一，“S”形行进式。警方利用铁马或者凭借固定建筑物，指引人群由直线变为曲线，巧妙形成“S”形通道，降低人流速度和冲击力。

第二，池塘放水式。参照“放水理论”，一个方块相当于一个池塘，先是装满一个再装一个，接着是放一个再放一个。

第三，网格管控式。每格由民警、解放军携铁马等障碍物组成隔离墙，格内约5 000名旅客，逐格放人。

第四，钟摆疏导式。哪边空地多就将人流往哪边疏导，好像钟摆一样机动灵活。

第五，渐进放行式。四五层民警排成人墙，慢步后退，旅客缓缓前进。待人流前进速度放慢并形成有序流动时，才开始撕开小口放人，慢慢再把“喇叭口”放大。

第六，牵引行进式。通过民警组成横列并手拉手前进来控制人群行进速度，由此带动整个区域人群平缓移动。当人群逐渐分离，时机成熟时，民警适度放手，并往两边撤离，实施监控。

第七，箭形穿插式。由训练有素的民警组成多个箭形穿插队形，强行楔入人群，打开通道，形成人墙，将滞留旅客群切割为若干区块，逐块放行。

第八，外围管制式。警方对火车站周边道路实施临时交通管制，力求控制外围。

总体来看，这八大战术的整体思路是：延长路线，控制前冲；分区安置，疏导人潮；穿插切割，安全组合。

4. 组织管理因素

组织管理因素具体包括人群安全管理组织建设、应急能力建设和风险管控措施制定。

组织建设，具体包括组织机构设立、人员配备和责任落实等三部分的内容。各地方或者机构根据情况，考虑设置专门的机构负责全部人群安全管理事务，同时配备足够的安全工作管理专、兼职工作人员，志愿者也可在此承担一定的工作。工作人员职责清晰，实行安全教育全员责任制。

应急能力建设，是指制定科学合理的应急预案，培养并具备充分的应急管理和现场处置能力。同时，应当熟悉现场情况，具备协调各类应急资源的能力，面对突发情况，有能力采取有效的应急措施。

风险管控措施制定主要包括风险分析、风险管控措施制定和大客流疏导员教育制度建设。安全机构工作人员应参加包括风险分析在内的所有活动，掌握恰当的风险管理技术，建立完善的管控措施，实时跟进各项措施的效果并及时反馈。建立大客流疏导员教育培训制度，根据大客流风险特性，引导人群安全有序聚集与疏散。

案例 3-4　日本创立心理诱导队伍[3]

就城市大客流现场管理而言，给予人群正确的行进命令，保持现场人群的心理稳定至关重要。2015 年 1 月 1 日的“界面”网报道：日本各城市的警察署纷纷设立心理诱导队伍，又称 DJ 警察。在东京警视厅，心理诱导队伍隶属于“警视厅警备部广报系”，其职责是在人流众多、嘈杂的地段，使用巧妙的语言疏导人群焦虑不安的心情，引导人们听从交通指挥，避免出现拥挤和踩踏事件。心理诱导部队的应用相当广泛，如足球赛事、重大节庆等各类大人流聚集的场合，他们均能起到正确引导人群的积极作用。

举例来说，2013 年 6 月 4 日深夜，日本足球队与澳大利亚队战平，赢得了世界杯的出线权。在足球酒吧里看球的年轻人纷纷拥至涩谷车站狂欢，车站前的十字路口瞬间集聚了 3 万余人（图 3-9）。面对人山人海的场面，当地警视厅警备部第 9 机动队派出了 1 名男性 DJ 警察。他始终站在一辆能高举的指挥车上，一方面居高临下监视人流的变化，随时加以语言疏导，另一方面也可指挥地面警察及时处置险情和斗殴情况，变更现场的路障设置，保持交通的顺畅（图 3-10）。（图片来源：徐静波的空间：日本警察用什么手段防止踩踏悲剧）

图 3-9　涩谷车站当时的狂欢现场

图 3-10　涩谷车站狂欢现场的 DJ 警察

值得学习的是，这位DJ警察不断以高音喇叭向狂欢的人们喊话，既幽默又冷静，既表达了对球迷心情的理解，又准确地把控了人群行进的节奏，例如：

“在这美好的日子里，我们不会对大家发火。我们都是日本队的队员，请听一听队员的话好不好？让出左边的道来，一、二、三，往后退1米。对了，就这样，很好。”

“大家都是球队的12号选手，我们要像球队代表团入场一样慢慢地往前走。如果大家有什么碰撞受伤，即使我们参加了世界杯，也会成为遗憾的事。”

“大家可能认为警察都是一副恐怖的脸，其实我们的心中也在为日本队的出场感到欢欣鼓舞……”

5. 活动特性因素

城市大客流风险管理与大型活动的特性密切相关，大型活动的内在特性需要考虑活动的类型、规模、时间、地点、周期、内容、性质等相关信息。

大型活动类型与所面临的风险直接相关。依活动属性来分，大型活动可分为政府行为类活动、商业行为类活动、文艺行为类活动、体育行为类活动和群众行为类活动等5大类；依活动场地不同，大型活动可分为开放空间的大型活动和封闭空间的大型活动。不同类型的大型活动，对应不同类型的风险。

活动规模涉及安全管理资金投入、参与人员和媒体覆盖面等。活动的规模对包括安全工作在内的各项工作有着重要的影响，规模越大，不确定的安全影响因素越多，承受的风险越高。

活动的时间和周期，影响参与人员数量。活动举办周期越长，对场地的性能、主办方的组织能力和安全管控能力，以及各职能部门的协调配合能力的要求越高，暴露出的风险因素也越多。

活动性质是大型活动的一个重要风险因素。其中活动的政治影响、受大众关注的程度、参加活动要人的影响力、公益性或营利性等直接影响公众参与的积极性和现场的情绪，且活动性质不同，主办方和各职能部门的重视程度也不同。

城市大客流风险管理要对活动相关信息进行梳理和发布。活动信息管理旨在建立健全信息疏导机制，以开渠导流的方式对信息进行分类和分流，让特定信息流向特定的人群。良好的信息管理不仅有助于人群的分流与疏导，减少事故的发生，还有利于在紧急状态下舒缓人群的心理压力。

案例3-5　悉尼定制App推送人群信息[5]

每逢大型社会活动或事件，澳大利亚悉尼政府为保障大人流公共安全，会经由警方提前两周通过媒体向公众普及安全知识，并告知人们届时可将采取的措施，如扩大无饮酒区域等，确保公众全面而及时地掌握活动信息，提高自我保护的意识。

跨年烟火表演活动可以让我们看到悉尼市政府对信息管理的重视程度，这项活动的计划是在每年1月1日的零点，在悉尼歌剧院、大桥上及其附近地区进行15分钟的跨年烟火表演，还配有飞机特技、小型烟火、灯光秀等演出安排。2015年的烟火预算是700万港币(约合人民币3 600万元)，当时现场共有160万名市民和游客参与。

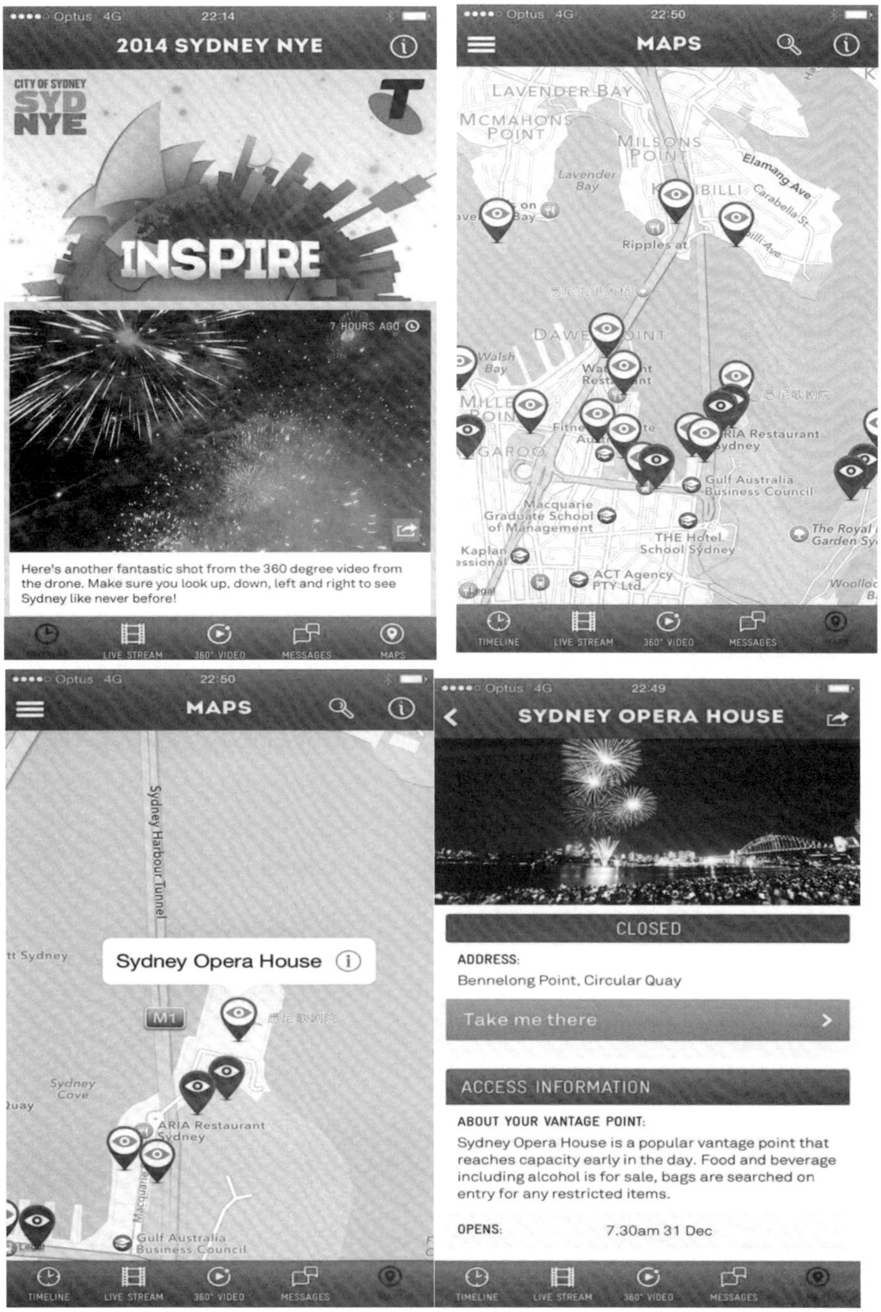

图 3-11 "悉尼跨年夜"手机应用 App

活动举行前，悉尼市政府通过媒体预先告知了活动内容。活动当日，为做好最关键的安全措施，即控制人流，悉尼主办方将烟火的官方推荐观赏点——实际上是硬性要求所有观赏者只能在这些推荐观赏点内聚集，分成了几十个区域，每个区域的人员数量，按照该区域的实际情况，严格控制在几千到 26 000 人不等，对此项分区信息，主办方也提前通知媒体发放公告，供观赏者安排当日行程。即使是刚刚下榻的国外旅客，也能很方便地了解详细的活动计划。首先，每个酒店、每个景点都在醒目位置摆放跨年夜的资料、公告牌、指示牌等；其次，旅客可以向工作人员进行咨询，了解当晚活动的详细安排等。

悉尼跨年活动信息管理的一项创新之举是：特别设计了一款名为"悉尼跨年夜"(Sydney New Year's Eve)的智能手机 App，无论当地市民还是外来游客都可下载。程序内包含了有关悉尼跨年的各种活动信息。特别重要的是一幅全城的全景地图，它标示烟火晚会每个观赏点的人群密集程度，绿色表示开放状态，橙黄表示接近饱和，紫红色则表示已满员关闭。在每个观赏点的详情页面里都有清晰的指引，包括自驾导航与轨交换乘(可直接链接至手机内的导航地图 App)。该观赏点的人数限制、关闭与否、进入观赏点的各类携带物品的限制条件(如能否带宠物、玻璃瓶、酒精饮料等)、观赏点的其他细节信息(如是否有厕所等)。运用这款 App，人们对自己适合去哪个观赏点一目了然。与之相补充的传统方式是，在市区各大商场、旅游景点门口，也会贴出告示，告诉大家哪些观赏点已满员关闭，避免市民白走一趟。

3.5.2 城市大客流风险致灾因素分析[14]

城市大客流风险受到人群类别、环境、场地、组织管理和活动特性等众多因素的影响，而城市大客流本身就存在不确定性和复杂性，这使城市大客流安全管理面临众多风险挑战。一方面，从突发事件角度来看，城市大客流在突发事件面前呈现出一定的脆弱性；另一方面，从城市安全生产与运营角度看，同样不能忽视事故灾难隐患下城市的脆弱性。

本节通过国内外典型的大客流灾害事故，特别是拥挤踩踏事故案例，从事故致灾因素分析出发，梳理城市大客流灾害事故发生的机理。

1. 组织管理致灾因素分析

实践表明，管理和控制的失调，是城市大客流风险管理活动失败的主要原因之一。管理制度不健全、执行力度不够、管理责任主体混乱、职责不清等，是管理缺陷的主要表现。大部分危险、有害因素完全依靠技术控制既不经济也不现实，只有从组织管理角度对人群、场地和环境中重要的事故影响因素进行控制，提高对相应人群、设备设施运行、活动组织方、活动相关方、突发事件应对和事故隐患排查等方面的管理水平，才能有效预防事故的发生。

案例 3-6　1989 年英国希尔斯堡体育场踩踏事件[3]

1989 年 4 月 15 日，利物浦队与诺丁汉森林队的足球半决赛在英国谢菲尔德希尔斯堡球场进行，因交通堵塞而迟到的约 5 000 名球迷纷纷拥向进入球场必经的十字转门，警方担心十字转门受挤压会产生危险，决定打开原为出口、没有十字转门的C闸以疏散人群，结果数千人通过该闸门进入了不该设座的露天看台的两个小区域，直接导致这两个本已十分拥挤的区域发生踩踏事件。此次事件共造成96人死亡、200多人受伤。

2011年10月，英政府成立了独立调查委员会对此次惨案进行调查。2012年9月12日，该案调查结果正式公布。

图3-12 出口C大门打开，人群蜂拥而入(图片来源：虎扑足球)

原因分析：希尔斯堡体育场踩踏事件发生的主要原因是现场的组织、管理和控制不力，最终导致人群失控，相互踩踏酿成惨剧。第一，警方安全检查工作不到位，前期车辆检查延误时间，后期球场入口处人群聚集时仍未调整工作方案；第二，人群监测和预警工作缺失，在比赛开始前未能对场外人群聚集和转门处的拥堵给予足够的警惕；第三，组织管理不当，现场工作人员和指挥中心都未能采取积极有效的措施，出口大门开启却未给予必要的引导和引流，导致出现极度拥挤状况；第四，人群疏散和应急处置不及时，踩踏事件发生后未能及时疏散球迷，现场救援秩序混乱，导致灾害持续发生。2016年，英国高等法院陪审团裁定，希尔斯堡惨案的原因是警方玩忽职守、管控不力，导致随后的人群失控和众多不安全隐患的发生。该案成为世界足坛史上一个不堪回首的惨痛教训。

经验启示：灾害事故发生后开展调查分析和评估，是国际通行的做法和有益经验。本案例经验可借鉴之处主要有三点：第一，组织跨领域专家成立独立调查小组，小组成员负责不同的调查方向，最终提交并发布完整的调查报告供全民检阅。第二，向公众开放所有事件资料与信息。英国政府宣布向所有遇难者家属和公众公开所有与事件相关的档案文件信息，所有书面资料共逾45万页，包括报告、会议记录、证人证言、信件、备忘录、电话记录等，比起正常保密30年的规定，这些资料的公开整整提前了7年，而独立调查组有责任帮助公众进行查阅。第三，调查表明危机发生早有预警。调查资料表明，该球场的入口在1981年就发生过人群拥挤并造成多人受伤的情况，但这些问题并没有得到改善，在 1987 年和 1988 年，球场的这些安全隐患依然存在，最终发生了惨案。换言之，如果能及早对管理漏洞加以重视，或能从既有事件中总结经验教训，这一惨案是可以避免的。

2. 场地和设备致灾因素分析

不同场所具有不同的结构和景观，这些因素与事故性质、危害程度有很重要的关联性。分析近 10 年国内外发生的大型聚会活动踩踏事件发现，这些事故的发生场所主要集中在宗教场所、体育场馆、娱乐场所、学校、公共交通场所和其他公共聚集场所。常见的风险点有两个方面：

一是设备发生故障。人群使用的设备主要包括大门、十字转门、疏散口、扶梯、楼梯、电梯、自动步行道、标识、灯光、座椅、栏杆、灭火器、喷淋、烟感、警铃、语音系统、电话、广播等，这些设备要么缺失，要么失效。

二是设计存在缺陷。主要包括三个方面：一是容量方面的缺陷，如区域面积不足、道路宽度不足、出入口数量少、楼梯过窄、电梯和楼梯数量少、收银台等服务设施数量少；二是设计效果的缺陷，如出现瓶颈点、漏斗效应、死胡同、聚集点过密、聚集点在交叉口、路线冗余度低、标识不明显、光线昏暗、人车混流以及布局复杂等；三是安全性问题，如坡度过大、边界无保护、尖锐的物件无防护、地面不平整、出入口外直接接楼梯，以及电器线路未防护；等等。

案例 3-7　2010 年德国 Love Parade 音乐节踩踏事件

2010 年 7 月 24 日，德国西部鲁尔区杜伊斯堡市在举行“爱的大游行(Love Parade)”电子音乐狂欢节时发生踩踏事件。事件造成 21 人死亡、至少 500 多人受伤。

事故发生在通向音乐节活动现场的一个地下通道里。当地时间 17 时左右，在活动接近尾声时，大量观众匆匆赶往活动现场，而另一批观众则折返回家，人群在地下通道里发生拥堵，造成恐慌性踩踏事件。

活动组织者称大约 140 万人参加当天的活动。灾难发生后，主办方表示，音乐节将永久停止举办。

原因分析：事故的根本原因是场地超载，最多能容纳几十万人，实际到场人数超过 100 万人，场所容纳的人数大大超过其安全容量。实际情况是人口不到 50 万的杜伊斯堡不适合举行如此大型活动。活动场地相对封闭，只有一个入口和一个出口。到达入口前必须通过一条仅 200 m 长、30 m 宽的地下通道；地下通道内未安装监视摄像头等安全防控设施，加之疏散工作不到位，使踩踏发生后大量人群仍滞留在隧道中，也阻碍了后续救援工作。

3. 人为致灾因素分析

近年来，随着城市安全规划和建筑设计安全理念的发展，因建筑设计缺陷本身导致的大客流风险事故发生的频率相对降低或减少。与此相对应，城市大客流风险管理中关于人群自身属性与行为之间的关系，或者说是人为致灾因素的防控，则应引起更多的关注。

城市大客流风险管理中人群对活动带来的灾害表现主要有三个层面：一是人群过度拥挤(人群密

度过大)，集中表现为活动场所里的总人数超过安全容量和活动场地中局部密度过大；二是秩序混乱与人自身的不安全行为混杂，容易导致对周围可能存在的危险缺乏正确估计和判断，最终对系统安全产生动态影响；三是对可能到来的人群类型、人群行为和人群心理评估判断不足，导致出现群体恐慌甚至重大伤亡事件。恐怖袭击事件和拥挤踩踏事件常常可以看到人为致灾因素的影响。

城市大客流风险管理中要关注群体心理恐慌对大客流行为可能带来的次生灾害及影响。一般来说，恐慌是一种突如其来的恐惧感，代替了正常的思考，影响人群的正常行动。认识群体恐慌的症状，防范群体恐慌的发生，是活动组织者和人群管理者的责任，也有当事人的自觉自救。恐慌分两种：一种是个体恐慌，个体恐慌有利于提前采取行动，对人群来说是有利的；另一种是群体恐慌，发生群体恐慌后，当事者无法冷静，疯狂逃生，导致许多不必要的灾难损失。群体恐慌对人群安全来讲是不利的，其外在表现有踩踏、拥挤、跳楼、跳水等，属于次发性灾害事件。

案例 3-8　2005 年伊拉克巴格达朝圣踩踏事件[3]

2005 年 8 月 31 日上午，伊拉克首都巴格达的一座桥梁上发生踩踏，起因是当地纪念日人数众多，且人群中出现“现场有炸弹”的传言，导致至少 841 人死亡，另有 300 余人受伤。

为参加什叶派长老卡迪姆受难日纪念活动，事发当日上午 11 时 30 分，往返人流使阿扎米亚桥水泄不通，正在这时，人潮中惊叫有自杀炸弹。在拥挤中，桥上护栏被挤塌，人们相互踩踏，有许多人跳入桥下 30 m 的底格里斯河或被挤下桥，其他人则在桥面上相互挤压踩踏。

由于当天早些时候，前往清真寺参加活动的人群曾 3 次遭到迫击炮袭击，造成至少 7 人死亡，因此群众心理状态紧张易受影响。除少部分遇难者系被挤压而死，绝大多数遇难者皆为溺水而亡。

原因分析：事故发生的原因是两股相对运动的人在桥上相遇冲撞，当时有人谎称有自杀式炸弹袭击，导致桥上人群处于混乱状态，拥挤中桥上护栏被挤塌，人们互相踩踏，有许多人跳入桥下的底格里斯河或被挤下桥，最终酿成灾难性后果。

事实上，早在信徒们向清真寺拥进途中，人群中突然传开一条惊人的消息：“有 50 名参加纪念活动的人被神秘的毒药毒死了，而且是在清真寺吃东西时被毒死的。”这一谣言马上在人群中引起了骚动，尤其是妇女们，她们中有些人开始牵着孩子试图往回走，结果与继续前进的人潮迎头相撞，首先引起了混乱。随后的“炸弹”传言更是加剧了人群恐慌心理，最终引发了踩踏事件。

4. 环境致灾因素分析

环境致灾因素主要是指影响城市大客流风险管理的自然环境、社会环境、周边环境等。

由于大客流活动具有社会性，其涉及的各种环境因素也相对复杂。自然环境因素变化，如暴雨、雷电、大风、高温、地震等极端天气，以及地理环境的突然变化，都对城市大客流相关活动及其管理有一定的影响；社会环境也是如此，例如，在传染病疫情严重期间严禁举办大型群众性活动，以免人群成为病菌的受体或传播体，进一步扩大疫情；周边环境，是指周边存在工业危险源、周边人群密集场所、活动场所周边的交通环境（交通流量、交通枢纽设置）等，若大型活动举办地周边有诸如学校、商场、热门景点旅游区、休闲广场等人群聚集场所，将会加剧人群聚集程度，造成交通事故或者人群事故。

城市大客流风险管理中还应关注气象灾害因素的影响，对此中国气象局发布的《大型活动气象服务指南 气象灾害风险承受与控制能力评估》（QX/T 439—2018）有明确的规定。该标准给出了大型活动气象灾害风险承受与控制能力的评估范围、评估内容、评估指标、评估流程，用于指导大型活动气象灾害风险承受能力的评估工作。大型群众性活动主办者或者承办者应当关注灾害性天气警报、气象灾害预警信号，在安全风险评估中考虑气象灾害因素，并根据评估结果在突发事件应急预案中明确气象灾害应急处置措施。

案例 3-9 1999 年白俄罗斯明斯克市地下人行通道踩踏事件[3]

1999 年 5 月 30 日，在白俄罗斯首都明斯克的内米加地铁站，因暴雨突袭，人群跑向地下通道避雨，后发生踩踏，导致 53 人丧生、100 多人受伤。

当日，明斯克市中心的露天体育场正举行活动时，天降大雨。人们拥向距离体育场最近的一处行人地下通道。由于路面潮湿，跑在最前面的几个穿着高跟鞋的妇女不慎滑倒，遭到了后面蜂拥而至的人群的踩踏。而滞留在地下通道外的人们却还不知道通道里究竟发生了什么事，一味地向前拥挤，由此酿成惨剧。

原因分析：从事故发生的直接原因来看，暴雨导致路面湿滑，个别人士摔倒后遭到后面人群的踩踏，现场秩序混乱，最终酿成踩踏事故。

5. 城市大客流致灾机理成因分析[15]

管理疏漏、场地问题、人群骚乱、自然灾害虽然直接诱发了大客流事故灾害的发生，但从城市大客流风险的前提看，人群的大量聚集、人群密度大是大客流事件发生的根本原因。从统计资料可见，几乎所有封闭性场所都是因为超额容纳人群而引起风险的，而开放型公共场所则是因为人群的突然大量聚集所致。事实上，在现实中管理和环境风险因素的相互影响往往直接作用于人群，在某种程度上就会导致各种城市大客流事故隐患，其成因模式如图 3-13 所示。

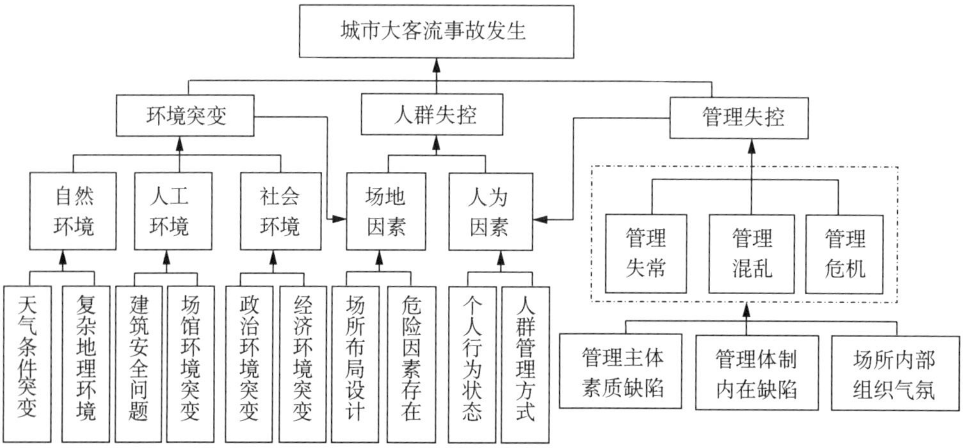

图 3-13 城市大客流事故致灾机理分析[15]

从管理与环境致灾因素的成因模式可以看出，管理主体素质缺陷、管理体系内在缺陷以及场所内部组织气氛会造成管理失控。管理失控的后果与突变的环境相互作用，进而导致了大客流事故隐患的加剧。管理失控具体可分为管理失常、管理混乱乃至管理危机，在环境突变因素下，会导致城市大客流风险事故的发生。并且，这些要素的作用方式与作用过程以及它们之间的关系，常常决定了城市大客流风险事故发生的时间、强度及破坏程度。对城市大客流致灾机理成因的分析，有利于揭示城市大客流风险事故发生的规律，这也是进行大客流预警、预控的前提。

3.6 城市大客流风险管理工作流程

当前，我国城市大客流风险管理工作依然面临众多挑战，风险防范机制缺失、应急预案流于形式、管理部门及机构协调不足等问题较为突出。基于此，本节将对城市大客流风险管理的工作流程进行系统梳理，并将其概括为“计划准备—风险识别—风险评估—风险处置”四个环节。其中，计划准备是城市大客流风险管理的基础，也是整个风险管理过程有效性的保证；风险识别是指辨识和认定需要管理的风险；风险评估是指对特定期间内受到损害的可能性及其后果程度做出评估；风险处置是指以风险等级为依据，提出具体的风险处置措施和工作建议。

针对城市大客流的风险管理，应做好预防和应急准备工作，对城市大客流进行风险识别和评估，建立大客流监测预警和应急管控处置机制，提升城市大客流风险处置和安全保障能力。

3.6.1 城市大客流风险管理的计划准备

3.6.1.1 基本任务

计划准备是城市大客流风险管理工作的第一步，也是防患于未然的阶段，强调风险的事前防控意识。

依据《突发事件应对法》，应急管理是针对自然灾害、事故灾难、公共卫生事件和社会安全事件等各类突发事件，从预防与应急准备、监测与预警、应急处置和救援到事后恢复与重建等全方位、全过程的管理。做好应急准备是应急管理的前提，它是针对可能或一定要发生的突发事件必须做的准备，贯穿于突发事件的全过程。城市大客流管理是一项复杂的系统工程，这就要求在计划准备阶段做好应急准备工作。

一般来看，城市大客流风险管理的计划准备工作至少应包括：建立突发事件应急预案体系；建立政府与社会合作互助、权界清晰、责任明确的突发事件预防机制；对危险源、危险区域进行调查、登记、风险评估，并定期进行检查、监控；加强有关突发事件应对常识的全民教育；建立专业精干、训练有素的应急救援队伍；确立突发事件应对保障制度，包括应急经费的保障、物资和生活必需品的储备等。

实践证明，应急准备是应急管理工作的最基本实践活动，是常态下为消除事故隐患、遏制事故和有效应对事故灾难而进行的思想准备、预案准备、机制准备和工作准备。

3.6.1.2 工作内容

在城市大客流风险管理中，在计划准备阶段具体需要开展以下工作：

1. 机构准备

组织健全、职责明确是开展各项管理工作的组织保障。城市大客流管理方首先要建立一个健全的大客流安全管理机构，明确应急响应、指挥、处置、救援、恢复等各环节的职责分工，细化落实到岗位。

2. 预案准备

从本质上说，预案是应急状态下政府各部门协同工作的组织架构和操作流程的依据。在城市大客流风险管理中，管理单位首先要制定完备的预案管理体系。

首先，针对城市大客流规律制定各类突发事件在内的综合应急预案，预案应包括整个区域的综合应急预案以及关键区域、关键节点和重要路段的现场应急预案，还应包括不同事故类型的专项应急预案。以大客流应急处置预案为例，诸如人群分流引导预案、人群疏散救援预案，以及各类突发事件诸如突发气象灾害导致的雨天躲避预案等，应当采用情景构建方法细化预案内容，对突发大客流事件的情节、规模和形势进行假设和推定，一旦发生安全事故，可依据预案相关规定进行操作。

其次，应当评估应急预案。管理单位可邀请消防、公安、安监、行业协会、专家、学者共同评估应急预案，提升预案的科学性。

最后，定期演练应急预案，提升预案的实用性和可操作性。特别要重视城市大客流分流引导预案和人群疏散救援预案的演练。管理单位应定期组织本单位的工作人员参加应急预案演练，并从演练中寻找出预案的不足，对预案进行动态修正与优化。

3. 人员准备

人员准备，包括常态和紧急状态下的人员设置和组织建设。这个阶段要开展专业危机管理人员的队伍建设以及专家库的建设，要建立一定机制，当危机爆发时，可以迅速找到相应问题的专家，协助开展危机管理。

日常注重对包括工作人员、管理人员和其他人员在内的全体人员的安全知识普及教育，使其具备应对突发灾害的能力。同时，组建和打造多元化的安保队伍、应急救援队伍和应急救护体系，营造安全文化氛围。

管理单位在构建多元化安保力量时，尽量做到三点：第一，合理配置本管理单位的安保力量，在本管理区域内的重要节点、关键路段等处设置安保力量；第二，联合外部管理力量，与公共管理力量如警察、消防、武警等合作，提升整个区域的安保强度与安保范围；第三，适当引入商业安保力量，以减轻管理单位的管理压力。应急救援队伍和应急救护体系的组建都可参考多元安保队伍建设的办法，有条件的单位可以考虑构建公共、民间与商业三位一体的应急救援队伍。如将公安、武警、消防等公共救援力量作为公共救援队伍，将民间志愿救援队、景区（景点）应急救援队等作为民间救援力量，并适当引入商业救援力量（如直升机救援等），形成跨层次、宽领域、全方位的应急救援队伍。构建应急救护体系的建设也如是。

此外，管理单位还应在现场设置救护小组，集合医疗、护理、急救、转运等专业人员，一旦出现事故隐患，及时进行现场救护，控制伤情。

4. 物资准备

在计划准备阶段，要考虑物资资源的合理布局和有效调度等，预先把数量恰当和种类合理的资源放置在合适的地方，这对于有效应对突发事件是至关重要的。在此阶段需重点关注监控物资、应急物资和救援物资的准备。

监控物资在城市大客流安全管理中起着非常重要的作用。因此，应加强大客流场所的监控覆盖，其中关键节点、关键路段必须全面监控覆盖，不能留有监控盲点。监控设备应包含日间、夜间两种功能，监控角度应多方对比后确定，确保监控视角的最大化，切不可随意安装。

管理单位应建设应急资源库。各管理单位在适宜位置择定应急资源库，贮备相关应急救援物资以及灾害发生后的各类救援工具、药品等。

救援物资的准备可参考中国国家发展和改革委员会制定的《应急保障重点物资分类目录(2015 年)》(以下简称《目录》)。基于通用性和重要性原则，《目录》将重点应急救援物资大体分为 3 大类：一是现场管理与保障类物资，指突发事件发生后为维持应急处置现场正常运行所需的物资；二是生命救援与生活救助物资，指突发事件处置中各类人员安全、搜救、救助、医疗等有关的物资；三是工程抢险与专业处置物资，主要涵盖突发事件处置中交通、电力、通信等基础设施恢复，以及污染清理、防汛抗旱和其他专业处置等所需的各类物资。图 3-14 从“保障目标—应急任务—作业分工”三个层面对应急物资分类进行梳理[16]，内容包括 3 大类应急功能、16 个中类现场任务和 65 个小类作业方式或物资功能。《目录》中第四个层级是对每一个小类提出了若干种重点应急物资名称，体现了各类作业所需的工具、材料、装备、用品等支撑条件，体现《目录》的指导和规范作用。因此，城市大客流风险管理的物资准备，可以此为依据并结合实际情况进行补充和完善。

此外，要定期检查应急资源库，及时增补物资，确保应急资源库内的各类资源切实可用。

5. 管理准备

管理单位应针对城市大客流的性质及特点，制订完善的风险防范计划，提升大客流风险防控成效。第一，要研究风险场景，全面分析管理单位的管理区域，尤其是管理区域内的重要路段、关键节点、关键区域，充分考虑标识系统、应急通道、避难点选址等设施建设，全面落实相关单位或联系人的责任，构建大客流风险防控网。第二，要制定风险缓解方案，选择风险控制方法。全面排查管理区域内的风险类型后，制定相应的风险缓解方案和执行风险控制方案，降低各类风险隐患及其对大客流产生的压力。第三，将大客流“高科技”监测预警技术与“低科技”疏导员制度充分结合起来，提升自身应急管理能力。“高科技”监测预警技术包括各种监测预警技术、智能化、数字化技术等，为有效监测人群状态提供了安全保障；“低科技”疏导员制度是大客流实践经验的总结，特别是疏导员要运用“微笑的强制力”，采用多种柔性手段实现现场管控。此外，管理单位应明确各岗位、各部门在大客流安全管理方面的职责，制定各岗位的安全责任清单，各岗位必须严格执行。

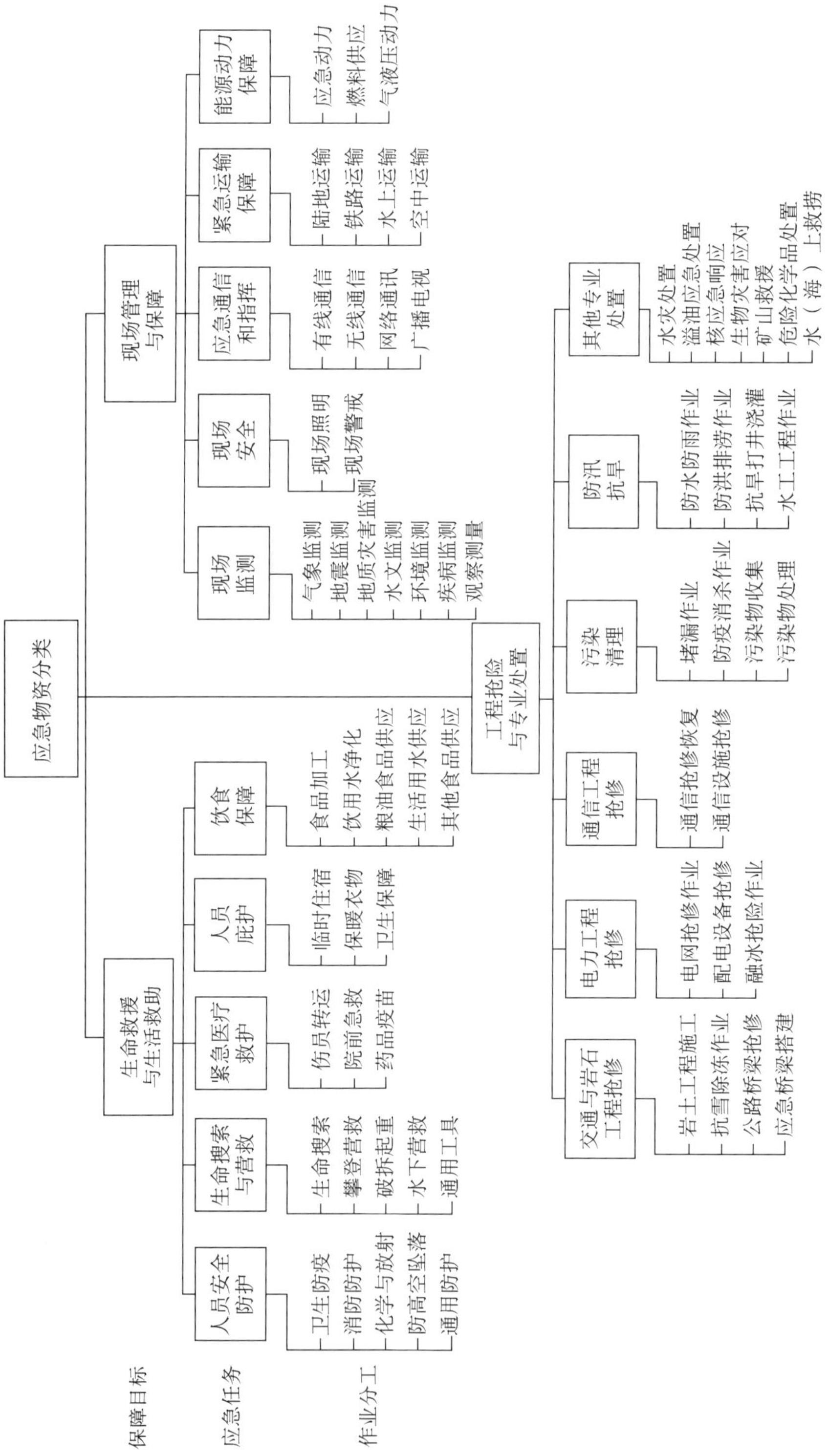

图 3-14　应急物资分类结构图

6. 交通和通信准备

在交通准备方面，要注意三点：一是大客流场所和区域应设置应急救援通道，负责疏散和救援人群；二是应急通道应选取平坦、宽敞的道路，确保游客平时不能进入，但在紧急状态下却可保持通畅；三是应急通道应进行明示，方便客流知悉。需要特别强调的是，大客流聚集场所应定期检查应急通道，确保应急救援通道畅通，保证其有效性。

在通信设施准备方面，首先要保障各类通信器材完好、使用正常，其次要有备用方案，以便在突发情况下，诸如发生地震手机信号中断时能够正常联络，确保各项救援工作和指令顺利执行。

资料卡　第二届进口博览会城市服务保障全流程综合实景演练[17]

2019 年 5 月 14 日，第二届进口博览会城市服务保障领导小组 15 个保障组的 22 个牵头单位以及相关保障单位，开展首次全流程综合实景演练。该演练以中国国际医疗器械(春季)博览会为实景实况，重点聚焦进口博览会大客流应对，利用医疗器械展单日 16 万大客流场景，组织各保障组参演，对各保障任务进行实景演练、实地勘查，对各环节进行模拟推演。

该演练分为实景演练、现场检查和突发情况应急处置三个部分。

实景演练部分，主要利用智慧公安视频监控系统实时实景反映现场动态，针对实际情况开展进场车辆、人员快速疏导和离场大客流疏散演练。

现场检查部分，主要是实地实景察看展会大客流各项保障工作，包括消防、能源保障、食品安全快速检测、医疗救助、应急通信和临时餐饮保障点等，了解各保障组指挥体系构成、区域分布设置、保障人员组成和设施器材配置等情况。

突发情况应急处置部分，主要是结合医疗器械展随机设置突发情况，由相关保障组以现场处置、汇报解说、挂图推演或视频录播的方式，展现突发情况下应急处置的指挥体系、处置原则和方法步骤。

通过本次综合演练，推动各保障组、保障单位进一步发现问题、完善方案、健全机制、锻炼队伍，推动各项保障措施再精细、再精准；结合大客流实景，全方位开展压力测试，推动各项任务再明确、再具体；通过实战和推演，找准存在问题和薄弱环节，及时总结评估、修改完善，推动各项城市服务保障方案再完善、再优化。

3.6.2 城市大客流风险识别

风险识别是风险管理的第一个步骤，它是风险管理的基础，其目的在于识别所有的主要风险和次要风险。只有正确识别出自己或周遭环境潜在的危险源及危险可能造成的冲击或影响，才能选取合适的方法进行应对和处理。

风险识别通常可以通过感性认识和历史经验来判断，也可以通过客观情况的资料和风险事件的记录来分析、归纳和整理，还可以通过必要的专家咨询来获得。

3.6.2.1 城市大客流风险识别的主要任务

城市大客流由于人群聚集程度高、人员情况复杂，其本身存在两重风险：一是人群固有风险，即密集人群属性带来的风险；二是人群运动风险，即人群行为风险，再加上场所、活动以及管理等方面带来的不确定性风险，使城市大客流面对突发事件更显出一定的脆弱性和复杂性。而城市大客流风险识别的主要任务就是对潜在的各种大客流风险因素进行辨识和归类，分析风险的来源和产生风险事件的原因，确定风险可能的影响范围。

识别城市大客流的风险因素就是要尽量多地收集有关大客流以及相关方的各种信息，诸如人群的情况、场所及设备设施的信息、周边环境信息、活动管理相关信息。以城市大客流风险活动管理为例，首先必须在活动举办前，对活动举办主体的资质、活动性质、场地设备安全、安保管理、日期、气候、周边治安与交通秩序等状况进行严谨详细的评估，全方位、多角度、广泛地收集可能导致各类突发事件发生的危险或有害因素，识别各种潜在的安全威胁和隐患。

大客流活动的风险识别，要坚持系统性的工作原则，不能停留在某一“点”上，要尽可能运用系统的分析方法，整合各方面的风险因素，考虑不同因素之间的耦合、转化关系。例如，人群拥挤可能是由于物体阻挡人流、场所容量不够、人群在某点聚集、场地设计不合理、人群管理混乱等原因造成的，也可能是场地附近发生的其他事故所引起的。如果危险是由人的行为所引起，应当调查清楚为什么人们会采取如此的行为方式；如果危险是由于管理混乱引起的，就必须考虑更全面的安全管理对策。

3.6.2.2 城市大客流风险识别的主要内容

城市大客流风险受其内在因素，诸如客流数量、行进速度、异质人群、弱势群体、游览目的等影响，也受到外部因素，诸如场地布局、设施设备、瓶颈点位、管理情况、天气条件、突发事件等的制约。具体如表 3-10 所示。

表 3-10 城市大客流风险识别的主要内容列示

序号	风险		表现形式
1	人的因素	过度拥挤	区域内的人数远远超过安全容量
			由于某种原因（如商场促销活动、文艺演出等活动，或存在狭窄出入口等瓶颈部位等）造成的局部拥挤
		秩序混乱	由于长时间等候或行走速度过慢等原因，使人群失去耐心，拥挤人群相互推挤
			多人在拥挤人群中乱窜，或在楼梯、斜坡等地面不平坦的地方快走或奔跑
			两股相对运动的人流相遇，挤撞
		人自身的不安全行为	为了观看演出等，有人攀爬墙头、广告牌等物体
			有人在拥挤人群中做出打闹、燃放爆竹等扰乱人群秩序的行为
			有人在拥挤人群中突然做出弯腰、下蹲等动作
			在拥挤人群中，有人不小心跌倒
		人群构成	妇女、儿童、残疾人等弱势群体的人数偏多

（续表）

序号	风险		表现形式
2	物的因素	建筑物障碍	为促销等活动所临时搭建的台子突然坍塌
			人群所占据的位置（如看台、地面等）突然坍塌
			门、楼梯护栏、墙壁、广告牌等被人群挤倒
			舞台或临时构筑物通行和聚集条件不佳
			狭窄通道、出入口等瓶颈地带，交叉点
		路况不佳	路面不平，有明显的凹凸不平的现象，台阶或陡坡，路面湿滑
			路面有障碍物，如隔离墩、电源线、自行车等
3	环境因素	自然灾害	暴雨、冰雹、大风、大雪等
		光线不足	灯光不亮
			突然停电
		社会治安事件	恐怖活动、恐吓活动
			谣言的传播
			打架斗殴、偷盗等
4	管理因素	管理失误	疏散指示标志缺失，如紧急出口没有明显标志等
			缺乏人员应急疏散方案
			疏散管理措施失败，如为了让拥挤人群变得有序而鸣枪，这将会加大（强）人群的失控速度与程度
			安全出口不通畅

基于上述分析，表 3-11 给出了一套帮助进行大客流风险识别的关键词，它概括了由于上述因素而可能产生的危险类型，可用于指导实际工作。

表 3-11　　危险识别的关键词[6]

拥挤、堵塞	撞向某物体
人群运动的障碍	被物体击中或者撞击
交叉流	人群被困
人群快速的运动或奔跑	坍塌
拥挤/涌进	违章
在静止人群内部强有力地运动	危险行为
绊倒、滑倒或者跌倒	攻击性行为或者混乱
坠落	危险物质或者危险因素

3.6.2.3 城市大客流风险识别的主要步骤[6]

城市大客流风险识别主要是对公共场所大客流的安全性进行评价，一般分为以下 7 个步骤。

1. 收集评价信息

该环节由一线工作人员完成。对于较大的公共场所,可以开展头脑风暴法进行讨论;对较小的场地,可以请一两位有经验的现场人员交谈,系统地对场地的每一部分进行调查。也可以通过现场调查,或从过去的事故记录、游客投诉、安全检查报告中收集有用的评价信息。

2. 划分场地

先把场地划分成若干小区域,然后,依次检查每个小区域。场地的划分可依照各部分的使用功能进行设置,如大型活动场所可划分为主要活动区域、集中休息区、缓冲区、记者区等主要功能分区,同时还应设置专门的监控室、急救点、应急指挥中心等区域。

3. 辨识人群风险

全面分析管理单位的管理区域,识别出正常状态下和异常状态下人群风险信息。识别与每个部分相关的风险和事故场景,尤其是要识别出与管理区域内的重要路段、关键节点、关键区域相关的风险和事故场景,充分考虑标识系统、应急通道、避难点选址等设施建设情况。

正常状态下,可通过监控设施设备和安全管理人员对风险进行识别判断。异常情况下,首先辨识可能中断操作的场景,如场内或场外的交通事故、部分场地的关闭、附近相关场地的关闭、取消或推迟(如航班延误等)、主要出入口的交通堵塞、紧急状态(断电、火灾、炸弹威胁、结构坍塌、毒物泄漏等)、公共秩序混乱、系统或装备失效(如电梯停运、出入口堵塞)、突然的天气变化、不利的天气状况(如太冷、太热、暴雨、大风等)等。其次,辨识此时可能导致的危险,比如突降暴雨会导致场馆或通道内客流大量聚集等。

4. 危险原因识别

危险原因分为直接原因和间接原因。造成危险的原因有:场地设计、场内人员行为和活动、人群管理、存在的危险物或危险因素等类型。

5. 识别后果

确定最可能受到伤害的群体,例如残疾人、小孩和老人。

6. 确定预防措施是否到位

确定风险是否已通过一定的措施(如优化场所设计、加装安全设施、采取人群管理措施或者操作程序等)得到了控制。

7. 确定已有的预防措施是否足够

为了达到这一目标,需要进行初步的风险评估。

3.6.3 城市大客流风险管理的风险评估[14]

城市大客流风险评估,是指通过科学方法,分析所识别出的各种潜在安全威胁、隐患的发生概率和灾害后果,比照事前所确定的风险标准,对这些安全威胁、隐患的风险等级和种类进行定性、定量分析的过程。通过风险评估，预先评估各种安全事件发生的可能性和严重程度，在大客流风险矩阵图中确定各种安全事件的风险等级。

在城市大客流风险管理工作流程中，“风险识别”已做过简单分析。此处的风险评估仅包括风险分析和风险评价两方面。风险分析的目的在于确定风险的概率与后果，以此作为确定风险级别（主要的风险，次要的、可以接受的风险等）的基准，为风险的评价和处置提供支持。风险评价则是通过对从风险分析中获得的风险等级和预先设定的风险评估标准进行比较，对可能面临的各种风险进行综合排序，确定不同风险的重要程度和可接受水平。依风险大小，可依照风险矩阵图，将其划分为五个等级，分别是低、一般、中等、高、很高。风险等级计算方法：

风险等级＝风险概率×后果/现有控制措施的有效性

3.6.3.1　风险评估的基本内容

城市大客流风险评估是指对城市大客流风险致灾因素进行风险分析，预测可能发生的危害和后果以及提出合理、可行的预防建议，采取合适的措施降低风险概率的过程。结合城市大客流风险要素分析，一般包括以下内容。

1. 人员评估

人员评估具体包括三方面的内容：一是城市大客流的性质、年龄比例、心理特性、文化程度、数量和来源等；二是资质评估，包括活动主办方、承办方，各主要服务提供商、活动组织人员的背景与合法性，组织大客流活动的经验、能力等；三是安保人员评估，包括安保力量的数量、专业水平、应变能力等。

2. 设施设备评估

具体包括视频监控设备在内的各项设施设备的安全保障情况，临时应急或动力电源增容保障情况，场地安全保障设施服务能力与运行状态，包括水、电、气、热和通信等方面，以及临建设施等的安全评估。活动商品的销售品种、规格、包装和运输管理情况也在此板块进行评估。

3. 环境场地评估

环境场地评估包含以下内容：气象自然条件；场地建筑基本情况；活动主要分布区域的容量、疏散通道与应急出入口状况；场地开放程度、避难与紧急疏散能力；周边道路交通情况及内部人流、车流控制与管理；场地周边建筑环境及交通对紧急疏散的影响，以及场地条件是否适合拟举办的活动。

4. 组织管理评估

组织管理评估主要包括应急预案、活动方案、应急处置方案、安保方案及各项安全管理制度等在内的评估。特别关注以下几个方面的评估：第一，突发事件的处置方案预案，主要包括突发恐怖袭击事件、火灾、恶劣天气、临建倒塌、医疗救护、拥挤踩踏、群体性事件、紧急疏散、抢险自救等；第二，各项安全方案预案的组织落实情况；第三，重要环节和区域的人员流量状态及控制方案；第四，活动入场及结束后的人流、车流疏导及全过程交通组织调度方案；第五，指挥调度及通信保障方案。

3.6.3.2 一般步骤[6]

城市大客流风险评估的步骤，通常按照建立评估组织、确定评估方法、开展评估分析、做出评估结论、提交评估报告的程序进行，并依照风险的大小、影响范围、后果影响程度、经济损失等情况来判断风险等级层次。

风险评估要对潜在的大客流风险进行识别，详细分析其潜在危害及负面影响，预测发生威胁的可能性，对其风险承受力和控制力进行分析，将危险有害因素按照风险等级进行排序，并将焦点放在关键问题上。一旦确定了风险，就需要确认现有的预防措施是否充分，是否需要增加哪些措施来降低该风险。

风险评估一般分为评估风险的可能性、评估风险的严重性和确定风险水平等三个步骤。表 3-12为开展城市大客流风险评估提供了一种可以借鉴的分类方法，由 3 个附表共同组成，在实践中可根据需要来修改。基本要求是评价者应该明白危险是否可以接受，是否可以降低到合理的水平。

表 3-12　逐步法风险评估等级划分

<table>
<tr><td rowspan="5">附表 1</td><td rowspan="5">可能性分类表</td><td>说明</td><td>分类</td><td colspan="4">说明</td></tr>
<tr><td rowspan="4">项目</td><td>非常可能(L)</td><td colspan="4">发生完全符合逻辑</td></tr>
<tr><td>可能(L)</td><td colspan="4">有理由说明将来会发生</td></tr>
<tr><td>不可能(U)</td><td colspan="4">在特殊情况下才会发生</td></tr>
<tr><td>非常不可能(VU)</td><td colspan="4">没有发生的理由</td></tr>
<tr><td rowspan="6">附表 2</td><td rowspan="6">严重性分类表</td><td>说明</td><td>等级</td><td colspan="4">说明</td></tr>
<tr><td rowspan="5">项目</td><td>较大灾难(Ca)</td><td colspan="4">许多人丧生或受伤</td></tr>
<tr><td>大(Ma)</td><td colspan="4">个别人丧生或受伤，或受伤的人很多，需要住院治疗</td></tr>
<tr><td>较大(Sl)</td><td colspan="4">个别人需要住院治疗</td></tr>
<tr><td>较小(Ml)</td><td colspan="4">个别人需要短期疗养；人们感到焦虑，担心自身安全</td></tr>
<tr><td>很小(Ne)</td><td colspan="4">没有真正的伤害，只是不适</td></tr>
<tr><td rowspan="6">附表 3</td><td rowspan="6">危险性水平表</td><td>说明</td><td>分类</td><td>很可能</td><td>可能</td><td>不可能</td><td>很不可能</td></tr>
<tr><td rowspan="5">项目</td><td>灾难</td><td>A</td><td>A</td><td>B</td><td></td></tr>
<tr><td>大</td><td>A</td><td>B</td><td>C</td><td></td></tr>
<tr><td>较大</td><td>B</td><td>C</td><td>D</td><td></td></tr>
<tr><td>较小</td><td>C</td><td>D</td><td></td><td></td></tr>
<tr><td>很小</td><td></td><td></td><td></td><td></td></tr>
</table>

1. 评估风险的可能性

可能性分析一般是分析以往的事故案例和其他同类事件的情况，从概率的角度分析其可能性水平。此时评估的重点内容是风险发生的可能性和后果的严重性，而不仅仅是事故的严重程度。因为不是所有的风险都会造成事故，潜在的事故在一定条件下才会发生。对于可能性的分类见表 3-12 中附表 1 可能性分类表。

通常主要使用三种方法来评估可能性，这些方法可单独或者组合使用。具体包括：一是利用相关历史数据来识别那些过去发生的事件或者情况，借此推断出它们在未来发生的可能性，所使用的数据应当与正在分析的系统、设备、组织或活动的类型有关。如果某些事情过去发生概率很低，则任何可能性的估计都是不确定性的。这一点尤其适用于从未发生的事件、情况或环境，人们无法推测其将来是否会发生。二是利用故障树和事故树等技术来预测可能性。当历史数据无法获取或不够充分时，有必要通过分析系统、活动、设备或组织及相关的失效或者成功状况来推测风险发生的可能性。三是系统化和结构化地利用专家观点来评估可能性。专家判断应利用一切现有的相关信息，包括历史的、特定系统的、具体组织的、试验及设计等方面的信息。获取专家判断的正式方法众多，常用的方法包括德尔菲法和层次分析法(AHP)等。

2. 评估风险的严重性

在评估风险的严重性时，要了解事故发生的场景。对于事故后果应从其造成的经济损失、个人风险、社会风险以及风险影响范围等 4 项指标来对应区别后果的程度。对于严重性的分类见表 3-12 中附表 2 严重性分类表。

3. 确定风险水平

根据前两项工作可以确定风险水平。风险水平的确定见表 3-12 中附表 3 危险性水平表。

在此过程中，将专家的意见、现场的调研、历史的资料等信息及时记录整理和分析非常有用。如果面临的风险过高，无法承受，就必须取消该活动或者部分活动，保证风险一旦发生也不会有较大的危害。

3.6.3.3 常见方法

风险评估方法多采用定性分析方法和定量分析方法。随着对风险认识的加深，人们意识到风险不仅要从多个方面，甚至必须全面系统地进行评估，风险评估逐渐向综合风险方向发展，也更加关注定量风险评估。

1. 定性分析方法

定性分析方法是通过对风险进行调查研究，做出逻辑判断的过程。一般给出说明性的风险程度，比如很严重、较严重、一般等，有时也会配合给出防范措施建议。该方法直观简便、成本低，如安全检查表、预先危险性分析、事故树分析法、德尔菲法、基线比较方法等都属于定性分析方法，至今应用广泛。

2. 定量分析方法

定量分析方法则是基于突发事件演化规律和系统论，将若干相互作用、相互依赖的风险因素组成一个系统，抽象成理论模型，运用概率论和数理统计等教学工具定量计算出风险的方法。

该方法试图从数字上对安全风险进行分析，反映出一定程度的风险。因子分析法、回归分析法等都属于该方法。

3. 定量和定性综合方法

随着对于风险认识的加深，人们意识到风险不仅要从多个方面，甚至必须全面系统地进行综合评估。定量和定性结合的风险评估方法是建立在定性方法上的定量评估方法，客观准确。常用的有层次分析法、模糊评价法等。

层次分析法是20世纪70年代美国运筹学家Saaty提出的，它是采用数学包装的形式，附以一种协调两两对比结果的方式，在此基础上进行定性和定量分析的决策方法。在风险评估中，层次分析法主要是用于从专家“两两比较”中提炼出供模糊综合评判使用的权重向量，与模糊评价法有交叉。

模糊评价法是一种基于模糊数学的综合评标方法，通过权衡各种因素项目，将某些边界不清、不易定量的因素定量化，进行综合评价。模糊评价法在充满了模糊性的现实世界与精确的经典数学之间架构了一座桥梁，给出一个总概括式的优劣评价。

4. 矩阵风险分析法

风险评价指数矩阵方法是一个简单灵活的分析工具，通过风险发生的概率及风险事件造成的后果严重程度来度量风险值，如果赋予风险发生的概率及风险事件造成的后果严重程度一定的取值范围，那么风险值的具体大小就可以表示为风险发生的概率与风险事件造成的后果严重程度的乘积。

在对城市大客流进行风险评估，特别是城市大型群众性活动安全风险管理时，可参考《大型活动安全要求》《大型群众性活动安全风险等级测评表》等法规和文件，运用层次分析法和模糊数学方法，可构建起包括人群因素、场地因素、环境因素、管理因素和活动因素在内的城市大客流风险评估体系。该体系从人群因素、场地因素、事件因素、物品因素、紧急疏散、安全防范和安全管理、事项审核共7方面展开。在实际构建城市大客流风险管理信息化平台时，应在关键影响指标上根据活动类型的不同做相应的变化和调整，并建立不同的评价体系。

3.6.3.4 面向人群预警的大客流风险评估方法[5]

针对城市大客流风险评估，目前常用的方法是基于人群预警的风险评估法，也即以区域密度、断面流量、断面双向流量比和平均速度4个变量作为预警指标来对大型活动的安全风险进行预警。

1. 区域密度

区域密度是最能反映人员密集程度的指标，也是表达客流风险最理想的方法。然而在实现过程中存在以下问题：环境干扰带来的计数误差；排队人群的干扰；封闭区域过大；区域封闭成本过大。因此，单独使用区域密度进行预警误差偏大，还需要综合其他指标的情况进行判断。

2. 断面流量

可以将断面流量与区域密度结合起来进行判断，即根据流量-密度基本图，通过监测某一断面的流量变化判断人群的拥挤程度，以此作为客流风险的判断依据之一。这种方法减少了设备的安装数量，在实际操作中也比较方便，成本也较低。但同样受到客流识别统计技术的限制。

3. 断面双向流量比

用 r 表示断面双向流量比，用 Q_{in} 表示进入大型活动场地的断面流量，用 Q_{out} 表示从大型活动场地出去的断面流量，则当 $Q_{in} \leqslant Q_{out}$ 时，$r = Q_{in}/Q_{out}$；当 $Q_{in} > Q_{out}$ 时，$r = 2 - Q_{in}/Q_{out}$。当某段时间内断面的双向流量严重不对称时，可认为该区域可能要发生突发事件，由此可作为客流风险的判断依据之一。由于系统采用同样的识别算法并且经历了同样的环境变化，进出流量具有基本相同的误差，其比值误差相对来说就小很多。该方法精确度较高。

4. 平均速度

智能分析系统在跟踪统计人员速度方面受环境影响较小，其准确性相对较高。只要在一定时间内能够得到足够多的样本，其统计结果依然可以反映人群的平均运动速度。因此，该方法无论从操作的方便性、结果的准确性还是成本投入上，都较为理想。

3.6.4 城市大客流风险处置

风险处置是以风险评估的风险等级为依据，根据对威胁来源、受灾体脆弱性、现有控制措施有效性以及可能产生后果的分析，明确对不同的风险如何进行控制和处理，确定处理的优先级和风险处置策略，提出具体的风险处置措施和工作建议的过程。风险处置不仅要考虑风险水平和风险处置能力，而且要考虑风险处置的成本—收益问题，以最小成本获得最高的安全水平。

3.6.4.1 风险处置概述[18]

风险处置是通过选择和实施一项或多项备选方案来修正风险的过程，也是一个循环的过程，包括以下几个方面。

(1) 评估风险处理措施。

(2) 判断剩余风险是否可容忍(剩余风险为风险处置后仍然存在的风险，包括未识别的风险)。

(3) 如果风险不能容忍，就制定新的风险处置措施。

(4) 评价该风险处置措施的有效性。

风险处置的措施主要包括：①决定停止或退出可能导致风险的活动，即规避风险；②承担或增加风险，寻求机会；③消除风险源；④改变风险的可能性(概率)；⑤改变后果；⑥风险分析(如合约和风险融资)；⑦通过明智的决策自留风险。

风险处置措施并不是在所有条件下都适宜，各种措施之间也不是相互排斥的。

3.6.4.2 风险处置的具体流程

1. 选择风险处置方案

选择最适当的风险处置方案包括权衡方案的成本和收益，备选方案要符合法律、法规的要求，如社会责任和环境保护的需要。还应考虑到应采取风险管理措施但在经济上不合理的风险，如后果严重但发生可能性很小的风险。

应该尽可能多地准备风险处置备选方案，然后采取单独或组合的方式实施，风险单位通常可以从风险处置方案组合中受益。

在选择风险处置措施时，应考虑利益相关者的价值观和认知，并选择适当的方式与其进行沟通。同样效果的风险管理方案，有些风险处理措施可能比另一些更能让一些利益相关者接受。

风险处置计划应明确风险处置措施的优先顺序。

风险处置本身可能产生新的风险，一项重大的风险就是风险处置措施失败或无效。因此，为保证风险处置措施的有效实施，“监控”应该成为风险处置计划的一部分。

风险处置本身可能引起次生风险，对这些次生风险也需要加以评估、处置、监控与检查。

这些次生风险应该和原始风险一起纳入同一个风险处置计划中，而不应该视为一种新的风险，应该认清两种风险之间的关系。

2. 编制和执行风险处置计划

风险处置应制订风险处置计划，说明如何落实风险处理措施。风险处置计划应提供如下信息：

（1）选择风险处置备选方案的原因，包括预期收益；

（2）批准计划和实施计划的职责；

（3）行动建议；

（4）资源需求包括应急资源；

（5）绩效指标和限制因素；

（6）报告和监控的要求；

（7）时间安排和进度表。

风险处置计划应该与组织的管理流程相集成，并与适当的利益相关者讨论。

决策者和其他利益相关者在风险处置后应了解剩余风险的性质和范围，并提供文件资料，同时加以监控和检查，以便采取进一步的处理措施。

3.6.4.3 风险处置的主要任务

本阶段的主要任务是先期处置和综合响应。在接到城市大客流的预警信息后，参与应急处置的各类各级部门应当快速启动应急反应机制，并做好先期处置，然后再根据事态发展级别采取相应级别的应急组织和客流控制措施。

1. 先期处置

在突发事件发生后的第一时间、第一现场采取应急处置措施，这些措施包括：实施紧急疏散和救援行动，组织开展自救互救；紧急调配行政区域内的应急资源用于应急处置；向社会发出避险警告或预警信息等。

2. 启动应急响应

根据突发事件的性质启动相应的响应等级，开展综合应急处置与救援工作。突发事故发生后，首先，应当立即采取紧急处置措施并及时向主管部门及相关部门上报具体情况，申请应急增援，提请公安、武警、安监、民政、卫生等部门的援助。其次，协调民间和商业救援力量，积极与各类社会救援团队和商业救援联系，共同应对城市大客流的突发事件，争取在最短时间内对事故进行最有效的处置。

3. 人群的控制与管理

针对城市大客流风险管理的风险处置主要是人群的控制与管理。人群管理是指公共场所的管理人员对人群进行监督、使人群有秩序地运动以及针对人群集聚进行的系统规划。人群控制是指在特殊情况下由警方及场所管理人员对人群行为的控制或限制。目前，人群管理的技术研究主要是人群的实时监控技术、公共场所的通信技术、大型公共场所人群密度的估算技术和拥挤人群中人与人之间压力预测的研究。人群控制技术主要涉及警方使用的人群控制装备(如警用盾牌、催泪瓦斯等)的开发与应用。

4. 现场救护与处置

在人群疏散的同时，应当做好现场救助、抚慰和善后工作。发动群众将疏散出来的危重伤员迅速交给救护小组，救护小组对其进行必要的现场急救后，通过各种方式送往就近医院。应在事故现场附近开通一条特别通道，以保证在人群拥挤现场发生人员晕倒受伤后，便于救护和警务车辆的及时进出。同时也要做好安抚工作，不致患者情绪恶化。事故现场处置结束后，公安机关还要继续配合卫生等政府其他部门做好善后工作。

3.7 城市大客流风险预警系统的构建

监测与预警是以先进的信息技术平台，通过预测和仿真等技术，对当前国家和社会的运行状态及各类潜在的威胁、危害，进行有效的动态监测，做出前瞻性的分析和判断，及时评估各种紧急情况的危险程度，进行预防和警示，并通过分析和判断各种影响因素综合发挥作用的状况，以及各要素系统自身运行的状况等，制定针对性较强的应对措施的过程。研究城市大客流的结构、人群行为特征等因素，预测分析客流聚集规律，确定不同时间和空间维度下的客流承载力，对城市大客流风险进行合理预警是确保城市安全运行的关键。

人群监测是实现对人群进行定量科学管理的前提和依据。适用于城市大客流风险管理的人群参数主要是运动参数和行为参数。运动参数主要包括人员流量、人员密度和人员运动速度，行为参数包括突然聚集、突然散开、滞留徘徊、人群越界等。在城市大客流监测预警方面，对于流量、密度和速度这三类参数的研究显得非常重要。从目前大客流风险管理的措施上来看，大客流监测预警工作主要存在以下问题：第一，客流风险信息监测、搜集、预判、预警重视程度不够；第二，预警缺乏科学、量化的标准，传统的预警技术大都是依靠视频监控系统，难以实时准确预警；第三，监测预警与应急处置协同性不够，传统的现场监控难以实现监测、搜集研判、预警、响应、处置的一体化，发生大客流风险时，存在“常态风险非常态处置”情况。因此，建设基于软硬件、自动识别的、准确的客流统计预警系统就显得尤为重要。

3.7.1 城市大客流信息监测系统[19]

客流信息是城市大客流预测和预警的基础。通过开展客流信息监测工作,有助于系统地分析相应场所的客流规律,同时实时掌握场所内各区域客流聚集情况和流动情况。在城市大客流信息监测中,要强化对人群安全容量的预测和对现场人员流动的监控,保证人群分布正常,防止人群过于集中。

3.7.1.1 城市大客流信息监测

客流信息是影响城市公共场所安全运行的一个重要因素。通过客流信息的数据挖掘,可以分析客流规律,为客流预测预警提供数据支持。一般来讲,客流监测信息主要包括客流量、客流密度、客流方向、客流结构、客流路径等信息。

随着计算机统计方法、分析技术的提高,以及物联网新技术的应用,现代大客流监测技术手段愈发丰富多样,各具优势。常见的有以下五种:一是传统的人工计数客流监测,即采用人工计数的方法对某一时间点的客流量进行抽查。这种方法只能进行简单的客流量统计,无法实现"实时监测",一旦客流量增涨,则准确率较低,因而显得耗时费力。二是基于红外、压力、热成像等技术的客流监测。该方案可自动选择合适的传感器,且自动化程度较高。缺点是设备的安装和维护成本较高,且需要组合使用。三是基于票务系统的客流监测。该技术具有实时性和精确性等特点,能够得到客流量、客流起讫点等有效信息,主要用于交通枢纽、地铁、公园、旅游景区、大型活动等封闭空间,缺点是无法掌握具体区域人流密度的情况。四是基于视频监控系统的客流监测,该技术目前应用较为广泛,也可分析得出客流在线路、方向、数量等方面的分布规律,但受空间布局的限制,功耗较高、人员过密时其精度会受到影响。五是基于通信网络的客流监测,该技术操作方便且对个体定位较准确,缺点是无法监测到未携带通信设备的游客,如某些低龄儿童、高龄老人等。

3.7.1.2 城市大客流信息预测

客流信息预测是指以出行目的地客流的发展过程为基础,以调查统计资料和市场信息为依据,运用定性和定量的分析方法,对未来客流状况及变动趋势所做的估计和测定。客流信息预测是城市大客流实施风险管理、进行客流应急管理的重要基础。近年来,很多新建的交通枢纽都把客流预测作为施工前设计和运营中决策的基础工作。客流预测的方法常见的有三种,分别是基于现状客流的预测模式、非基于现状客流的预测模式和基于非集聚模型的预测模式。而客流预测的内容则具体包括客流结构、客流出行目的、客流出行规律和客流承载能力等四个方面。

1. 客流结构

客流结构内容与游客个人信息有关,通常包括年龄结构、性别结构、文化结构、健康程度、来源结构、组成结构等。不同年龄、性别、文化和健康程度的游客在行为能力上有显著差别。在一些相关研究中,还把游客的文化程度、健康程度等信息纳入客流结构内容中。但在实际操作中这些信息暂未得到有效利用，过大的数据量反而使分析更加复杂，且对实际工作意义不大。

2. 客流出行目的

客流出行目的是指游客进入相关公共场所的意图，常见的目的有商务工作、游览观光、购物消费、住宿、途经等。不同的出行目的决定了游客在公共场所内的运动路径以及滞留时间各有不同。研究表明，在公共场所平均步行速度最快的为商旅游客和途经游客，平均步速超过 1.45 m/s；其次为购物游客，平均步速超过 1.34 m/s；最慢的为观光散步游客，平均步速为 0.99 m/s。

3. 客流运行规律

客流运行规律是指公共场所内分时客流量、游客运动路径、游客到访时间、交通方式等内容。相关信息对于决策者预测公共场所内未来客流量、到访时间、峰值出现时间等有重要意义。通过对游客的运动路径、交通方式等信息的分析，能有效掌握公共场所内公共安全风险点，进而采取相应疏导、安保措施。

4. 客流承载能力

客流承载能力是指某段时间内某区域能够容纳的最大客流量。根据我国《大型群众性活动安全管理条例》第六条规定，举办大型活动，承办者应当制定大型群众性活动安全工作方案，其中一项重要内容就是活动场所可容纳的人员数量以及活动预计参加的人数。我国旅游管理部门发布的《景区最大承载量核定导则》对最大承载量也做出了明确规定，指出景区应测算出空间承载量和设施承载量，并根据实际情况确定景区最大承载量的基本值；在此基础上，以生态承载量、心理承载量、社会承载量等方面的指标或经验值作为参考。《上海市公共场所人群聚集安全管理办法》第十三条规定："人群聚集公共场所内举办群众性活动的，人群聚集公共场所的经营、管理单位应当预测人数、评估风险，采取相应的安全防范措施，根据需要配备安保人员，制定突发事件应急预案。"该办法第十六条就重要时段的现场监测规定："重要节假日和重大活动期间，区（县）人民政府应当根据风险程度和工作需要，扩大监测区域、增加监测人员，通过多种技术手段加强现场监测。"计算公共场所客流承载能力，并与客流监测信息进行比对，是开展大客流预警工作的重要基础。

3.7.1.3 大客流信息监测系统

大客流信息监测是一个系统性的工作过程，它是决策人员通过收集人员密集场所及同类场所历史客流信息，利用定量分析或定性分析的方法，对客流结构、客流出行目的、客流运行规律和场所游客承载能力等内容进行分析，从而对未来某个时间段内客流增减趋势进行预测的过程。

目前，国内外在客流聚集风险监测技术应用方面只是单独考虑影响客流风险的某个侧面，主要以肉眼观察和现场疏浚为主，尚未完全实现对客流聚集的自动化监测。由于没有采取管控行动的判断标准，无法为公共安全管理人员提供决策依据。[20] 随着近年来大数据、物联网技术的不断发展，使得借助各种先进科技手段建设一套技术系统，配合有效的管控办法，对各种大客流风险隐患进行事前的预防和预警，成为一种可能，也是必然的选择。

构建以城市网格化综合管理和大数据技术为支撑的城市客流聚集风险监测系统，建立"市级—区级—街镇"三级安全预警体系，加强对城市大客流的监测和管控，夯实智能监控信息平台，提高预报预测精准度，为跨部门、跨系统的城市大客流风险管理信息监测增效赋能。图 3-15 是上海基于多元数据融合思想开发的城市客流聚集风险监测系统，可实现对城市大客流人群的密度分布、流量统计进行实时监控、趋势预测和大客流风险分级预警，这为大客流风险防控决策提供了支持。

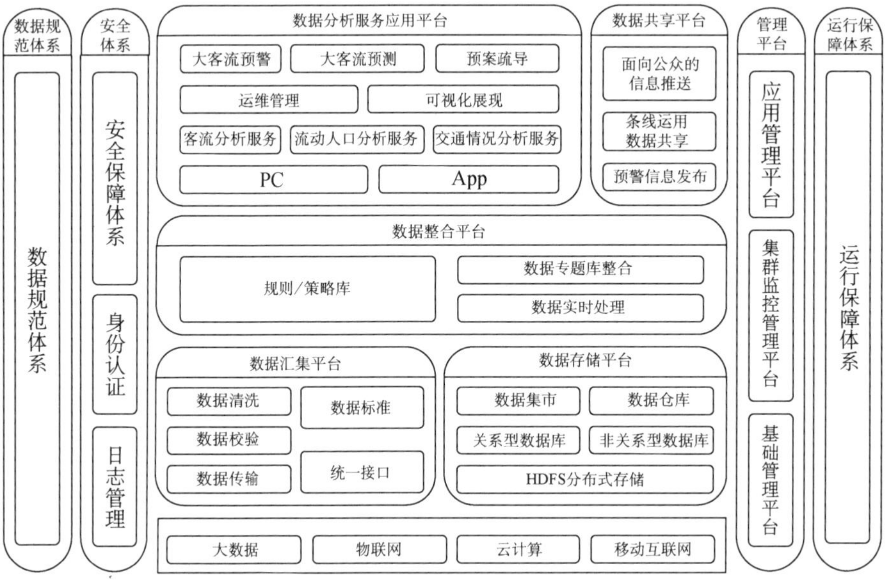

图 3-15　城市客流聚集风险监测系统架构图[21]

3.7.2　城市大客流信息预警系统

预警是通过有效的科学标准对某事件未来的演化趋势进行预期性评价，以提前发现特定事件未来可能出现的问题及其成因，并提出相应措施的方法。城市公共安全管理的信息预警，就是通过一定的信息集成机制，对构成公共安全隐患的潜在风险进行监测、诊断和预先控制，其目的在于保障城市运行安全，预防重大公共安全事件。

大客流信息监测是开展大客流信息预警工作的基础，只有获取了准确的客流信息，诸如客流量、客流密度、客流承载力等基本信息，才能科学开展预警工作。目前，我国城市公共安全的风险监测和预警主要依靠行政部门，缺少跨部门的综合性预警机制。为强化对公共安全事件的事前防范，有必要构建跨部门的信息集成系统，提高信息分析和预警能力，及时发现潜在的风险,根据问题严重程度提前做好预防准备。只有提前预警并制定应对预案,防患于未然,才能从根本上提升公共安全水平。

3.7.2.1 预警理论

预警一词原来多用于军事活动,是指通过预警来提前发现、分析和判断敌人的进攻信号,并把这种进攻信号的威胁程度报告给相应的公众,以便采取相应的应对措施。预警系统则是一种用于预测和表达社会风险信号、辅助政府实施早期危机管理的信息化工具。预警评价要素具有约定的名称,主要有:

(1) 警素,指构成警情的指标;

(2) 警兆,指警素发生异常变化时的先兆;

(3) 警度,指警情的级别程度;

(4) 警限,指每一警度级别区间对应的上下限;

(5) 警义,指警素与警度的合称,用于标识受监测对象的警情;

(6) 警源,指警情产生的根源。

预警理论认为,警兆、警情和警源之间存在因果关系,需要通过预警系统作业加以识别。城市大客流信息预警理论研究的重点是利用现代化信息技术提高预警能力。有些国家主要利用图像和红外识别技术检测公共突发事件。我国则是利用无线传感技术检测水质、监控矿山安全等。我国在预警公共卫生、企业、行业、公共安全等方面已经有了长时间的经验积累和科研探索,研究出了一批有效的理论和方法。但总体而言,距离满足实际需要还有较大的差距,仍需不断完善和加强。

3.7.2.2 预警标准

我国《突发公共事件总体应急预案》对预警标准做了明确规定。预警级别依据突发公共事件可能造成的危害程度、紧急程度和发展势态,一般划分为四级:Ⅰ级(特别严重)、Ⅱ级(严重)、Ⅲ级(较重)和Ⅳ级(一般),依次用红色、橙色、黄色和蓝色表示。虽然我国并没有对城市大客流预警标准做统一的规定,但一般而言,对城市大客流预警标准的设定,均参考了人群密度或人群流量等作为衡量指标和科学管理的依据。

1. 人群密度预警

人群密度预警是城市大客流安全预警的一个重要指标,反映了一个空间内人员的稠密程度,通常可用单位面积分布的人员数日表示。国内有学者参考已有的一些人群密度研究,按照运动方向、速度、地面因素给出人群密度预警等级的划分,将人群密度的预警级别分为四个级别(表 3-13)[22]。该研究认为:人群密度增大,使得人群所处的“状态”和人群安全之间出现矛盾,如果矛盾不能解决,就会造成事故的发生。

表 3-13　　人群密度预警等级　　单位：人/m²

场景描述			人群密集预警等级			
运动方向	速度	场面	Ⅰ级红色（特别严重）	Ⅱ级橙色（严重）	Ⅲ级黄色（较重）	Ⅳ级蓝色（一般）
单向	等待	平面	≥5.00	4.00～5.00	3.30～4.00	2.50～3.30
单向	等待	台阶	≥4.70	3.70～4.70	2.70～3.70	1.60～2.70
单向	游览	平面	≥3.00	2.17～3.00	1.30～2.17	0.70～1.30
单向	游览	台阶	≥3.50	2.70～3.50	1.60～2.70	1.08～1.60
单向	快走	平面	≥2.00	1.30～2.00	0.83～1.30	0.50～0.83
单向	快走	台阶	≥3.00	2.50～3.00	2.00～2.50	1.08～2.00

需要指出，仅以人群密度来对人群安全进行预警是不够的，还需要考虑人群密度以外的诸多因素，如人群构成、人群流量、人群心理特征等。城市大客流聚集在城市广场、交通枢纽、大型商圈、大型活动举办场所等区域，一旦人群数量超过安全容量，将很可能引起相关服务设施、服务人员、管理措施等“失效”，进而由于人群自身原因或突发事件原因，引发人群拥挤、踩踏等事故。根据国外学者关于行人流服务水平的研究及我国《交通工程手册》的描述要求，将人行道的服务水平及与之对应的通行能力、指标、状态按照行人占用不同静态空间进行分级，主要分为从A—E五个等级，A级对应的行人空间面积大于3 m²，即行人可以完全自由行动；B级为2～3 m²，即处于准自由状态(偶有降速需要)；C级为1.2～2 m²，即个人尚舒适，部分行人行动受约束；D级为0.5～1.2 m²，即行走不便，大部分处于受约束状态；E级小于0.5 m²，即完全处于排队前进状态，“跟着走”，个人无行动自由。因此，提高人群聚集场所的行人流服务水平也是降低或者减少人群聚集风险的一种方法。

2. 景区大客流预警

2013年10月1日正式实施的《中华人民共和国旅游法》第四十五条明确规定，景区接待旅游者不得超过景区主管部门核定的最大承载量。景区应当公布景区主管部门核定的最大承载量，制定和实施旅游者流量控制方案，并采取门票预约等方式，对景区接待旅游者的数量进行控制。旅游者数量可能达到最大承载量时，景区应当提前公告并同时向当地人民政府报告，景区和当地人民政府应当及时采取疏导、分流等措施。

2015年，国家旅游行政主管部门下发的《景区最大承载量核定导则》要求各大景区核算出游客最大承载量，并制定相关游客流量控制预案。针对景区大客流预警，该导则明确提出了具体的建议：景区内旅游者数量达到最大承载量80%时，启动包括交通调控、入口调控等措施控制旅游者流量；景区内旅游者数量接近最大承载量时，应向社会公告并同时向当地人民政府报告，同时在当地人民政府的指挥、指导、协助下，配合景区主管部门和旅游行政主管部门启动应急预案；景区内旅游者数量达到最大承载量时，立即停止售票，向旅游者发布告示，做好解释和疏导等相关工作。

该导则给出了不同类型景区的基本空间承载标准示例，具体游客密度测算值见表 3-14。

表 3-14　　不同类型景区的游客密度测算[13]

场所类型	典型示例	核心区客流密度/(人·m^{-2})	其他区域客流密度/(人·m^{-2})
文物古迹类	八达岭长城	0.90～1.00	—
	故宫博物院	0.33～1.25	—
	龙门石窟、敦煌莫高窟	0.33～1.25	漫步道：0.20～0.50
文化遗址类景区	秦始皇兵马俑博物馆	0.10～0.40	漫步道：0.33～1.00
古建筑类景区	黄鹤楼、永定土楼	0.33～1.00	小于 0.40
古街区类景区	周村古商城	0.20～0.50	漫步道：0.20～0.50
古典园林类景区	颐和园	0.50～1.25	—
山岳类景区	吉林长白山景区	0.67～1.00	漫步道：1.00～2.00
主题公园类景区	中华恐龙园	1.00～2.00	1.00～2.00

3. 地铁大客流预警

2013 年发布的《地铁设计规范》对楼梯、通道、自动扶梯等各部位的最大通过能力进行了研究分析。在大客流高密度排队通行状态下，考虑国家现行标准、行人服务水平、环境心理学、个体尺寸、行动空间需求等的因素，建议将大客流预警状态取值设置为 0.8～2 m^2/人。

根据我国《国家突发公共事件总体应急预案》的预警分级要求，可以进一步细化研究，将地铁大客流预警划分为Ⅳ级(蓝色，一般)、Ⅲ级(黄色，较重)、Ⅱ级(橙色，严重)、Ⅰ级(红色，特别严重)。发生大客流时，判断站台客流达到站台能力的比例，成为确定大客流等级的基础。公共安全管理部门和轨道交通运营管理部门应分别针对客流安全评估等级和预警等级，实施由内而外的三个级别的客流疏导措施，即Ⅲ级大客流预警(引导)、Ⅱ级大客流预警(限流)、Ⅰ级大客流预警(疏散)。具体来讲，当站台客流达到设计能力的 60%，启动Ⅲ级大客流预警；当站台客流达到设计能力的 80%，启动Ⅱ级大客流预警；当站台客流达到设计能力的 100%，启动Ⅰ级大客流预警。

2018 年，交通运输部下发的《城市轨道交通运营管理规定》明确规定，因突发大客流、自然灾害等原因可能影响城市轨道交通正常运营时，运营单位要及时报请当地城市轨道交通运营主管部门，通过电视、广播、报纸、互联网、手机短信、楼宇或移动电子屏幕、当面告知等信息渠道向公众发布预警信息。

3.7.2.3　预警系统建设

对于一个超大城市而言，建立一套高效的风险监测与预警体系，是以科学方法应对灾害的基础和前提。近年来，以智能视频处理为代表的图像分析技术在国内外公共场所预警方面得到了广泛的应用。2009 年,北京市劳动保护科学研究所就结合视频智能分析、风险管理、数据挖掘等技术,研发出国内首个人群聚集风险预警系统。2014 年,该研究所又提出了以视频监控系统为基础、基于图像智能分析和行人交通流数据挖掘技术的人群聚集风险预警系统。

该系统的原理是:使用智能分析技术对监控视频进行解析,得到人群的流量、密度、速度等运动参数。同时,利用短时预测和相关算法分析判断人群密度,对聚集人群进行分级风险预警,并提出相应的人群拥堵疏散措施。具体见图 3-16。

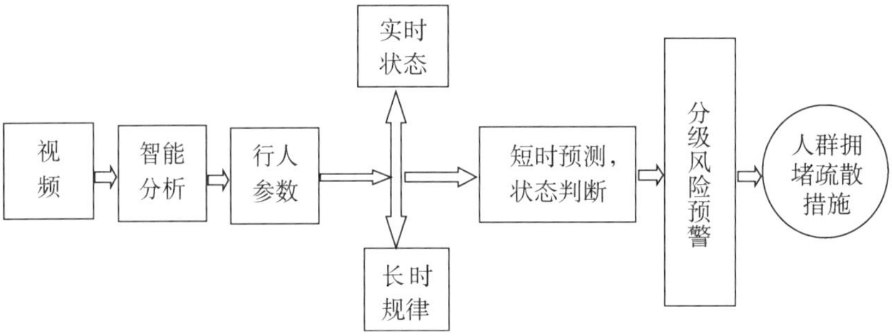

图 3-16　人群聚集风险预警系统原理

人群聚集风险预警系统的出现,为城市人群密集场所的管理者提供了一种有力的工具来应对客流风险。但是,它毕竟只是一个工具,不可能代替所有工作,想要真正全面且系统化提升城市大客流安全管理水平,就需要进一步完善城市大客流风险预警机制建设。

3.7.2.4　城市大客流风险预警机制设计

国际经验表明,预警机制是一种低成本、高收益的管理工具,其收益是投入的 2～4 倍。所谓预警机制是对预警过程的机制化建设,作为应急管理的第一道防线,其目的是有效地预防和避免突发事件的发生。通过对国内外公共场所突发大客流事件的总结和分析,借鉴国外的研究思路,可将大客流预警过程分为准备、事件检测、风险因素分析、控制和报告等阶段。建立预警机制就是对可能会发生的各种突发事件进行充分估计,提前做好应急准备并选择一个最佳应对方案,以最大限度地减少损失。

结合国内人群聚集风险预警系统的成果和城市大客流安全管理实践,探索构建一套通用且完善的城市大客流风险预警机制是当务之急。“1234”风险预警机制是一种有益的尝试,该机制包含一个平台、两个中心、三个模块、四个功能,具体框架见图 3-17[23]。

一个平台,即指建立城市大客流风险预警平台,构建集城市大客流风险管理规划、识别、分析、应对、监测和控制的全生命周期的风险评估系统,在同一规范的标准基础上,加强各行业与政府之间的安全数据库建设,构建城市大客流风险预警系统,构建覆盖全面、反应灵敏、能级较高的风险预警信息网络,承担风险评估、预警预报、应急联动、协调指挥、应急处置等功能,进行城市突发事件应急管理各类信息集成化服务。

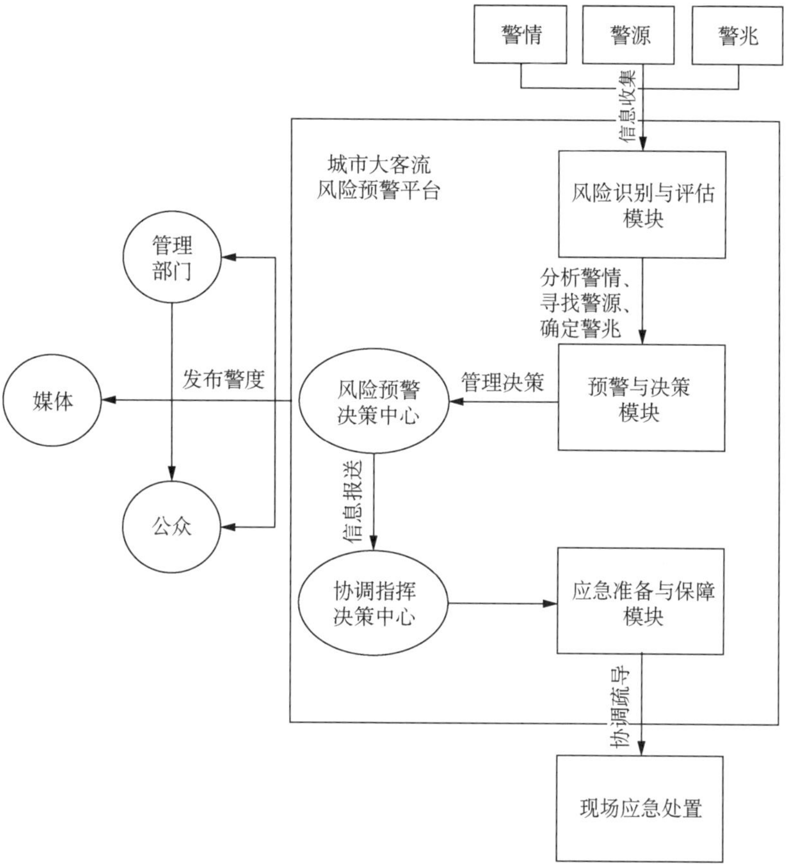

图 3-17　城市大客流风险预警机制框架图

两个中心，是指城市大客流风险预警决策中心和协调指挥决策中心。风险预警决策中心负责分析警情、寻找警源、确定警兆、发布警度，并根据大客流聚集现场实际情况发布预警信号，向专项指挥中心传达决策意见；协调指挥中心负责相关场所的现场指挥工作，包括领导及指挥医疗、消防、公安、交通、通信等部门的现场应急与服务工作。

三个模块，分别是风险识别与评估模块、预警与决策模块、应急准备与保障模块。风险识别与评估模块通过智能监控、移动通信设备、地理位置数据等手段获取城市大客流人群密度情况，并对场地人群密度状况实时分析评估；预警与决策模块将检测到的人群密度信息进行分析判断，结合应急管理专家及场地管理人员意见决定发布预警等级；应急准备与保障模块通过连接应急救援队伍库、应急物资储备和避险场所库、应急管理专家库、应急预案库和突发事件典型案例库，协助处置部门展开应急处置。

四个功能，是指信息收集功能、管理决策功能、信息报送功能和协调疏导功能。

该机制的建立有利于明确大客流风险警情、警源及警兆，并能够向管理部门及公众发布警报。大数据、物联网、互联网、人工智能等技术手段的应用，将使风险预警更加准确和高效。

3.7.3 城市大客流风险管理综合协调机制

协调机制是指通过整合应急管理过程中各组织、人员、信息以及物资，达成应急管理体系的纵向信息畅通及横向的部门协调，实现应急管理各职能部门的统一指挥和相互协调，最终提高应急管理效率。城市大客流风险管理是一项涉及多方主体的公共安全管理活动，特别是突发事件处置过程中往往涉及多个部门或者社会资源，具体包括组织、人员、物资和信息等，这就需要在大客流风险管理中建立一套良好的协作机制，实现突发事件中人员和组织间的良好配合。

从当前城市大客流风险管理实践来看，综合协调机制主要包括创建协调机制和实施协调机制。打造城市大客流风险管理综合协调机制，强化部门之间的协作、沟通以及指挥系统的统合性和协调性，赋予有关人员调动相关资源、协调相关部门的权力，规定和明确协调联动单位的职责、任务和资源配备。统一指挥、协调联动，构成了有效管理城市大客流风险的核心。

3.7.3.1 创建协调机制

大数据时代的到来为城市公共安全管理带来了全新的思维。实践证明，充分运用大数据手段能够最大限度地实现公共安全的源头治理，减少转型期各类风险发生的概率，大大减低社会公共安全治理的成本。2015 年，国务院发布的《促进大数据发展行动纲要》中明确提出“加强对社会治理相关领域数据的归集、发掘及关联分析，强化对妥善应对和处理重大突发公共事件的数据支持，提高公共安全保障能力，推动构建智能防控、综合治理的公共安全体系，维护国家安全和社会安定”。从某种意义上讲，大数据在城市大客流风险管理领域的应用不仅能够加强对公共场所风险的预防、预警与分析，提升全社会危机应对效果，而且能够促进城市公共安全风险治理的变革和创新。

智慧城市建设也为城市大客流风险预警提供了可能。作为智慧城市的“大脑”与“中枢”的城市运行管理中心，依托政府庞大的公共信息数据库，统筹物联网、互联网、行业专网等各类网络环境中的业务信息资源，汇聚经济、气象、水文、环保、公安、交通管理、地理和网格等信息，依托大数据技术，通过数据分析和挖掘，构建完整的分析模型体系，能够对城市状态进行运行监测、分析预警和指挥控制，识别城市大客流风险管理中的重点人群与重点区域，从而提前预知将要发生的危机和风险，及时编制预案进行化解，从而提高政府决策的高效化、精确化和科学化水平。

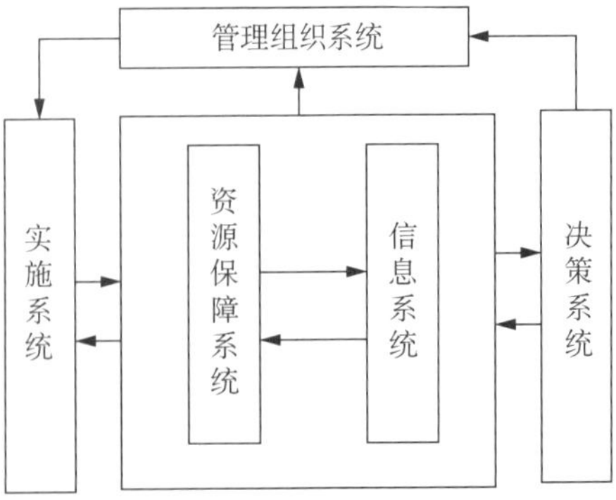

图 3-18 城市大客流风险管理体系构成图

城市大客流风险管理综合协调机制由管理组织系统、信息系统、资源保障系统、决策系统和实施系统组成，如图 3-18 所示。

在这五个系统中，管理组织系统是整个安全管理体系的核心，负责整合整个体系，并对其他系统行使指挥调度职权；资源保障系统、信息系统分别从资源、信息两方面为决策系统和实施系统提供全方位支持；决策系统是对管理方案的优化选择；实施系统是根据管理组织系统的协调和指挥，依据决策方案，实行正确的管理措施。

协调机制的创建，要坚持生命至上、安全第一，立足长效、依法治理，系统建设、过程管控，统筹推动、综合施策等原则。该原则同安全发展城市建设的原则相融合，这对持续推进形成系统性、现代化的城市安全保障体系起到很好的机制保障作用。

3.7.3.2　实施协调机制

与创建协调机制不同，实施协调机制的主要目的是推动城市大客流风险管理工作在社区层面的运行。它是为实现城市安全发展而建立的工作机制，在加强城市安全源头治理、建设城市安全防控机制、提升城市安全监管效能、强化城市安全保障能力等方面起到了重要作用。在实践层面，城市大客流风险管理要与城市应急管理体系进行深度融合与渗透，形成理念、形态和过程上高度一体化的运行系统，提高城市风险防控能力，保障城市公共安全水平。

在总结国内外大客流风险管理经验的基础上，结合上海市应急管理体系建设实践，从以下几方面构建管理体制：

1. 建立城市大客流常态化安全管理体制

2018 年，应急管理部成立后，我国城市建设进入综合风险管理规范期，风险管理迈向常态化、制度化轨道，城市重点关注的风险领域也进一步拓展，更加关注风险的联动性、系统性和关联性。城市大客流风险管理是一项复杂的工程，且在实际工作中往往需要多个职能部门（如公安、交通、消防、医疗、新闻等）的协同合作，这就需要设立跨部门的应急管理委员会，平时负责制定应急管理重大政策，领导协调推动风险防范和应急管理体系和能力建设工作；重特大灾害事故发生后，转化成为应急指挥总部，代表各级政府组织应急处置工作，确保政令畅通、协调有力、指挥高效。在这方面，上海市的应急管理工作体制就值得参考，下面简单加以介绍。

目前，上海已经形成了日常管理和应急处置两套机构无缝对接融合的应急管理工作体制（图 3-19）。在日常管理方面，市应急管理委员会统揽全局，下辖市应急委成员单位（61 个）、区应急委（16 个）、市级基层应急单元（10 个）、市应急联动中心、市应急救援总队和市应急管理专家库；发生突发事件时，市应急委或市级议事协调机构转换成为市应急处置指挥部，下辖现场指挥部、应急处置单位、应急保障单位和事发地区县政府等。同时，上海还建立了 13 个市级专项议事协调机构，负责专业领域常态预防、监测预警，以及非常态下组织领导和应急指挥工作。当事态规模和影响程度较大时，市应急委启动运行，接管整个事态的处置和应对。这些机构和平台的设置改变了公共安全“条线管理”和“碎片化管理”的体制机制，打造出更加综合全面、长效的体制机制，提升了城市公共安全防控的水平和能力。[24]

借鉴上海市应急管理的工作经验，在建立城市大客流风险管理体制方面，可以考虑把城市运行管理中心（以下简称“城运中心”）作为其常态化管理机构，利用“一网统管”系统发挥其数据赋能、信息调度、趋势研判、综合指挥、应急处置等作用，依责组织、指导、协调、赋能相关政府职能部门开展风险管理和应急处置工作，但不代替、不包揽相关部门的日常运行管理职能。重点做好城市运行安全管理智能化和战略化、城市安全运行状态监测分析和预警研预判，以及应急

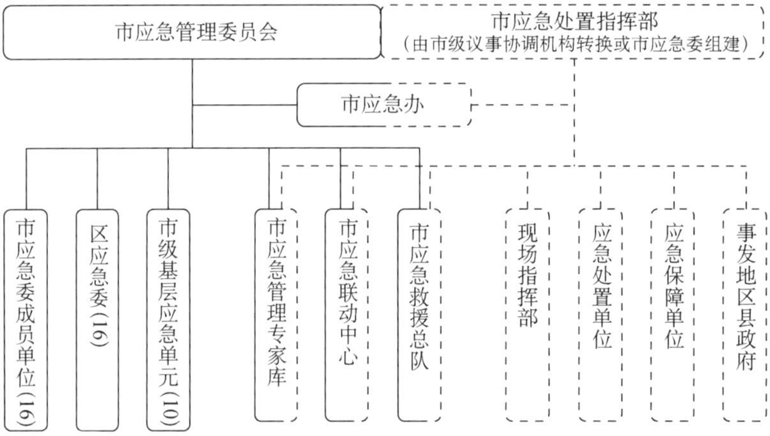

图 3-19 上海市应急管理工作体制[24]

事件联动处置等工作。

市、区两级管理中心需要对"城市地图"进行全方位扫描,在此基础上,加快形成跨部门、跨层级、跨区域运作体系,打造信息共享、快速反应、联勤联动的指挥中心。一旦发现问题,快速启动相关区域的专项电子预案,激活地区管理主体功能,调动有关资源,开展应急处置和预案操作。联动单位在接到城运中心指令后,应当按照职责分工和应急预案的要求,迅速指挥、调度本单位应急处置队伍、专家队伍和装备、资源,相互协同、密切配合,快速高效地处置突发事件。

城市运行管理中心采用网格化安全管理模式,对辖区内大客流所在区位进行网格安全等级评价,及时发布预警信息。职能部门根据城运中心对网格安全的分析结果,有效地分布人力、物力资源,对属于本职能部门管理内容的危险性高的网格进行重点监控管理。区网格化管理中心则发挥组织体系完备、专业化队伍健全等优势,承担事务性工作,二者优势互补,合作共赢。

2. 完善城市大客流风险管理长效工作机制

在"城运中心"综合预警平台基础上,强化城市管理各相关部门的风险管理职能,并以平台为核心引导相关职能部门和运营企业进行常态化风险管理工作。当前要不断总结城市大客流风险管理经验,建设科学、规范、动态的公共风险管理长效机制。具体来讲可以从三个层面着手。

1) 开展情报信息研判,提升大客流风险评估能力

通过城运中心"一网统管"系统,及时收集和研判城市大客流基础信息,完善城市大客流风险网格化管理平台、大客流监测预警平台等的建设,制定城市大客流风险评估标准,定期、适时开展大客流风险评估,提前预警预判。信息研判可从以下四个层面着手:一是基础信息管控,对收集到的基础信息定期开展风险评估,查找特点、总结规律,从中发现和梳理易引发大客流的安

全隐患、薄弱环节或时间节点等情况;二是实时信息交流,根据城市大客流分布的时间规律,与相关系统或者部门进行有效沟通,对客流拥堵情况与大客流风险进行预警分析,做到有备而战;三是动态信息研判,根据大客流分布的空间规律,研判预测大客流特点,评估和应对大客流风险;四是部门协作沟通,要明确有关部门的协作和信息沟通方式,及时掌握突发大客流信息,不断完善突发大客流的信息沟通机制,对可能出现的问题做到早发现、早准备、早采取措施。

2) 进行风险联动排查,提升大客流风险防控能力

切实推进城市轨道交通、机场车站、旅游景点、大型商场等人员密集场所的应急管理单元建设。依托城市网格化管理模式,对应急管理单元内的风险隐患进行梳理。加大对人群聚集场所或者对易出现客流拥堵险情点的区域,诸如出入口、闸机、站台、换乘通道、上下扶梯等的关注和排查,减少或者降低大客流风险隐患;同时,加强应急管理队伍建设,不断提高应急管理人员的职业化、专业化水平,保证能够准确研判态势,快速、准确地做出处置决策,及时排除风险隐患,保证城市公共活动和公共场所的有序、安全。

3) 强化预警及实战演练,提升大客流应急处置能力

应急预案是对城市大客流风险进行预防,以及发生灾害后采取紧急救援活动的方案,为灾害状态下的城市大客流应急管理提供组织训练与对策准备,使大客流及时恢复到正常状态。从本质上说,预案是应急状态下政府各部门协同工作的组织架构和操作流程。作为一项主动性的安全防范措施和制度,城市大客流应急预案的启动和实施,要以实时变化的人流密度作为标准,根据突发事件的等级组织开展。城市中环境复杂、易于集中人群的开放性空间或单元,如重点风景区、标志性公园、地标性景点、飞机场、高铁站以及其他交通枢纽等,应当制定专项的大客流风险防控预案,一旦客流超过临界点或出现恐慌、兴奋等群体情绪波动现象,需要由专业应急管理部门和指挥人员启动预案,快速进行应急处置。

开展应急预案的培训和演练工作,提高应急管理水平,其中一项重要内容就是危机模拟。考虑到一些城市基础设施尚未完善等情况,可将风险评估技术工具与城市运行大数据相结合,科学预测城市大客流发生的时段、地点、流向和流量,对不同时间段人流变化进行预警,做好应急预案。开展针对城市大客流突发事件进行多部门、多层级的联合应急演练,强化部门之间的协作、沟通以及指挥系统的统合性和协调性,通过演练来弥补部门之间、体制之间的缝隙,切实增强协同处置突发事件的实战能力。还可以考虑进行有疏导员和无疏导员的应急疏散演练的比较。

3. 建立城市大客流风险共治网络

第一,在城市大客流风险治理中,要充分发挥政府、市场、社会在城市风险管理中的优势,构建政府主导、市场主体参与、社会力量介入的城市大客流风险共治网络。

政府要为公众参与城市大客流风险治理提供政策支持和制度保障。就城市大客流风险治理而言,政府首先要做好公共安全统筹规划,建立公众参与城市大客流风险治理的制度和平台,定期向社会公众公布城市大客流的评估和反馈结果,并且鼓励社会公众积极有效参与,提升公

众对城市大客流风险治理的认知水平；其次，创新保险联动举措，建立以事故预防为导向的保险新机制，促进保险公司主动介入投保方的风险管理中，形成均衡的风险分担机制。灾害保险是应急资源的最后一道屏障，应该借鉴国际通行做法，抓紧设立巨灾保险基金，建立巨灾保障制度。各级政府和相关运营企业应自觉担当起防灾减灾的责任，商业保险公司应该在合理盈利的前提下科学地承保和理赔，同时，引导社会力量和慈善机构的介入。

第二，探索建立城市密集场所疏导员制度，有效引导人群安全有序聚集与疏散。疏导员可分为兼职和专职两类，兼职疏导员可以由各类维护秩序的相关人员和志愿者组成。条件许可时，应设置专职疏导员，专门在人群密集区域场所进行疏导工作。专职疏导员应经过相应的培训。同时，构建社会力量参与应急救援的制度安排，加大社会组织培育力度，积极推进风险防控专业人员队伍建设，充分发挥社会组织在地方应急管理体系建设中的巨大潜力。

第三，建立城市风险管理社会参与机制，有效营造城市风险管理的“聚众效应”，将广泛的利益相关者吸引到城市安全和风险管理队伍中来。例如，在国家安全教育日、防灾减灾日、119 消防日、防灾减灾周、国际减灾日等特别时刻开展广泛的安全教育，使公众充分认识到灾害事故的后果，提升公众的风险意识。政府部门在制定防灾规划、出台防御政策时，要与利益相关者进行充分对话和沟通，使社会公众了解个人肩负的风险责任。此外，积极鼓励非政府组织、民间力量（企业、学术机构、社团组织）参与大客流风险管理，鼓励企业积极参与风险产品的提供，最终达到凝聚社会共识、提高全社会安全风险意识的目标。

参考文献

[1] 中华人民共和国国家标准.风险管理 术语：GB/T 23694—2013[S].北京：中国标准出版社，2014.

[2] ISO 31000：2018 Risk management-Guidelines[EB/OL].[2018-02-01]. https://www.iso.org/standard/65694.html.

[3] 上海市社会科学界联合会.城市大人流风险管理[M].上海：上海人民出版社，2015.

[4] 刘铁民.事故灾难成因再认识：脆弱性研究[J].中国安全生产科学技术，2010，6(5)：5-10.

[5] 朱伟.城市大型活动风险评估[J].安全，2018(11)：10-11.

[6] 刘茂，王振.城市公共安全学：应急与疏散[M].北京：北京大学出版社，2013.

[7] 中华人民共和国突发事件应对法注释本[M].北京：法律文献出版社，2008：18.

[8] 国务院办公厅. 大型群众性活动管理条例[EB/OL].(2007-08-14)[2007-09-14].http://www.gov.cn/flfg/2007-09/21/content_759965.htm.

[9] 中华人民共和国国家旅游局. 景区最大承载量核定导则：LB/T 034—2014[EB/OL].(2014-12-26)[2015-04-01].https://wenku.baidu.com/view/89f6052176a20029bc642d6f.html.

[10] 李春勇.我国大型群众性活动安全管理法制化进程的阶段与特点[J].中国人民公安大学学报（社会科学版），2016(5)：103-110.

[11] 上海市公安局. 关于加强公共场所人群聚集活动安全管理的若干规定[EB/OL].(2020-01-09)[2020-12-04].http://www.shanghai.gov.cn/nw48968/20200929/0001-48968_64814.html.

[12] 大型活动安全要求：GB/T 33170—2016[S].北京：中国标准出版社，2016.

[13] 北京市质量技术监督局. 大型群众性活动安全检查规范：GA/T 1459—2018[S]. 北京：中国标准出版社，2018.

[14] 叶明海，嵇方.大型社会活动安全事故成因分析及预警组织模型构建[J].灾害学，2007，21(4)：108-113.

[15] 佟瑞鹏.大型社会活动事故风险管理程序与方法[J].自然灾害学报，2007，16(4)：160-167.

[16] 范维澄，闪淳昌.公共安全与应急管理[M].北京：科学出版社，2017：293.

[17] 吴卫群. 为了“越办越好”早早练兵，第二届进博会城市服务保障开展首次全流程综合实景演练[EB/OL].(2019-05-14)[2021-03-16]2019.5.14.https：//www.jfdaily.com/news/detail?id=150817.

[18] 丁汐，唐彦东.灾害风险管理[M].北京：清华大学出版社，2017.

[19] 陈冬萍.人员密集公共场所大客流预测预警浅议[J].电脑知识与技术，2018，14(7)：190-191.

[20] 张嘉成，杜浸.基于大数据技术的城市客流聚集安全风险监测系统设计[J].智慧应急，2017(3)：22-28.

[21] 杜浸，王聚全.基于多源数据融合算法的城市客流聚集风险监测系统研究[J].网络安全技术与应用，2016(5)：37-38.

[22] 刘晓琴，李剑峰，李伟.人群密度与预警管理的研究[J].安全，2009(4)：18-22.

[23] 蔡牧夫.开放型公共场所踩踏事件人群密度分析与风险预警研究及应用[D].广州：暨南大学，2017.

[24] 容志.与城市管理相融合的应急管理体系建设：上海经验及其启示[J].城市观察，2019(3)：127-136.

4 城市轨道交通大客流风险防控

城市大客流来源于各种出行和活动需求，加载于城市交通网络，依赖于各种交通方式，因此，要做好城市大客流的防控，应从客流来源的角度做好城市交通网络的大客流防控。随着我国城市轨道交通网络化运营的推进，城市轨道交通已经逐步成为公共交通的主力，城市轨道交通大客流风险已成为城市大客流风险的关键。

本章聚焦城市交通骨干网络的城市轨道交通以及多种模式协同的大客流风险防控理论及技术，阐述城市大客流风险管理在城市交通领域的实践与探索。

4.1 城市轨道交通大客流防控理论

城市轨道交通大客流是指轨道交通网络在某一时段集中到达的客流量超过正常客运服务设施或者客运组织措施所能够承担的客流量，并有继续增加趋势的一种客流情况[1]。

4.1.1 大客流网络传播及影响

在网络化运营条件下，大客流的发生除了会对发生位置产生直接影响，还会因列车与客流相互影响过程对发生位置的周边车站或线路产生影响，严重时还有可能向网络进行传播。大客流在网络中的传播机理主要体现在车站服务水平和列车运行影响两个方面[2]。大客流集中到达，在短时间内车站产生乘客聚集，随之引发站台候车区乘客密度增大；载有大客流的列车到达后方车站时若有延误，将会导致候车人数增加。一般载有大客流的列车基本上是满载运行，乘客密度较大，列车到达后方车站后，乘客上、下车过程的相互拥挤导致乘降效率降低，列车车门无法在规定时间内关闭，容易导致列车出发延误。站内候车客流由于得不到及时疏散，引发乘客的候车时间延长，降低了车站聚集客流的疏散效率。同时，由于列车出发延误，使同方向列车的行车间隔增加，输送能力下降，从而导致路网中其他车站产生客流聚集，使大客流的影响通过换乘站或中间站在路网中传播，对路网中其他车站服务水平和列车运行造成一定程度的影响。

从客流拥堵传播过程可以发现，城市轨道交通车站大客流的传播范围与速度与很多因素有关，如图 4-1 所示。

1. 列车运行间隔

一般而言，列车的运行间隔越小，延误后列车之间的相互影响也更加明显，大客流传播的速

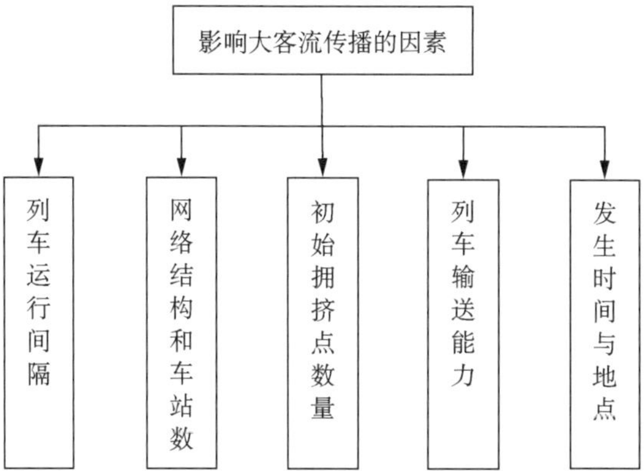

图 4-1 影响大客流传播的因素

度越直接，影响的范围越广。

2. 网络结构和车站数

网络结构和车站数决定了车站节点在网络结构中的度值。节点的连接数等于车站在本线路所连接的其他车站的个数加上车站在其他线路所连接的车站个数。拓扑结构越复杂，即节点度值越高的车站，其拥挤状况在网络中传播越快，影响范围越大。

3. 初始拥挤点数量

运营网络中多站或多区段可能同时发生客流拥挤，比如大型活动现场相邻区域站点、早高峰时段大型居住区站点、晚高峰时段集中办公区站点、节假日旅游景点站点等。初始拥挤站点的数量越多，拥挤在网络中的传播速率就越快，影响范围也越大。

4. 列车输送能力

列车的输送能力取决于列车的运行间隔和列车的定员，列车的运输能力越强，高峰时段的上下车或换乘交互客流量较大，大客流拥挤站的传播速率就会更快，同样拥挤在路网上的消散速率也越快。

5. 发生时间与地点

受客流的时空分布和能力配置的差异，相同的初始延误时间发生在不同的时间与位置，对于网络的影响是不同的。在高峰时段，客流量大、列车密度高，较短的初始延误时间有可能对线路或网络客流产生严重影响。

4.1.2 大客流监测技术

大客流应对的关键基础是能快速识别或预判大客流。随着新技术的快速发展，针对客流的检测技术和手段越来越多。

1. AFC 客流采集技术

轨道交通自动售检票系统(Automatic Fare Collection, AFC)是基于计算机、通信网络、自动控制、自动识别、精密机械和传动等技术，实现售票、检票、计费、收费、统计、清分、管理等全过程的机电一体化、自动化和信息化系统。

AFC 系统包含 IC 卡编码设备、线路中央计算机系统及网络、车站计算机系统、车站售检票终端设备和车票。在轨道交通网络化运营的情况下，还应包括轨道交通清分中心、维修中心和培训中心等系统。随着移动支付和人工智能等技术的发展，越来越多的新型支付方式已经投入应用，如手机近距离无线通信技术(Near Field Communication，NFC)、手机二维码、刷脸等。

AFC 技术是通过轨道交通自动售检票系统获取的车站闸机数据，得到乘客进出站的站点位置和时间，用于分析客流的时间规律和空间规律。同时，AFC 数据还能通过清分模型，将轨道交通客流 OD 分配到相应路径中，得到各条线路的客流量以及换乘量。利用 AFC 系统采集客流数据是目前最常用的手段，车站的客流数据采集终端按照一定的时间周期定时进行数据传输和客流量汇总，次日凌晨再上传网络清分系统进行清分统计分析。在当前乘客网络出行采用“一票换乘”模式的条件下，该系统采用基于多因素阻抗的多路径清分模型进行网络客流分布计算。同时由于网络路径的复杂性、乘客出行路径选择行为的多样性和差异性，使目前清分模型得到的客流清分结果与实际情况有一定的误差。另外，乘客进出站的完整信息需要待乘客出站后才能获取，加上实时进出站数据在传输上的延时性，目前无法通过 AFC 系统来获得客流的实时分布状态。

2. 热敏传感技术

基于热敏传感技术的客流统计系统主要由传感器、计数器、传输网络和后端处理单元组成。通常传感器部署在离地面约 3 m 高处，通过集成光学、传感器、信号处理逻辑及电子控制技术，在 60°的角度范围内，把下方人流的热气通过锗透镜转为红外辐射，实现对传感器覆盖区域的热敏检测，同时通过设置进、出基准路线来捕捉乘客的行走路径，实现对乘客在热敏传感器部署区域内的换入和换出的分类统计。

基于热敏传感技术的功能特性适用于车站内通道的双向客流检测，尤其是对换乘客流的检测。车站可以通过在换乘通道设置热敏传感器，覆盖双向换乘客流，实现对站内换乘客流的实时监测。但由于热敏传感检测系统对安装环境要求较高，同时还会受到客流情况复杂的制约，难以在车站内大面积安装推广。该技术曾在 2010 年上海世博会期间用于 13 号线的几个世博站，之后在地铁人民广场站进行了试点，试用结果表明该技术虽然在客流监测方面可以接近实时，但准确率不太理想，主要原因是热敏的红外感性装置对安装环境要求较高，且在人流复杂的车站不能有效区分客流类型，同时，该技术安装成本较高，不适用于大面积推广使用。

3. 智能视频分析技术

智能视频分析技术(Intelligent Video Surveillance，IVS)也称摄像识别技术，源自计算机视觉技术和人工智能技术，其发展目标是在图像与事件描述之间建立一种映射关系，使计算机从纷繁的视频图像中定位、识别和跟踪关键目标物体，实时分析和判断目标的行为，根据预定的规则进行相应的报警或处理动作，从而能在异常事件发生时及时做出反应，做到早期的侦测和防范。

智能视频分析技术在轨道交通方面的基本应用包括入侵检测、滞留检测、可疑物品遗留检测、逆行检测、客流量突变、图像异常告警及场景重组等。技术基本框架分为以下三个阶段:前期工作主要是针对摄像机的视频流进行预处理;中期工作主要包括各种目标的检测、识别、分类和跟踪;后期工作是通过建立数据模型,对运动行为进行分析并判别异常行为,从而做出预警。智能视频分析技术可以通过对运动目标的检测、分类、跟踪,根据模型算法对行为进行理解与识别,精确地检测出某一断面或区域的客流量数据。其中运动目标的检测是视频分析技术的核心,现有的检测方法主要有三种:帧间差分法、背景差分法和光流法。

目前,各地城市轨道交通都安装了视频监测系统,以上海为例,平均每个车站设置的摄像机数量约 80 个,基本实现了对车站区域的全覆盖。车站值班员、调度和轨道公安等运营安全管理人员均能实时调看管辖范围内的所有摄像机图像,从而了解车站大部分区域的实时客流情况、对客流状态做出定性判断。智能视频分析技术能够实现客流的实时采集,可以实现对大范围区域的覆盖和数据采集,通过数据统计和分析,得到客流量、客流密度等轨道交通管理人员需要的各类数据指标。但摄像头的安装对外部环境,如光线、位置及角度等的要求较高,既有车站的大部分视频监测设备的安装位置、视频质量无法完全满足,在现场试验中测得精确度较低,如果对车站视频监测设备进行改造,则需要增加较多的专用硬件和后台软件,工程投资和实施复杂度都很高。同时,目前的视频分析技术针对轨道交通场景的智能化应用还存在很多不足,如在高精度和实时性方面,尤其是针对灰暗场景条件下的超强高密度客流的分析与追踪。

4. Wi-Fi 嗅探技术

Wi-Fi 嗅探技术的基本原理是利用 WLAN 无线局域网技术实现 Wi-Fi 定位,能够在无线接入的同时,实现接入设备的位置判别。相比其他定位方式如超声波、红外线、RFID 定位等,Wi-Fi 定位的优势是能够利用现有无线网络以及被定位物体的自带无线功能,无须借助额外的设备。在技术方面,移动互联网的应用系统是基于 Wi-Fi 无线路由器开源固件平台,实现对关联和未关联 Wi-Fi 移动终端的智能感知,获得用户位置,并且通过对相关数据的挖掘、统计、分析,实现客流的实时跟踪。在实际应用方面,该系统实现的客流分析采用了基于无线终端的定位、跟踪与识别技术。通过终端检测、轨迹分析和特征分类,精确检测出通过该区域的客流量,实现对客流数据的精确统计。除了利用 Wi-Fi 技术进行定位,还可以利用其技术进行身份识别,实现行动轨迹追踪,有利于实现更准确的客流换乘统计和 OD 分析。Wi-Fi 身份识别系统由四个物理组件组成:工作站、接入点(AP)、无线媒介和分布式系统。在身份识别过程中,由于每个工作站都有一个唯一的介质访问控制地址 (MAC),并且发出的每个帧都包含该 MAC 地址,因此网络中的 AP 可以通过读取帧中的 MAC 地址对工作站进行 Wi-Fi 身份识别。通过记录工作站(用户)的行为包括停留位置、停留时间、运动轨迹、运动频率以及特征等指标,能够整理分析得到乘客的进出站及换乘行为。

Wi-Fi 嗅探技术能够有效实现精准的客流检测,该技术可获得乘客进出站客流统计、站内乘客换乘统计以及区域内乘客密集度统计。同时,Wi-Fi 技术的身份识别功能还适用于轨道交通 OD 客流分析,通过获取乘客接入工作站的空间位置和时间点,得到准确的 OD 客流分析,还可以实现智能导览、信息精准推送、轨迹回放、实时定位和客流分析等功能。但是在实际应用过程中，由于乘客使用手机习惯的随机性，无法明确乘客使用 Wi-Fi 功能的比例，难以保障数据的精准度。同时在轨道交通复杂的地下环境中，需要布置大量的 Wi-Fi 路由器并采取相应措施，尽量减少周边环境对信号的影响，确保数据采集的准确性。同时，结合轨道交通运营特征与需求，针对海量客流轨迹的连续跟踪模型与算法也需要进一步研究。

5. 蓝牙定位技术

蓝牙定位技术是使用蓝牙 4.0 的 Beacon 广播的功能，一般应用场合是在室内。在一定的室内区域定点布置 Beacon 基站，这些低功耗蓝牙 Beacon 基站不停地发送 Beacon 广播报文，搭载蓝牙 4.0 模块的终端设备接收到 Beacon 广播报文后，测量出接收功率后，代入到功率衰减和距离关系的函数中，计算出距离该 Beacon 基站的距离，利用距离多个 Beacon 基站的距离交叉实现定位。

蓝牙定位技术相比现行无线局域网技术更适用于室内定位，蓝牙定位精准度更高，定位时间更快，成本低廉。同时随着蓝牙 4.0 技术规范的发布，使其在电池续航时间、节能和设备种类上得到了极大的改善，对信号的刷新周期也有大幅度的提高。在轨道交通大客流预警方面，蓝牙定位技术适用于站内客流情况的监测，例如客流分布情况、站台客流密度、换乘通道客流情况等。但是，蓝牙定位需要乘客打开移动设备的蓝牙通信功能才能实现，因此需要采取有效手段确保乘客主动参与，才能实现数据的精确采集。

6. 手机信令技术

手机信令技术，利用手机数据分析推算交通数据信息，是一种新兴的广域动态交通检测技术。手机信令技术中的数据定位原理是基于基站小区的模糊定位技术，通过移动运营商的手机信令采集系统，采集匿名手机用户发生信令事件时的位置信息，包括手机短信、主被叫、基站切换以及位置更新等数据，能够较为全面地反映出行者的连续出行轨迹。因此，当有人使用手机打电话、发短信或利用运营商网络上网时，移动数据就被创建，用户行为就会被移动基站所记录，并被确认在基站范围内的某个位置，当呼叫转移到一个新的基站或者一个新的呼叫连接到不同的基站时，用户的行为轨迹就会被确认下来。

由于手机信令数据在样本量和覆盖范围上的优势，手机信令技术可以适用于中、宏观层面的客流检测，包括城市人口时空动态分布检测、特定区域客流集散监测、交通出行的 OD 分析。在轨道交通监测方面，手机信令技术能够识别乘客换乘路径和换乘车站，以及区域线路的进出站客流。同时还能通过识别手机用户的出行时耗、出行距离以及出行次数，分析乘客的出行需求，例如出行需求主要集中在什么时间段以及哪些区域之间等。通过对站点、线路一定范围内的手机用户密度统计及分析，可以得到站点和线路的服务范围。

受基站分布密度以及用户手机使用行为的时空随机性两方面的影响，手机信令数据对微观层面分析适用性相对有限。在实际运用过程中，手机信令数据的采集过程还将受到轨道交通网络复杂环境的影响，如不适用于地面及高架站点，因为地面及高架站点及线路由于采用与路面同样的基站，难以实时检测进、出站客流。随着 5G 技术的发展，基于手机信令技术的客流轨迹监测和深度挖掘是未来研究的重点。

7. 车辆称重技术

车辆称重技术的原理是测量车辆载客的总重量以计算车辆载客人数。主要通过在列车车厢的悬挂弹簧上安装压力传感器,检测受压变形量,并结合截面变化曲线及温度补偿、倾斜补偿等算法计算得出列车的承载重量,再根据乘客的平均体重计算出车厢载客人数。目前该技术在公交客流统计方面具有一定范围的应用,通过加装相应的压力传感器,能够较直观和便捷地测算出车厢载客人数。但是测算精度依赖于载客数量,载客人数越多,测算精度越高,反之存在误差较大。车辆称重技术适用于断面客流统计,相比现行的 AFC 技术,不需要根据进出站客流数据、换乘客流数据等进行计算,能够实时地获取车辆载客数量的变化。但是在实际应用过程中,由于城市轨道交通列车构造的不同,以及乘客的多样性,难以保障车厢载客人数的精准性,需要与 AFC 统计数据进行相互校正。同时需要根据不同的列车型号的车体结构加装传感器和检测设备,设备投资和实施复杂度较高。

8. 不同检测技术的适用性及应用情况分析

轨道交通客流检测技术是实现大客流预警的重要技术手段,不同技术适用于不同层面大客流检测预警需求,表 4-1 给出了不同客流数据采集方式的比较[3]。

表 4-1　　不同客流数据采集方式的比较

检测技术	采集设备	额外成本	对安装环境的要求	外界干扰	实时性	布设区域
AFC 技术	进出站闸机	无	无	无	延时	车站
热敏传感技术	热敏传感器	价格高(需要在车站安装热敏传感设备)	高	较弱	实时	车站局部
智能视频分析技术	智能摄像机	有改造成本(可利用现有的 CCTV 系统进行改造)	高	较强	实时	车站
Wi-Fi 嗅探技术	AP 设备和手持终端	有(需要布设 AP 设备)	无	较弱	实时	车站,列车
蓝牙定位技术	Beacon 设备和手持终端	有(需要在车站安装蓝牙接收装置)	无	较弱	实时	车站局部
手机信令技术	手机基站和手持终端	无(利用现有手机信令资源)	无	较弱	实时	车站,隧道
车辆称重技术	乘客载重量检测设备	有(在车辆上安装压力检测设备)	无	较弱	实时	列车

不同客流检测技术在轨道交通客流检测领域都有其优劣势,现有客流监测技术采集到的数据特点如表 4-2 所示。不难发现,即使是都具备数据采集实时性特征的客流检测技术,由于数据采集范围、数据采集量级和数据处理规模的差异,客流分析结果的延时性也存在较大差异。

表 4-2　　不同检测技术在轨道交通应用方面的适用范围

检测技术	客流量检测				公共安全	乘客定服务	
						轨迹定位	
	进出站客流量	换乘客流量	站台客流量	断面客流量（列车满载率）	乘客行为异动	站外	站内
AFC 技术	√						
热敏传感技术		√					
智能视频分析技术					√		
Wi-Fi 嗅探技术		√	√	√			√
蓝牙定位技术							√
手机信令技术	√	√				√	
车辆称重技术				√			

后续技术应用需要对高效的数据传输方式和数据处理模型进行研究，以提高数据分析结果的实时性。不同客流检测技术适用范围也有所不同，如 AFC 技术比较适用于进出站客流统计，热敏传感技术比较适用于站内通道换乘客流统计，手机信令技术比较适用于宏观层面 OD 客流分析和乘客出行特征分析等。但同时各检测技术又有一定的局限性，例如难以适应车站的复杂环境、监测数据精度不高、设备安装成本高等。

为满足大客流预警的需求，轨道交通需要建立综合实时客流监测体系，以系统化的方式选择适用的检测技术，并实现多种检测技术的有效集成，满足多样化客流监测需求。车站不同的区域，包括站台、站厅、换乘通道等，根据不同区域客流指标，选择不同的检测技术。除车站不同区域客流监测需求外，还要考虑网络层、线路层的大客流预警的需求，提高大客流预警的效果。此外，通过各客流检测技术的融合，能够对采集到的客流数据进行相互印证，提高数据的准确性，提升数据的采集范围，优化数据的分析结果，从而实现轨道交通大客流预警的实时、高效与准确。

4.1.3　大客流预警技术

4.1.3.1　客流预警的分类[4]

城市轨道交通客流预警按照预警目的，可以分为交通预警和安全预警；按照客流数据来源，可以分为实时预警和预测预警；按照预警报警值的参照标准，可以分为以设计标准为依据和以历史同期值为依据的预警。采用不同类型的客流预警，其预警的目的、特点及适应条件都不同，具体如表 4-3 所示。

表 4-3　　城市轨道交通客流预警类别对比表

分类标准	分类结果	特点	优缺点/适用条件
预警目的	交通预警	以拥挤作为预警状态评判标准	拥挤与人数直接相关，预警可靠性高，适用于城市轨道交通出行路径诱导
	安全预警	以踩踏风险作为评判依据	踩踏受偶然因素影响，预警可靠性较低，适用于城市轨道交通大客流应急处置

（续表）

分类标准	分类结果	特点	优缺点/适用条件
客流数据来源	实时预警	以实时监测到的指标作为预警数据基础	可以预警到设备设施层，但同时需要大量精确、可靠的检测设备，其准确性受数据传输速度和效果等影响较大
	预测预警	在实时客流量的基础上进行短时客流预测，具有一定超前性	预警的准确性受到预测模型的影响
报警值参照标准	以设计标准为依据	对比城市轨道交通客流指标与相同采集或预测位置的设计标准，若超过一定范围，则进行预警	由于城市轨道交通使用年限很长，原有设计标准未必适合现状设备和客流条件，导致了本方法具有一定局限性
	以历史同期值为依据	将实际采集或预测到的指标与历史同期值进行对比	规避了对比设计标准的一些缺点，在新线开通、节假日等的预警过程中易出现误报情况

4.1.3.2　客流预警的流程[5]

城市轨道交通客流预警的技术流程如图4-2所示。为了实现客流预警，首先需要在城市轨道交通列车、车站等位置安装视频等检测设备，进行客流信息的采集，通过对有效信息的采集、编码、传输、加工和抽取，综合运用信息分析技术，获取城市轨道交通客流的检测值如流量、密度、速度等。其次，根据预警目的构建客流预警指标体系，并利用客流的检测值或预测值进行计算，划分合适的预警标准，对客流状态进行评估。将评估结果输入决策支持系统，为运营部门提供客流疏导、行车组织、应急救援等方面的措施，同时利用乘客信息系统PIS向乘客发布诱导信息，进而影响客流分布。最后，通过客流信息采集对方案实施后的效果进行分析和评估。整个过程是一个闭环的过程。

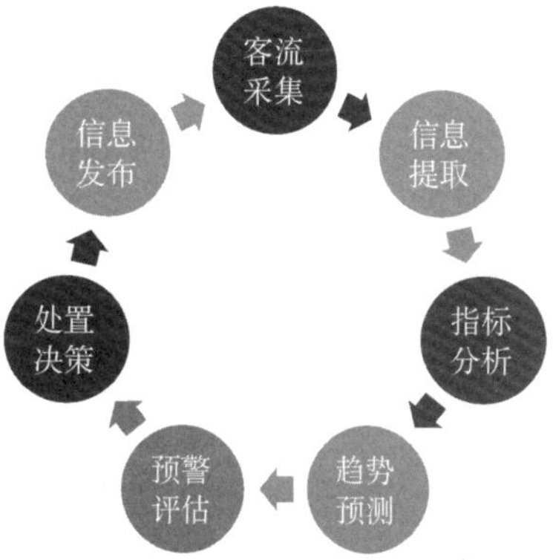

图4-2　城市轨道交通客流预警技术流程

客流预警应该运用车站实时监测数据，以客流量和客流密度为关键指标，结合客流秩序，动态进行客流聚集安全程度的评估，实时发布大客流安全警报。根据车站客流拥挤程度和突发事件情况，结合轨道交通日常运营管理和秩序维护工作，将大客流按照强度依次递增分为Ⅲ级（一般）、Ⅱ级（较大）、Ⅰ级（重大）三个级别，分别设定相应的现场指挥和启动条件。客流预测是客流预警的前提和依据，根据预测结果，车站应当及时向公共安全管理部门和轨道交通运营管理部门发出预警和信息报告。客流短时预警，可以利用售检票数据、列车载客情况数据及运输组织计划进行提前20～30 min的站点客流输入输出短时预测，结合站点当前的客流安全评估等级即时发布相应级别的短时预警和信息报告。发生大客流时，公共安全管理部门和轨道交通运营管理部门应当分别针对客流安全评估等级和预警等级，实施由内而外的三个级别的客流疏导措施。大客流危险消除时，宣布解除预警，适时终止相关措施。

4.1.3.3 客流预警的分级

城市轨道交通客流预警的级别划分应以不同级别导致的客伤风险(用客伤事件发生概率表示)以及报警后应当采取的措施为依据,与已有的相关技术标准相统一,并满足各级别之间易区分、易记忆的要求。客流预警的定级标准因监控预警对象的不同而应有所区分。客流规模、客流拥挤的覆盖范围(一般用局部、大面积等表示)、客流滞留比例、客流流动速度等 4 个标准可作为城市轨道交通客流预警级别的划分参考依据。对单个设备(如站台)的预警可以用一个或若干个指示进行定级;对整体的预警(如车站)则需要不同设备和不同指标间的配合,例如对于城市轨道交通车站,尽管站台拥挤程度一般,但站厅和进站通道的滞留超过一定标准时,该车站仍具有较高的拥挤风险,报警级别应适当提高。对于换乘车站,还需考虑上游车站的站台客流状态,当上游车站达到了一定级别的预警,换乘车站应根据情况报警。

借鉴国内外客流预警相关的经验,将城市轨道交通客流预警级别划分为 4 级,其中第 4 级为一般性预警,剩余 3 级为操作性预警,具体级别的判定标准则根据预警对象不同划分。

1. 车站客流预警的级别

车站客流预警级别主要根据进站、站厅、站台 3 级客流的总体状态进行划分,如表 4-4 所示。

表 4-4　　城市轨道交通车站客流预警级别

级别	含义	标志	客伤风险	措施
4 级	大客流征兆	进站口流量持续增加,站厅售票排队持续增加;站台无滞留乘客,通行顺畅	≥60%	一般性预警,站外信息告知和状态监控
3 级	局部大客流	进站口流量持续增加,站厅售票排队持续增加;通行缓慢	≥80%	临时加开列车
2 级	大面积大客流	站台有滞留乘客、通行缓慢;站厅客流密度较大;进站口流量持续增加	≥90%	限流
1 级	大客流爆满	站台客流爆满、同时两列车通过后客流无明显减少;站厅客流爆满、进站楼梯口大量排队;进站口客流持续增加	≥95%	截流

2. 列车客流预警的级别

列车客流预警主要根据列车的满载率作为依据进行级别划分,考虑到实际运营情况,将列车预警划分为 4 个级别,如表 4-5 所示。

表 4-5　　城市轨道交通列车客流预警级别

级别	含义	标志	客伤风险	措施
4 级	大客流征兆	满载率超过 80%,连续下车客流量小于上车客流量	≥60%	一般性预警、站外信息告知和状态监控

（续表）

级别	含义	标志	客伤风险	措施
3 级	局部大客流	满载率达到 100%	≥80%	临时加开列车
2 级	大面积大客流	连续两个断面满载率超过 120%	≥90%	车站限流
1 级	大客流爆满	连续两个断面满载率超过 130%	≥95%	甩站、截流

4.1.3.4　客流预警指标体系

根据城市轨道交通客流预警的应用范围、适应条件及指标的特征，将城市轨道交通客流预警指标划分为承载能力指标、设备能力指标、安全性指标和波动性指标 4 类，如表 4-6 所示。

（1）承载能力指标属于城市轨道交通车站整体拥挤水平或安全水平的指标，反映了城市轨道交通车站的乘客聚集量，该指标适用于预测性预警。

（2）设备能力指标反映了单个设备上的客流状态，过高的密度、过低的速度均反映了客流的异常状态，流量指标反映了单个设备的能力利用情况，对设备设施流量的监测，不仅要考虑入口断面流量，还要考虑出口断面流量，二者的差值可以反映设备的实际客流占用状况。由于瞬间高密度和持续高密度对城市轨道交通设备的影响有很大区别，因此，将高密度持续时间作为监测指标，该指标也能够支持决策人员对瞬间高密度报警是否需要处置进行进一步确认。通行效率反映潜在的乘客拥挤，其定义是乘客实际速度与期望速度的比值，取值范围为[0,1]，该值越接近 1，表明通行效率越高。

（3）安全性指标主要反映拥挤造成踩踏事故的可能性。在拥挤的人群中出现速度的突变，极易引起踩踏事故，这主要由速度变化率来描述。高密度辐射范围则从拥挤的规模上反映了人群的安全性，大规模的高密度人群比小规模的高密度人群更易引起事故的发生。

（4）波动性指标反映了客流规模随时间的变化情况，持续监测城市轨道交通出入口等区域的密度变化率，可以比较准确及时地判断突发大客流的产生，从而触发突发大客流预警，这对启动大客流预案、保证城市轨道交通的安全运营具有重要意义。

表 4-6　　城市轨道交通客流预警指标及适应条件

指标类型	预警对象	指标集合	适应条件
承载能力指标	车站预警	车站客流聚集量	整体车站报警
设施设备能力指标	设施设备预警	客流参数指标（客流量、客流密度、客流速度）、高密度持续时长、通行效率	拥挤监测
安全性指标	设备预警	速度变化率、高密度辐射范围、人群压力	踩踏事故监测
波动性指标	设备预警	密度变化率	突发客流监测

客流在枢纽内各服务设施的各项数据指标，行人密度和单位宽度流率在楼梯通道和步行通道服务水平的阈值来定义的客流拥挤指数[6]，如表 4-7 所示。

表 4-7　　楼梯通道、步行通道及排队和等候区的服务水平

客流拥挤指数	楼梯通道服务水平		步行通道(进出站口)服务水平		排队和候车区
	行人密度/($p \cdot m^{-2}$)	单位宽度流率/($p \cdot m^{-2} \cdot min$)	行人密度/($p \cdot m^{-2}$)	单位宽度流率/($p \cdot m^{-2} \cdot min$)	行人密度/($p \cdot m^{-2}$)
A	≤0.71	≤23	≤0.43	≤33	≤1.11
B	0.71～1.11	23～33	0.43～0.71	33～49	1.11～1.43
C	1.11～1.43	33～43	0.71～1.11	49～66	1.43～3.33
D	1.43～2.50	43～56	1.11～2.00	66～82	3.33～5.00
E	>2.50	变量	>2.00	变量	>5.00

4.1.4 大客流分级联控技术

4.1.4.1 大客流控制原则

当车站发生可预见性大客流或突发性大客流时，车站应合理安排人员，对客流做好疏导和组织工作，并会同公安部门对客流进行控制。客流控制应坚持"由内至外，由下至上"的原则(高架车站"由上至下")，在车站出入口、进站闸机、出站闸机、站厅与站台的楼梯、自动扶梯处进行重点控制。城市轨道交通大客流客运组织工作必须实行集中领导、统一指挥的原则。控制指挥中心负责全线的客运组织工作，车站的客运组织由车站站长或值班站长负责。车站客运工作的原则是：

(1) 坚持集中领导、统一指挥。车站在实施大客流控制措施前，须向调度部门报告。

(2) 明确客流控制组织机构分工。客流控制组织可以分为点控和线控。控制中心负责全线的客流控制，车站站长或值班站长负责本站的客流控制，其他各专业班组在站长统一指挥下各司其职。

(3) 由内至外、由下至上进行客流控制。首先在站台组织乘客上下车，力争乘客均匀上下扶梯，尽快上下列车，保证站台候车的安全；其次在站台的楼梯、电扶梯、通道、站厅等付费区进行重点控制；之后在车站出入口、进站闸机前等非付费区控制进站客流。

4.1.4.2 大客流组织措施

按采取的客流组织手段的不同，大客流组织的措施可以分为疏导客流(疏流)和限制客流(限流)两类。这两类客流组织措施相辅相成且殊途同归，所以在实际工作中通常需要综合运用疏流和限流措施，以达到安全快速地运送乘客的目的。

1. 疏流

大客流组织的目的是在保证乘客安全的前提下，尽快地疏散客流。要达成这个目的，运营企业就必须把握好几个关键节点：列车运能、车站售检票能力、车站客流疏散能力、车站导向标志以及客运服务设施设备。具体控制措施如下：

1) 增加列车运能

根据大客流的方向，在大客流发生时，利用就近的折返线、存车线组织加开列车，增加列车

运输能力，从而保证大客流的疏散。因此，增加列车运能是疏流的关键。

2）调节售检票能力

在列车运输能力能满足大客流运输时，售检票能力是大客流疏散的主要障碍，车站在设置售检票位置时，通常预留疏散大客流的设施与通道。具体工作如下：

（1）售检票设备的准备。在大客流发生前，设备维护人员应事先对车站全部售检票设备进行维护、检修，确保在大客流时售检票设备能正常使用。

（2）车票和零钞的准备。车站应该根据客流预测和以往大客流所消耗的车票以及零钞数，在大客流发生前，向票务部门申请领用充足的车票和零钞。

（3）车站临时售票亭的准备。根据大客流的进出方向，选择在进站客流较为集中的位置，设置临时售票亭。站厅较小的车站，可以考虑将临时售票亭设置在进站客流较多的通道内。

3）保证车站疏导能力

（1）定期保养电梯或楼梯。车站站台与站厅的疏散主要通过电梯（电扶梯）或楼梯实现，因此，对车站电梯（电扶梯）的保养与车站的疏导能力密切相关。

车站应定期通知厂商对车站全部电扶梯和垂直电梯进行维护、检修。重点检查自动扶梯的毛刷、梳齿板和扶手带，确保在大客流三级控制时电扶梯能够正常开启转换。

（2）准备临时导向标志和隔离设备。车站应储备一些临时导向标志、告示牌和铁马护栏、伸缩铁围栏、隔离带等隔离设备。在大客流发生前，车站根据大客流的进出方向和客流组织的要求，选择适当的位置张贴和摆设临时导向标志、告示牌和隔离带、铁马护栏、伸缩铁围栏。

4）客运服务设备设施的准备

大客流发生前，车站还应准备人工语音广播和语言合成广播词、乘客咨询系统发布信息，以及急救药品、担架等，并根据车站工作人员的情况，相应增加手提广播、对讲机等客运服务设备。

2. 限流

限流是使客流与车站能力和运力相匹配的客流控制措施，其本质是改变客流的时间分布，使高峰时段延长，峰值降低，甚至使客流向其他交通方式转移。现在常用的限流方法主要有减缓进站速度、分批放行、进出站单向组织、封闭出入口等。

限流不仅是本站客流接近车站瓶颈能力或本站客流需求超出列车运载能力时的措施，当本线路其他车站能力不足，甚至其他线路能力不足时，也需要进行异地限流，即路网限流，使客流量在客流发生地得到控制，减少在重点时段进入重点区段的数量，从而起到路网均衡的作用。

4.1.4.3　大客流的控制方法

为了保证大客流发生时能够安全疏散客流，车站应该根据本站的具体情况建立切实可行的大客流控制预案，合理安排各个岗位和地点的具体工作，迅速缓解车站压力，避免意外发生。预案一般视车站具体情况而定，突发大客流发生时，主要采取三级客流控制的原则及方法[7]。三级客流控制坚持由下至上、由内至外的人潮控制原则，在车站的三个区域控制客流，即车站出入口、车站入闸机、站厅与站台的楼梯(电扶梯)之外控制客流量;坚持站控和线控的原则,车站根据客运能力控制进站客流,组织乘客上车。

三级客流控制原则分别是:第一级为控制站台客流,控制点在站厅与站台楼梯(或电扶梯)上;第二级为控制付费区客流,控制点在入闸机处;第三级为控制非付费区客流,控制点在车站入口处。

当突发事件发生时,在车站内或列车上的客流均称为突发事件客流。各车站应根据本站具体情况建立切实可行的突发事件客流组织预案,合理安排各岗位和地点的具体工作,迅速疏散客流,避免突发事件的发生、扩大和蔓延。当突发事件发生时,车站可根据实际情况采用不同的客流组织办法对乘客进行疏导,主要有疏散、清客、隔离三种[5]。

1. 疏散

疏散是指在紧急情况下,利用一切通道和出入口迅速将乘客从危险区域全部转移到安全区域。按照疏散地点分为车站疏散和隧道疏散。车站可因火警、列车事故、炸弹恐吓、气体泄漏、水淹等多种原因而进行紧急疏散。

车站疏散需要轨道交通运营各个部门的高度配合,力争在最短时间内完成客流转移。对于城市轨道交通运营企业而言,这种疏散办法应定期进行现场模拟演练,让每名员工充分了解自己的岗位职责及作业程序,只有这样才能保证在突发事件发生时疏散工作井然有序,乘客得到安全、快速的转移。以下简要介绍车站疏散程序及隧道疏散组织办法。

1) 车站疏散程序

(1) 行车调度员的行动(表 4-8)。

表 4-8　车站疏散——行车调度员行动表

步骤	行动
1	根据情况需要启动 110,119,120 等紧急服务,协助疏散本站及相邻车站
2	通知有关车站实施车站疏散,并告知其相关的行车安排、清客安排
3	指示环控调度员,值班站长接管环控系统控制权,以便在车站内进行控制
4	根据情况需要关断有关区段的电力供应
5	指示驾驶员驶过疏散车站时不要停车

(2) 车站员工的行动(表 4-9)。

表 4-9　车站疏散——车站员工行动表

步骤	负责人员	行动	
1	值班站长	确定事故的种类及地点	通过 CCTV 查看事故现场; 派站务人员前往现场,调查事故原因; 上报行车调度员及通知所有车站员工; 确定是否执行紧急疏散程序

（续表）

步骤	负责人员	行动	
1	值班站长	指挥抢险，进行疏散	如果乘客被困站台，要求行车调度员安排一列空车前往站台
			通知车站内工作人员，如承包人、施工人员、商铺租户等离开车站并前往集合地点报到
			命令车站员工执行车站紧急疏散计划，组织乘客撤离车站
			视情况需要：要求行车调度员启动110，119，120等紧急服务；如救援人员支持，安排一名站务人员到紧急出入口引导救援人员进站； 要求行车调度员不要放车进站
			若车站内有火警或冒烟而需做出紧急通风安排，则需要取得环境系统控制权，并操作环境系统控制设备
		指挥撤离	疏散完毕后检查是否还有乘客滞留，安排员工关闭车站出入口；如灾害危及车站员工安全，组织人员到紧急出入口集合
2	车站员工	组织乘客疏散	在车站操作AFC紧急放行模式，使闸机扇门全部打开；将TVM设为暂停服务
			开启相应环控模式
			组织乘客撤离，需要时用扬声器疏散乘客； 按停扶手电梯或转用适当的运行模式； 为伤残人士提供协助
		关闭车站	完成疏散后：检查所有乘客是否已经离开车站； 张贴车站关闭的通告； 前往集合地点报到
3	值班站长	恢复服务	当事故处理完毕后，确认线路出清； 上报行车调度员，得到确认后恢复正常运行； 通过信息发布系统通知乘客服务恢复正常

2）隧道疏散

（1）车站值班站长在上级领导未到达前应担任临时现场指挥。

（2）接到行车调度员或列车驾驶员需要隧道疏散的通知后，通知各岗位员工执行车站疏散程序。

（3）开启隧道灯，需要时开启隧道风机进行排烟（或由环控调度员开启）。

（4）带领车站员工，穿好荧光服，携带应急灯、无线对讲机等设备前往隧道疏散现场，负责引导乘客前往车站站台疏散。

（5）疏散完毕，在确认乘客全部离开和线路出清后，报告行车调度员，关闭车站。

（6）消防、公安人员到达车站后，告知有关情况，协助其参加抢险应急工作。

2. 清客

清客是指当车站或列车出现异常时，需要将乘客从某一区域全部转移到另一区域。清客可分为非紧急/紧急情况清客、设备故障清客、列车失火或冒烟清客、清客至站台、清客至轨道等多种情况。以下以非紧急情况下清客至轨道、列车发生火警单端清客至轨道为例，简要介绍清客的组织程序及内容。

1）清客的规则

各城市轨道交通运营企业制定的清客程序、人员分工都有所不同，但大致遵循下列清客规则：

（1）清客前必须获得行车调度员的授权，除非在危及乘客安全或与 OCC 的通信中断等紧急情况下，列车驾驶员或车站值班站长才可未经授权进行清客。

（2）列车驾驶员应尽可能将列车驶至下一站或在指定的站台清客，避免在两站之间清客。

（3）清客期间，以下轨道不得行车：乘客下车后途经的轨道，乘客可由隧道门或交叉口进入的轨道。直至完成清客，证实所有的乘客已撤离轨道后，上述轨道才可解除行车限制。

（4）一般情况下，若没有车站员工的协助不得清客，除非发生了极度紧急、严重威胁乘客生命安全的情况，方可由列车驾驶员单独组织清客。

（5）为防止乘客偏离清客路线或被障碍物绊倒，必须安排员工在道岔、交叉口、隧道口及其他有潜在危险的地方驻守。协助清客的员工应携带手提灯、扩音器、无线电对讲机等设备，同时应特别注意疏散过程中伤残人士的安排。

（6）任何员工或乘客进入轨道前，必须亮起隧道灯。

（7）凡是清客至轨道的情况，都必须关断牵引电流。

（8）列车完成在轨道清客的程序后，必须安排车站员工巡查所有下车乘客可能经过的轨段，确保区间内已无任何乘客或障碍物，然后才可恢复正常行车。

（9）实施清客时，应申请公安、消防等应急救援人员协助。

2）非紧急情况下清客

非紧急情况是指清客工作按照正常的途径得到授权，有充裕的时间做好相关准备工作。以下介绍非紧急情况—两站之间清客至轨道的一般处理程序，如表 4-10—表 4-12 所示。

表 4-10　　非紧急情况下清客——行车调度员行动表

步骤	行动	
1	停止相关轨道上的所有行车	即将清客的轨道需停止；乘客离开车厢后可能途经的轨道需停止
2	指示列车驾驶员做好清客前的准备	停止所有列车运作，只维持无线电正常操作； 前往即将清客的一端候命； 待车站员工抵达后即可清客
3	通知环控调度员	关断牵引电流，做好防护措施
4	命令受影响区域的值班站长执行清客程序	亮起隧道灯，关掉鼓风扇，采取相关保护措施； 向有关值班站长查证：列车停止的正确位置，指示其在何处清客，在列车哪一段清客
5	确认清客已结束	与驾驶员确定：所有乘客已离开车厢； 是否有伤残人士还留在车上
		与值班站长确定：所有乘客已撤离车厢及轨道； 要求值班站长派员工步行巡视各轨段，确定轨段已畅通无阻
6	恢复正常运作	接获值班站长通知轨道已畅通后，指示： 牵引电流送电；驾驶员限速将列车驶至下一站；根据情况部分或全部恢复正常运作

表 4-11　　非紧急情况下清客——值班站长行动表

步骤	行动	
1	与行车调度员确定清客事宜	ATS 控制台显示所有被停止的列车的正确位置； 清客的位置，在列车哪一端清客； 牵引电流已关闭，安全保护措施已做好
2	接管环控系统操作权	视情况需要，关掉鼓风扇、亮起隧道灯
3	安排车站员工执行隧道清客程序	指派 1 名车站员工负责执行清客程序； 至少再派 1 名员工陪同其前往列车现场
		根据情况需要，加派员工前往： 任何有潜在危险的位置，提醒乘客注意安全； 在清客范围内协助引领乘客； 引导离开车厢的乘客经站台两端的楼梯前往车站
4	清客结束后，向行车调度员报告	向执行清客程序的车站员工确认：所有员工和乘客已离开轨道
5	安排车站员工进行轨道巡查	获取行车调度员通知：要求进行轨道巡查； 安排车站员工步行前往下一个车站，确定该区间畅通无阻； 每确定一段指定轨道畅通无阻后，向行车调度员汇报
6	恢复列车正常运作	获取行车调度员通知后，恢复正常运作

表 4-12　　非紧急情况下清客——车站员工行动表

步骤	行动	
1	前往清客现场	带上手提灯、无线电对讲机等应急物品； 确保隧道灯已亮起，牵引电流已关断，保护措施已做好
2	抵达现场开始清客	至少两名车站员工共同前往指定车站，抵达现场后开始清客； 指示同行的员工：带领乘客前往指定车站，引领乘客使用站台两端的楼梯以加快疏散速度； 协助驾驶员清客； 乘客中若有伤残人士，安排车站员工或自愿协助的乘客陪同； 确定车上乘客已全部撤离后，收回逃生踏板
3	返回车站，沿途巡道	沿途巡视轨道，确保轨道没有遗留乘客或障碍物，安全保护措施已拆除；抵达车站后，向值班站长报到

3. 隔离

隔离是指采用某种方式或设备人为地隔开人群或封闭某区域。根据造成隔离的原因，隔离的组织方法有以下四种。

(1) 非接触纠纷隔离。当乘客发生口头纠纷时，离现场最近的工作人员要立即上前调解，必要时把纠纷双方分别带到人少的地方(或带到车站会议室)进行劝说和调解。如有其他乘客围观，应及时劝离现场，维持好车站正常秩序。

(2) 接触式纠纷隔离。乘客发生肢体冲突时，离现场最近的工作人员要立即赶到现场，与车站保安人员一起把双方隔开并通知公安到场。车站控制室通知值班站长赶到现场处理，将肇事双方移交公安处理。车站要及时疏散围观的其他乘客，并寻找目击证人填写事件记录。

（3）客流流线隔离。当车站某一端排队购票队伍与进、出客流发生交叉干扰时，车站工作人员可利用伸缩铁制围栏隔离带、警戒绳、铁马等设备器具人为地隔开人群，保持进、出客流畅通，并利用广播引导一部分乘客到人少端购票进站，避免乘客发生排长队的现象。

（4）传染病隔离。在传染病疫情高发期，如果发现疑似病例和确诊病例，则需要快速启动隔离措施，同时加强环境卫生的消毒与通风，加强其他乘客和工作人员的个人防护，降低感染风险。

4.1.5 线路限流技术

4.1.5.1 限流的定义

对限流的定义，2013年出版的《城市轨道交通运营管理规范》6.2.2节中明确提出"当发生突发客流影响行车安全或乘客人身安全时，运营单位应及时采取控制措施，保障乘客安全和运营秩序"[8]。2009年，由北京市制定《城市轨道交通运营服务管理规范》给出的限流定义为"限流是客运组织安全需要而采取的限制乘客进站速度的安全措施"[9]。限流，也称客流控制，是目前城市轨道交通运营方常用的一种大客流应对策略，既能保障乘客安全，有效避免因大客流可能产生的拥挤、踩踏、乘客被挤下站台等安全隐患，同时又可以合理、有效地均衡各车站单位时间进站客流和列车能力利用率，最大限度地发挥设施设备的潜能，确保线路的畅通和高效运营，体现的是"用时间换安全"和"牺牲局部保全局"的思想。

4.1.5.2 限流的作用

限流的作用主要体现在两方面：保障乘客安全和均衡能力利用与提高运营可靠性[10]。

1. 保障乘客安全

在常态运营条件下，实施限流后，可以有效防止车站因大客流爆满，并解决客流对冲等安全问题，从而保证乘客的人身安全，提高运营安全性。在突发情况下，实施限流后，可以快速疏散因列车延误而滞留的乘客向安全方向转移，同时避免其他线路的客流换入受影响线路而造成更大程度的影响，尽快恢复事发线路的正常运营。图4-3和图4-4分别表示限流在保障乘客有序乘车方面和保障站台安全方面的综合作用。从图4-4中可以看出，实施限流前，图中阴影部分 S_1 超出站台承载能力的警戒线，容易造成踩踏等安全事故；实施限流后，通过控制单位时间的进站人数，将这部分乘客的进站时间延后，化为图中阴影部分 S_2，实现"削峰"，从而保障站台安全。

2. 均衡能力利用与提高运营可靠性[11]

限流可以有效防止因后方车站客流集中导致的前方车站乘客无法上车的情况，避免客流积压，从而均衡各个车站单位时间的进站客流，均衡列车的输送能力；同时可以有效避免因乘客"吊车门"导致的列车停站时间延长而影响后续列车情况，从而确保全线的运营通畅，提高整体的运营

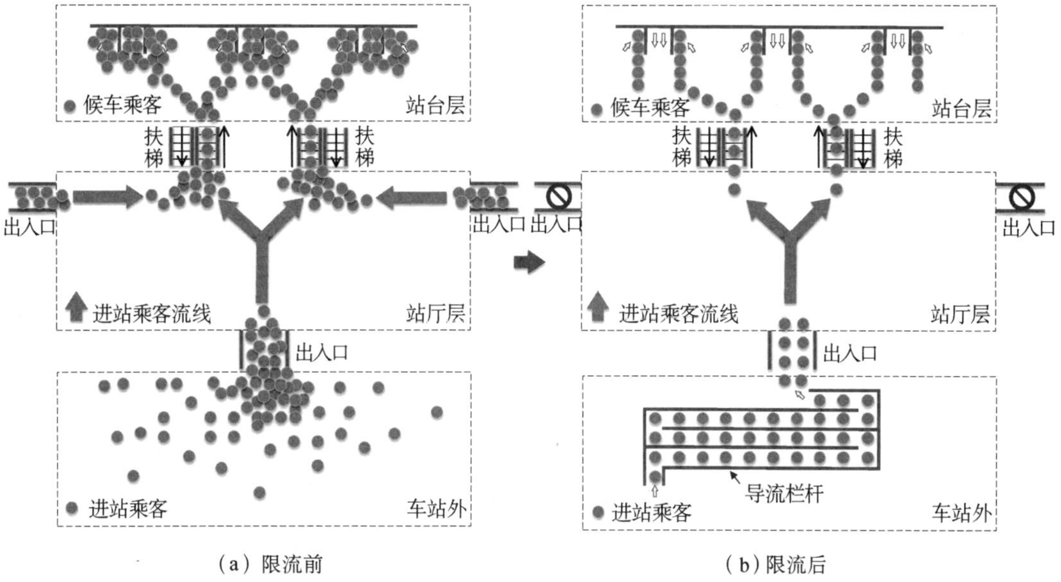

图 4-3 限流在保障乘客有序乘车方面的作用

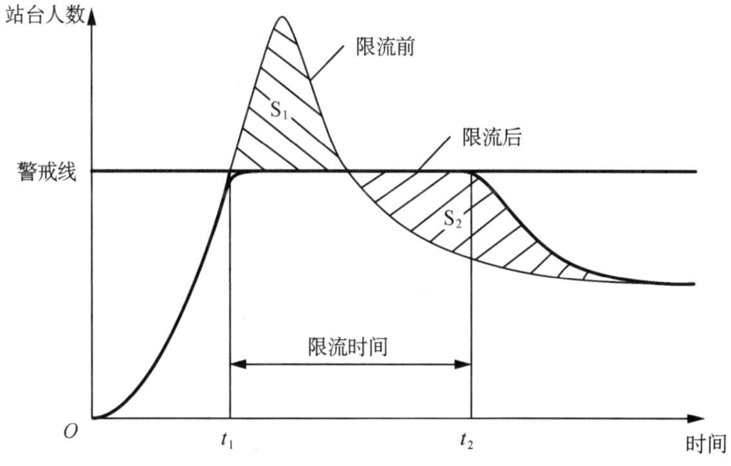

图 4-4 限流在保障站台安全方面的作用

可靠性。图 4-5 表明了限流在均衡能力利用及提高运营可靠性方面的作用。图 4-5(a)表示限流前,列车在经过 B 站后,已经达到满载,C,D,E 等前方站的乘客无法上车,从而造成站台客流积压、拥挤,会产生潜在的安全隐患;在 B 站采取限流措施后,如图 4-5(b)所示,原先在 B 站上车的乘客(阴影 S)被限制在站外,为前方站的候车乘客预留出列车空间,从而提高了运营的安全性。当然这样的限流方案显然浪费了 C 区段至 E 区段的能力利用,这是一种“牺牲局部保全局”的措施。

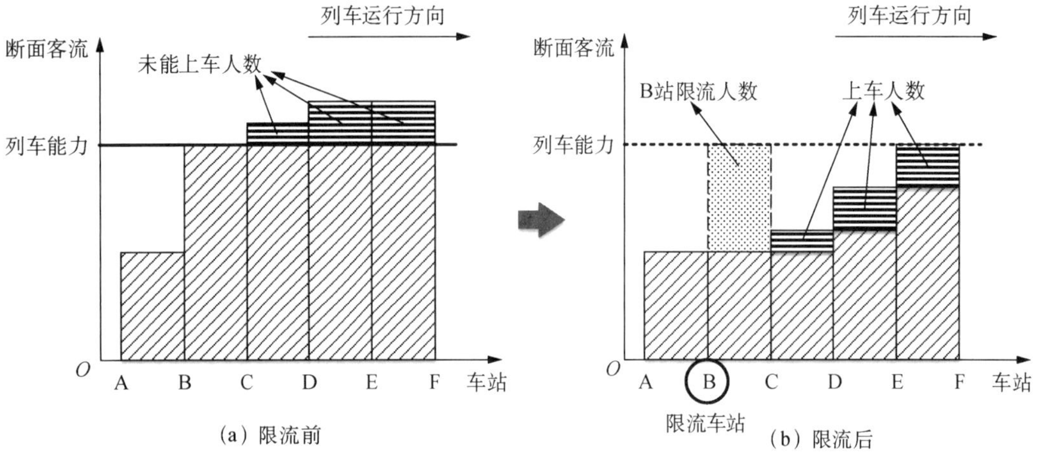

(a) 限流前
（C，D，E三个车站均有客流积压）

(b) 限流后
（C，D，E三个车站均无客流积压）

图 4-5　限流在均衡能力利用及提高运营可靠性方面的作用

4.1.5.3　限流的分类

按照不同的划分条件，对城市轨道交通限流进行分类，如图 4-6 所示。

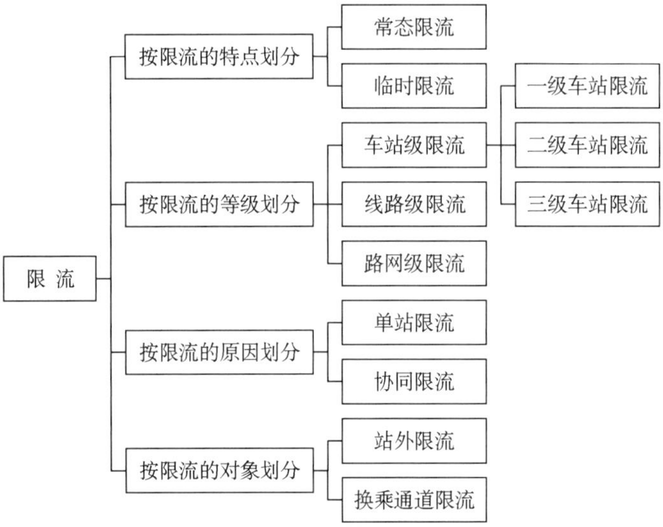

图 4-6　城市轨道交通限流分类

1. 按照限流的实施条件及特点划分

根据限流的实施条件及特点，可以将限流划分为常态限流和临时限流两类。

1）常态限流

常态限流是指在一定时期或某些特定日期的特定地点和特定时段都采取的限流措施，具体适用于以下情况[12]。

(1) 工作日早晚高峰时段的能力紧张区段。在工作日的早晚高峰时段，城市轨道交通以通勤客流为主，客流出行时段集中，客流量大，从而形成短时极端高峰。而有限的运输能力供给往往无法满足短时高峰客流的需求，继而导致线路上部分车站乘客数量激增，影响站内乘客安全。考虑到早晚通勤大客流出行具有一定的规律性，其在较长时间内不会发生明显改变，同时运输能力供给也无法在短期内提高，这种运能运量不匹配的情况已逐渐成为一种常态。此时，就需要在工作日的早、晚高峰时段，针对能力紧张区段所涉及的车站有计划地实施限流措施，以保障线路上所有车站的运营安全及秩序。

（2）可预知大客流事件。可预知大客流事件主要是指法定节假日以及一些大型活动（如 F1 等大型体育赛事、大型展览会及大型文艺活动等）所带来的可预见性大客流。

在节假日期间，部分位于城市中央商业区的车站通常会受到节假日大客流的冲击[10]，例如上海轨道交通 2/10 号线的南京东路站；在大型活动结束后，大量散场客流快速集聚在周边轨道交通车站，也会对活动举办地附近的车站造成冲击，例如 F1 赛事散场客流对上海轨道交通 11 号线上海赛车场站的冲击。无论是节假日大客流还是大型活动的散场客流，其在特定时段内对相关车站及周边区域的影响均可根据以往经验推理预先得知，为可预见性大客流。因此，在节假日出行高峰时段及大型活动散场时段，也应针对相关车站有计划地实施限流措施，以便及时对大客流进行疏导。

2）临时限流

临时限流是指由于运营延误或在突发事件条件下，网络发生客流拥挤并有安全风险时，在特定的地点与时段采取的一种限流措施。不同于常态限流均是针对可预见性大客流，临时限流则是针对不可预见性大客流。考虑到无论是列车延误还是突发事件的发生，都具有极强的不确定性，因此很难提前预判这类情况产生的大客流对车站造成的影响，及时制定详细的限流方案。此时，除了需要针对不同客流等级提前制定相应的应急预案，还应针对突发情况的具体影响对限流措施进行灵活调整，以便快速疏散客流，控制并引导客流向安全方向流动。

2. 按照限流的等级划分

根据客流规模与运输能力的不匹配程度以及限流的等级，可以将限流划分为车站级限流、线路级限流和路网级限流三类[13]。车站级限流，主要针对单个车站进行客流控制，通过减少单位时间该车站的进站客流，控制站内乘客数量，确保单个车站的运营安全及秩序。线路级限流，主要针对单条线路进行客流控制，通过协同控制该线路多座车站单位时间的进站客流，降低列车到达换乘站的满载率，缓解该线路换乘站大客流的压力，确保整个线路运力的均衡分配及换乘客流的畅通。路网级限流，主要针对整个路网进行客流控制，当本线客流压力在采取线路级限流后仍无法缓解时，通过协同控制邻线车站单位时间的进站客流以及换入本线的换乘客流，缓解本线各站（尤其是换乘站）的客流压力，确保整个线网的运营安全有序。

车站级限流又可根据实施限流时的控制顺序进一步划分为三个等级。其中，一级客流控制对应的是在车站付费区采取措施控制站台的乘客数量；二级客流控制对应的是在车站非付费区采取措施控制进入付费区的乘客数量；三级客流控制对应的是在车站出入口采取措施控制进站的乘客数量。实施车站级限流时，一般遵循“由内向外”的原则，即按照一级、二级、三级的顺序，先后对付费区、非付费区和出入口的客流进行控制，客流控制力度也随之逐级递增。

3. 按照限流的原因划分

根据限流的原因不同，可以将限流划分为单站限流和协同限流两类。其中，单站限流是车站内部的客流控制，主要针对由于大客流等因素导致的瞬时客流集中并超出站台承载能力而需要限流的车站。协同限流则是全线大客流条件下各座车站之间相互配合的客流控制，使全线的能力利用和站内乘客留乘达到一个最佳平衡。在实际运营中，部分车站由于到站列车能力不足导致乘客留乘现象严重，为保障运营安全，需要对线路的上游车站进行限流，为前方车站预留列车能力，又称远端协同限流。

4. 按照限流的对象划分

根据限流的对象不同，可以将限流划分为站外限流和换乘通道限流两类。其中，站外限流的对象是进站客流，而换乘通道限流的对象则是换乘客流。考虑到实际现场的操作难度，如果先在换乘通道对换乘客流进行控制，可能就会造成客流的进一步积压，因此在实施限流时，应遵循“先控制进站客流，再控制换乘客流”的原则[14]，即先对进站客流进行控制，优先满足换乘客流的乘车需要。

4.1.5.4 车站限流等级划分

对于单个车站的客流控制，应该遵循“由下至上，由内至外”的原则，根据客流量变化区域逐步或越级采取一、二、三级的客流控制，以缓解车站大客流压力。

1. 一级客流控制

一级客流控制是指为达到减缓乘客到达站台速度和降低站台乘客数量的目的，在付费区采取措施控制乘客进入站台的客流组织方式。当车站内客流数不断增加，导致站台、站厅滞留乘客较多，影响车站的正常运营，即当车站客流密集度指数达到一级大客流标准时，应启动一级客流控制。

站长、值站及时会同警务人员共同设置第一级人潮控制，将大客流入口客流进行拦截，分批进站，该出入口由公安及站务员负责把守。在车站的各出入口摆放告示，对于只出不进或暂时关闭的出入口，由车站人员负责把守，对客流进行限流。广播告知乘客限流的原因及可能的等待时间，并积极引导乘客在车站内的走行，对于车站外被限制进入车站的乘客应对其做好情绪安抚并规劝其选择其他的交通方式。

2. 二级客流控制

二级客流控制是指在非付费区采取措施控制进入付费区乘客数量的措施。当车站客流量不断增加达到二级大客流标准时，车站的站台和站厅处都出现拥挤现象，此时应主要控制车站乘客进站的数量，应该在车站的二级控制点即闸机处控制客流进站量。关闭部分的自动售票机、人工售票窗口以及进站闸机，同时利用安检工作减缓乘客进站的速度。车站的站厅站台以及上下行楼梯处增派工作人员进行引导，避免乘客在某处停留过多时间而引起区域拥堵现象的发生。在适当的情况下利用导流杆和警戒线对上下车的行人流线进行分割，减少行人流线之间的交叉。

3. 三级客流控制

当客流到达量不断增加直至达到三级大客流标准时，车站站台处和进站闸机处出现明显的拥挤，此时应减缓乘客由闸机进站前往站台的速度，并在车站入口处采取一定的控制措施。

(1) 增派站务人员至站台以及站台与站厅之间的电梯口进行疏导，加强对乘客走行的引导，维持乘客正常客流秩序下的有效疏散。

(2) 放慢站厅到站台之间下行扶梯的运行速度，还可以将下行电扶梯改为上行运行，以达到在减缓乘客进入站台数量的同时加快乘客出站的疏散速度。

(3) 安检人员视情况放慢安检的速度，减缓乘客安检进站的速度。

4.1.5.5 常态限流方案的制定与评估

1. 限流时间

限流时间包含限流启动时刻和限流持续时间两部分。在常态运营条件下，限流启动时刻取决于客流的时间分布规律及运输能力短缺时段。由于工作日早晚高峰以通勤客流为主，因此常态限流通常选取早高峰及晚高峰开始时刻作为限流启动时刻。限流持续时间则主要取决于高峰客流的持续时间，与站台的能力和列车满载率等因素有关。从提高限流的效率以及方便乘客出行的目的出发，常态限流的启动时刻以及持续时间应相对固定，且持续时间不应过短(如应大于 30 min)或过长(如不超过 90 min)[1]。在非正常运营条件下，限流启动时刻及限流持续时间主要取决于突发事件的性质、实际客流的变化等因素，应基于应急处置预案并根据现场实际情况进行实时调整。

2. 限流地点

限流地点包含限流车站的选取和车站内限流位置的选取两部分。在常态运营条件下，限流车站主要以车站的进出站客流量作为选择依据，一般选择进站量大而出站量少的车站作为主要的限流车站[1]。限流车站的选取也会受到限流时间段内客流流向的影响，在早高峰时段限流，客流方向以郊区向市区方向为主，因此限流车站多分布在城市外圈；在晚高峰时段限流，客流方向刚好相反，因此限流车站多分布在城市内圈。车站内限流位置则主要集中在手扶梯、进站闸机、售票机、换乘通道及车站的出入口等处，根据限流等级，应按“站台层→站厅层→换乘通道→出入口”的顺序来实施。

3. 限流措施

限流措施与限流级别、限流强度有关。根据客流规模与运输能力的不匹配程度将限流级别划分为车站级限流、单线级限流与路网级限流三种[8]。车站级限流也可以根据客流强度定义不同的客流等级，实施等级应根据车站客流拥挤程度和突发事件等级“由低级向高级”逐级执行。限流强度即单位时间内限制进站的人数，是根据路网、线路、车站、列车等各个设施的特征和布局情况，以各设施的最大负荷能力范围为基础来确定。

限流措施分客流控制与站车协同两种。客流控制是指减缓乘客进站速度和限制单位时间乘客的进站量，具体包括设置栅栏、放慢安检速度、减缓人工售票；减少闸机开放数量、关闭自动扶梯、自动售票机及车站进出口等[9]。站车协同措施则是将客流控制与多种列车运行调整措施组合运用来缓解客流集聚在车站内的问题，常用的列车调整措施有加车、扣车、跳停、变更交路、备车投用等[10-13]。

4. 限流方案的编制流程

限流方案的编制流程应以客流特征为依据,需要经历资料收集、初步方案制定、方案评估、方案实施与调整等四个过程(图 4-7),其中定期对于限流方案进行评估与调整尤为重要。

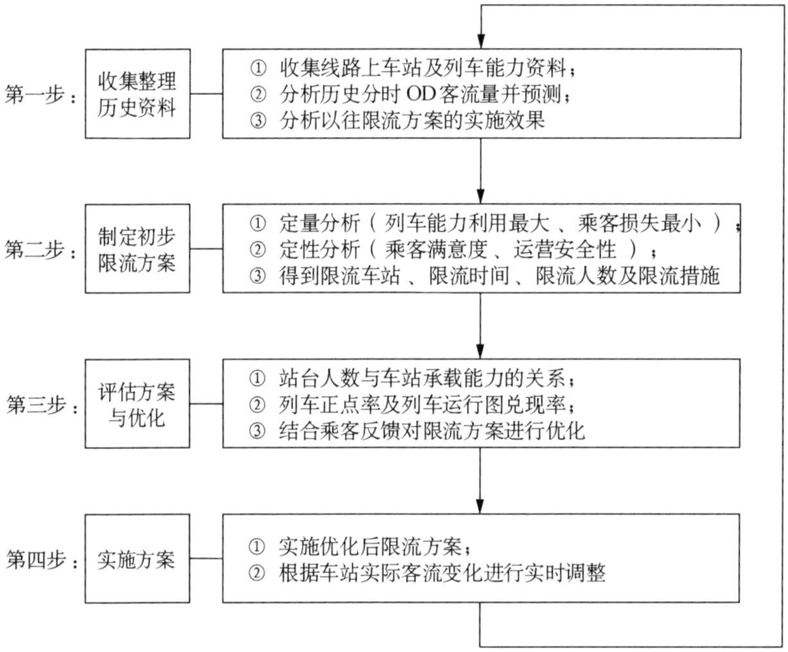

图 4-7 限流方案的制定流程

5. 限流的实施效果评价

对限流方案实施效果的评价是一个涉及乘客、列车和策略等多因素相结合的组合优化问题,同时也是一个多目标决策问题。在进行评价时必须综合考虑限流方案的大规模、多因素、多约束、多目标和动态性等特点,从定量与定性两个层面对限流方案实施效果进行综合评价,具体评价指标如图 4-8 所示。

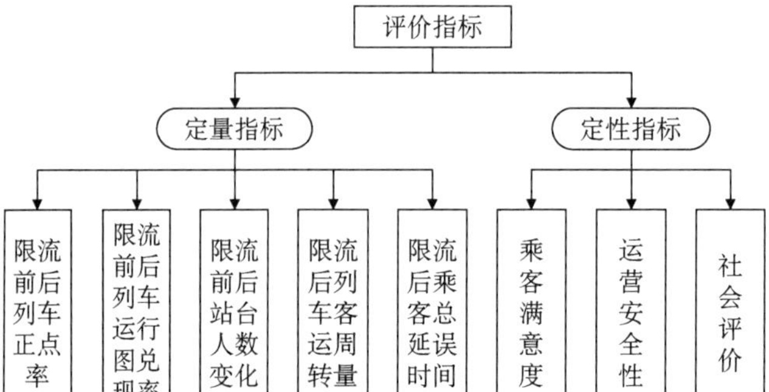

图 4-8 限流方案评价指标

4.1.6 线网客流分级联控技术

在实际运营中,往往不只一座车站出现大客流,而是同一线路上的连续多座车站都出现客流拥挤的情况,此时只采取单站限流已无法缓解客流拥挤问题,而应联合各座车站相互配合并采取协同限流。

协同限流是通过均衡各车站单位时间进站客流,预留一部分列车运力满足前方车站乘客上车,避免前方车站由于到站列车运力不足而导致乘客多次留乘。下面就对协同限流的原因、作用及影响进行具体分析。

1. 协同限流的原因

采取协同限流的主要原因是前方车站预留列车能力。在全线大客流条件下,同一线路的下游车站所能分配到的列车能力受到上游车站上客情况的影响,即当上游车站上车乘客较多,留给下游车站的列车剩余能力会相应变少,继而使下游车站能够上车的乘客较少,大量候车乘客积压在站内,产生拥挤。例如上海轨道交通 8 号线,在早高峰时段从沈杜公路站至人民广场站方向的客流过于集中,列车在杨思站已出现车厢爆满的情况,致使后方成山路站和耀华路站的乘客无法上车,乘客吊车门事件频发,波及整条线路运营的准点与安全,因此对芦恒路站及杨思站采取协同限流,为后方车站预留列车运客能力。

2. 协同限流的作用及影响

对于协同限流,限流的作用除了保障乘客的安全,还能够有效均衡列车能力利用与提高运营可靠性;在限流的影响方面,主要体现在对不同车站乘客出行时间的不同影响。

(1) 均衡能力利用与提高运营可靠性。限流可以合理、有效地均衡各座车站单位时间进站客流和均衡列车能力利用率,最大限度地发挥设施设备的潜能,防止因列车满载率过高导致的前方车站乘客无法上车,继而造成客流积压。

(2) 影响乘客的出行时间。限流会对乘客的出行时间产生影响,根据乘客所处车站的不同,这种影响分为积极影响和负面影响两类。以图 4-5 中的车站 A 与车站 D 为例,对于车站 D 而言,原本因为到站列车能力不足而在站台多次留乘的乘客,在采取限流后能够陆续乘坐到站列车出发,限流减少了这部分乘客在站候车时间,继而减少了他们的出行时间;对于限流车站 A 而言,限流增加了其额外等候时间,使乘客整体出行时间延长,容易引发乘客烦躁和不满的情绪。

3. 列车运行调整与客流的协同策略

将列车运行调整与限流策略进行组合,将会更有利于提高限流的效果。在城市轨道交通系统中,可以采用的列车运行调整策略、适用条件以及优缺点如表 4-13 所示。

表 4-13 列车运行调整策略

策略	适用条件	优点	缺点
调整行车密度	设备和列车供给能力足够	增加高峰期输送能力,缓解车站大客流压力	成本较高

（续表）

策略	适用条件	优点	缺点
调整列车交路	具备折返能力，初始延误时间长，线路行车密度高	对减缓延误影响有较大效果	对反向列车影响较大，牺牲部分区段能力
调整停站方案	初始延误时间长，运营紊乱	提高列车旅行速度，缓解车站大客流冲击和邻线客流对本线的影响	增加被跳停车站的乘客候车时间；行车组织较为复杂
调整列车编组	在不同区段具有不均衡客流特征的线路	各区段服务水平较高，可降低车底使用	改编作业需一定操作时间，增加乘客旅行时间，易引起乘客误乘，运营难度较大
备车利用	列车故障、初始延误时间长，运营紊乱	减缓延误效果突出	成本较高，时机的选择难度大，行车组织复杂
扣车	初始延误时间长，列车间的行车间隔过长	均衡延误前方列车的行车间隔，避免过大间隔出现	增加被扣列车的旅行时间，行车组织较复杂

4.1.7 客流诱导与出行信息发布

1. 客流诱导措施

轨道交通运营管理部门应通过市级官方组织的微信、微博、手机短信、电视实时播报等方式，向有关部门、乘客发布活动现场及有关线路的运营信息和枢纽、站点的客流变化信息。在可以预知的大客流发生前，通过各种媒体手段及时向居民和有关人群发布大客流预警以及交通管制等信息，提醒公众提高安全意识，做好安全防范。

在大客流情况下，应当通过车站多媒体信息系统、移动通信、互联网等平台和各类终端向人群发布活动场所、枢纽、站点的客流量信息及人群密集点信息，发布各种有关交通方式运营及换乘信息。发布的信息应引导人群选择适当的出行方式和路径，消除恐慌和紧张情绪，避免引发群体骚乱。

2. 站内导航

城市轨道交通的站内导航主要是指在城市轨道交通车站的出入口售票处、通道、楼梯、电梯或者车站站厅等乘客在站内所经过的地方，通过广播、指示牌(板)、线路电子地图、电子显示屏、传媒电视等方式发布有关车站内各条线路运行现状、列车到达时间、间隔时间以及换乘路径等信息[15]。

伴随移动终端数据的发展，进入城市轨道交通站内的乘客也可通过手机上的城市轨道交通App或百度地图等移动导航功能，获取车站内的信息，实现车站内定位。按照移动导航的指引，定位最合适的路径。

3. 站台候车引导

列车的停站时间受到上下车乘客数量、车内和站台拥挤程度等多因素的影响，为了提高列车的运行效率,控制大量乘客下车时导致的站台客流量短暂激增、上下车乘客互相推挤等带来的安全风险需要加强对站台候车乘客的有序引导。

4. 网络出行信息发布

(1) 出行前信息发布。可以根据网络实时客流分布和变化态势有效地发布出行前的信息,并有针对性地引导乘客出行,如改变出行时间、出行路径等。

(2) 出行中信息发布。在发生重大突发事件时,需要及时发布事件信息,提醒可能受影响的区段,建议乘客改用其他交通方式或改变出行路径等。如通过广播、站台屏幕、站外大屏等设施发布疏散信息,引导乘客从最近的逃生通道疏散,提高疏散效率[16]。也可基于移动互联网技术,实现特定区域或特定乘客群体的信息集成、发布或推送,满足实时个性化出行信息服务需求。如实时地推送给站内乘客和预测到可能会出现在相关车站和线路上的乘客。

4.2 多模式协同的大客流风险管控

4.2.1 多模式协同大客流风险管控的基本策略

在大客流事故应急处置过程中,需要调集各种救援力量,落实各项救援措施,实施一系列救援行动。由于各种应急处置交通方式具有相对的独立性和完整性,且各自的管理体制和职责任务有所不同,只有实现各种救援力量间的协同作战,才能充分利用现有的各类应急处置资源,最大限度地降低事故造成的各类损失。在大客流应急处置过程中,应根据客观条件和处置原则选用不同的多模式疏散方案,整个方案应贯穿于从事故发生至灾害事故处置的全过程。方案设计的合理与否,也将直接关系到大客流疏散应急处置的成败。

多模式协同的应急疏散方案在大客流疏散中至关重要。所谓多模式的协同,就是指协调两种或者两种以上的交通方式,共同完成某一目标的过程或能力,其核心是如何实现高效协同,本质上是从系统思维角度,提出系统优化的战略方向,明确各种模式的功能定位,通过构建数据平台实现数据资源的共享,使它们为共同的疏散目标而进行协调运作,通过对各种资源最大的开发、利用和增值并达成一致的目标。

以地铁突发事件地面应急疏散为例,现有研究多聚焦在应急接驳公交,然而受制于应急接驳公交车辆和司机数量、路况等多方因素影响,目前在地铁突发事件应急疏散过程中作用有限。合理的调度方式应当以轨道自身的运力调配为主,多方式共同协作。轨道交通自身运能较大,与其他交通方式相比具有不可替代性。城市轨道交通遇突发应急事件时,首先应通过自身运行图的调整对滞留乘客进行疏散,其次,可以通过地面其他交通方式配合输送小部分客流。在疏散的地面交通方式中,不同的交通方式又有其不同的特点,适应于不同类型、不同出行目的的人群。由于在大客流高峰期可利用的道路资源有限,因此多方式协作的应急疏散方案是应对城市大客流风险的重要举措(图 4-9)。

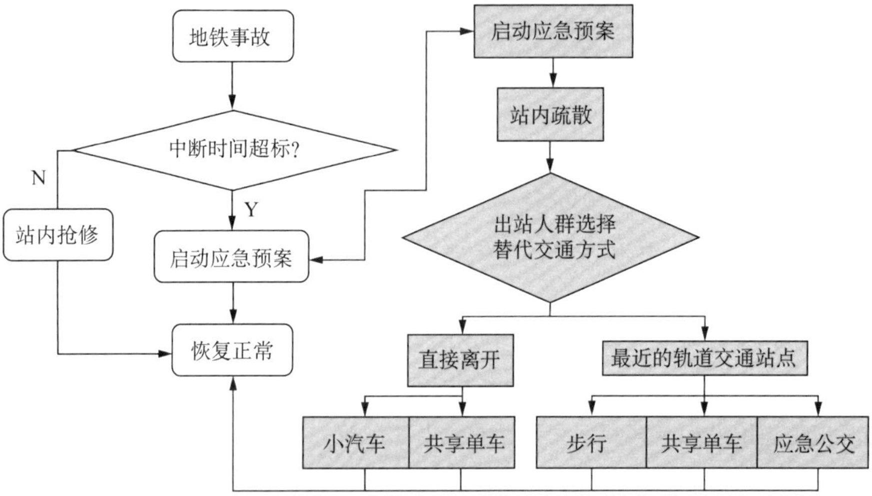

图 4-9　地铁突发事件多模式应急疏散设计

4.2.2　城市大客流多模式协同风险管控管理组织模式

面对城市大客流重大突发事件，一般首先由政府、应急指挥部门、交通部门、企业、警方、消防部门等构成事故应急联合指挥控制中心，并形成多模式的交通协同风险管理体系，在大客流事故形成并达到一定规模后，各方的战术指挥官依据设定的风险管控策略，并通过应急指挥中心协同指挥现场的系列交通协同应急行动。

政府应负责组成多模式协同综合应急交通指挥中心，负责统筹协调各交通应急高效有序运行，并且指挥应急指挥部门进行大客流事故应急指挥。在大客流事故应急指挥中心依据突发事件发生的种类、级别将事故信息上报之后，综合应急交通指挥中心应及时研究并启用相应的应急预案。在预案启动后，将事故情况及应急任务及时通报给交通部门，并随时保证与应急联合指挥中心的信息更新配合。在需要启用多模式交通应急的情况下必须和地铁运营公司、公交运营公司、共享单车公司等企业保持高度联系。警方和消防部门主要承担现在的秩序疏导及大客流组织的任务，并引导现场的交通组织，将相关大客流事故警情在第一时间上报至综合应急指挥中心。综合应急指挥中心经过分析处理后，将应急处理预案反馈给现场的警方与消防部门。

4.2.3　城市大客流的多模式协同疏解方法和技术

以地铁突发事件多模式应急疏散为例，介绍各个模式的功能定位和相关的应急处置流程。

4.2.3.1　轨道交通

利用轨道交通系统进行疏解主要分为两种情况：当轨道交通系统自身没有受到大客流事故影响时，轨道交通系统应当作为大客流疏散的“主力力量”；当轨道交通系统出现事故，无法正常工作时，也应调整轨道交通运行图，最大程度保证轨道交通的运力。

当地铁无故障时，主要采用加班车运行的方式。按照“以车设备定运”原则，最大限度挖掘运输潜力，增加上线运能，同时由各线路控制中心采取固定与灵活相结合的方式，充分利用列车资源，灵活科学调度，缓解大客流车站的客运压力。行车组织措施主要有以下几项。

1. 及时使用备用车

轨道交通企业应根据现场大客流聚集情况，及时安排备用车在大客流高峰时段上线输运。备用车投入服务站点需结合车站客流、站台大小、是否为换乘站等因素综合考虑。

2. 合理组织空客车

受备用车数量限制，对高峰时段客流与运能矛盾异常突出的大客流车站，尤其是换乘站，轨道交通企业可结合抽取终点站部分列车不载客直接运行到大客流车站投入服务的方式进行缓解。

3. 灵活调整行车交路

对于各区段客流不均衡的线路，可采用灵活调整部分列车行车交路方式，将部分列车经中间折返站折返小交路运行，加大高峰区段行车密度方式，疏导高峰区段客流。

4. 组织列车越站运行

对于换乘车站，在站台出现危及乘客人身安全的不可控局面时，控制中心可及时组织列车越站运行，避免因乘客下车对车站站台造成进一步冲击。由于列车越站对乘客服务影响较大，并且列车越站不能实际输运站台乘客，故非紧急情况下不建议采取该项措施。

4.2.3.2 步行交通

大客流事故的多模式疏解中，通过步行方式疏解是其中极为重要的环节。在大客流事故发生后，周边的道路网与公交系统会在短时间内承担过大的客流，因此其运力显然无法满足人群疏散需求。构建合理的步行疏解系统，能够在最短的时间内降低区域的人群密度，在短时间内将区域的大客流风险迅速降低。

但步行疏解系统的客流组织较为复杂并充满挑战。活动人群的流向具有难预测的特点，并且由于各种不确定因素的影响，容易受到突发事件的影响进一步引发踩踏等次生事故。与此同时，事故场所周边的道路资源往往较为有限，难以承受突发事故下的人群冲击。因此，为了实现步行疏解系统的合理运行，需要建立完善的预防机制。

1. 设计步行疏散系统的原则

(1) 设计合理的引导体系。步行疏解应配合合理的引导体系。紧急疏散标志存在一定的信息服务范围，具体的设计应根据行人所处位置是否能获取疏散信息来确定。合理的引导标识应展示为实时动态的引导信息，随着人群的走行、事故的发展以及道路条件的变化时刻进行调整。

(2) 贯彻靠右行走理论。我国有靠右行走的习惯，在无干扰的自然条件下，人群会自觉或习惯性地靠右侧行走。在进行步行疏解系统的客流组织时，应符合人流这一走行规律，设计合理的走行路径，避免不同走向的人流之间的冲突。

(3) 理解“就近习惯”。“以最小的付出获取最大的效果”是人类的天性之一，“就近习惯”就是这种心理下产生的行为。虽然在大客流事故发生时，可通过临时性、强制性的干扰，暂时对客流进行控制，但是在无干扰的自然情况下，乘客还是会选择最近的途径，“抄近路”就是这种心理行为的典型表现。因此，在组织步行客流时，要考虑到乘客选择路径的情况，这样的组织方式才会更加有效。

(4) 预留通道空间。设计步行的疏解路径时也应预留足够的通道空间，一般通道的最窄处会形成“瓶颈”，实现拓宽通道必须要消除“瓶颈”。因此在布置设备时，应计算通道流通量，合理组织客流，从而避免人为形成通道拥堵。

(5) 消除潜在的安全隐患。在大客流事故高风险区域周边，应充分分析潜在安全隐患，通过规划建设、管理、组织运营、教育宣传、完善立法等多个环节，提高公共场所客流密集状态下的交通安全。

2. 制定大客流步行疏解系统的主要措施

(1) 进行科学引导，保证设施通行能力，合理控制行人密度、行进速度。

(2) 提供聚集和疏散的缓冲区，减少对行进队伍的各种干扰，提高秩序保证安全，在必要的地方采取限制行人活动的方法。如果没有专用的缓冲区，尽量避免在两侧设置行人的吸引点，避免行人驻足聚集、形成站立人群对行进人流造成拥堵区域。

(3) 优化行进路线，分离不同方向的行人流，避免不同方向的行人冲突，尽可能形成单向行人交通流。

(4) 保证行人路径上的平顺，消除各种障碍的隐患问题。

(5) 各种类型功能区域使用保持与行人交通组织的一致性。

(6) 在重要地点设置引导员，保障观众有序行进，及时疏导集聚观众，有效引导场区观众合理地使用场区道路，就近、有序选择场区出口。

(7) 在关键地点或时间，通过现场人员的口头或广播宣传通告，帮助交通参与者在信息不充分的条件下，能够采用正确、及时的操作。

(8) 匹配场馆与毗邻场区出口通行能力，避免观众集中疏散，有效减轻对外界城市交通体系的压力。将场馆范围、场馆到外围交通设施、周边交通设施纳入同一影响范围，协调统一行人交通组织安排。

(9) 建立有效、明显、连续的标识诱导系统，提供充分及时的信息诱导，提高交通通道的通行能力，清除可能对行进人群产生安全隐患的障碍。

4.2.3.3 公交车

公交应急是城市大客流较为传统的疏散方式。城市大客流突发事件往往会对事故场所周边、系统的服务能力造成极大的影响。如果突发事件影响程度大，还可能对城市整体的公共交通系统带来巨大的干扰。此时仅凭常规的轨道交通自身内部调整措施以及步行的疏散方式，一般无法满足疏散需求。此时，应急公交能够起到较好的应急救援与人群疏散的作用。

公交具有调度便利、部署灵活的特点，其运量也较大。采取应急公交的联动辅助措施，可以为大客流的疏散提供额外的运能，有效地连接事故场所与疏散区域，从而保证客流的快速运输。采用公交应急系统与城市轨道交通应急管理、步行应急系统相结合，可以有效地缓解大客流事件造成的不利影响，为城市轨道交通系统客流的正常疏运提供有力支持。

1. 启用应急公交的作用

(1) 应急公交救援。应急公交救援能够安全快速地疏散与转移大客流事故的受影响人群。在大型的客流事故发生后，受伤者需要及时通过救护车运输到周边的医院进行救治。此时，应急公交也可以起到辅助运输与疏散的作用，当救护车辆不足时，可以利用应急公交及时转移轻伤人群。此外，应急公交也可以承担运输救援设备和人员的作用，当大客流事故发生后，大量的救援人群需要在第一时刻到达现场，此时应急公交能对应急救援运输起到及时的支持作用。

(2) 人群疏散。采用应急公交接驳能够保证周边乘客在受事故影响后快速恢复正常出行。大客流事故往往会导致区域的线路中断以及周边的设施瘫痪，此时开行应急公交可以起到衔接区域线路的作用，为保障区域交通正常运行起到一定的作用。

在实施应急公交方案时，首先需与城市的应急指挥部门取得联系，由多模式应急指挥中心直接指导应急公交系统的调配和方案的实施，统一各交通模式的应急疏散需求，实现有序、安全、高效地疏散滞留乘客。其次，调用应急公交车的数量和方案的启用、持续时间都需依据事故场所周边的实际情况而定，需要与相关企业管理部门取得及时联系。另外，应急公交开行方案需要实时进行调整与沟通，需要与实时的信息管理平台相联系。最后，开行方案之后，需要进行合理引导，保证轨道交通疏散系统的主导地位，以避免转移的轨道交通客流对路面交通形成次生冲击，加剧周边的交通拥堵。

2. 应急公交的主要开行方式

1) 延续影响线路

城市发生大客流事故，尤其是轨道交通系统发生重大突发事件，轨道交通站点周边将会受到较大的影响，严重时整条线路都有可能受到影响，此时可以沿着受大客流影响的线路开行往返应急公交，以疏散线路中的原有客流，缓解周边交通的压力。

沿破坏线路开行的公交线路可以覆盖整条受影响轨道交通线路，也可以只覆盖事故区间，即应急公交以终端站点(折返站)为摆渡点，只在摆渡点间往返运营。沿破坏线路开行公交可以实现受影响线路滞留客流的继续运输，最大程度地减少突发事件造成的轨道交通网络运力损失，保障乘客的顺利出行。

根据城市轨道交通系统周边的地理条件和受影响乘客的出行需求，一般会采取不同的应急公交停车方案。由相应的停车方案可将沿破坏线路开行的公交线路细分为站站停车线路和跨站停车线路两种。

采取站站停车方案的应急公交线路也称传统应急公交线路，即完全按照替代的轨道交通线路站点布设情况进行站站停的停车作业，通过公交暂时代替原有轨道交通线路。这种应急公交线路中，应急公交的站点可以分布在轨道交通站点的一侧或两侧，公交线路站点几乎涵盖事故轨道交通线路站点。该方案行车组织较简单，应急公交主要起客流持续运送的作用，可以保证原始网络的路径通畅和所受影响站点均可达。但是由于是站站停车，这种线路方式中运营的应急公交周转时间较长，针对具有较大 OD 客流需求的线路并不是最有效的公交联运方式。

为了降低乘客总体的出行时间和公交运营成本，应急公交线路也可以采取跨站停车（包含直达车）方案，即沿受影响线路直接跳过客流量需求较小的站点，而选择客流乘降量较大的站点进行应急公交停站作业。采用跨站停停车方案的应急公交线路走向与轨道交通线路走向基本相同，可以快速疏运主要客流集散地受影响的乘客并且可减少使用公交的数量，但无法兼顾所有的轨道交通受影响站点，不前往大客流集散地乘客的等车时间也会增加。跨站停车应急线路中站点具体的选取依据除了其客流集散需求到达某一阈值外，还应考虑停靠的轨道交通站点的类型。客流集散需求较大的换乘站和扮演起终点角色的折返站均应包含于沿破坏线路开行的跨站停应急公交线路中，以实现应急公交对轨道交通线路的有效连接和客流的快速疏运。

2）开辟新的线路

针对影响程度大、影响范围广的城市轨道交通突发事件，一般需要开行新的应急公交线路以输送大量的滞留客流并保证乘客的正常出行。

城市轨道交通正在逐步实现网络化运营，若突发事件造成轨道交通路网部分线路运营受阻，乘客仍可以选择前往其他正常运营的线路继续出行。但是由于破坏区段内可能包括邻近的换乘站使其无法为乘客提供换乘服务，所以乘客换乘其他线路需要绕行较长距离，无形中增加了乘客继续使用轨道交通的出行成本。此时运营管理者可不沿破坏线路开行应急公交线路，直接连接破坏线路上客流集散量大的站点和相邻正常运营的轨道交通线路站点，从而保证乘客顺利出行。

不沿破坏线路开行的应急公交线路所连接的正常运营轨道交通线路站点一般不包含换乘站，从而避免快速增加的疏散客流造成换乘站客流压力超过其承受能力。

不沿破坏线路开行的应急公交线路的线路选定方式依公交走行条件而定，不受轨道交通线路的制约，所以公交线路布设灵活，调整空间大。该开行方式可以快速地疏散连接站点的滞留客流，如果线路设置合理甚至可以使乘客乘坐应急公交的走行时间小于原本乘坐轨道交通的走行时间，相较于网路内绕行大大方便了乘客的出行需求。但是该开行方式的应急线路缺点也非常明显：线路连接站点数量有限，服务客流受到很大制约；城市轨道交通线路一般沿城市主要干路修建，周边路面通行条件整体较好，沿途开设应急公交线路操作简单，同时也不会对路面交通构成太大的干扰，如果应急公交不沿破坏轨道交通线路开行，则需要根据路面道路的实际情况重新制定开行方案，操作较为复杂，如果条件困难，还可能造成路面交通的拥堵。由于以上不足，不沿破坏线路开行的应急公交线路一般作为传统应急公交线路的补充和辅助。

4.2.3.4 共享单车

共享单车在城市大客流应急疏散中也能起到一定的作用。全球城市普遍重视慢行交通环境和设施的规划建设。住房和城乡建设部发布的《城市步行和自行车交通系统规划设计导则》中提出"提高步行和自行车交通系统设施水平和环境品质,是城市可持续发展的重要途径"。随着城市慢行交通基础设施水平的不断提高,共享单车也成了越来越多人的出行选择。在大客流事故中,也有较多的乘客选择共享单车出行。

共享单车灵活、调度方便,但不同于应急公交,应急共享单车在短距离下的可达性较强。在应急情况下,可通过共享单车到达其距离较近实际的目的地。并且,在实际事故中,应急共享单车可以利用城市轨道交通网络系统,利用轨道交通的运力实现疏散。共享单车占用的道路资源较小,在大客流事故发生时,可以通过共享单车实现灵活疏散。

在设计共享单车疏解系统时应注意以下几点。

1. 共享单车路权的保障

在应急状况下,需要通过交通组织,实现应急共享单车路权的保障,实现高效有序的共享单车疏散。此时,可以利用现有的道路资源,临时开辟共享单车专用道路,结合原有的非机动车道进行配置。并且,在各个过街交叉口和交通瓶颈处,应设置专用的引导员,保障应急共享单车的正常运行。

2. 应急共享单车需求数量的确定

采用应急共享单车疏散方案与轨道交通疏散、应急公交疏散、步行疏散相结合,填补其他方案的空缺。确定采用应急共享单车疏散时,应确定事故周边共享单车的需求量。

在确定应急共享单车需求量时,首先需考虑周边共享单车的储量,并实时与共享单车监控管理平台联系,确定合理的调配数量。其次,也应考虑周边的客流需求,共享单车的适用人群一般为中青年,因此可以依据现场人群的类型比例估计大致的使用数量,实施合理调配。

3. 应急共享单车的调度

确定所需的应急共享单车数量后,需要设计一个调度方案,以保证共享单车供应的实现。在大客流事故发生后,周边的共享单车需求将会大幅度增加,周边共享单车数量将迅速减少。此时,为了满足应急所需的应急共享单车数量,应紧急从其他地方调用共享单车,用卡车将其运送到目标站点。在疏散计划中,需设计两种类型的调度车辆。

"调度卡车"负责从其他区域转移共享单车。在大客流事故发生后的短时间内,事故现场周边的共享单车就会迅速被使用。由于大多数共享单车采用无桩设计,因此为了保证现场周边有满足数量的共享单车,需要设置调度卡车抽调其他区域的共享单车。该类型的卡车可由共享单车企业的调度卡车临时代替。但随着时间的增长,调度卡车的搜索半径将会不断扩大,其速率将会不断下降,因此还要设计其他类型的卡车来填补调度的空缺。

"循环卡车"负责在事故区域和疏散目的站点之间来回运输。在使用应急共享单车时,应引导人群前往正常运行的轨道交通站点，以便借助轨道交通网络快速离开事故区域。基于以上基础，随着事故时间的推移，大量的共享单车将会停放在周边的轨道交通站点附近。因此，设计“循环卡车”，在轨道交通站点与事故区域之间来回运输车辆，能在一定程度上补充事故区域周边的应急共享单车。

在设计应急共享单车的调度方案时，需将两种类型的卡车相结合，考虑随时间变化不断进行调整，根据事故的具体情况，充分考虑方案的经济因素与可行性，最终确定应急共享单车的调度方案。

4.2.4 多模式协同大客流风险管控的预案制定及管理

多模式应急预案是为保证在城市大客流事故发生后，运营管理者能够快速、有序、高效地采取多种交通方式相互结合的应急措施，在依据突发事件发生后果评估和应急能力分析的基础上，以降低事故人员伤亡和财产损失为目的而预先制定的相应解决方案。

大客流多模式应急方案的制定应遵循以下步骤：

(1) 成立预案编制专项小组，安排预案编制负责人员。各交通设施的运营企业应安排预案编制负责人员，成立预案编制专项小组，对以往历史经验进行深入研究并编制相关应急预案。

(2) 资料收集与事件评估分类预案编制前，预案编制专项小组需收集与突发事件应急有关的法律法规、大客流常见或重大突发事件历史案例等相关资料信息，然后根据收集资料，对突发事件引起的交通延误进行评估和分类，根据事件的性质推断其可能造成的影响。

(3) 应急人员安排以及责权划分应急预案的快速启动和有效实施依赖于完备的人员安排和明确的责权划分。在应急预案制定的过程中，需明确细化轨道交通部门自身、城市公共交通部门、警方、消防部门、政府部门等一系列参与突发事件应急反应工作的单位部门在不同性质、不同级别的应急处置流程中所担负的职责，以保证突发事件的应急反应顺利、高效地进行。

(4) 应急资源调度预估在应急人员安排和责权划分完成后，应急预案还需明确在不同级别的应急处置过程中可以调动的内外部资源。内部资源包括轨道交通系统自身拥有的应急部门、人员和设备，外部资源包括不同突发情况下，可由城市公共交通、警方、消防、医疗、政府等外部机构单位调用的参与突发事件应急处置的人员及设备。

(5) 建立应急组织，编制应急预案。在上述工作均已制定并完成的前提下，针对不同的突发情况制定具体的应急组织措施，明确以应急指挥中心为核心、各级应急机构为支撑的组织框架。编制详细具体的应急预案，存档至相关部门备用。

4.3 城市轨道交通客流防控案例分析

4.3.1 某多线换乘站大客流处置案例

多线换乘车站的客流组成较为复杂，客运组织工作难度较大，发生大客流事件时沿着大客流的传播方向可能会将影响蔓延到其他的线路，因此应采取多种措施应对大客流。下面以某多线换乘站(以下称“A 站”)为例，对该站大客流处置方案进行分析。

4.3.1.1 车站概况

A 站为 3 线换乘站，地下共 5 层，总建筑面积约为 5 万 m^2，3 线均为岛式站台，共有 10 个出入口，如图 4-10 所示。

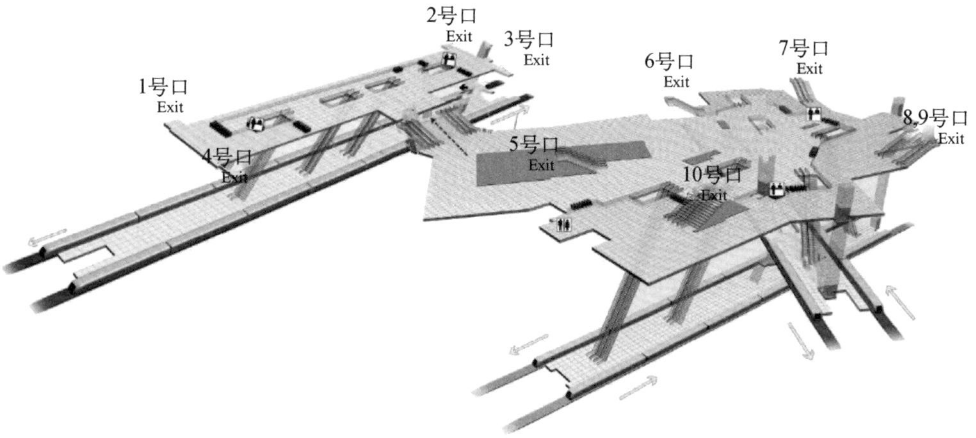

图 4-10 A 站立体布局图

4.3.1.2 大客流预警

管理人员需通过视频监控、AFC、手机信令、Wi-Fi 嗅探、蓝牙等多种客流监测手段，加强对现场客流的监控，及时发现客流的聚集状态和异常变动信息并进行上报。如发现客流异常变动应互通信息，必要时可先期采取有效控制手段。

4.3.1.3 处置原则

(1) 科学预判，果断响应。根据车站大客流形成规律及突发故障波及范围等，科学预判大客流等级，根据预判情况及时启动大客流响应工作。如发生运营事故，积极与公安响应配合。

(2) 统筹全局，整体控制。与线路运行控制中心(Operation Control Center，OCC)及时沟通与联系，协同完善行车组织和客运组织方案，有效控制客流量，强化路网分流、诱导等措施有效缓解大客流压力。

(3) 强化联动，及时疏导。应根据大客流状况同相邻车站、线路以及各地区公安机关及消防等部门进行迅速有效的应急联动。

(4) 有序指挥，畅通信息。在车站值班站长和站区民警的直接负责下，根据各自职责协同实施大客流的现场处置。

4.3.1.4 启动条件

1. 三级大客流

车站客流量达到车站在站台站厅、上下楼梯、出入口楼梯、换乘通道等拥堵点客流容量六成且符合下列情形之一的：

(1) 车站客流量达到车站在站台站厅、上下楼梯、出入口通道、换乘通道等处出现 1 处客流拥堵险情点，造成人员通行缓慢，并有继续增加趋势。

(2) 预判高峰时段列车延误 5 min 以上。

(3) 预判其他时段列车延误 10 min 以上。

2. 二级大客流

车站客流量达到车站在站台站厅、上下楼梯、出入口楼梯、换乘通道等拥堵点客流容量八成且符合下列情形之一的：

(1) 车站内出现多处客流拥堵险情点，造成站台站厅、上下楼梯、出入口通道、换乘通道等处局部客流通行受阻，且客流继续增加可能造成人员积压无法通行的，并有持续增加的趋势。

(2) 预判高峰时段列车延误时间 10 min 以上。

(3) 预判其他时段列车延误时间 30 min 以上。

(4) 预判换乘站、枢纽站一条线路列车延误 15 min 以上，且可能造成车站拥堵点险情加剧。

(5) 发生突发情况，运营列车在同一车站单向连续调停 3 次以上的，可能造成车站拥堵点险情加剧。

3. 一级大客流

车站客流量达到车站客流容量且符合下列情形之一的：

(1) 车站内出现站台站厅、上下楼梯、出入口通道、换乘通道等处客流通信严重受阻，人员积压无法通行的情况，且客流呈持续增加的趋势。

(2) 预判高峰时段列车延误时间 30 min 以上。

(3) 预判两条(含)以上线路列车延误 20 min 以上。

(4) 发生突发情况，运营列车在同一车站单向连续跳停 5 次以上。

(5) 轨道交通区域发生运营事故、重大险情或治安案(事)件等，造成车站运营中断或部分线路停运的。

4.3.1.5 应急工作职责

发生大客流后，车站站长作为现场统筹指挥人员，负责车站内外部人员协调、增补、沟通及现场决策工作；值班站长作为车站现场指挥人，应全面负责车站现场的处置工作，并及时反馈相关信息；车站值班员作为现场信息传递的第一责任人，应在事件发生后立即报线路 OCC 及运营公司生产调度，并与事发现场保持双向沟通，及时了解处置过程，以确保现场处置的快速、安全；站务员作为现场执行人，应做好人员调配，及时赶赴现场指挥处理并迅速执行现场指挥交办的任务(表 4-14)。

表 4-14　　车站现场各应急处置岗位人员的职责

现场指挥	岗位	处置地点	岗位职责	携带工具
值班站长	车站站长	车站	统筹指挥，与各部门联络汇报； 必要时启动大客流处置预案； 汇总事件报告并上交	反光背心、 对讲机
	值班站长	车站	现场指挥，做好客运组织工作； 将事件信息上报车站站长； 加强客流管理，确保乘客人身财产安全	反光背心、 对讲机、 工作手机
	车站值班员	车控室	做好各类信息的传递工作； 根据线路 OCC 要求，调整行车组织工作； 做好各类广播工作； 做好红、黄牌发布工作	对讲机
	服务中心	站厅	现场票务处理及解释工作； 现场乘客客流组织及疏导工作； 统计退票及致歉信发放情况； 根据指令开启专用通道	应急包、 引导棒、 反光背心、 电喇叭
	站台站务员	站台	疏导客流，维持现场秩序； 配合值班员确认站台状况； 根据指令控制车站设施	引导棒、 反光背心、 电喇叭、 应急包
	机动站务员	车站	疏导客流，维持现场秩序； 根据指令将应急物品送至各岗位	反光背心、 对讲机、 引导棒、 应急包
	巡视站务员	车站	疏导客流，维持现场秩序； 做好公交短驳到发点及人数记录工作	反光背心、 对讲机、 引导棒、 应急公交工具

4.3.1.6　应急处置

1. 信息报告

1) 信息报告流程

当发生大客流事件时，各岗位信息报告流程如下：

(1) 站务员：及时向车站值班员汇报；

(2) 车站值班员：及时向值班站长汇报，同时汇报线路 OCC、生产调度室；

(3) 值班站长：及时向车站站长汇报；

(4) 车站站长：及时向分管领导汇报。

2）信息汇报内容

（1）大客流形成的原因、规模、影响程度，已采取的客运组织措施；

（2）轨道公安配合情况；

（3）现场运营恢复情况；

（4）其他需要报告的必要信息。

2. 应急指挥

（1）车站现场指挥由值班站长担任，保洁、驻站民警、协警、检修人员应积极配合现场指挥做好先期救助、设施设备抢修、运营组织协调等工作；

（2）当车站站长到达现场后，值班站长应将现场指挥权逐级上交；

（3）管理部相关专业负责人赶赴现场后，车站站长应将现场指挥权逐级上交；

（4）在启动五级预警后，管理部各岗位应按预警要求赶赴指定岗位；

（5）现场应急指挥点设于车控室内。

3. 前期确认

前期确认阶段，各岗位人员职责如下：

（1）站务员：立即将现场信息汇报车控室；

（2）车站值班员：从启动起，车站值班员向线路 OCC、生产调度汇报车站客流情况、采取措施等相关信息；

（3）值班站长：了解车站客运组织情况、信息传递情况，并将车站总体概况汇报给车站站长；

（4）车站站长：确认事件发生时车站总体概况并上报管理部。

4. 前期处置

现场处置方案与大客流形成的原因、影响的范围与时间等相关，不同条件下的应急处置流程差异性较大，下面以“A 站 1 号线发生供电故障”为例，对处置流程进行分析。

（1）车站值班员：车控室车站值班员汇报值班站长，行调来电“1 号线线路发生供电故障，预计影响 10 分钟”。站台列车停站时间较长，站台、站厅有客流滞留现象。

（2）值班站长：接报后，启动车站三级大客流预案，并通知车站值班员关闭 1 号线站厅一半的 TVM 及进站闸机。

（3）车站站长：第一时间赶赴事发车站，并将现场情况上报给上级主管领导；接替值班站长现场指挥权，对客运、行车、设备抢修工作等进行安全卡控。

（4）车站值班员：通过车站 CCTV 对现场全程进行盯控，并人工广播疏导告知乘客。根据值班站长指令，及时汇报相关部门，并人工广播疏导告知乘客，关闭 1 号线站厅一半的 TVM 及进站闸机。

（5）服务中心站务员：按值班站长指令向乘客做好宣传解释和疏导工作。

(6) 站台站务员:按值班站长指令做好站台接发车工作,向乘客做好宣传解释和疏导工作。

(7) 值班站长:所有岗位均到位后,向应急指挥室报告车站三级大客流响应预案人员到位,措施已启动。

(8) 车站值班员:车控室车站值班员汇报值班站长,行调来电“1号线线路发生供电故障,预计影响20分钟”。站台列车停站时间较长,站台、站厅有客流滞留现象。

(9) 值班站长:值班站长通知驻站民警,并启动车站二级大客流预案,共同赶赴现场;并通知车站值班员关闭1号线站厅3/4的TVM及进站闸机。

(10) 车站值班员:通过CCTV发现某站台出现拥堵点(客流量达到车站设计客流量80%),并有持续增长的趋势,值班站长启动二级大客流响应预案,车站值班员向行调报备。根据值班站长指令人工广播疏导告知乘客,关闭1号线站厅3/4的TVM及进站闸机;进行不间断人工广播。

(11) 值班站长:通知车站各岗位按照预案实施限流引导措施,向乘客做好宣传解释和疏导工作。

(12) 车站值班员:根据值班站长命令向OCC提出跳停等运营调整措施。

(13) 站务员、车站值班员:按值班站长指令至编码室领取应急包送至服务中心。

(14) 服务中心站务员:按值班站长指令负责致歉信、赠票的发放,在收到应急包后办理退票工作,同时向乘客做好宣传解释和疏导工作。

(15) 站台站务员:按值班站长指令调整自动扶梯运行方向,做好站台接发车工作,向乘客做好宣传解释和疏导工作。

(16) 值班站长:所有岗位均到位后,向应急指挥室报告二级大客流响应预案人员到位,措施已启动。

(17) 车站值班员:车控室车站值班员汇报值班站长,行调来电“1号线线路发生供电故障,预计影响45分钟”。站台列车停站时间较长,站台、站厅有客流滞留现象。车站值班员通过CCTV发现上行站台出现拥堵点(客流量超过车站设计客流量),并有持续增长的趋势,值班站长启动一级大客流响应预案,并申请启动应急公交预案,值班员向行调报备。

(18) 车站值班员:车站值班员接OCC行调来电,“1号线线路发生供电故障,现启动一级大客流响应预案、应急公交预案”,车站值班员报值班站长。

(19) 值班站长:值班站长通知各岗位启动一级大客流响应预案、应急公交预案,通知车站值班员关闭1号线全部TVM,GATE;通知车站各岗位按照预案实施限流引导措施,向乘客做好宣传解释和疏导工作。

(20) 车站站长:通知车站邻近派出所,A站已启动大客流预案及地面应急公交预案,需派员增援,启动联动预案。

(21) 车站值班员:车站值班员通过人工广播疏散引导乘客换乘地面应急公交,要往南面方向的乘客,从4号口出站按引导有序乘坐地面应急公交车,往北面方向的乘客,从1号口出站按引导有序乘坐地面应急公交车。根据值班站长指令做好现场广播工作，关闭1号线全部TVM，GATE；根据现场情况，调整车站通风状况；车站值班员12A在7号出入口电子告示牌发布车站限流信息。

(22) 机动站务员：按应急指令到车控室领取应急物品送至服务中心。

(23) 巡视站务员：按应急指令到车控室领取公交应急预案工具后，至1号、4号出入口外的公交短驳点，报备车控室并做好相关记录。

(24) 服务中心站务员：根据值班站长指令开启专用通道，持续做好发放致歉信、赠票等退票工作，向乘客做好宣传解释和疏导工作，引导乘客换乘地面交通。

(25) 站台站务员：按值班站长指令关闭站台自动扶梯，做好站台接发车工作，向乘客做好宣传解释和疏导工作，引导乘客换乘地面交通。

(26) 值班站长：所有岗位均到位后，向应急指挥室报告一级大客流响应预案、应急公交预案人员到位，措施已启动。

(27) 车站值班员：接站务员12P、1Q到位通知后，向行调报告公交预案人员到位（联系人×××，联系方式×××）。接站务员12P、1Q通知第一辆公交车已到达，通知行调、生产调度、应急指挥室第一辆公交车到达时间。接站务员12P、1Q汇报后，通知行调与应急指挥室第一辆公交车发出时间及上车人数；并通知邻站第一辆公交车发出时间。

(28) 值班站长根据故障恢复和客流变化情况，调整限流措施，直至完全恢复至正常。

5. 后期恢复

大客流事件恢复正常后，车站站长、值班站长、车站值班员、服务中心值班员和站台站务员的工作职责如表4-15所示。

表4-15　　大客流后期恢复各岗位人员职责

岗　位	工作职责
车站站长	对事件处置进行总结分析，并组织学习； 在规定时间内，将事件报告上级管理部门相应主管
值班站长	督促各岗位，做好运营恢复准备，并现场进行核实； 做好各岗位的事件处置分析，并形成报告上交车站站长
车站值班员	做好设施设备的恢复工作； 统计行车组织及列车晚点情况； 开启自动售票机、闸机； 将车站有无客伤、退票及致歉信发放数量、车站应急备品的使用及剩余数量等交给值班站长以及汇报给生产调度
服务中心站务员	根据值班站长命令，关闭专用通道，统计车站退票及致歉信发放数量，询问有无客伤及应急备品的使用情况并汇报车控室； 做好乘客解释工作，引导乘客有序进站
站台站务员	汇报有无客伤及应急备品的使用情况； 开启自动扶梯

4.3.2　某汽车大奖赛的大客流处置案例

4.3.2.1　某汽车大奖赛概况

由于汽车大奖赛具有散场客流量大及密集等特点，合理的大客流组织方案的制定与实施显得尤为重要。下面以某年度某汽车大奖赛为例，对某汽车大奖赛举办期间的大客流处置方案进行分析(表 4-16)。

表 4-16　　大奖赛赛程安排

时间	比赛第 1 天	比赛第 2 天	比赛第 3 天
星期类型	星期五	星期六	星期日
比赛类型	练习赛	排位赛	正式赛
场馆开放时间	9:20—19:00	8:15—16:30	9:30—16:10
比赛时间	—	9:50—10:20 14:00—15:00	11:00—11:35 14:10—16:10

根据赛事时间安排，活动期间集中进场时段为上午 9:00—13:30，集中出场时段为 15:30—18:00。结合历史经验和赛事组委会的预测，预计有 2.8 万～3.3 万人的参赛客流由轨道交通承担，进场客流较为分散，但散场客流具有客流量大且短时聚集的突出特点，需要予以重点关注。

附近车站概况：比赛场地附近共有两个轨道交通车站，均属该城市的轨道交通 11 号线，分别为 A 站和 B 站，其中 A 站和比赛场地的距离最近。场馆的前门、主看台以及 4 个停车场，与 11 号线的 A 站邻近，场馆的 7 号、8 号、9 号疏散门与 11 号线的 B 站邻近，以上车站和比赛场馆的位置分布如图 4-11 所示。

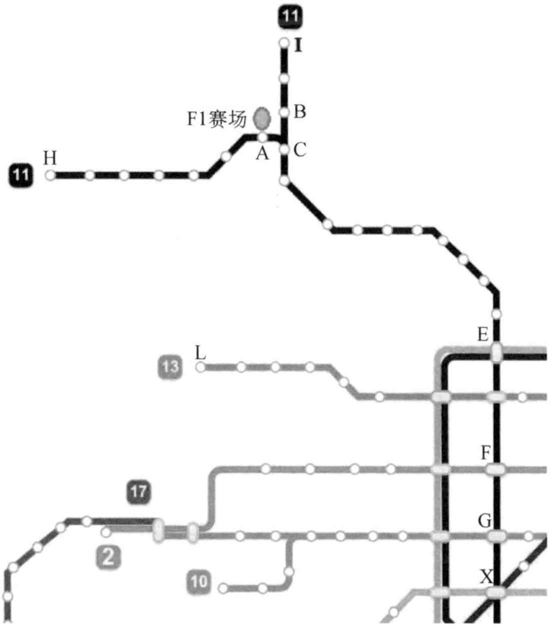

图 4-11　车站位置分布示意图

根据赛程和历史客流特征，A 站集中进场的高峰时段 9:00—13:30 出站观赛客流将达到 5 800 人次/h 左右；集中出场的高峰时段 15:30—18:00 A 站进站观赛客流将达到 7 200 人次/h 左右，A 站是比赛期间的重点关注车站。

比赛期间的客流主要集中在线路北段、市区段以及该线路与其他线路的换乘车站，因此 C 站、E 站、F 站、G 站、X 站等换乘站客流也将受到明显影响并可能通过该车站传播到整个网络，因此以上车站应作为次重点车站予以关注。

4.3.2.2 指挥体系

为保障赛事期间的安全有序，需要设立"路网级、现场级"运营保障二级指挥机构。其中一级指挥中心设于轨道交通网络运营协调指挥中心(Command Operations Control Center, COCC)，负责赛事期间路网运营总体指挥和协调；二级现场指挥部设于 A 站，下设行车组织、客运组织、设施保障、安全保卫分指挥点，负责赛事期间 11 号线路运营保障总体工作，并负责与组委会、交委现场指挥部、地区公安的协调联动与应急处置工作(图 4-12)。

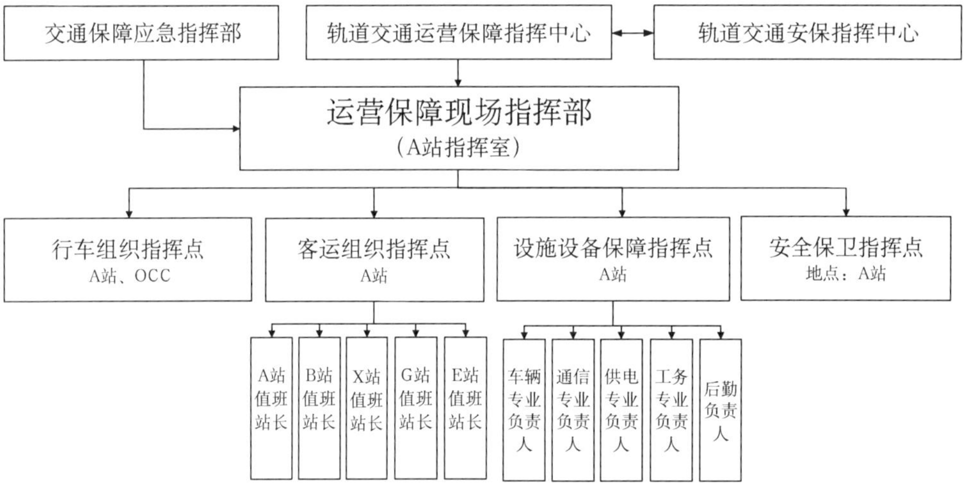

图 4-12　指挥机构图

4.3.2.3 行车组织方案

1. 行车计划编制

赛事期间，根据预测的客流需求来投放运力，通过能力分析，A 站所属支线段最大运力可达 2.39 万人次/h。在调整主支线列车开行比例、加密列车班次的基础上提升了运能，并通过备车择机投放等措施，确保运力供应充足。

同时运营管理部门应加强客流分析与监控，遇突发事件、天气变化等因素或线路运行计划无法适应客流需求时，及时根据客流需求调整运行图使用计划。

2. 行车应急调整

为应对不可预计的运营延误或运能不足，11 号线在共线段存车点需要存放备车，相关 OCC

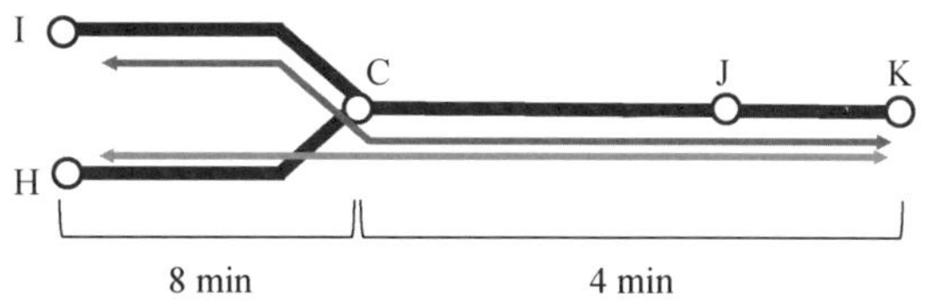

图 4-13 高峰时段(8:00—15:00)列车行车间隔示意

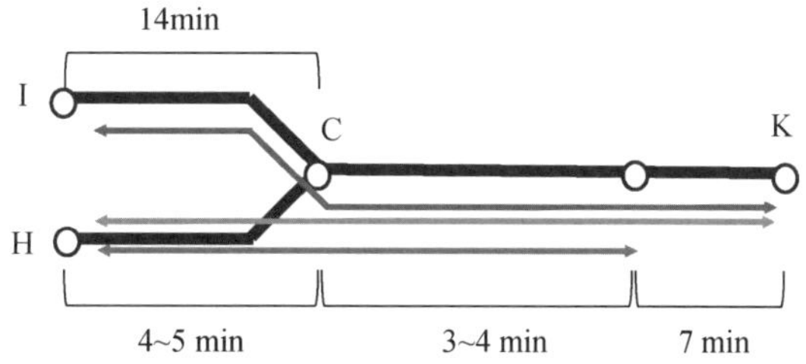

图 4-14 超高峰时段(15:00—19:00)列车行车间隔示意

可根据线路运营情况采取加开全程载客列车、定点半程载客列车、跳停等方法组织备车的开行。并提前将调整方案告知车站和司机,确保信息互通,各岗位做好相关准备工作。相关运营公司应根据备车安排做好司机组织安排,备车必须处于随发状态。

4.3.2.4 客流组织方案

1. 网络客流组织方案

详细编制重点车站(A 站与 B 站)的专项客运组织方案,同时还应积极开展次重点车站(C 站、E 站、F 站、G 站、X 站)的客流引导和组织工作,重点关注以上车站的换入换出客流情况及满载率情况,以便更好地控制大客流在网络上的传播和蔓延。应在以上各个车站进行车站站台广播宣传,加强集中进场时段主支线运力安排和客流情况跟踪,加强人员布岗,落实加岗人员和志愿者组织工作。

2. 与外单位的衔接保障方案

为重点做好线路故障、车站大客流溢出与突发公共安全事件的应急处置准备工作,相关运营公司加强与轨道公安的协调联动,加快突发事件信息的传递速度。COCC 加强与现场指挥点的信息互通和联动指挥,各单位、各专业要严格落实突发事件预警处置要求,确保现场指挥畅通和处置有效;现场指挥点加强与组委会、交委现场交通保障组、公安等单位的应急联动处置,确保各方协同、处置高效。

比赛当日,11 号线发生故障无法继续运送散场客流时,由现场指挥部向市交委现场交通保障组提出启动应急公交专线。在启动 11 号线常规应急公交预案的同时,散场期间赛车场将专设两条应急疏散公交专线,分别接驳至轨道交通 11 号线 B 站、13 号线 L 站,一旦应急公交启动,运营公司根据车站专项客运组织方案要求做好现场客流引导和宣传,确保散场客流安全有序地疏散完毕。

3. 现场客运组织工作

(1) 客流处于平稳期间的客流组织。运营开始至 9:00 前、14:00—15:00、18:00 至运营结束时段,属于客流平稳阶段。此时段应在日常客流组织的基础上加强现场客流监控及宣传引导。在车站出入口增加进入场馆观赛的指示牌,增派引导人员,达到快速疏散乘客的目的。在候车区增派人员进行"先下后上,有序候车"的宣传,确保现场客运组织平稳有序。

(2) 进场高峰期客流组织。9:00—13:30 为赛车场站的进场高峰时段。此时工作重点为加强从站台至站厅、从站厅至赛车场的客流疏导。首先在站台增配工作人员加强客流的引导,使乘客均匀从站台的楼梯通道进入站厅。与下行站台相连接的站厅增设 4～6 台手持票务机,提升出站能力,同时在车站至赛车场的外围设置指引乘客进入赛车场的临时指示牌。

(3) 出场高峰期客流组织。15:00—16:00 时段为赛事的出场高峰时期,此期间客流集中到达车站,此阶段出场客流组织按等候区(第一级)→环形通道区(第二级)→车站付费区(第三级)实施三级限流作业。

第一级:等候区(场馆 D1,D2 后方的蛇形区),从 F1 场馆往轨道交通车站的客流控制由公安和赛事方负责管理,该处为从赛场向车站的入口处,在该处工作的关键在于有效控制进入该车站的客流总量。

第二级:车站和 F1 场馆之间外围通道的客流往轨道车站站厅、站台的疏散由轨道交通的公安进行管理,该处主要是乘客从赛车场出口处向车站入口走行的部分,该处工作的关键在于有序组织乘客尽快购票及检票进入车站。

第三级:在车站范围内,包括出入口、站厅层、站台层的客流疏散由地铁运营方和轨道公安共同管理,该处主要在于避免车站内客流的拥堵和行人流线的冲突(图 4-15)。

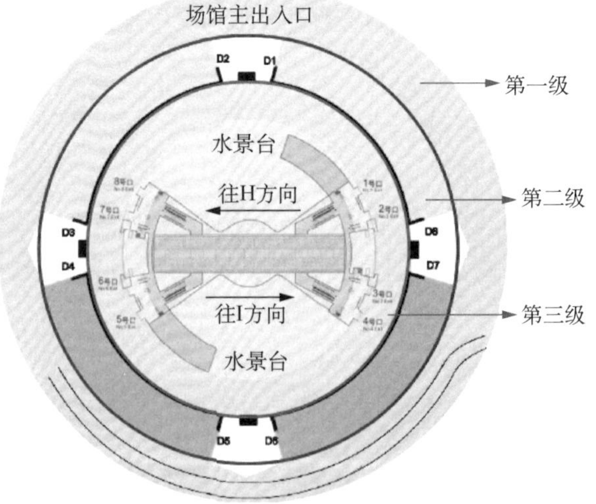

图 4-15　车站管理级别示意

(4) 车站内的客流分流措施。为控制车站内的客流数量,在车站外实施调整客流进出方向、加设疏散栏杆和分流栏杆等限流措施,在站内重点实施分流措施(图 4-16)。

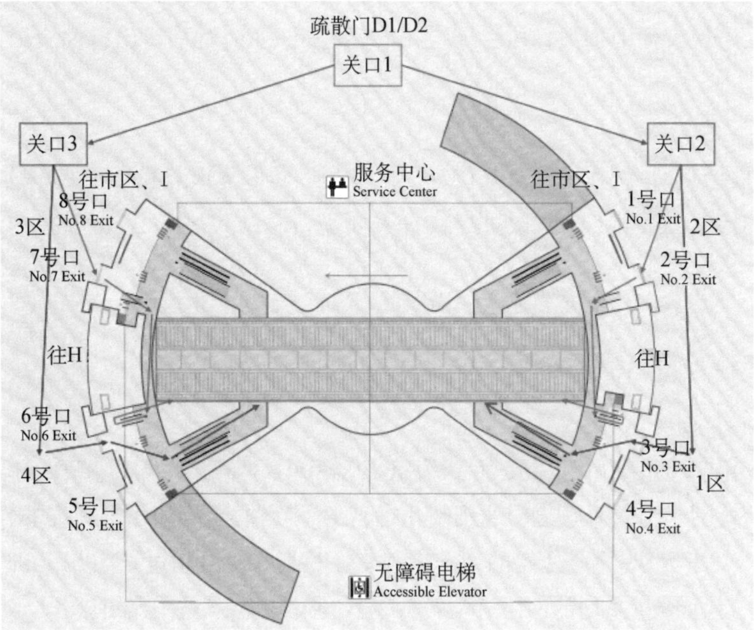

图 4-16　车站分流示意图

分流 1:在进入车站与场馆之间通道(第二级管理范围)前进行分流。对需要购买单程票和手持公交卡或返程票的乘客进行分流,购票的乘客进入购票区购票,持有车票或公交卡的乘客直接引导进入车站外围。

分流 2:在关口 1 处设置栏杆,将进入车站外围的客流一分为二,分别往关口 2、关口 3 处引导;在沿途每隔 50 m 设置 1 个临时导向,在关口 1 设置“进站指引”分流。

分流 3:在到达关口 2、关口 3 前设置“乘坐 H 站方向进入 2 区、3 区进站”分流(绿色箭头),过了关口 2、关口 3 设置“往市区、I 站方向进站”引流至 1 区、4 区(红色箭头)。

分流 4:2 区、3 区的乘客分成乘坐不同方向的两股客流,乘坐市区、I 站方向的乘客通过站厅通道到达 1 区、4 区的站厅,后通过楼梯步行至上行站台;乘坐 H 站方向的乘客直接通过楼梯或自动扶梯至下行站台。

4. 票务组织与客流监测

赛事期间使用地铁往返票,并在集中出场时段适当增设人工应急售票点,缓解站内购票压力。配备手持验票机,在进出站高峰时段投入使用,加快乘客进出站速度;并及时做好手持验票机数据导入工作。同时关注二维码闸的扫码通过速度,提前做好排队疏导预案准备工作,并做好现场宣传引导,确保车站客运组织工作秩序有序、安全可控。并做好赛事期间关键时段、相关线路、重点车站的客流跟踪分析和预警工作。

4.3.2.5 信息宣传

运营管理部门需要提前完成新闻稿的撰写和媒体统发工作，同步在官方网站、微博、微信、电视直播上进行宣传告知，根据赛事客流特征，设计出行攻略，提前引导乘客出行，并在官方网站、微博、微信、电视直播中加强宣传引导，在微博等信息平台对乘客出行安全防范事项做好宣传工作。

4.3.2.6 事后评估与总结

大客流事件结束后，相关部门及单位应根据自身运营保障重点和特点，对采取的保障措施、实施效果、好的措施、问题和不足、改进建议等方面进行总结，以为大客流联控的评估提供相关依据。

4.3.3 某市工作日常态限流方案

1. 某市地铁运营概况

截至 2018 年 12 月，某市已建成 16 条线路、705 km 长（含磁浮线 29 km）、415 座车站（含磁浮线 2 座）的运营网络。随着轨道交通网络化运营的不断深入，客流增长速度非常快，工作日日均客流超过 1 000 万人次，多条线路的列车满载率在早高峰时段超过了 100%，部分断面客流饱和度达 130%。为了应对急增的网络客流，某市已将限流纳入常态化管理。

2. 限流时间制定

某市地铁的限流启动时刻取决于客线路客流的时间分布规律及运输能力短缺时段。常态限流时间包括早晚高峰，限流持续时间则主要取决于高峰客流的持续时间，与站台的能力和列车满载率等因素有关，且持续时间均大于 30 min。

3. 限流地点制定

某市地铁的限流车站主要以车站的进出站客流量作为选择依据，选择进站量大而出站量少的车站作为主要的限流车站。限流车站多分布在城市外圈；在晚高峰时段限流车站多分布在城市内圈。车站内限流位置则主要集中在手扶梯、进站闸机、售票机、换乘通道及车站的出入口等处，根据限流等级，应按“站台层→站厅层→换乘通道→出入口”的顺序来实施。

4. 限流措施制定

某市地铁根据客流规模与运输能力的不匹配程度将限流级别划分为车站级限流、单线级限流与路网级限流三种。实施等级根据车站客流拥挤程度和突发事件等级“由低级向高级”逐级执行。限流措施分客流控制与站车协同两种。客流控制是指减缓乘客进站速度和限制单位时间乘客的进站量，具体包括设置栅栏、放慢安检速度、减缓人工售票；减少闸机开放数量、封闭自动扶梯、自动售票机及车站进出口等。站车协同措施则是将客流控制与多种列车运行调整措施组合运用来缓解客流集聚在站内问题，常用的列车调整措施有加车、扣车、跳停、变更交路、备车投用等。

5. 限流方案实施

截至2018年9月，某市共有13条线路、42座车站在工作日高峰时段采用了不同程度的限流措施。常态限流时间以工作日的早晚高峰为主，持续时间为1～1.5 h不等；限流车站主要集中在城市外围区域，市中心的限流站点大多为换乘车站；限流措施以客流控制为主，具体方案如表4-17所示。

表4-17　某市地铁网络的常态限流方案

分类	车站类型	具体措施		限流原因
客流控制	中间站	3级	关闭部分进站闸机、自动售票机	为前方站预留能力、解决站台拥挤滞留、车站蓄客能力限制
		2级	利用伸缩式拉门或限流门50%限流	
		1级	关闭所有闸机、售票机，出入口只出不进	
	换乘站	换乘通道设置导流/隔断栏杆 分流换入换出客流		避免客流对冲
站车协同	中间站	“限流＋部分列车在这两站跳停”		为前方站预留能力

6. 限流方案的实施效果评估

鉴于目前某市地铁在实际运营中尚未积累足够多限流措施的定量评估数据，因此主要从定性的角度进行分析，通过对运营公司的调研和乘客投诉建议信息的反馈，某市地铁的限流评价结果如表4-18所示。

表4-18　某市地铁限流效果评价

分类	评价指标		实施效果
利	安全	站台人数	站台拥挤滞留现象略有好转
		运营安全性	解决客流对冲问题，减少乘客吊车门等潜在安全事故的发生率
	效率	列车正点率	提高了列车运行图兑现率及列车正点率
		列车运行图兑现率	
弊	定量	列车满载率	由于方案不合理，部分线路的车站乘客滞留依然严重，部分列车运能没有得到有效利用
		乘客候车时间	部分线路的乘客在站外的候车时间过长，如16号线乘客平均候车时间约为30 min
	定性	乘客满意度	乘客对站外候车环境、因限流而导致上班迟到等问题的投诉较多
		社会评价	社会对于限流在保障安全与运营效率的作用上已经趋于认同，但对限流的方案仍然存在争议

由此可见，某市地铁限流在保障乘客安全及提高运营效率方面确有积极作用，但同时也存在一些问题，需要建立相应对策在后期加以完善。表4-19给出了目前某市在限流实施过程中存在的问题及拟建立的相应对策。

表 4-19　某市地铁限流实践存在的问题及改进对策

存在问题	具体原因	改进对策
限流效果不够理想	方案制定依靠人工经验,缺乏科学性	基于实践的效果,借用大数据分析等新技术,从定性与定量综合的角度来提升限流方案的科学性
	限流措施单一,少与列车运行调整组合考虑	针对远郊客流高峰持续时间长、峰值高的线路,可以考虑采用特殊的运行调整方法与客流控制相结合的限流措施
	缺乏对限流方案实施效果的综合评价	优化限流方案评价指标体系,持续对既有的限流效果进行滚动跟踪评价,及时调整与优化
乘客满意程度较低	信息公开渠道不广泛,一些乘客在出行前对于限流的车站与时间不了解;限流方案复杂难记,每个车站的限流时间、限流措施、差异性较大	借助手机 App、官网、新闻、广播、地铁电视、社交媒体等媒介,有针对性地加强对地铁限流作用、原因和具体方案等方面的宣传
限流方案与客流变化的动态匹配不足	实施限流导致客流出行时间及出行车站发生变化,可能产生新的客流激增点,目前限流方案难以根据动态客流变化做出相应调整	对历史客流进行充分挖掘,并借助先进的工具(如客流仿真软件)对限流方案可能导致的客流变化进行仿真评估并对限流方案进行持续优化

参考文献

[1] 张星辰.城市轨道交通运营管理[M].北京:北京教育出版社,2017.

[2] 段力伟,文超,彭其渊.突发大客流在城市轨道交通网络中的传播机理[J].铁道运输与经济,2012,34(8):79-84.

[3] 陈菁菁.城市轨道交通客流检测技术的特征及其应用分析[J].城市轨道交通研究,2018,21(1):137-142.

[4] 李得伟,孙宇星,黄建玲.地铁客流预警技术基础探讨[J].都市快轨交通,2013,26(2):62-66.

[5] 刘莉娜.城市轨道交通客运组织[M].北京:人民交通出版社,2010.

[6] 李颖宏,郝晓青.综合交通枢纽客流状态智能分析[J].智能系统学报,2014(6):677-684.

[7] 申碧涛.城市轨道交通客运服务[M].北京:人民交通出版社,2012.

[8] 全国城市客运标准化技术委员会.城市轨道交通运营管理规范:GB/T 30012—2013[S].北京:中国标准出版社,2014.

[9] 北京市质量技术监督局.城市轨道交通运营安全管理规范:DB 11/T 1166—2015[S].北京:[s.n.],2010.

[10] 苗秋云.上海赛车场站一级方程式赛车散场客流的限流与分流组合方案[J].城市轨道交通研究,2013,16(2):43-45.

[11] 江志彬,朱冰沁,周明.城市轨道交通网络限流方案的制定与评估及其应用[J].城市轨道交通研究,2017,20(3):5-10.

[12] 姚向明.城市轨道交通网络动态客流分布及协同流入控制理论与方法[D].北京:北京交通大学,2015.

[13] 刘莲花,蒋亮.城市轨道交通网络客流控制方法研究[J].铁道运输与经济,2011(5):51-55.

[14] 王纪芳.广州地铁线网车站大客流控制策略[J].现代城市轨道交通,2013(1):73-76.

[15] 刘栋材.地铁站内定位导航系统设计[D].广州:华南理工大学,2018.

[16] 胡志赛.城市轨道交通线路客流分布的实时预测及诱导研究[D].广州:华南理工大学,2012.

第 2 篇

城市各公共场所大客流风险管理要略

本篇聚焦大客流风险管理在城市生活场景中的应用。对于生活在大城市的普通市民而言，掌握和了解城市公共场所的客流管理、风险判断、科学应对、应急处置等方面的基础知识，不仅有益于保护自身的安全，更有助于维护城市的公共安全，是当代城市居民的必备素养；对于从事公共场所管理的各级管理人员而言更是如此。本篇所列举的七类场所都是城市生活中人们经常涉足之处，不仅列出了各大场所大客流管理的"任务清单"，而且详细介绍了为什么要这么做，以及具体的步骤和要点。希望对广大读者有所帮助。

5　城市轨道交通车站大客流风险管理要略

自20世纪60年代建成第一条地铁线路以来，经过40多年的发展，我国已进入了城市轨道交通的快速发展期，城市轨道交通路网长度和运营城市数量逐年迅猛增长。截至2020年11月，我国共44个城市开通城市轨道交通(不含有轨电车)。其中，上海以17条线路、415座车站、总运营里程705 km，位居中国第一；北京和广州两座城市的城市轨道交通运营里程分别以699.3 km、513 km位居中国第二、第三。

城市轨道交通以其高运能、高效率、低能耗、低污染、安全快捷、准时可靠等突出优点，成为大城市公共交通体系的重要组成部分。当一个城市的轨道交通发展到一定阶段时，轨道交通线路由车站换乘相互衔接，最终形成网络，实现网络化运营。随着网络规模的不断扩大，网络辐射的面积增长，轨道交通网络的日均客流量也在不断增加，运输量渐趋饱和。在城市轨道交通网络化运营条件下，车站内局部区域客流高度密集、交叉干扰以及客流量不断增长，这给运营安全带来了越来越多的挑战，各类风险也随之加大。因此，对城市轨道交通车站实行分级分类管理，在不同客流条件下启动分级应急响应，在大客流情况下开展专业应急处置和社会力量联动应对等显得尤为重要。

5.1　轨道交通安全运行的组织体系与应急准备

第一条　【建立市级轨道交通常设应急指挥机构，健全组织体系】

［目的］

应急指挥机构要反应迅速，发挥强有力的指挥、协调作用，应急体系内各部门应在明确责任的基础上密切配合、执行有力。

［要点］

1. 健全机构和组织体系。建立市级轨道交通常设应急指挥机构，以及由市政府、轨道交通管理部门、活动组织部门、消防部门、公安部门和气象防灾部门等构成的大客流公共安全事件处置组织体系，对轨道交通的突发情况按照其类型、发生地点、影响范围进行指挥、协调和处置。

2. 明确职责，合理分工。轨道交通管理部门和公安机关明确职责，合理分工。其中，车站是事发处置的第一线，车站值班站长是大客流处置工作的现场第一指挥人。地区公安机关按照市应急联动中心的指令，及时启动地区公安“一站一预案”，组织警力在车站出入口设立警戒区域，派人员进入车站协助处置。同时，设立地面指挥点，加强地面交通组织管理，开辟应急救援通道。

第二条【科学预判，提前做好大客流的流量、走向和分布预测】

［目的］

对不同类型的客流分布及演化分类分级进行研判，科学预测客流流量、流向以及时空分布是做好大客流安全防范及组织管理的基础。

［要点］

1. 对不同类型大客流进行分类管理。大客流事件可分为因节假日、大型活动、恶劣天气及日常客流高峰等引起的可预知大客流，以及因为突发运营延误、事故、故障、突发灾害等引起的不可预知大客流。

2. 常规大客流的经常性研判。运营单位应当对工作日早晚高峰时段和周末节假期间车站大客流的形成规律和周期性波动开展经常性的研判，提前做好大客流的流量、走向、分布预测。

3. 非常规大客流的提前预判。在可预知的大型活动及其他事件之前，应由活动组织方会同轨道交通运营管理部门委托具有相关资质的研究、设计单位采用科学的方法对客流在各轨道交通线路、路径之间的分配和分阶段波动情况进行预测，重大事件应提前1～6个月开展预判。对不可预知的突发事件应积累和分析客流演化的规律，为将来同类事件客流风险管理形成可参考可借鉴的范例。

第三条【规范大客流事件的人流应对预案编制及管理】

［目的］

科学编制合理的预案和有效的管理有助于应对、处置大客流事件及突发事件。

［要点］

1. 做好大客流事件的应对处置预案。城市公共安全应急处置机构会同涉及的公共管理部门及交通运输部门，针对不同客流规模和分布特征、事件类型、涉及的交通运输方式做好大客流事件的分级、分类预案编制，并根据人流变化情况编制现场处置方案。车站大客流处置遵循“安全第一、果断响应、分工有序、信息畅通”的原则，处置流程按照预判—启动—响应—恢复的顺序进行。

2. 形成高效有序的应急预案管理机制。依据《国家突发公共事件总体应急预案》、国家和省市有关管理办法及交通行业有关管理规定，对制定的预案应形成分级、分类的管理体系和查询、运用机制，及时做好预案的废、改、立工作。

第四条【划分轨道交通车站等级，实施分类管理】

［目的］

根据车站客流的集散规律与车站的类型、等级，对车站分级分类进行大客流风险管理。

［要点］

1. 做好车站的分类与分级。按照车站日均客流、换乘功能、行车复杂程度等，对轨道交通车站进行等级划分，依次可分为特大型车站、大型车站、中型车站、小型车站等四类车站。

2. 根据车站等级配套相应的管理措施。管理部门应针对不同等级的车站进行分类管理，并配备与其等级相应的人员队伍及设施设备。

第五条 【加强客流密集区域容量及空间布局的设计与管理】

［目的］

客流密集区域是客流管控的关键区域，在设计阶段进行科学的布局和容量设计，在运营管理阶段要根据客流变化进行动态的容量控制和管理优化调整。

［要点］

1. 加强客流密集区域容量和布局的科学设计。在设计阶段应当严格按照设计规范要求，根据近期、中期、远期轨道交通线路的客流预测数据，设计好车站中的售票、检票、乘降、进出口、通道以及商业服务等客流密集重点区域的容量需求和空间配置，其中换乘区域必须确保足够的缓冲空间，以防客流瞬间聚集所导致的风险。科学设计还应当包括多媒体信息发布系统以及墙壁、空中、地面导向标识在内的多种形式的客流引导系统。

2. 根据客流变化进行动态的容量控制和管理优化调整。在运营管理阶段根据客流的增长变化对重点区域的空间布局和利用进行优化和调整，在客流高峰期和大客流事件时严格按照设计标准控制重点区域的客流密度。

第六条 【加强紧急疏散通道的疏散能力设计与管理】

［目的］

疏散通道是大客流管控的生命线，既要做到科学合理的通道设计，特别是特殊通道的疏散能力设计，又要做好通道运用中的动态分配与管理。

［要点］

1. 在设计阶段科学进行通道疏散能力的计算与布局设计。根据预测客流设计合理的通道宽度、长度、坡度和紧急出口的位置。

(1) 加强坡度或水平曲线急剧变化区域的空间设计和警示信息设置，避免造成客流在这些区域的拥堵和冲突。

(2) 加强楼扶梯宽度设计，保证楼梯、扶梯有足够的宽度，并在一定宽度下设置顺向护栏，保证客流密集时的分流和行走安全。

(3) 加强坡度或水平曲线急剧变化区域的空间设计，避免造成大客流在这些区域产生拥堵和冲突。

2. 运营管理中确保设备可用、够用。加强疏散通道设施设备的常规检修，保证所有疏散设备能够正常使用，同时根据客流条件及时调整通道布局，保证日常大客流能够得到顺畅疏解。

【参考资料】

2020年2月下旬，在经历了新型冠状病毒引起的肺炎疫情返程复工后，上海地铁全网络客流呈现逐步上升的态势。为做精做细上海地铁疫情防控和复工大客流管控，上海申通地铁集团有限公司健全组织体系、统一指挥、精准把握、科学施策，持续强化客流预警、精细客运组织管理，动态分析、科学配置运力，细化车站和车厢内满载率管控措施，有效实现了疫情防控和轨道交通运营安全畅通。

申通地铁成立疫情防控工作领导小组，指定运营管理部(运管中心)牵头，客运市场部、票务管理部、媒体信息部和各运营公司(客服部)联合成立"新冠肺炎疫情防控上海轨道交通大客流对策部"，3月9日正式启动。疫情防控大客流对策部下设指挥协调、客运组织、客流监控、舆情监控四个工作小组，建立了大客流组织分析评估与改进、大客流管控的沟通联动和客流调查分析三大工作机制，通过精准客流预测、强化现场客流监控、及时掌握乘客舆情，因线因站施策，对路网各车站做到动态管控、精确限流、灵活调整行车和客运组织，控制人流密度和满载率，有效落实疫情防控措施，做到"一日一分析""一日一对策"，做好点、线、网客流组织的综合统筹平衡。

5.2　轨道交通大客流的监测与预警

第七条【做好控制区域的客流变化及突发事件实时监测】

［目的］

客流在车站空间的分布是不均匀的，把最易产生大客流拥堵区域的人流密度控制好就能保证站点客流的安全，这些区域称为"控制区域"，一般位于售票、检票、安检、候乘、乘降、进出口等通行速度较慢的区域以及狭窄通道内。

［要点］

1. 密切监测。在控制区域布设近场摄像视频监控和红外线监控设备，甚至借助于移动通信平台、Wi-Fi网络和高精度室内定位技术对控制区域的人流密度、速度变化进行实时监测，利用公共交通卡、售检票数据、列车载客情况数据及运行状况监测站点输入输出客流变化，及时发现安全隐患，发出预警。

2. 及时预警。利用安全报警系统对各类突发事件进行实时监测，及时采取应急处置措施。

3. 持证上岗。负责视频监控的人员应具备专业技能并持证上岗。

第八条【科学开展客流变化的动态评估和即时警报】

［目的］

运用车站实时客流监测数据，以客流量和客流密度为关键指标，动态进行客流聚集安全程度的评估，并实时发布大客流安全警报。

［要点］

1. 大客流强度等级。根据车站客流拥挤程度和突发事件情况，结合轨道交通日常运营管理和秩序维护工作，将大客流等级按照强度递增分为Ⅲ级、Ⅱ级、Ⅰ级三个级别，并分别设定相应的现场指挥和启动条件。

2. 人群安全等级。先对控制区域分别评估安全等级，再综合形成站点总体安全等级。空间越封闭，大客流拥堵时危险性越高。

(1) 不同区域客流拥堵危险程度由内向外逐次降低，排列如下：最危险的是乘降、候乘区域，其次是安检、售票、检票区域；再次是进出口区域。

(2) 控制区域和站点总体的人群安全等级分为安全、Ⅲ级隐患（一般）、Ⅱ级隐患（较大）、Ⅰ级隐患（重大）四个等级，通常应控制在Ⅱ级隐患等级以内。

3. 客流密度。客流密度应按照携带行李多少进行分别评估和预警。其中衔接航空、铁路及长途汽车等城际交通枢纽的站点乘客携带行李较多，有别于市内普通站点的乘客人流密度的计算。

4. 动态评估。客流的动态评估应当在关注客流密度的同时，结合实时客流秩序，科学评估。

［注］ 对于轨道交通站点而言，应当以控制区域的人流密度为主要指标。根据以往研究，步行人流密度应按照携带行李多少分别进行评估和预警。机场、铁路、长途巴士旅客携带行李较多，应按以下标准评估：客流密度小于 0.3 人/m^2 时为安全，客流密度为 0.3～0.5 人/m^2 时为Ⅲ级隐患，客流密度为 0.5～0.9 人/m^2 时为Ⅱ级隐患，客流密度大于 0.9 人/m^2 时为Ⅰ级隐患。交通枢纽衔接的城市公交、轨道交通站点为混合人流，部分旅客携带行李，应按以下标准评估：客流密度小于 0.5 人/m^2 时为安全，0.5～0.7 人/m^2 时为Ⅲ级隐患，0.7～1.3 人/m^2 时为Ⅱ级隐患，大于 1.3 人/m^2 时为Ⅰ级隐患。市内交通站点乘客携带行李很少，按照以下标准评估：客流密度小于 0.7 人/m^2 时为安全，密度为 0.7～1.1 人/m^2 时为Ⅲ级隐患，1.1～2 人/m^2 时为Ⅱ级隐患，大于 2.0 人/m^2 时为Ⅰ级隐患。

第九条 【根据客流评估和运营情况及时发布客流安全短期预警与信息报告】

［目的］

车站将运输组织对站点客流的影响、站点实时客流监测和安全评估结果进行综合评估，及时做出站点客流变化的短时预测，并向公共安全管理部门和轨道交通运营管理部门发出短期预警和信息报告。

［要点］

1. 客流短期预警。可利用公共交通卡、手机刷卡数据、售检票数据、列车载客情况数据及运输组织计划提前 20～30 min 的站点客流输入输出短时预测，结合站点当前的客流安全评估等级提前 20～30 min 发布相应级别的短期预警和信息报告。

2. 预警与安全等级相对应。依次划分为Ⅲ级大客流预警（引导）、Ⅱ级大客流预警（限流）、

Ⅰ级大客流预警(疏散)三个等级。发生大客流时,公共安全管理部门和轨道交通运营管理部门应分别针对客流安全评估等级和预警等级,实施由内而外的三个级别的客流疏导措施。

3. 及时恢复。大客流危险消除时,应当宣布解除预警,适时终止相关措施。

5.3 轨道交通现场客流组织

第十条【及时做好大客流变化的动态信息发布】

[目的]

轨道交通运营管理部门及时向有关部门和乘客发布活动现场及有关线路的运营信息和枢纽、站点的客流变化信息。

[要点]

1. 事先信息发布。在可预知的大客流事件发生前1～2天,通过各种电视、网络等媒体工具及时向居民和事件涉及的人群发布大客流预警以及交通管制信息,提醒人群提高安全意识,做好个人的安全防范。

2. 事中信息发布。在大客流事件中,通过活动现场和站点多媒体信息系统、移动通信、互联网等平台和各类终端、应用程序向人群发布活动场所和枢纽、站点的人流量信息及人群密集点信息,发布各种有关交通方式运营及换乘信息。对外信息发布要起到引导人群保持理性、放松的情绪,引导人群适当选择出行方式和路径,避免引发群体恐慌和骚乱。

3. 事后信息发布。大客流警报解除后,通过多媒体信息系统、移动通信、互联网等平台和各类终端、应用程序向人群发布站点、线路恢复正常运营信息。

【参考资料】

2020年4月,在新冠肺炎防疫期间,为提升早高峰期间出行服务水平,提升乘客乘坐体验和保障出行安全,上海地铁启动了"早高峰乘坐舒适度预告",通过上海地铁官方微博、微信、电视广播以及"上海发布"等平台,发布各线路区间的乘坐舒适度和早高峰实施进站限流的线路、车站和时段,方便乘客提前做好出行准备,错峰或调整出行方式。地铁公司根据历史特征日的客流数据和近期客流变化趋势监测数据对次日早高峰全网客流出行路径和断面客流量做出预测,并以列车满载率为主要指标,预估各运行区段的列车拥挤情况和舒适度,并根据客流监测和预估,形成全网早高峰车站进站限流的方案。同时,上海地铁依托官方App等移动应用软件,实时显示告知各线路区段车厢状态,为市民乘行提供有效引导。此外,上海地铁早年就通过公共平台实时发布线路上的乘坐拥挤度,并在各类大型活动和突发事件前进行客流预测,形成客流管控、车站限流预案,并根据事态发展实时调整和预警。近年来,地铁公司运用票卡数据、移动支付、Wi-Fi数据对汉中路等车站开展了客流变化的动态监测与分析,结合历史客流数据对当日客流变化进行短时预警。

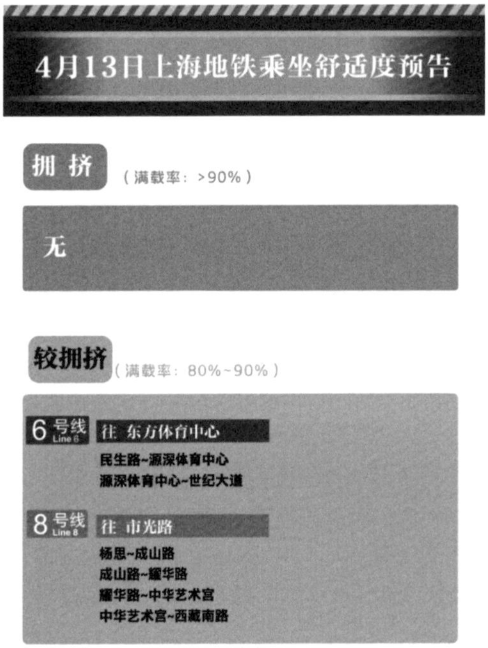

第十一条【车站按照“缓进快出”的原则实施客流控制】

［目的］

高峰时段确保轨道交通各类型车站候乘区、进出站区客流安全有序。

［要点］

1. 延缓客流进站速度。车站应在大客流时段按照“缓进快出”的方式实施客流的管理，即通过蛇形通道、绕行等方式延缓客流进站、候车的速度。

2. 引导到站客流迅速出站。控制车站检票区内客流量，确保站内客流有序，保障站内乘客的人身安全。

第十二条【保持多种交通方式以及大型活动场所导向标识形式和内容的一致性】

［目的］

大型活动期间，站点的导向标识系统要便于识别，不产生歧义，高效引导客流快速换乘和往返。

［要点］

1. 导向标识的无缝衔接。在大型活动期间和日常的交通运营组织中，应注意通过优化导向标识系统做好多种交通方式引导信息的无缝衔接，在具有衔接多种交通方式换乘功能的站点设置图形、色彩、尺寸及布设位置一致的导向标识，指示通行和换乘方向、距离，便于旅客认识理解，减少行走距离和时间的浪费。

2. 标识内容的一致性。保持多种交通方式导向标识内容的一致性，各站点的衔接换乘方案及行走方向、距离信息保持一致，路径清晰，不产生歧义。

第十三条【保证各行走路径上导向标识的空间连续性】

[目的]

在大型活动及站点，客流行走路径上的导向信息作用范围要空间连续和无缝衔接。

[要点]

1. 合理确定导向标识的位置。根据墙面、吊挂及地面导向标识的视觉特性，准确计算每个导向标识的有效角度和作用距离，合理确定导向标识的位置，重点加强拐角处的导向标识设置，既减少各导向标志作用范围的重叠，又保证每类导向标识的作用范围在空间上没有间断和盲点，各类导向标识间相互补充配合。

2. 确保标识系统的连续引导。应当从总体上确保乘客快速寻找并确定行走路线，且行走流畅，在大客流条件下能够连续引导客流沿预设路径疏散。

第十四条【做好各行走路径上导向信息的分区域逐级引导】

[目的]

大型活动及站点的导向标识系统，要实现在客流行走过程中的途经路径的逐级引导和无缝衔接。

“导向标志的逐级引导”是指在旅客接受服务和去往目的地的路径上分段发布导向标识的内容，指示范围和方向由大到小、由粗到细地逐级明确行走路径，使客流按照服务流程和目的地逐渐分流。

[要点]

1. 构建步行逻辑网络。梳理清楚各类服务流程及由某处去往目的地的行走路径，构建清晰的步行逻辑网络和分级标识区域。

2. 确定路径关键节点。在满足导向标识空间连续性的基础上，选择各路径上的关键节点对导向信息进行逐级细化。

3. 导向标识信息。同一块导向标识牌上应对附近区域和相邻指示级别的方向及距离信息详细标示，对较远区域和不相邻指示级别的目的地仅选择重要节点标示方向。

第十五条【加强客流密集期间的交通枢纽和站点的人工和广播引导】

[目的]

在大型活动和客流高峰期，在车站控制区域应当增加人工引导和广播引导，引导客流有序运动和疏散。

[要点]

1. 人工引导和广播系统的导向级别更高。人工引导和广播系统的导向级别高于导向标识系统。站点可用工作人员不满足数量要求时，应报请控制中心和公安部门派员增援。

2. 控制区域的人工引导。在控制区域客流密度达到有隐患级别时，根据安全等级逐步增加人工引导人员的数量。在客流密集点、进站闸机、电扶梯入口、通道等重要控制点安排人员指引、疏导乘客。Ⅲ级隐患级别时，控制区域沿行进方向设置引导人员，为 1 人/20 m；Ⅱ级隐患级别时，控制区域的引导人员为 1 人/10 m；Ⅰ级隐患级别时，控制区域的引导人员为 1 人/5 m。

3. 站内客流引导信息的播放。站点内部广播系统应当循环播放客流引导信息。

第十六条 【改善客流密集期间的通道、楼扶梯运用】

［目的］

减少客流的对向冲突和交叉干扰。

车站的通行设施主要包括通道、楼扶梯，在客流密集期间应加强通行设施的管理，对客流进行渠化分流，减少客流的对向冲突和交叉干扰。客流密集期间，行人间的干扰影响大，当不携带行李的客流密度达到 0.54 人/m^2时，随着客流密度的增加，通行速度将极大降低，此时必须避免对向客流冲突和侧向客流的交叉干扰。

［要点］

1. 采取客流隔离和渠化措施

(1) 在通道和楼梯中，可沿通道或楼梯走向设置隔离栏，并采取右侧通行的规则来分离对向客流。

(2) 对于客流走向复杂的换乘大厅，应合理设计各方向乘客行走流线，并对各方向客流增设护栏限定走向，以避免交叉干扰。

(3) 上述隔离的单向通道宽度不小于 1.5 m，可允许速度较快者从左侧超越。

(4) 必要时，为延缓进入候乘区、乘降区，可适当通过增加栏杆设置迂回通道。

2. 合理运用自动扶梯

(1) 在市内交通站点，可在客流密度较小时提倡自动扶梯左行右立规则，方便通行；但客流密度变大时应禁止左行右立。

(2) 与火车站、机场等连接的交通枢纽站点，由于携带行李的旅客较多，应禁止左行右立。

3. 加强空间变化区域引导

在空间变化区域，如楼扶梯入口、坡道和弯道变换较大处，行人易产生停顿和迟疑，在客流密度较大时会产生放大效应而降低客流的流畅度，产生拥堵。应加强警示和人工引导，减少这些区域的拥堵。

第十七条 【做好客流聚集区域的服务能力配置及合理空间分区】

［目的］

在售检票、安检、候乘、乘降等区域易形成人群聚集，合理配置设施设备的服务能力，减少封闭空间滞留，避免客流在候乘和乘降区域聚集为核心，确定其他设施设备的服务能力。

［要点］

1. 限制进站。对于进站和换乘客流，应适当限制售检票、安检的能力和进入候乘区域的通道能力，减缓客流进站。

2. 确保出站。对于出站客流，应保持通道和服务环节畅通。

3. 区域划分。客流聚集区域要合理划分区块，避免客流混合。

4. 有序等候。在客流量较大时，在售票、检票、安检等区域应通过护栏设置排队等候区域，使客流有序聚集、等候，减少与其他进出站通行客流产生干扰。

【参考资料】

近年来，上海轨道交通对大型换乘车站的换乘大厅和通道均根据客流变化逐步做了空间布局的动态控制和管理优化。其中，汉中路站是三线换乘枢纽站，站内以换乘客流为主，日换乘客流约 20 万人次。该站客流以上下班通勤客流为主，具有典型的早晚潮汐性，早高峰时段 1 号线换乘 12 号、13 号线客流较为集中，晚高峰时段 12 号、13 号线换乘 1 号线客流较集中。针对这一特点，车站在换乘大厅增设了移动栏杆和抽拉式固定栏杆，于早晚高峰启用，对换乘客流进行渠化、分流，并在大厅中形成逆时针环岛式走向，极大地避免了各流向客流的交叉干扰和对向冲突。同时，在站台增设“高岗”，加强站台引导和瞭望，确保高峰期屏蔽门和列车关门良好，避免站台客流发生拥挤事故。此外，处于南京东路商业街的河南中路站，2 号线和 10 号线全天换乘客流量均较大，车站在较长和较大的换乘通道中轴线设置固定铁马，使两线换乘客流完全按方向分离，杜绝对向客流冲突。

第十八条 【加强因恶劣天气、灾害性天气导致的车站内及各出入口的人群滞留疏导】

［目的］

在遇到恶劣天气时，引导、疏散车站内及各出入口的拥挤客流，防止滞留引发站内乘客爆满。

［要点］

1. 出站口乘客滞留。突发的恶劣天气、灾害性天气将导致出站乘客无法迅速离去，在出站口滞留，源源不断的出站客流在各出入口不能得到有效迅速疏散，容易集聚发生危险。

2. 增派管理人员。车站应当迅速采取措施，增派人员到出入口维持秩序。

3. 采取应急举措。此时应当停止自动扶梯的运行，并视情况采取相应措施疏导客流。

第十九条 【加强突发大客流事件时车站的现场组织指挥】

［目的］

确保大客流事件时车站具备有序、快速疏散客流的管理能力。

［要点］

1. 明确管理职责。车站各相关部门要按照大客流响应等级，明确现场指挥的职责，细化现场指挥权交接流程。

2. 佩戴醒目标志。大客流等级响应启动后，现场工作人员应当佩戴醒目的标识进行客流疏导，便于现场人员和增援力量识别。

5.4 轨道交通大客流的应急处置

第二十条 【果断响应,做好大客流预警的迅速应急响应和前期处置】

[目的]

在收到大客流的预警信息后,参与应急处置的各类各级部门要迅速响应,做好前期处置,根据事态发展级别采取相应的应急组织和客流控制措施。

[要点]

1. 准确预判大客流

(1) 轨道交通线路运营控制中心应当根据各类突发性运营故障恢复时间,准确预判故障对运营的影响程度。

(2) 轨道交通网络运营协调与应急指挥室应根据天气预报信息,及时发布自然灾害预警。

(3) 公安、消防部门应当根据火灾、治安事件或恐怖袭击等不同情况,及时判断事件对运营的影响范围和程度。

2. 启动大客流响应

(1) 当发生一般级突发性大客流时,站点要及时了解清楚产生突发客流的原因、规模以及可能持续的时间;利用广播系统认真做好宣传,及时组织人员维持秩序;及时组织驻站各部门员工参与控制客流和重点维持候乘秩序,同时通知驻站公安,向调度报告,请求支援。指挥机构迅速响应,一般级突发性大客流时,由值班主任行使指挥机构总指挥职权。

(2) 当发生较大级突发性大客流时,由值班主任向指挥机构报告同意后,启动应急预案,指挥机构和现场处置机构自然成立,成员赶赴指定地点。

(3) 当发生重大级突发性大客流时,由指挥机构总指挥向运营管理部门领导报告,根据上级领导的指令,启动应急预案。调度部门迅速响应,向发生人潮的站点值班站长了解人潮动向及站点组织方案,视情况决定调整运营,增加站内新风量,并检查各变电所运行情况。各类救援队伍迅速响应,驻站公安接到站点发生突发性大客流报告后,加强对重点部位的巡视和防范工作;与站点进行有效配合,快速、果断地处置,确保客流得到有效控制。站务中心接到站点要求增派人员支援的请求后,迅速组织支援人员立即前往该站支援。控制中心接到站点要求增派人员支援的请求后,向指挥机构总指挥报告,视情请求地铁公安警力支援。

第二十一条 【Ⅲ级大客流的疏导措施】

[目的]

有效引导客流。

[要点]

1. 站内措施。车站立即组织站内力量,单向关闭换乘通道、车站进站闸机,对出入口、楼梯实施限流措施,加强现场广播告知,设置临时导向指示标志,并视情向运管部门请求调整列车运行方式。

2. 重点部位专人值守。车站民警立即组织保安、安检员等人员到自动扶梯、候车站台、换乘通道、车站出入口等客流拥堵险情点进行值守,并利用电喇叭加强宣传提示。

3. 调整运行。轨道交通运管部门视情进行运行调整,提升大客流组织响应区段运力,缓解客流拥堵。

4. 具体措施

(1) 值班站长组织工作人员采取限制客流前往乘降、候乘区域的控制措施,尽快向外疏散乘降、候乘区域乘客;视情况申请支援,在事件初期迅速出动,开展应急处置工作;安排人员做好临时导向标志、告示牌、临时售票亭等客运设施的准备、设置工作;指派站务人员改变电扶梯运行方向,必要时在电扶梯前指派人员指引乘客;通知驻站公安。

(2) 值班员关闭部分售检票设备,通过广播告知旅客售检票设备关闭的原因及持续情况;通过监视器密切注意站内动态,保持与控制中心及现场指挥的联系。

(3) 控制中心应当确认大客流概况,向各调度通报概况,决策并进行运营调整;监督运行调整方案的执行;落实信息通报。

(4) 现场指挥负责人赶赴现场进行指挥,安排后续工作。

第二十二条 【Ⅱ级大客流的疏导措施】

[**目的**]

有效限制客流。

[**要点**]

1. 运管部门增援现场。轨交运管部门立即安排应急增援力量赶赴现场,对换乘通道采取单向或双向关闭措施;对出入口、楼梯实施限流;关闭部分客运设施;加强现场广播告知,设置临时导向指示标志;必要时向运管部门请求调整列车运行方式(加开、跳停等)。

2. 公安部门增援现场。公安部门按照“每个险情点不少于 2 名民警”的标准,就近调派增援警力迅速赶赴现场,在自动扶梯、候车站台、换乘通道、车站出入口等客流拥堵险情点增加值守岗位和人员数量,加强组织疏导。当车站出现局部或大面积拥堵时,视情指派若干小组进行梯次增援。

3. 调整运行。轨道交通运管部门采取“加开备车、放空始发站列车、实施交路运行、单向越站运行”等方式调整运行,提升大客流涉及区段运力,加快客流疏散速度。同时,加强相邻线路枢纽车站客流情况监控,适时在轨道交通官网、移动电视、乘客诱导系统发布运营调整信息,加强出行提示和引导。

4. 具体措施

(1) 值班站长组织力量采取限制客流前往安检、售票、检票、值机区域的控制措施,尽快疏导客流;申请支援队伍;指派站务人员改变电扶梯运行方向直至停止,必要时在电扶梯前指派人员引导乘客;指派站务人员设立指示牌及隔离设置以控制客流的方向,进、出分流来控制乘客进入站点及延长旅客进入时间。

(2) 值班员关闭部分或全部售检票、安检、值机设备，指派人员在设备前发布通告；通过广播告知乘客有关设备关闭的原因及持续情况；通过监视器密切注意站点动态，保持与控制中心及现场指挥的联系。

(3) 控制中心密切关注客流状况，加强与站点沟通；决策并进行运营调整。造成连续多个站点较长时间延误时，运行调度员根据现场实际情况及时对运行方案进行调整，防止运行间隔过大。

(4) 现场指挥负责现场处置方案的具体执行；保持与控制中心及值班站长的联系。

第二十三条 【Ⅰ级大客流的疏导措施】

［**目的**］

有效疏散客流。

［**要点**］

1. 车站停运。车站停止客运服务，换乘通道双向关闭，各出入口实行"只出不进"管控措施；在重点部位增设疏导岗位及人员，并加强广播宣传引导；车站按规定流程及时上报相关信息。

2. 警方指挥疏导。由市级常设应急指挥机构牵头，指令地区公安分局增援警力进入车站，在自动扶梯、站台站厅、出入口通道等客流拥堵险情点进行疏导，减轻站内客流拥挤程度；疏导地面交通，指令沿线地区交警部门开辟应急通道，并视情实行区域性临时交通管制和分流措施，落实接驳公交车临时停放、上下客等措施；加强治安秩序管理，指令地区公安分局根据现场人流聚集情况，划定警戒区域，设定人员疏散安置点，做好车站出入口周边的治安秩序维护和管理工作；视情采取现场救援。

3. 运管部门综合协调。轨道交通运管部门重点监控相邻线路枢纽车站客流情况，并在轨道交通官网、移动电视、乘客诱导系统上发布诱导提示信息；协调交通部门启动"公交预案"，并向其及时报告轨道交通运营调整情况。同时，与媒体保持良好的沟通，并利用信息发布手段加强宣传与告知。

4. 具体措施

(1) 值班站长立即组织力量采取限制客流进入站点的控制措施，尽快疏导客流；指派站务人员设立指示牌及隔离设置，客流分批放行，根据客流情况提出运营调整的建议并按上级指令组织实施；如得到关站指令后，指示站点各岗位人员执行只出不进直至关站，指派站务人员将电扶梯全部改为出站方向，必要时在电扶梯前指派人员指引乘客；得到启动公交接驳指令后，指派人员指引乘客前往公交接驳点，并维持现场秩序；做好乘客的劝阻工作，防止事态的进一步扩大。

(2) 站点值班员通过广播告知乘客相关安排；向控制中心申请增加运力运送站台乘客；通过监视器密切注意站点动态，保持与控制中心及现场指挥的联系。

(3) 控制中心增加运力运送站台乘客；通知公安部门到站点现场提供协助，维持公共秩序；向上级领导汇报，需外部力量联合处置或公交接驳时，得到上级指令后向站点发布关站指令和启动公交接驳指令。

(4) 现场指挥向指挥机构总指挥提出运营调整及关站申请。指挥机构的总指挥通知控制中心下达运营调整及关站指令。

第二十四条 【大客流的多种交通方式的联动响应】

［目的］

在轨道交通线路发生突发事件情况下，应当及时联动其他交通方式增援，并提出明确的增援需求。

［要点］

1. 备好各类标识牌。在站内准备公交临时专线车辆标识牌和公交短驳应急疏散点标识牌。

2. 引导地面公交。在预案启用(时)后，及时引导地面公交或出租汽车救援车辆到指定地点，做好公交临时专线车辆标识牌交接工作，并协助公交现场增援人员做好现场管理工作。

3. 做好解释和引导服务。利用广播及时发布信息，向乘客做好解释和引导工作，按照有关规定做好退票及其他安抚工作，并通过设置车站临时导向牌等措施，有序向地面公交或出租汽车增援车辆疏散乘客。

4. 大型活动或大规模运行延误的应对措施。当大型活动或大规模运行延误发生时，发生延误的交通运输方式无法缓解客流滞留，应当借助其他交通方式来联动配合及时将滞留客流输送到目的地。

(1) 轨道交通和客运码头应主要借助于平行运行的地面公共交通线路或紧急增加公交车辆来输送人流。

(2) 同一交通枢纽的航空与高速铁路可互相分担，输送相同目的地的客流。

(3) 在客流滞留枢纽和站点周围设置交通封控区，对事发地点周边交通秩序进行维护疏导，防止发生大范围交通瘫痪；开通绿色通道，为应急车辆提供通行保障。

【参考资料】

2018 年 11 月 5 日至 10 日，首届“中国国际进口博览会”在位于上海的青浦徐泾、虹桥交通枢纽西侧的国家会展中心举办。毗邻国家会展中心的上海地铁“三线三站”(2 号线徐泾东站、10 号线虹桥火车站站、17 号线诸光路站)迎来大客流。为满足展会客流的出行需求，上海地铁制定了专项方案保障展会期间地铁运营平稳通畅。主要措施为：

(1) 根据交通管制措施要求，实施陆家嘴站、徐泾东站部分时段临时管制。根据市公安局临时交通管制措施要求，11 月 4 日 15:00—21:30 时段，2 号线陆家嘴站实施封站；封站期间，途经陆家嘴站的列车均不停站，车站保留部分出入口开启，开放临时过街地道。此外，11 月 5 日 5:00—14:00，2 号线徐泾东站实施封站；封站期间，徐泾东站不办理进出站业务。

(2) 2 号线提升运能，10 号、17 号线增加备车投放。会展期间，2 号线调整运营方式，提升运能。11 月 5 日，2 号线徐泾东站临时封站期间，2 号线维持大小交路运行方式，“广兰路站—淞虹路站”区段内列车运行间隔约 3 min、“淞虹路站—虹桥火车站站”区段内列车运行间隔约 6 min；11 月 5 日徐泾东非封站时段及 6 日至 10 日，2 号线将调整为“广兰路站—徐泾东站”单一交路运营，列车运行间隔约 3 min。同时，10 号、17 号线将增加备车投放，一旦发现运能不足，将及时加开备车强化运力调配，提升运能，尽快输送观展乘客。

(3) 徐泾东站适时调整出入口通行。11 月 5 日,根据计划,5:00—14:00,2 号线徐泾东站封站,当日其他运营时段内,2 号、3 号、4 号、5 号、6 号口关闭,8 号口只出不进,9 号口只进不出;11 月 6 日至 10 日,2 号线徐泾东站 2 号、3 号、5 号口关闭,6 号、8 号口只出不进,9 号口只进不出,上午进场高峰时段 4 号口关闭,下午离场高峰时段,4 号口只进不出。

(4) 虹桥火车站站、诸光路站在展会期间也加强现场客运服务力量,全力做好展会客流、虹桥枢纽换乘和抵离沪客流的疏散引导工作。如遇瞬间大客流,车站也将根据现场实际情况采取一定的限流措施,提醒乘客根据现场工作人员指引,有序换乘、文明乘车。

(5) 徐泾东站周边开设 3 条公交短驳,满足大客流观展出行需要。展览期间,散场时段国家会展中心开设 3 条至周边轨道交通站点的公交短驳专线,在分担轨道交通散场客流压力的同时,作为轨道交通大客流及突发事件下的应急保障运力,也起到疏散和引导集中散场观众的作用。

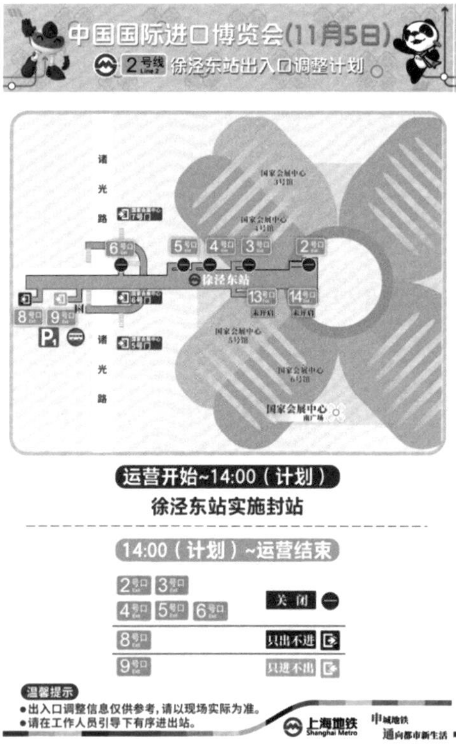

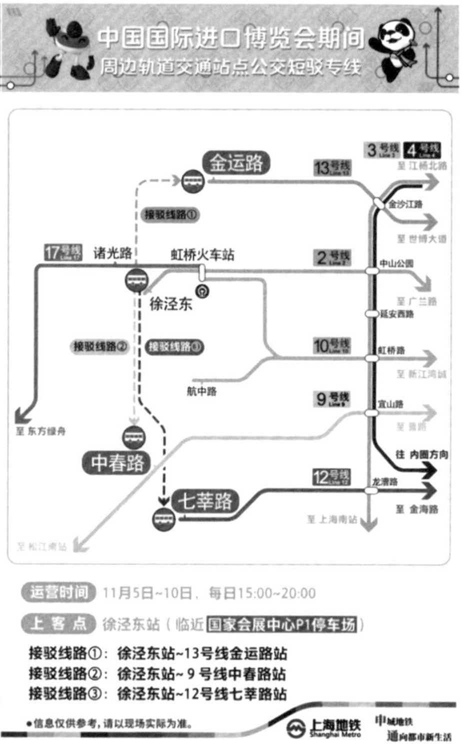

第二十五条 【对事故故障和突发安全事件迅速采取救援措施】

[目的]

全力保障乘客人身安全,快速疏散站内乘客。

[要点]

1. 执行应急处置预案。对于各交通运输方式发生的运行事故、故障及火灾、毒气、爆炸、传染性疾病疫情等危害人身安全的突发安全事件,应当立即按照应急处置预案快速处置。

2. 保障乘客人身安全。应急处置有关各方迅速根据事件类型采取救援措施,打开应急疏散通道，迅速疏散人群，在确保运营安全的基础上，尽快恢复线路运行，全力保障乘客安全。

第二十六条【做好应急处置的各类设施设备的保障】

［目的］

为有效实施应急处置，车站所需的各类应急设施、设备，必须完好配备、充分保障。

［要点］

1. 隔离设施。轨道交通运营管理部门应根据客流变化规律和周边大型临时活动的情况，事先在相关车站出入口、站厅和站台相应位置加装固定或移动隔离措施。

2. 车站应当配备的物资装备。车站应备有车站平面图、警戒绳、导向标志、应急通讯录、黄(红)色马甲、反光背心等用品，还应配备手持电台、喊话器等装备，准备好致歉信、赠票、零币、限流告示、限流广播词、卷帘门应急钥匙等，并加强管理，确保随时可用。

3. 车站警力应当配备的物资装备。轨道公交总队车站民警要配有公安通信手台、喊话器、指挥袖标，警务室要配有警戒带、喊话器等相关疏导客流的装备，并确保完好可用。

4. 警方应当携带的物资装备。地区公安分局民警应当在接到指令后根据要求携带警戒绳、公安通信手台等装备赶赴现场。

第二十七条【做好大客流安全事件的后期处置和总结】

［目的］

大客流事件现场处置结束后，及时评估其后期影响，做好善后工作，对事件影响进行后续调查，对处置过程和效果进行评估，总结经验教训，分析查找问题，提出改进措施。

［要点］

1. 组织善后工作。相关管理部门要及时组织制定补助、补偿、抚慰、抚恤、安置和环境恢复等善后工作方案并组织实施。组织保险机构及时开展相关理赔工作，尽快消除大客流突发事件的影响。

2. 调查事故原因。按有关规定成立调查组，查明事件原因、性质、人员伤亡、影响范围、经济损失等情况，提出防范、整改措施和处理建议。

3. 评估处置过程。突发事件响应终止后，履行统一领导职责的相关政府部门应当及时组织对事件处置过程进行评估，总结经验教训，分析查找问题，提出改进措施，形成应急处置评估报告。

5.5 大客流管理的社会参与

第二十八条【逢重大节假日，重点车站可增设武警值守】

［目的］

加强重大节假日大客流风险管理。

［要点］

1. 重大节假日及重点车站。在新年、春节、五一、十一等传统重大节假日期间，部分重点车站客流激增，应当重点防控。

2. 武警值守。根据节假日大客流的特征，市级应急指挥联动部门可提前预警，在重点车站重大节假日时增设武警值守，保障轨道交通线路、车站安全平稳运行。

第二十九条【严格执行地铁安检，乘客不得携带具有危险性质的物品进站乘车】

［目的］

保障轨道交通线路和车站的运行安全，维护广大乘客的出行乘车安全。

［要点］

1. 易燃易爆化学品。乘坐轨道交通禁止携带 2 000 毫升（含）以上白酒，5 个（含）以上打火机，10 盒或 200 根（含）以上火柴，以及包装上带有易燃、易爆等危险化学品标志的花露水、指甲油等日常用品。

2. 其他危险用品。菜刀、砍刀、美工刀等刀具，锤、斧、铲、锹、镐等可能造成人身伤害的生产用品也纳入禁止携带的物品范围。

3. 具体做法。对于携带上述物品的乘客，可自弃物品后进站乘车或者改乘其他交通工具，否则地铁工作人员应当拒绝其进站乘车。

第三十条【组建市级轨道交通安全志愿者队伍】

［目的］

志愿者辅助参与维护轨道交通车站进出站、售检票、上下车秩序，有助于强化全社会的安全防范意识，倡导“地铁安全，人人有责”的服务精神。

［要点］

1. 志愿服务。由政府部门和轨道交通运营部门联合发起在全市公开招募轨道交通安全志愿者。志愿者以早、晚高峰时段每周搭乘轨道交通不少于 10 次的“常旅客”为主，不限年龄、职业，以弘扬文明乘车风尚、劝阻不良行为、及时反映情况为主要职责，特定情况下需要及时制止容易引发事故的某些危险举动。

2. 组织培训。对志愿者需要进行相关轨道交通专业基础知识培训，并在参与客流组织、引导时佩戴明显标识。

第三十一条【与邻近社区、医院等机构建立应急联动机制，共同处置突发事件】

［目的］

轨道交通车站应当与邻近社区、附近医院建立有效的联动机制，在信息联通、人群疏散、人员救治、秩序维护等方面协同合作。

［要点］

1. 联动方案。市级联动指挥部门应统筹协调、指导轨道交通车站制定详细的应急联动工作方案，并编入车站应急预案。

2. 定期演练。联动各方应当定期演练，使各方配合有序，及时、快速、有效地处置地铁运营中的突发安全事件。

第三十二条【建立社区应急管理队伍，协助邻近的轨交车站处置突发事件】

［目的］

轨道交通车站相邻的社区可发动社区内的热心公益人士成立专门服务于处置轨道交通车站突发事件的应急队伍，与轨交车站“结对”，共同应对突发事件，向公众进一步推广应急救助知识和公共安全意识。

［要点］

1. 迅速集结救援队伍。一旦发生情况需要紧急处置的，社区应急管理队伍可迅速集结，协助轨交车站开展人员疏散、伤员救治、秩序维持等工作。

2. 协助开展救援。在专业队伍（救援处置人员）到来之后，也可继续协助开展相关工作。

3. 进行专业培训。社区应急管理队伍需要在政府相关部门的组织下进行专业培训和学习，配备一定的专业救助工具，并在参与处置突发事件时佩戴明显的标识。

【参考资料】

2020 年 3 月，上海地铁动员社会各方力量，协同开展大客流管控，有效保障了车站现场的公共卫生疫情防控和地铁运行秩序。

一是组织专门力量，每天针对工作日早高峰客流情况，不断强化车站、线路和网络客流的分析研判，因线因站施策，动态、协同网络管控进站客流，保障车站车厢人流的动态平衡。二是在车站设立客流观察哨实时关注高峰时段站内外乘客等候情况，对现场措施及时进行调整，通过蛇形栏杆绕行、分批次放行等举措，加强客流引导，控制乘客进站，提高客流疏散速度。三是加强站内与站外的实时协同，督促车站提前与属地街镇对接，视情启动“四长联动”（站长、轨交警长、属地派出所所长、街镇长）机制，并在高峰时段增派属地人员加强站外秩序管控和疫情防控信息宣传，强化力量配置和现场管控。四是加强与站外公交的信息联动，协同提升大客流疏散效率。客流管控措施得到了市民乘客的普遍理解与支持，总体秩序良好。

第三十三条【禁止乘客在地铁付费区内饮食，并严格规范】

［目的］

禁止饮食，是为了防止食品残渍污染车站、车厢等公共区域，造成安全隐患。

［要点］

1. 禁食区域。禁止饮食的具体范围包括站厅、站台及车厢内。禁止乘客在地铁站内饮食，旨在防止残余食物招致鼠虫，确保地铁运营线路的安全，同时防止饮料等液体喷洒在车厢、站厅等公共场所导致滑倒、引燃等危险事故。

2. 加强教育。地铁运营方应通过张贴标签、广播提醒、制作海报等形式，加强宣传教育，让乘客养成不在地铁内饮食的文明习惯。

第三十四条 【在运营高峰时段应对年老体弱者予以特殊保护】

[目的]

为了确保车站内乘客正常的行进速度，避免因通行受阻而造成人流拥堵和积压，在运营高峰时段内，特大型和大型车站对进入站内的年老体弱者予以特殊保护。

[要点]

1. 尽量乘用垂直升降电梯。建议老、弱、病、残、孕等行动不便的乘客乘坐垂直升降电梯，由工作人员护送上车，或提供休息场所等待高峰时段过后再乘车。这既是对年老体弱者的保护，也是对高峰时段乘客通行速度的确保，以免造成可能的危险。

2. 尽量避开高峰时段。提倡年老体弱者尽量避开轨道交通运营高峰时段出行。

第三十五条 【严格审核与管理地铁车站内的经营商铺】

[目的]

严格审核、管理轨道交通车站内商铺的开设与经营，严格限定经营的门类，保证站内空间的合理分配使用。

[要点]

1. 定期培训商铺从业人员。定期对店铺内的从业人员进行消防与疏散培训，使其了解站厅地形，在关键时刻发挥疏导乘客、协助突发事件处置的作用。

2. 所有商铺应在醒目位置张贴应急疏散示意图。在条件成熟的情况下，组建专门的"地铁商铺管理"机构，统一管理地铁各站点覆盖范围内的所有商业网点，并制定完善的管理规则。

第三十六条 【确保轨道交通车站外道路的畅行无阻】

[目的]

有效疏导出站客流，确保接驳车辆、急救车辆的顺畅通行。

[要点]

1. 确保站外道路畅通。严格禁止在轨道交通车站内及周边各出口道路上乱设摊点，确保站外道路的畅通。

2. 市民监督与投诉。建立信息投诉机制，一旦发现有乱设摊点、阻塞道路的情况，市民可直接反馈给相关部门。

6　城市大型活动场所大客流风险防控要略

城市生活离不开各类展览、体育、文化演出等活动。当成百上千，甚至数以万计的观众拥向大型活动场所观看比赛、欣赏演出、观摩展览时，也是需要对大客流风险严加防控的时刻。具体而言，我们应当关注这些活动场所对观众规模如何加以控制，对门票发售量如何进行管理，是否向公众充分预告注意事项，观众入场、退场的行进路线如何划定，临时搭建的舞台设施是否安全，等等。所有这些安全管理工作应当遵循展览、体育、文化演出场馆的活动规律，既确保活动有序开展，又能有效防控风险。

6.1　大型活动承办方的责任

第一条　**【在展览、体育、文化演出场馆内举办大型活动的承办者是安全责任主体。承办者应当对活动的安全负责，场馆方也应当承担与场地管理相关的安全责任】**

［目的］

明确承办方、场馆方各自的职责，强化风险防控的前端管理，确保活动安全有序。

［要点］

1. 依法承担大型活动的安全管理职责。严格按照我国《大型群众性活动安全管理条例》以及各地方人大或政府制定的地方性法律文件，履行大型群众性活动的安全管理义务，明确各方职责。

2. 活动的承办者是安全责任主体。承办方的主要负责人为安全责任人，应当与场馆方签订《安全协议书》，明确各自义务以及法律责任。活动承办者，是指负责筹备、举办大型活动并向公安机关申请安全许可的法人或其他组织，也包括在这些场馆内举办达到一定人群密度的小型活动的承办者。

3. 场馆方承担与场地相关的责任。场馆方应当承担与场馆设施、设备、场地安全等相关的责任。场馆方应当依据对场地的熟悉程度和属地管理经验，协同承办方确定具体的工作方案，完善工作流程，配备相对应的管理队伍。

第二条　**【展览、体育、文化演出场馆应当做好日常安全管理以及设施设备的维护工作】**

［目的］

确保场地条件符合安全管理需要，保持良好的运行状态，随时满足应急管理的需要。

[要点]

1. 通道与标识。应当显著标明安全撤离的通道、路线，并保证安全通道、出口的畅通。安全出口处严禁摆放展台、售货台、广告台、签到桌等设施。

2. 监控设备。设置必要的监控设施，对场所内人员流动、聚集情况进行监测。

3. 应急设施。设置应急广播、应急照明等应急救援设施和安全提示设施，并定期维修保养，确保其正常运行。

4. 应急预案。制定应急预案，并结合实际情况开展应急演练。

第三条 【大型活动承办方应当依法向公安机关提出申请，经安全许可后方可举办大型群众性活动】

[目的]

确立政府对于大型群众性活动和人群聚集活动的主导、监督和管理的职责，应当督促承办方完善活动方案，切实履行安全职责。

[要点]

1. 向各级公安部门提出申请。各级公安部门是对大型群众性活动实施安全许可的部门。

2. 申请许可前的准备。严格按照法律规定做好申请安全许可前的准备工作，包括确定活动的场所、制定安全工作方案、聘请保安和消防服务机构等。

3. 制定安全工作方案。大型群众性活动的安全工作方案应当包含以下内容：活动的时间、地点、内容及组织方式；安全工作人员的数量、任务分配和识别标识；活动场所的建筑结构和消防安全措施；活动场所的地理环境、面积、可容纳的人数以及活动预计参加人数；治安缓冲区域的设定及其标识，以及应急疏散通道、应急广播、应急照明、消防设施和无障碍设施的设置及其标识；票证管理方案、入场人员的票证查验和安全检查措施；车辆停放以及疏导措施；现场秩序维护以及人员疏导措施；应急预案。

6.2 大型活动信息的公布与方案的制定

第四条 【提前向社会公众发布参与大型活动的注意事项等信息】

[目的]

确保参与者提前知晓参与大型活动的注意事项，并主动配合大型活动的管理。

[要点]

1. 预先告知公众活动信息与注意事项。大型活动的承办方、场馆方在活动开始前，应当通过各种媒介和传播手段向社会公众或特定观众传递关于活动注意事项等信息。内容包括：交通信息、场地信息、天气信息、不可随身携带物品等事项，倡导公众文明参与，服从大型活动的统一安排等。

2. 及时更新变化的信息。信息的传达应当及时准确，并且应当及时更新。如遇活动有重大变化，必须以更为直接、有效的方式将变更信息及时传达给公众，并迅速采取应对措施。

【典型案例】

2014 年 12 月 31 日 23 时 35 分，上海市黄浦区外滩陈毅广场东南角通往黄浦江观景平台的人行通道阶梯处发生拥挤踩踏事件(略)。

第五条 【根据活动规模和观众特点制定相应的工作方案】

［目的］

针对每一次活动的特点制定工作方案，即“一活动一方案”。

［要点］

1. 精准把握活动的主要特点。展览类型、比赛项目、演艺明星等要素决定了观众的规模、年龄、层次和行为方式，应当在活动开始前做充分的了解与准备。

2. 确定工作的具体方案。场馆方应当据此建立活动分类分级管理制度，对应不同的工作标准与流程。同时，根据每一次活动的类型和级别，与承办方充分沟通，共同确定具体的工作方案。

第六条 【体育场馆和展览场馆应当详细划定每一次活动的功能区域】

［目的］

确保观众活动区域的安全以及疏散路线的畅通，确保活动的正常开展。

［要点］

1. 划分区域，应当充分考虑场地条件与特征。具体包括场所面积、建筑结构、看台分布、灯光配置、安全出口与通道的位置等。

2. 划分区域，应当充分考虑活动的内容和特点。具体包括活动规模、活动范围、活动环节、组织程序、工作人员数量等。

3. 划分区域，应充分考虑活动功能的需要。应当预留主席台、嘉宾区、工作区、演职人员区等，并且必须保留人群缓冲区域。

第七条 【在体育场搭建内场时应当保证合理的座位距离与密度】

［目的］

确保体育场内场观众区域的安全。

［要点］

1. 形成若干座椅区位。在体育场馆搭建内场，应当形成若干个座椅区位，各区位间主通道宽度、辅通道宽度应当符合相应标准，便于紧急疏散。

2. 保证合理的密度。在体育场馆搭建内场，应当保证合理的座位距离与密度，每张座椅所占的单位面积、前后排座椅间的距离、每一区位座椅摆放的排列数都应当经过仔细测算，符合相应规范，禁止高密度大区域搭建。

3. 固定同排座椅。同一区位的同排座位之间应当用绳结或其他装置固定，防止随意移动，确保现场秩序与安全。

4. 安保人员全程值守。由于内场区域的座位密度较高，人员更为集中，场馆方和承办方应当安排足够的安保人员布点在内场通道区域，全程在岗值守，关注观众的秩序和动态，及时制止可能发生的任何不安全行为。活动结束时引导观众有序离场。

6.3 专业队伍的配备与培训

第八条 【足额配备与活动规模相适应的专业安保人员】

［目的］

安保队伍的规模与专业性应当满足大型活动的需要。

［要点］

1. 聘请保安公司。承办方或场馆方应当根据需要，聘请专业的保安公司或相应的专业队伍来执行主要的安保任务，人员数量要满足活动的需要。

2. 内部管理人员。场馆方或承办方工作人员承担安保管理工作的，应当严格履行岗位职责，人员数量与专业能力应当满足活动需要。

3. 特殊岗位人员。活动场所的电力、通信、医疗等保障方面的专业人员应当足额配备，满足活动规模和活动时间的需要。

第九条 【严格管理和培训场馆内重点部位工作人员】

［目的］

重点岗位工作人员的专业能力和敬业态度，直接影响风险防控的效果。

［要点］

1. 场馆内重点部位的工作人员。具体包括：水、电、气、热关键部位的管控人员，以及特种设备操作人员、负责舞台搭建的工作人员、关键区域的安保人员、监控中心的工作人员等。

2. 严格管理和培训。重点岗位工作人员应当持证上岗，其专业能力、操控能力、应急能力、敬业态度应当在严格管理、教育、培训和演练中不断被强化。

6.4 门票发售与展台布置

第十条 【门票发售数量应当严格遵照活动场所容纳量和周边环境情况核定】

［目的］

合理控制参与者人数，禁止超量发售门票。

［要点］

1. 严格控制门票发售数量。在展览场馆、体育场馆内举办大型活动或赛事的承办方、场馆方，应当严格按照活动场所容纳的人员数量和周边道路、停车场地等相关情况核定发放或出售门票，发售数不得超过核定量的上限。演艺场馆门票发售也应当遵循一定的规则，确保观众秩序和演出效果。

2. 警惕假票现象。为严控入场人数，进场验票时，应当严格验票，警惕伪造的假票。禁止持假票者入场，同时维护好场馆外的现场秩序。

【典型案例】

2001 年 4 月 11 日，一场足球比赛在南非约翰内斯堡艾利斯公园体育场举行。因为主办方超额出售入场券，令无法入场的球迷情绪失控，现场发生骚乱，导致至少 50 人死亡，100 多人受伤。超额出售入场券是引起这起事故的导火索。南非的两支劲旅在绿茵场上相遇，广大球迷早就想亲临现场一睹为快，其中不少球迷特意从数百公里外赶来观战。然而，主办方不但没有加强管理和协调，反而出售了超足球场座位 1 倍的入场券。在场内爆满的情况下，6 万名球迷在场外手握入场券却无法入场。他们怒火中烧，破门冲入，球迷越聚越多，导致现场失控引发相互踩踏，导致严重伤亡后果。

第十一条 【展览场馆搭建的展台面积应当控制在合理范围内】

［目的］

确保场馆内人群的移动有足够的空间，降低风险发生的概率。

［要点］

1. 严控展台的占地面积。展览场馆方应当将馆内搭建的展台面积控制在合理范围内，原则上不得超过展厅面积的 50%。

2. 采用开放式展台设计。单元面积较大的展览(如车展)，展台的设计应当具有开放性，允许观众适度进入，不应完全封闭。

3. 展台不得阻碍疏散通道。展台应当合理布局，不得阻碍各类通道，通道宽度应当符合规范。

第十二条 【活动期间，务必确保现场临时搭建设施的安全】

［目的］

临时搭建的设施和建筑物若存在安全隐患，可能对人群安全造成直接的危害。

［要点］

1. 具备专业资质。承办者或场馆方应当委托具有相应资质的单位进行设计和施工，使用符合国家和地方相关安全标准的材料、设备。禁止使用易燃易爆材料。

2. 组织验收和检测。对于规模较大、存在较大安全风险的临时设施，承办者或场馆方应当组织建设单位进行验收，并聘请专业机构开展检验、检测。

3. 设施的管理。现场临时搭建的设施主要包括舞台、展台、悬挂物、展架等，活动开始后应当加强现场管理，注意观察和维护，确保这些设施的安全和牢固。

4. 关注其他临时设施。对其他可能影响活动顺利进行的临时保障设施也应当重点检查，尤其是临时增设的电、通信、水、广播等设备和线路。

6.5 区域设置与路线规划

第十三条 【合理设计、划定观众行进的方向和路线，并根据需要做好将人群分区安置的准备】

［目的］

确保人群流动的有序和通畅，避免人流交叉、对冲，避免人群大规模聚集。

［要点］

1. 路线分类。大型活动应当科学设计观众的行进路线，至少包括入场路线、参观路线和离场路线。不同类别的路线应当有序衔接。

2. 路线划定。路线设计应当确保人群单向行进，避免路线交叉、人流对冲；沿途应当有明确、醒目的标识；遇有重大活动时，行进路线的设置和管控应当延伸至场馆以外。

3. 人群分区安置。大型活动场所应当配备应急所需的隔离设施。在遇有大规模客流时，应当利用栅栏、路障等固定设施，将人群分区安置，同时保证分隔物固定良好、强度足够。分区后，每个区域的人群数量应当有严格的控制，并保证各区有相对独立的行进路线。

第十四条 【大型活动应当预留紧急救援通道】

［目的］

一旦发生灾难事故，可以快速施救，减少伤亡。

［要点］

1. 预留紧急救援通道。在举办大型展览、赛事和文艺活动前，承办方和场馆方应当将紧急救援措施纳入工作方案中，预留紧急救援通道。

2. 紧急救援通道必须是双向通道。一旦发生紧急情况，公安、消防、医疗等救援力量及车辆将迅速抵达现场，此时双向通道应当保持畅通，确保所有车辆快速施救，快速驶离。

第十五条 【活动结束时应当有序疏散离场观众，并根据需要预先联动公共交通管理部门参与协作】

［目的］

确保观众安全有序离场，避免人群大量滞留和积压。

［要点］

1. 路径明确，路线畅通。大型活动的散场阶段是事故易发阶段。现场工作人员应当确保散场路线顺畅，主动指挥和引导不同区域、不同看台的观众从不同的路线离场；同时确保人群单向行进，避免路线交叉和人流对冲。

2. 专人值守，现场指挥。由于散场阶段多为夜间，所以路线沿途应当确保照明良好，并有明确、醒目的标识，楼梯、转角等重点部位有专人值守；工作人员应当配备手持扩音设备，告知人群听从指挥，按照指定路线行进；观众人数较多时，离场行进路线的设置和管控应当延伸至场馆以外。

3. 交通联动，有序疏散。为了确保不出现人群的大量滞留和积压，承办方或场馆方应当预先联动轨道交通、地面交通、接驳车等多种交通运输方式参与客流疏散，并在场外设置醒目的指向标识；现场工作人员应当加强引导，迅速疏散离场观众，确保场外的道路秩序与人员安全。

4. 开启相邻看台的出口。在体育赛事中，如因观众人数不多，观众被集中在部分看台的，散场时除了开启本看台的出口，还应当开启相邻看台的出口，以迅速分散离场人流。

6.6　危险物品与危险行为的防范

第十六条　【根据需要，对进入大型活动场所的人员所携带的物品进行安全检查】

［目的］

确保场所内的公共安全，避免危险品所带来的安全隐患。

［要点］

1. 严禁携带危险品。大型活动应当严格执行安全检查，大型活动场所进入者，严禁携带爆炸性、易燃性、放射性、毒害性、腐蚀性等危险物质。

2. 严禁携带不良宣传品。体育场馆举行竞技类赛事时，应当禁止携带具有煽动性、侮辱性的标语或其他不良宣传品入场。

3. 可禁止随身携带其他物品。根据活动安全管理的需要，还可设定特定的物品禁止携带入场，例如手机自拍杆、长柄雨伞、含液体的容器等。

4. 事先充分告知。大型活动前应当采取有效方式告知参与者入场安检的要求。场外应当提供物品临时存放的服务。

第十七条　【大型活动开场前和活动期间，应当对场内观众进行安全提示】

［目的］

观众的配合、理解以及安全意识的养成，对于风险防控意义重大。

［要点］

1. 开场前的安全提示。在大型比赛或演出正式开场前，应当利用大屏幕、广播系统提醒现场观众文明观赛、观演，还应当提示观众留意最近的疏散出口的位置和行进路线。

2. 活动进行中的安全提示。在大型展览活动期间，承办方或场馆方也应当通过大屏幕、广播等方式适时提醒场内观众有关疏散口、路线等安全疏散的信息。安全提示的内容还应当包括遇紧急情况时应当听从指挥有序撤离等。

3. 安全教育的一种方式。安全提示起到了安全教育的作用，有助于提高全社会的公共安全意识。

第十八条【活动期间应当由专业人员查看监控视频，做好有效预判，做到及时报告】

［目的］

随时掌握现场情况，及时有效地开展风险预判与处置工作。

［要点］

1. 严密监测。大型活动期间，监控视频应当由专业人员查看，可以采用分组轮班值守的方式严密监测、认真记录，并能对风险做出一定的预判。监测期间应当确保通信设备畅通。

2. 及时报告。建立严格的信息报告制度，发现情况应当立即通报发生地的岗位工作人员及上级主管人员，情况严重的按照规定流程立即启动应急预案。

第十九条【大型展览活动遇有大客流预警时，应当立即启动客流定向引导模式，同时应当临时单向封闭部分热门场馆】

［目的］

缓解客流拥挤状态，降低大客流安全风险。

［要点］

1. 随时掌握入场人数。大型展览活动应当预装人流计数系统，对各场馆的人流数量与密度严密监控。

2. 做好应对方案。预设“快速引导”定向路线，根据需要，在特定情况下引导观众依照特定路线进行参观。

3. 采取应急措施。当人流量达到预警状态时，应当立即采取以下措施：(1)停止或限制场外观众入场；(2)对场内人群密度过高的场馆实施单向封闭，观众只出不进，或限量放行；(3)立即开启从这些热门场馆通往其他场馆的通道，指挥参观者先参观其他场馆，或增开一些参观场所，扩大开放面积；(4)根据需要，启动“快速引导”模式，从参观者入场开始，加强参观路线的引导，缩短参观逗留的时间。

第二十条【在室外举行的大型演出和赛事，应当密切关注天气变化】

［目的］

预防因突发灾害性天气导致人群恐慌和过度聚集，引发人为灾害性事故。

［要点］

1. 准确掌握天气预报信息。活动前，应当尽可能掌握准确的气象信息，确有灾害性预报的，应当果断停止活动的举办，并采取有效方式及时通知观众。

2. 做好随时采取措施的准备。活动开始后获悉灾害性天气预报信息的，应当立即采取预防性措施，并通知所有岗位工作人员，做好随时开启应急广播、打开疏散通道、中止比赛和演出、有序疏导观众的准备。

3. 快速采取应急举措。活动举办过程中突发灾害性天气的，应当立即打开疏散通道、开启应急广播指挥疏散、开启全部照明系统，同时加强人工引导，尽一切可能避免人群恐慌和失序。

第二十一条 【活动现场一旦出现混乱的苗头，应当迅速加以控制】

［目的］

第一时间控制或消灭可能升级、蔓延的安全隐患，防止事态扩大引发危害。

［要点］

1. 快速干预，及时制止。现场可能因运动员之间、球迷之间、观众之间以及展商与消费者之间突发争执引起混乱。一旦出现此类情况的苗头，管理人员应当迅速对事态进行干预和控制，将可能蔓延和升级的事态控制在最小范围内，依法快速、严厉地制止一切过激行为。

2. 提倡观众主动维护秩序。观众应当文明观展、观赛和观演，对带有侮辱、挑衅和暴力的不文明言行应当主动抵制，共同维护公共秩序，遵守公序良俗。

第二十二条 【大型活动中，为营造气氛而设计的特定环节，必须在充分保障安全的前提下进行】

［目的］

应当杜绝任何可能对现场秩序造成重大影响的活动设计。

［要点］

1. 事先充分沟通，并制定详细的工作预案。在大型比赛或演出的过程中，若要安排现场抽奖、抛撒小礼品等环节，或者安排重要人物、明星突然出现等，应当事先与场馆方充分沟通，并制定工作预案，以减少对现场秩序的影响。在面向公众的大型展会中，参展方发放免费赠品，应当事先报备，并且只能在所设展台范围内有序发放，不得占用展台外的公共区域，更不得阻塞通道。

2. 严禁带有危险性的活动方式和手段。对于有可能危害公众安全和健康的演出方式和手段，应当严格禁止，包括在活动现场喷撒粉末、使用明火等。

【典型案例】

2003 年 2 月 20 日夜晚，美国罗德岛州西沃威克市的车站俱乐部夜总会内聚集了 400 多名观众。演出开始不久，因工作人员在舞台燃放烘托气氛的烟火而引起火灾。在欢快的气氛中，观众误认为是一种舞台效果，未能及时采取避险举措，延误了疏散时间。火焰在 3 分钟内蔓延至整座建筑。人群集中拥向安全出口，导致多人跌倒而引发踩踏事故，最终造成至少 96 人死亡，180 多人受伤。

第二十三条 【大型活动应当高度关注人群的情绪疏导，应当将情绪疏导与大客流管理有机结合】

［目的］

人群的情绪状态在大客流管理中至关重要，有效的情绪疏导会对客流疏导产生直接影响。

［要点］

1. 确立安全服务理念。观众首先是服务的对象，承办方与场馆方应当在全力提升服务质量的基础上为观众营造良好的文化氛围。通过为观众提供必要的休息场所、向观众预告需要排队等候的时间、适当增加女用洗手间等方式满足观众的各类基本需要，舒缓因人多拥挤引发的焦躁情绪。应当为老人、残疾人、儿童、孕妇等提供特殊照顾，开辟特别通道，这不仅出于保护弱者的需要，更是为了在大客流状态下客流行进安全的需要。

2. 有效传递安全信息。在出现大客流的情况下，管理方应当立即开通广播系统，或者由现场管理人员通过扩音器，用平缓冷静而不失威严的语气，告知人群目前所面临的状态以及需要给予的配合，并指挥人群保持冷静、服从安排，按照指定路线或方式采取相应行动。

第二十四条 【应当建立针对场馆的法定代表人及执行管理人的安全管理轮训制度】

［目的］

场馆的主要负责人不仅应当具备安全管理的基础知识、风险管理的基本素养，而且应当担负起相应的社会责任。

［要点］

1. 政府主导。政府主管部门应当指定专门的机构或学校，定期对展览、体育、文化演出场馆的法定代表人、执行管理人进行安全管理专题培训。

2. 专业力量参与。公安、消防、交通等部门应当对培训内容进行指导，培训内容应当随时更新、不断优化。

3. 强化社会责任。大型文体活动是城市生活的重要组成部分。大型活动场所的负责人对公共安全负有不可推卸的社会责任。

7 综合客运交通枢纽大客流风险管理要略

城市综合客运交通枢纽是城市交通网络中的重要节点，是交通网络中的重要环节。广义的城市综合客运交通枢纽(以下简称“综合交通枢纽”)是城市中公众集散、交通方式或线路转换场所的总称。狭义的综合交通枢纽是组织和协调包括公交在内的各种客运交通方式和衔接不同层次交通网络，为乘客提供集中换乘服务且具有必要的服务功能和控制设备的综合性市政设施。根据城市空间形态、乘(旅)客出行等特征，合理布局不同层次、不同功能的客运枢纽。按照“零距离换乘”的要求，将城市轨道交通、地面公共交通、市郊铁路、私人交通等设施与干线铁路、城际铁路、干线公路、机场等紧密衔接，建立主要单体枢纽之间的快速直接连接，使各种运输方式有机衔接。

以上海虹桥综合客运交通枢纽为例，该综合交通枢纽具有高速铁路、城际铁路、高速公路客运、城市轨道交通、地面公共交通、民用航空等各种运输方式的集中换乘功能。2020 年，整个交通枢纽集散客流量为 48 万人次/日，是一座国际一流的现代化大型综合交通枢纽，助力上海在对外交通设施、资源、功能服务等方面起到核心城市的辐射作用。适用于城市轨道交通站点、铁路客运站、城市公交站点、机场、客运码头等综合交通枢纽、站点以及综合交通延伸场所(售票厅、异地值机点、大型枢纽换乘空间)。

大客流的公共安全管理，首先是做好防范，其次是做好现场的应急处置。围绕各种交通方式大客流安全管理的共性问题，主要针对大客流安全管理的组织体系、预防、预警、现场组织、应急处置及联动配合等做出了规定。各种旅客交通运输方式应依据本规则，结合运营实际制定大客流风险管理的细则或实施办法。

7.1 组织体系、研判和应急准备

第一条 【建立风险管理常设机构和组织体系】

［目的］

针对不同类型、不同范围的大客流公共安全事件建立常设的管理机构和组织体系，对相应大客流的安全风险管理担负指挥和执行的职责。

［要点］

1. 健全机构和组织体系。针对城市综合客运交通系统及枢纽的大客流事件设立市级常设风险管理和应急指挥机构以及由市政府、综合交通管理部门、活动组织部门、公安消防部门和气象防灾部门等构成的大客流公共安全事件处置组织体系，按事件类型、发生地点、影响范围，分类分级担负协调指挥和执行处置职责。

2. 明确职责，分工配合。综合客运交通枢纽所涉及的交通方式管理部门和运营单位均应成立各自的风险管理和应急处置组织，明确各方式的风险管理和应急处置范围以及方式间的衔接配合。机场应重点研判客流趋势、大客流事件发展态势，协调处置航站区的航班运行组织、设备运用、客流引导、旅客服务、医疗救护和信息发布等事项。铁路客运站应重点研判客流趋势、大客流事件发展态势，协调处置事故救援、行车指挥、客运组织、设备保证、医疗救护和信息发布等事项。其他交通方式也应按照各自的运行特点，做好组织服务、应急救援和信息发布工作。公安机关应根据其管辖范围分别做好机场、铁路内部的秩序维护和枢纽公共区域的秩序维护、警戒、交通组织管理和应急救援工作。

【参考资料】

上海虹桥综合交通枢纽设有虹桥综合交通枢纽运营管理中心（Hub Operating Center，HOC），包括虹桥综合交通枢纽日常运营中心和应急指挥中心，具有虹桥综合交通枢纽的日常运营管理职能和多类型突发事件预警应急指挥管理职能。这些职能由枢纽客流管理系统提供技术支撑并负责枢纽的日常监视工作，包括：相关预警信息的采集和监视，与各交通方式的协调工作，突发事件的再确认和通报，该枢纽的调度工作包括预防措施的协调落实和联动处置。

应急指挥中心根据获取的检测指标数据，通过识别、诊断、评价各致灾现象，确定检测指标处于危险、准危险、准安全或安全等四种状态，并以此确定相应的预警等级，提出控制对策并实施。其中，主要功能通过 HOC 实现日常运营指挥调度，同时在突发事件状态下实现应急指挥。

在应急指挥的人员安排方面：当发生突发事件，启动应急预案，应急指挥中心开始工作的时候，根据突发事件发生的不同区域和灾害种类、级别不同，应急指挥中心需要出席的人员也不同。如果突发事件仅发生在单个交通方式和公共区域之间，则只需要该交通方式的具有相应权限的指挥人员和枢纽的指挥人员到场，根据突发事件的情况互相协商，进行应急处置。当灾情蔓延，可能影响到其他交通方式时，就需要相应交通方式指挥人员到场。

在应急指挥的对外关系方面：枢纽应急指挥中心与其他各建筑单体指挥中心的关系可以概括为“日常分块运行，应急统一协调”。在日常情况下，各中心负责管理各自区域的运转，并不参与其他建筑单体的运行。在各自区域发生独立于其他建筑单体的应急事件时，由各建筑单体的指挥中心自行处理，枢纽应急指挥中心只负责监视应急事件的发展。但是在应急事件发生扩大，可能影响其他建筑单体时，就需要枢纽应急指挥中心发挥作用，协调各建筑单体指挥中心对应急事件进行处理。①

① 特大型城市综合交通枢纽应急策略研究.杨颖，上海师范大学硕士论文，2013。

第二条【科学研判，提前做好大客流事件的客流流量、走向、分布预测】

［目的］

对各类高峰客流的演化进行分类分级研判，做好客流流量、流向及时空分布的科学预测，是做好综合交通大客流安全防范及多方式协同组织管理的基础。

［要点］

1. 日常通勤及商务客流规律研判。城市通勤客流及经济圈内商务客流是综合交通枢纽日常集散的主要客流，其每日的高、低峰波动规律需要进行精准研判和预测，做好综合交通枢纽常规的大客流组织。

2. 节假日休闲出游客流规律研判与预测。在大城市及周边地区的旅游高峰季节和节假日，进出城市的休闲出游客流将大量发生，具有明显的聚集性、周内波动周期和季节差异，对综合交通枢纽具有很强的冲击性，需做好研判。

3. 季节性传统洄游客流研判与预测。在春节、清明节、中秋节等传统节日，会发生大量的单向性客流洄游，对综合交通枢纽形成短时期高强度持续冲击，需重点研判。

4. 临时活动出行客流研判。在大型城市和区域经常性举办各类经济、文化展会及其他活动，吸引客流聚集，相关城市的综合交通枢纽将形成明显客流聚集，应做好研判。

5. 不可预知大客流的动态研判与预测。因天气、突发事故故障等原因造成的交通运输延误，会产生非常规的大量客流滞留或集中到达聚集，需及时做好动态研判预测。

第三条【建立大客流事件应对的多交通方式预案编制及协同管理】

［目的］

针对不同事件的客流集散特点做好大客流事件的预案编制、管理。

［要点］

1. 做好不同类型事件的客流聚集应急处置预案。城市公共安全应急处置机构会同涉及的公共管理部门及枢纽交通运输部门，针对不同事件的客流规模、集散特征、涉及的交通运输方式做好大客流事件的分级、分类预案编制，并根据客流变化情况编制现场处置方案。

2. 建立多方式协同的应急预案管理和联动机制。综合交通枢纽涵盖的各种交通方式运输管理部门应建立预案管理、更新的协同和联动机制，保持综合交通枢纽整体预案的一致性和可执行性。

第四条【加强客流密集区域布局设计管理与设备运用】

［目的］

在规划设计阶段做好客流密集区域的容量及布局设计，形成合理的客流聚集容量和布局，在运营管理中对重点区域进行动态控制和流线优化，适应各类事件的客流疏散。

［要点］

1. 开展各类区域容量和布局的科学设计。应做好不同时期综合交通枢纽各类交通方式的客流预测，设计好机场航站区离港到港、铁路进站出站各环节的空间容量和布局，以及方式间客流中转换乘通道、商业区、应急通道和缓冲区域的容量和布局，以应对各类大客流事件的方式内独立和方式间协同的客流集疏运。

2. 做好运营中客流集散的动态容量控制和组织方案优化调整。应根据客流的阶段性增长变化对重点区域的空间布局和利用进行阶段性优化和调整。在大客流事件中，充分利用现有空间，对不同交通方式进行流线上的容量调整、流线优化及流量管控。

3. 加强应急疏散通道设计与管理。科学计算通道疏散能力，设计科学合理的通道宽度、长度、坡度和紧急出口位置，重点加强楼扶梯宽度设计，加强坡度或水平曲线急剧变化区域的空间设计，避免造成客流在这些区域的拥堵和冲突。在运营管理中加强疏散通道的检修和优化，保证疏散通道在大客流紧急情况下能用、好用。

4. 完善设备布置及日常维护和运用管理。合理布设各类客运设施设备，严格进行常规检修，保证所有设备能够正常使用和调整，保证日常大客流能够得到顺畅疏解。

7.2　大客流监测与预警

第五条　【做好控制区域的客流变化的实时监测】

［**目的**］

动态了解易拥堵区域的客流密度和流向，用于判断客流管控和疏散的时机及级别。

［**要点**］

1. 科学划定客流控制区域。选取综合交通枢纽内各客流服务环节中易发生拥堵和干扰冲突的区域，作为控制区域。控制区域一般选取售取票、检票、值机排队、安检、候乘、乘降、行李提取、楼扶梯入口、狭窄通道等部位。

2. 加强控制区域的监测设备布设和数据采集。在控制区域布设近场摄像视频监控和红外线监控设备，借助于移动通信平台、Wi-Fi 检测设备和高精度室内定位技术对客流密度、速度变化、流向进行实时监测，分析控制区域输入输出客流变化，及时发现安全隐患，发出预警。

第六条　【即时开展全枢纽客流变化的动态评估】

［**目的**］

建立高效的评估指标体系，综合运用实时监测数据和仿真计算技术对综合交通枢纽的客流变化，开展动态评估并及时报警。

［**要点**］

1. 运用快速反应的客流分布变化态势推演技术手段开展客流分布趋势判断。运用快速仿真工具，融合实时监测数据、历史同期客流分布数据，对控制区域和各种方式服务流程、方式间换、乘流线中的客流分布等进行快速态势推演，形成客流运动变化趋势的快速判断。

2. 建立准确有效的指标体系及时评判和即时报警。结合人群密度、行走速度、行走时间、行走距离等监测直接获取或间接获取数据，建立动态评估的指标体系，对综合交通枢纽的空间服务水平、客流容量利用、拥挤拥堵风险、旅客出行体验等进行快速评判，分级评估大客流聚集风险，并实时发布客流安全警报。

3. 合理进行综合交通枢纽大客流聚集安全风险的评估分级。综合交通枢纽的客流安全风险可参考如下原则划分为三级：Ⅲ级风险隐患为某种交通方式封闭程度较高的控制区域达到拥挤水平，运营秩序不受影响，如各类交通方式的候乘、乘降控制区域；Ⅱ级风险隐患为某种交通方式部分服务流程的控制区域全部达到拥挤，如出发流程的售票、安检、检票、值机等区域都达到拥挤水平，运营秩序受到一定影响；Ⅰ级风险隐患为全部交通方式的出发到达流程控制区域都较为拥挤，方式间换乘衔接不畅，综合交通枢纽运营秩序受到严重影响。

第七条【及时发布综合交通枢纽运营状态和客流安全的短期预警】

［目的］

运用多种数据信息，动态进行综合交通枢纽运营状态和客流安全评估，及时发布短期预警，让有关部门及时了解现场客流组织水平和安全情况，采取有效应对措施。

［要点］

1. 综合利用各种数据，对综合交通枢纽的运营状态和客流水平进行短时预测。综合运用社交媒体数据，售检票数据，列车、车辆或航班的载客及运行状况监测信息，及时预测和评判未来20～30 min、60～90 min的综合交通枢纽运营状态和客流聚集水平。

2. 及时发布客流安全的分级预警。可以根据事件的影响范围、客流聚集量和拥堵范围划分为Ⅲ级大客流预警（局部引导）、Ⅱ级大客流预警（分区限流）、Ⅰ级大客流预警（协同疏散）三个等级。发生大客流时，公共安全管理部门和综合交通枢纽运营管理部门应分别针对客流安全评估等级和预警等级，实施由内而外的分级别客流管控和疏导措施，直至大客流危险消失。

7.3 大客流的现场组织

第八条【及时做好交通运营信息与大客流变化的动态信息发布】

［目的］

及时向有关部门和旅客发布大客流事件有关交通方式、线路的运营信息和综合交通枢纽、站点的客流变化信息。

［要点］

1. 事前信息发布。在可预知的大客流事件发生前1周内，通过各种电视、网络等媒体工具及时向居民和事件涉及的人群发布大客流预警，以及综合交通枢纽和相关交通方式运营及管制信息，提醒人群提高安全意识，做好个人的安全防范。

2. 事中信息发布。在大客流事件中，通过活动现场和站点多媒体信息系统、移动通信、互联网等平台和各类终端、应用程序向人群发布活动场所和综合交通枢纽、相关站点的客流量信息及人群密集点信息，发布有关交通方式运营及换乘信息，引导人群适当选择出行方式和路径，避免出行和人群拥堵。

3. 事后信息发布。大客流风险解除后，通过多媒体信息系统、移动通信、互联网等平台和各类终端、应用程序向人群发布综合交通枢纽、各交通方式及线路恢复正常运营信息。

第九条【保持枢纽内多种交通方式导向标识形式和内容的一致性】

［目的］

在综合交通枢纽内的各种交通方式站点内部及换乘通道的导向标识系统要形式和内容一致，便于识别，不产生歧义，高效引导客流快速到发和换乘。

［要点］

1. 建立高效的旅客服务流程和快速均衡的行走流线。对每种交通方式的到发和方式间换乘的服务流程进行优化，对旅客的行走路线进行优化，形成隐性通行导向规则。

2. 保持多种交通方式导向标识内容的一致性。通过优化导向标识系统，做好综合交通枢纽内多种交通方式引导信息的无缝衔接，在具有衔接多种交通方式换乘功能的站点设置图形、色彩、尺寸及布设位置一致的导向标识，指示通行和换乘方向、距离，便于旅客认识理解，缩短行走距离，减少时间的浪费。

3. 导向信息及时同步更新。当综合交通枢纽内某种交通方式客运组织流程、流线、空间布局发生变化时，其他交通方式在换乘通道上也应及时同步更新。在大型活动或突发事件期间，综合交通枢纽内各种方式的语义系统和导向信息也要保持一致并同步更新。

第十条【保持各服务路径上导向标识的连续性和完整性】

［目的］

在综合交通枢纽，要注意做好各种交通方式服务路径上导向信息作用范围的空间连续和无缝衔接，无缺失、减少重复。

［要点］

1. 综合运用各种形式，立体发布导向信息。根据墙面、吊挂及地面导向标识的视觉特性，准确计算每个导向标识的有效角度和作用距离，合理确定导向标识的位置，重点加强拐角处的导向标识设置，既减少各导向标识作用范围的重叠，又保证每类导向标识的作用范围在空间上没有间断和盲点，各类导向标识间相互补充配合。

2. 不同方式和路径中前后导向信息要保持连续。在同一服务路径和不同方式衔接的路径中，信息要完整、连续，在总体上确保正常运行时旅客寻路时间较短，行走流畅，在大客流条件下能够连续引导客流沿预设路径疏散。

第十一条【做好各条服务路径的分区域逐级引导】

［目的］

综合交通枢纽的导向标识系统，要符合旅客寻找路径的认知规律和信息辨识容量，在旅客行走过程中分段发布导向标识的内容，指示范围和方向由大到小、由粗到细地逐级明确行走路径、逐渐分流。

［要点］

1. 构建步行逻辑网络。梳理清楚各类服务流程及路径，构建清晰的步行逻辑网络，形成分级标识区域。

2. 确保信息的逐级细化与连续性。在路径上的分流点、拐弯处等关键节点对导向信息进行逐级细化，并满足导向标识的空间连续性。

3. 信息的选定。导向标识上应对附近区域和相邻指示级别的关键节点方向及距离信息详细标示，对较远区域和不相邻指示级别的目的地仅选择重要节点标示方向。

第十二条【加强综合交通枢纽大客流的人工和广播引导】

［目的］

在大型活动和客流高峰期，应在综合交通枢纽控制区域加强人工引导和广播引导，加快客流有序行走和疏散。

［要点］

1. 控制区域的人工引导。在控制区域客流密度达到有隐患级别时，根据安全等级逐步增加人工引导的数量。在疏散路径上的客流密集点、进站闸机、电扶梯入口、通道等重要控制点安排人员指引、疏导乘客，在通道中应每 5～10 m 安排引导人员。不同交通方式间的衔接区域应重点加强引导。

2. 客流引导信息播放。综合交通枢纽各交通方式的广播系统循环播放客流引导信息。人工引导和广播系统的导向级别高于导向标识系统。如某种交通方式下可用工作人员不满足数量要求时，应报请该交通方式控制中心和公安部门派员增援。

第十三条【改善客流密集期间的通行设施运用】

［目的］

加强对通行设施的管理，加强客流的渠化分流，减少客流的对向冲突和交叉干扰。

［要点］

1. 采取通道分流和渠化措施。随着客流密度的增加，通行速度将极大降低，此时必须在通行设施中避免对向客流冲突和侧向客流的交叉干扰。在进出枢纽通道、换乘通道和楼梯时，可沿通道或楼梯走向设置隔离栏并采取右侧通行的规则来分离对向客流。对于客流走向复杂的换乘大厅，应合理设计各方向旅客行走流线，并对客流增设护栏限定走向，以避免交叉干扰。上述隔离的单向通道宽度不小于1.5 m,可允许速度较快者从左侧超越。必要时,为延缓进入安检、候乘、乘降区,可适当通过增加栏杆设置迂回通道。

2. 合理使用自动扶梯。在旅客值机后或提取行李前随身携带行李较少的区域,在客流密度较低时可遵守左行右立规则,方便通行,但客流高峰应禁止左行右立。对于枢纽出入口区域的扶梯,由于旅客携带行李较多,应提醒旅客在使用自动扶梯时要站稳扶好,禁止左行右立。

3. 加强对突变点区域的客流引导和提示。在楼扶梯入口、步行传送带入口、电梯出入口、通道拐弯处、变坡点等空间突变点,应加强客流引导和提示,避免旅客因运动方式或速度变化、视线不良等因素意外摔倒,发生拥挤踩踏。

第十四条【优化客流聚集区域的服务能力配置及合理划分空间区域】

[目的]

在售检票、安检、值机、候乘、乘降、行李提取、接客等人群聚集区域,应合理配置服务能力,减少封闭空间人群滞留,并合理划分空间,使客流有序聚集。

[要点]

1. 依据客流调研和动态变化做好设施设备和服务的动态调整。正常运行时,应针对不同的客流高峰做好售检票、安检、值机、候乘、乘降、行李提取等区域设施设备服务能力的动态调整,降低高峰期封闭空间客流滞留风险。

2. 根据需要采取"缓进速出"原则。服务能力不足或滞留客流较多时,应以"缓进速出"为原则,适当限制售检票、值机、安检的能力和进入候乘区域的通道能力,减缓客流进站;保持出站通道和服务环节畅通,加快客流离开枢纽的速度。

3. 做好区域布局与划分。合理做好候车、值机、候机、站台、接客、中转换乘等区域的空间划分,避免客流混合,减少流线间的交叉干扰。客流量较大时,在售票、检票、值机、安检等区域应通过护栏设置排队等候区域,使客流有序聚集、等候,减少与其他进出站通行客流产生干扰。

7.4 突发大客流安全事件的应急处置

第十五条【做好大客流预警的迅速应急响应和前期处置】

[目的]

在接到大客流安全事件的预警信息后,综合交通枢纽的风险管理和应急指挥机构及各交通方式都应该迅速响应,并做好前期处置,再根据事态发展级别采取相应级别的组织应急和客流疏散措施。

[要点]

1. 做好大客流所涉及交通方式的前期处置并及时报告。当发生突发性大客流时,在综合交通枢纽所涉及的交通方式的运营管理现场,要迅速了解清楚产生突发客流的原因、规模以及可能持续时间。发生Ⅲ级突发性大客流风险时，由该交通方式值班负责人行使指挥处置权，快速制定现场秩序维护的工作方案并组织实施。同时向本交通方式管理部门、综合交通枢纽风险管理和应急指挥机构逐级报告大客流信息。

2. 应急指挥机构迅速响应。发生Ⅱ级突发性大客流风险时，由值班负责人向本交通方式管理部门及综合交通指挥机构报告同意后，启动相应事件类型应急预案，应急指挥机构和现场处置机构自然成立，成员赶赴指定地点。当发生Ⅰ级突发性大客流风险时，由综合交通指挥机构总指挥协调各交通方式联合响应，启动应急预案。

3. 调度部门迅速响应。各交通方式调度部门接到应急指挥机构指令后，形成运输组织和客运组织临时调整方案，向线路、站点发布各类调度指令，及时调整运输组织和客运组织，减少本交通方式运输的客流集中向综合交通枢纽聚集，快速疏解滞留综合交通枢纽站点的旅客。

4. 各类救援队伍迅速响应。综合交通枢纽各方式驻站公安接到站点发生突发性大客流的报告后，加强对重点部位的巡视和防范工作；与站点进行有效配合，快速、果断地处置，确保客流得到有效疏散。应急指挥机构迅速协调组织支援人员立即前往相应交通方式站点开展支援，视情请求市级公安警力支援。

第十六条【Ⅲ级大客流风险的客流疏导措施】

［目的］

安全、高效、有序地疏散综合交通枢纽所涉及交通方式的聚集区域客流，保障运营安全。

［要点］

1. 所涉交通方式站点。所涉交通方式站点立即组织站内力量，采取限制客流前往乘降、候乘区域的控制措施，尽快向外疏散乘降、候乘区域乘客；视情况申请支援，在事件初期迅速出动，开展应急处置工作；安排人员做好临时导向标志、告示牌、临时售票亭等客运设施的准备、设置工作；指派站务人员改变电扶梯运行方向，必要时在电扶梯前指派人员指引乘客；通知驻站公安。值班员关闭部分售检票设备，通过广播告知旅客售检票设备关闭的原因及持续情况。

2. 驻站公安部门。驻站公安部门立即组织保安、安检员等人员到自动扶梯、候乘区域、换乘通道、站点出入口等客流拥堵险情点进行值守，并利用电喇叭加强宣传提示。

3. 现场指挥负责人。现场指挥负责人赶赴现场进行指挥，通过监视器密切注意站内动态，保持与枢纽应急指挥机构和该交通方式控制中心的联系并安排后续工作，通过应急指挥机构协调其他交通方式进行必要的配合。

4. 控制中心。该交通方式控制中心确认大客流概况，向各调度通报概况，决策并进行运营调整；监督运行调整方案的执行；落实信息通报。

第十七条【Ⅱ级大客流风险的客流疏导措施】

［目的］

安全、高效、有序地疏散综合交通枢纽所涉及交通方式的客流，保障运营安全。

［要点］

1. 所涉交通方式站点。所涉交通方式站点立即组织站内力量，采取限制客流前往安检、售票、检票、值机、乘降、候乘区域的控制措施，尽快向外疏散乘降、候乘区域乘客；通知驻站公安站务人员，申请支援；安排人员做好临时导向标志、告示牌等客运设施的准备、设置工作；指派站务人员改变电扶梯运行方向，必要时在电扶梯前指派人员指引乘客；设立隔离设置以控制客流的方向，进出分流来控制旅客进入站及延长旅客进入时间；加强换乘通道的管控，控制换乘客流进出本站。关闭部分或全部售检票、安检、值机设备，指派人员在设备前发布通告；通过广播告知乘客有关设备关闭的原因及持续情况。

2. 驻站公安部门。驻站公安立即组织保安、安检员等人员到自动扶梯、候乘区域、换乘通道、站点出入口等客流拥堵险情点进行值守，并利用电喇叭加强宣传提示。协调其他交通方式驻站公安进行必要的配合。

3. 现场指挥负责人。现场指挥负责密切注意站点动态和现场处置方案的具体执行，保持与应急指挥机构和该交通方式控制中心的联系。应急指挥机构协调其他交通方式进行必要的配合。

4. 控制中心。该交通方式控制中心密切关注客流动态，向各调度通报概况，决策并进行运营调整；监督运行调整方案的执行；落实信息通报。

第十八条 【Ⅰ级大客流风险的客流疏导措施】

［目的］

安全、高效、有序地疏散综合交通枢纽内客流，保障全部交通方式运营安全。

［要点］

1. 采取严格限制措施。应立即组织力量采取限制客流进入所涉及的交通方式站点的防控措施，尽快疏导客流；指派站务人员设立指示牌及隔离设置分批放行，根据客流情况提出运营调整的建议并按上级指令组织实施；如得到关站指令后，指示站点各岗位人员执行只出不进直至关站，换乘通道双向关闭，指派站务人员将电扶梯全部改为出站方向，必要时在电扶梯前指派专人指引乘客，做好乘客的劝阻工作，防止事态进一步扩大。按规定流程及时上报站点的相关信息。

2. 开展应急运行调整和应急保障、救援。由综合交通枢纽风险管理和应急指挥机构牵头开展应急运行调整和应急保障、救援。指令地区公安分局增援警力进入枢纽各交通方式，在自动扶梯、站台站厅、出入口通道等客流拥堵险情点进行疏导，减轻站内客流拥挤程度；疏导地面交通，指令沿线地区交警部门开辟应急通道，并视情实行区域性临时交通管制和分流措施，落实接驳公交车临时停放、上下客等措施；加强治安秩序管理，指令地区公安分局根据现场人流聚集情况，划定警戒区域，设定人员疏散安置点，做好枢纽出入口周边的治安秩序维护和管理工作；视情采取现场救援。

3. 现场指挥。各交通方式的现场指挥负责密切注意站点动态，负责现场处置方案的具体执行，保持与枢纽应急指挥机构和控制中心的联系。现场指挥向应急指挥机构总指挥提出运营调整及关站申请。应急指挥机构的总指挥通知控制中心下达运营调整及关站指令。

4. 控制中心。各交通方式控制中心密切关注客流状况，向各调度通报概况，决策并进行运营调整；监督运行调整方案的执行；向应急指挥机构汇报，需外部力量联合处置或公交接驳时，得到上级指令后向站点发布关站指令，启动公交接驳指令。

5. 信息管理。各交通方式运管部门重点监控相关线路客流情况，并在有关网站、移动电视、媒体、乘客诱导系统上发布诱导提示信息；协调交通部门启动"公交预案"，并向其及时报告综合枢纽运营调整情况。同时，与媒体保持良好的沟通，并利用信息发布手段加强宣传与告知。

【参考资料】

2018 年，为做好虹桥枢纽春运保障工作，虹桥商务区管委会认真贯彻市委市政府工作要求，春运前召开虹桥枢纽运行管理单位联席会议专题协调落实春运工作保障措施，组织虹桥枢纽春运保障工作专项检查并对发现的问题提出整改要求，要求铁路虹桥站报送春节后返程客流预测数据，协调市交通委制定了返程客流高峰交通保障预案。

为提高春运期间"统一作战"高效化、透明化，管委会建立了"虹桥枢纽应急保障"微信群，由各相关单位负责人参与，及时发布当日客流数量信息及应急响应、工作部署。2018 年 2 月 19 日开始，虹桥枢纽进入春节后返程客流高峰。管委会虹桥枢纽应急领导小组根据预案启动应急响应，与交通、公安等部门和相关区、相关单位加强协调、联动，根据"流量大户"虹桥枢纽返程时间特点，协调交通部门做好地铁加班车次并延长运行时间及出租车、公交春运夜宵专线等运力保障，协调相关部门、单位加强虹桥枢纽现场管理、秩序维护、旅客引导。确保春运返程客流顺利疏散，确保虹桥枢纽有序平稳运行。2 月 19—20 日，虹桥火车站在晚上 11 点后到达客流 1 万多人次，枢纽应急领导小组立即启动大客流预案二级响应，与市交通委协调地铁在轨交 2 号线、10 号线虹桥火车站当日正常运营结束前，根据实际客流情况适当安排加密发车班次，根据客流情况轨交 2 号线、10 号线加开班次延长运营时间；增开春运临时夜宵专线，增派适量出租车以保障疏散旅客。2 月 21—23 日，虹桥火车站在晚上 11 点后到达客流分别为 3.8 万人次、4.3 万人次、3.6 万人次，虹桥枢纽应急领导小组按照预案部署，启动大客流预案一级响应。各成员单位负责同志到应急响应中心集中办公、统一指挥。

同时，各相关部门、区、企业根据自身职责，为返程大客流的疏散积极做好保障。市公安局枢纽联勤办协调铁路公安、轨交公安、闵行公安等警力，加强虹桥枢纽现场管理、客流秩序维护，确保客流秩序稳定、虹桥枢纽运行安全。市交通委协调地铁、公交车、出租车运营企业，为到达旅客疏散进行运力保障，并加大虹桥枢纽地区交通执法力度。闵行、嘉定、青浦、松江等区临时加开公交夜宵专线疏散返程客流。加强对虹桥火车站出租车上客点、停靠点等的规范管理。

（案例来源：上海虹桥商务区网站）

第十九条 【对事故故障和突发安全事件迅速采取救援措施】

［目的］

针对各交通运输方式发生的危害人身安全的突发安全事件及时采取救援措施，迅速疏散人群，恢复线路运行。

［要点］

1. 按照应急预案快速处置。对于综合交通枢纽各交通运输方式发生的运行事故、故障及火灾、毒气、爆炸、恶劣天气、自然灾害、传染性疾病疫情等危害人身安全的突发安全事件，应按照应急处置预案进行快速处置。

2. 尽快恢复运行。应急处置有关各方迅速根据事件类型采取救援措施，打开应急疏散通道，迅速疏散人群，在确保运营安全的基础上，尽快恢复各种交通运输方式的运行。

第二十条【做好应急处置的各类保障】

［目的］

提前做好应急处置的人员保障、物资保障、技术保障及其他保障。

［要点］

1. 人员保障。各部门组织救援队伍，接到支援的命令后迅速前往救援。

2. 物资保障。做好应急物资的日常配备和管理，保障部门在站点应将一米线、铁马、告示、喇叭等应急设备放置在指定的位置，保持应急物资正常有效，便于疏导客流时使用。

3. 技术保障。应定期组织员工进行应急预案学习、定期组织桌面演练以及实操演练，明确岗位及处置要求，确保员工掌握预案的相关处置程序及安全要求。通信保障：保证专用电话和无线通信系统的功能，确保调度指令、现场客流等相关信息传输畅通。

4. 环境保障。环控调度员应及时启动空调系统，增加通风量，保证在大客流情况下，综合交通枢纽内各站点的空气质量良好。

第二十一条【大客流安全事件的多方联动配合】

［目的］

借助综合交通系统和社会保障力量来联动配合完成大客流安全事件的应急处置和秩序恢复。

［要点］

1. 做好综合交通枢纽内多交通方式的联动配合。当大型活动或大规模运行延误发生时，发生延误的交通运输方式无法缓解客流滞留，应借助其他交通方式来联动配合，及时将滞留客流输送到目的地。

2. 做好综合交通枢纽与城市交通的联动配合。综合交通枢纽内部客流的疏解需要借助城市轨道交通线路或公交线路、出租车来进行快速疏解，应由应急指挥机构协调城市交通管理部门开展密切的联动配合。

3. 有效疏导周边客流。对于滞留的客流，应当在综合交通枢纽周围设置交通封控区和临时疏散节点，对事发地点周边交通秩序进行维护疏导，防止发生大范围交通瘫痪；开通绿色通道，为应急车辆提供通行保障；利用综合交通枢纽周边的大型公共区域设置临时疏散节点，用于客流缓冲与分批疏解。

4. 加强有效联动。加强与综合交通枢纽周边的社区、医院等社会系统的应急联动，应对潜在风险和安全救治。

【典型案例】

2013年2月19日，受北方和上海市雨雪天气影响，上海虹桥枢纽航班和高铁大面积延误。虹桥枢纽应急响应中心在接到虹桥机场方面通宵运行信息的同时，接到铁路虹桥站方面的信息，铁路从北京、青岛、郑州、南京等方向发出开往虹桥火车站的15趟列车延误，将在晚间地铁市区方向末班结束运营后到达，影响旅客近1万人。该情况自虹桥枢纽开通运行以来极少发生，针对该情况，虹桥商务区管委会领导高度重视，指示相关部门要及时采取应对措施，落实应急保障预案，快速疏散滞留旅客。交通协调处在多方配合下，成功地应对了本次航班和列车大面积延误。

首先，加强与机场、铁路、市交通港口局等相关单位联系，保持信息沟通渠道畅通，及时掌握航班、列车延误情况和旅客疏散状况。

其次，落实虹桥枢纽夜间到达旅客疏散的应急方案。一是在虹桥枢纽东交通中心增设开往人民广场临时公交专线；二是在虹桥枢纽西交通中心，增加320公交夜宵线车辆配车数；三是针对航班和铁路同时大面积延误且晚间到达的旅客对出租车需求量大、携带行李多、出租车发车速度慢等情况，除督促相关管理单位增加出租车的管理力量外，专门辟出一个临时的乘客上客点，加快疏散到沪旅客。

在市交通港口局、交通行政执法总队、机场、铁路、公安、交通中心公司等多方配合下，较好地应对了本次航班和铁路大面积延误旅客的疏散工作。虹桥高铁最后一趟列车到达时间是凌晨1:14分，凌晨2:20分完成旅客疏散；虹桥机场通宵运营于凌晨6:45结束。虹桥枢纽运行总体安全、平稳、有序。

（案例来源：上海虹桥商务区网站）

第二十二条【做好大客流安全事件的后期处置和总结】

［目的］

及时评估大客流事件后期影响，做好善后工作，对事件影响进行后续调查，对处置过程和效果进行评估和总结改进。

［要点］

1. 做好善后恢复工作。相关管理部门要及时组织制定补助、补偿、抚慰、抚恤、安置和环境恢复等善后工作方案并组织实施。组织保险机构及时开展相关理赔工作，尽快消除大客流突发事件的影响。

2. 查明原因，提出建议。按有关规定成立调查组，查明事件原因、性质、人员伤亡、影响范围、经济损失等情况，提出防范、整改措施和处理建议。

3. 完成应急处置评估报告。突发事件响应终止后，履行统一领导职责的人民政府要及时组织对事件处置过程进行评估，总结经验教训，分析查找问题，提出改进措施，形成应急处置评估报告。

8 广场道路大客流风险管理要略

广场道路常年举办大型群众性活动，这些活动影响大、规格高，吸引着大量的市民和来自国内外各地的游人；与此同时，商业促销、节日祈福、新年迎新等群众自发聚集的活动也日渐频繁，并呈现出活动地点多、人群规模大、参与热情高的特点。然而，这些新态势对本已人潮如流的城市广场、道路的安全管理提出了挑战。“瞬聚难疏”的人流状况成为当下各管理部门共同关注的重点、焦点和难点。为此，我们应依据“市属区管”“统一领导，属地为主” 和“常态和非常态相结合”的应急管理工作原则，合理配备人力、物力，全面提升广场、道路的管控水平，最大限度地避免突发事件所造成的不良后果，减少不良后果的影响。

8.1 广场道路大型活动风险的安全责任主体

第一条 【在广场道路举办大型活动的承办单位是安全责任主体】

［目的］

根据“属地管理”“谁主管、谁负责”“谁承办、谁负责”的原则，明晰广场、道路安全管理主体职责。

［要点］

1. 安全责任主体。按照我国《大型群众性活动安全管理条例》（以下简称《条例》）等现有法律规定，承办单位是安全责任主体，对活动区域的安全负直接责任。广场及重要道路举办大型活动的安全工作是多部门联合完成的，针对不同部门目标任务、运作利益要求的差异性，建立以“安全第一”为原则的协调配合机制。做好与应急联动、医疗救护、安全检查、承办单位等相关部门的协同配合，形成合力，应对突发事件，完成安保任务。

2. 属地管理。对于群众自发的大型活动，当地政府应当落实属地责任，对常年在固定地点、采取相对固定方式举行的群众自发的节庆活动，要全面摸清固有底数，逐一列出清单，逐项落实。同时，结合本地区实际情况，及时排查梳理新增加的群众自发举行的节庆活动，掌握活动时间、地点、人数等情况，纳入管理视线。对于群众自发聚集节庆活动，要确定相关部门负责人牵头，成立工作组，确保有专门人员负责。对预计参与人数多、风险等级高的活动，省级公安机关要派工作组到现场指导。

3. 政府举办的大型活动。以市和区（县）人民政府名义举办的大型群众性活动，不实行安全许可制度，由举办活动的人民政府按照《条例》的相关规定，责成或者会同公安部门制定更加严格的安全保卫工作方案，并组织落实。

4. 群众性大型活动。以市和区（县）人民政府部门、乡（镇）人民政府或者街道办事处名义举办的大型群众性活动，承办者应当按照《条例》的相关规定向公安部门申请安全许可，履行安全管理职责，落实安全工作措施。

5. 群众自发聚集的活动。对于无法落实相关单位及承办方、场地方的群众自发聚集的活动，公安机关要及时报告属地政府，在政府相关部门的协调下，会同各有关部门落实相应的安全管理职责。

第二条【安全责任主体应加强人流拥挤广场、道路的安全硬件设施配置】

［目的］

良好的硬件设施设备，可以有效降低风险，减少因人群聚集可能导致的事故隐患。

［要点］

1. 设立临时应急通道。应当保证应急通道畅通，方便应急队伍、消防、救护等车辆进出。

2. 监控设备。在广场、道路布设全覆盖的视频探头，形成网络、不留死角。

3. 应急喇叭。广场及重要道路应当设置应急引导高音喇叭。如遇突发事件或紧急情况，通过高音喇叭传递信息，有效管控和疏导。

4. 台阶的设计。应当在宽幅较大的台阶中心线处加装固定扶手，使人流遇突发事件时可以借力，既保持重心、不致跌倒，也能有效减轻推挤的力量，常态情况下还可以起到人流分流作用。

5. 地面设施。广场、道路通道的宽度要符合疏散要求，人员活动区域不得有障碍物、磕绊物。重点区域的地面应当使用防滑材料，以防人群行走时有人滑倒。

6. 应急照明。配备规定数量的应急照明灯，并合理布置，合理设计照明灯连续照明时间。大型活动场所应确保通道畅通，照明明亮，防止踩踏事件发生。

7. 应急指挥台。广场及重要道路有条件需设置架高指挥台，指挥台上的指挥者可以在所辖范围内，对风险源、群众的危险行为进行控制和制止，防止突发事件的发生。

8. 设置应急大屏幕。通过显示人流密度和风险等级，提醒公众做好风险防范。

9. 周边道路。保证周边交通道路畅行，确保及时、快速疏散人群。

10. 临时设施。严格检查和落实临时搭建设施的安全标准，需保障临时搭建设施、建筑物的安全。

【典型案例】

1992 年 12 月 31 日晚，香港兰桂坊街区聚集了约 2 万人。当新年倒计时开始时，人群开始失控，有人喷射气罐式彩带，有人喷洒啤酒和汽水，有人扔酒瓶甚至砖块，更有人焚烧报纸。1993 年 1 月 1 日零时 10 分，有人跌倒，像多米诺骨牌般相继有人跌倒，同时不断有人从兰桂坊街区的另一侧威灵顿街拥入，人群越来越拥挤并开始出现人员踩踏，呼救声此起彼伏。此事故共导致 21 人死亡，63 人受伤。

8.2 广场道路应对大型活动风险的预防与准备

第三条 【安全责任主体应对举办大型活动进行风险评估】

［目的］

大型活动公共安全风险评估可以使主办方最大限度地减少损失，降低危害，以最有效的安全成本投入，获取最安全的收益。

［要点］

1. 风险识别。大型活动前期，应当对广场及人流拥挤道路中的重点区域进行风险评估工作。要会同相关部门将可能影响政治稳定、社会安定和危及公共安全的因素全面纳入风险评估范畴，综合考虑安全形势、活动性质内容、敏感群体参与以及天气、交通等可能对活动造成的影响，全面分析预测，科学评定活动的风险等级，并制定相应预案，确保“一场所、一预案”。

2. 风险处置。对存有安全隐患的要会同有关主管部门督促及时整改。一时无法整改的，要调整活动时间、地点；有可能发生安全问题的，要建议停止举行活动，并通报主管部门。

第四条 【安全责任主体应加强重点时段的广场及重要道路管控】

［目的］

节庆假日等重要时段、名胜街区广场等重点区域，是做好风险管理和安全警戒的重中之重。

［要点］

1. 预防与准备。以新年、春节、元宵节、国庆等重要节假日为重点，会同商务、文旅、宗教、住房和城乡建设部有关主管部门，深入广场、重点道路，对节日期间举行大型活动的准备工作进行全面摸底并实地排查。

2. 明确责任分工。对于旅游节、灯会、马拉松比赛、商业会演、商业促销等活动，通过政府部门牵头，相关部门联动，根据需要引入市场运作模式，提供专业安保人员，确保大型活动管理工作安全。

3. 制定交通组织方案。交通组织方案一般包括交通管控区域的划分及管控措施、进散场人流及车流组织、停车场规划及车证的制作和发放、公共交通组织等部分。交通组织方案的设计要素包括：优先满足特定车辆的停车需求，提供快捷的疏散线路；开、闭幕式优先选择大运量的集体交通和公共交通疏散人流，控制入场车辆的数量，禁止货车及无证车进入会场的管制范围；充分利用现有道路交通设施，依托高容量的高、快速路和主干道向外疏散交通；动、静态交通结合，实行就近停车和人车分流，保证安全；各种不同性质的交通流向明确，管理上简单可行；交通管制措施尽量减轻对市区正常交通的影响。

4. 制定交通设施设置方案。交通设施设置方案是交通组织方案能否正确实施的硬件保障。交通设施设置方案包括交通管控区域的禁止类和指引类设施设置，各类交通流线的指引类、隔离类设施设置，以及各停车场的指引类设施设置的具体方案。

5. 制定交通保卫工作实施方案。应当对管制措施、岗位设置、警力部署、应急预案等进行明确部署，以保障大型活动中各类车辆和人群能够按照预期的交通组织有序、顺畅地流动，确保大型活动顺利完成。

第五条　【各安全责任主体应根据人群密度、人群状态、人群构成进行分类、分级管理】

［目的］

大型活动参与人员具有不可预测性、分布不均衡等特性，根据人群密度、人群状态、人群构成的不同特征，加强人群预测、人流引导、安全预警、应急疏散、信息管理等方面的工作，可以有效保证大型活动的良好秩序，减少意外情况的发生。

［要点］

1. 分类管理。广场和道路是开放的空间，应当根据不同类型活动的特征对人群进行分类管理。对于广场及道路重点区域需要设计人群的进、出路线，确保单向行进，并且有明显的指示标识，防止人流对冲。

2. 人群分流引导。引导参与大型活动的人群在时间和空间上分布尽量均衡，防止人群拥挤现象的出现和在整个活动区域内的蔓延。时间分布引导可以通过营销、宣传等途径，采用差别票价等方法开展。空间分布引导主要通过协调场馆活动、加强宣传引导、设置引导信息等方法，避免或缓解部分区域的严重拥堵。

3. 人群分布预警。为了及早发现大型活动人群集中数量超出负荷、产生严重拥挤的不良状态，应建立大型活动人群分布预警系统。

4. 人群疏散预案。大型活动应制定人群疏散预案，确定各类情况下可采取的人群疏散方式和人群疏散实施步骤，明确负责人群疏散的关键人员以及人群疏散指挥控制中心的行动方案。疏散计划中需要解决的关键性技术问题包括疏散人群范围的确定、作为疏散目的地的安全场所的确定以及疏散路线的确定。

第六条　【安全责任主体应当加强风险源的识别和排查工作】

［目的］

通过风险源的识别和排除预先评估出事故的可能性和严重程度，使事故发生的可能性和危害程度降到最低限度，最大限度地减少损失，同时有助于进行安保人力资源的有效分配。

［要点］

1. 因地制宜。对于广场、道路容易发生踩踏事故的地点，如楼梯、坡道、狭窄路路口、出口入口、比较滑的路面，进行重点检查，如果有安全隐患，就及时整改。事先对广场、道路的大面积开阔地带进行功能分隔，采用硬质隔离等设施实行分割，场地与周界间预留足够的缓冲空间。

2. 活动环境。活动场所的内部环境主要包括公共设施、停车场地、区域开放度等。活动场所及周边区域自然条件主要包括气象、水文、地质、交通、周边建筑、商业的密度、加油(气)站、危险化学品仓库、铁路线、高速公路、河流等可能造成影响的内容;参与服务各方使用的音响、烟火、灯光、大屏幕及主题内容对公共环境的噪声、视觉、交通的影响。举办大型活动,承办单位应当根据需要会同通信部门采取有效措施增强现场的移动通信信号,确保所辖区域通信畅通。

3. 设备设施。活动场所内部设备、设施主要包括水、电、气、热设施,消防、安全防范、应急出入口和广播、通信、环境通风系统,疏散通道、临建结构、安检防爆设施等设备、设施,要充分考虑重点要害及实体防范目标的数量及分布,考虑这些设施设备与活动安全的适应性。此外,策划活动所需搭建的舞台、观众看台、经营设施、高空作业及悬挂的宣传媒体、疏散引导标识、临时安全防范设施、临时用电等设备设施,也应充分防备。

4. 其他特殊问题。活动方案中涉及的以下因素也应当一并考虑:有社会影响的节目、社会特别关注的人物、活动的互动性、各方组织服务经验及能力、反恐防爆因素等,以及各个工作方案的培训及演练。大型活动承办单位应当将紧急医疗救护纳入工作方案中,明确周边定点医院和床位数量,确保一旦发生伤亡情况能及时妥善处置。

【典型案例】

1998 年 4 月 9 日,沙特阿拉伯麦加朝觐的教徒在米纳桥发生人流对冲,造成踩踏事件。当日有一项宗教的仪式,人们向象征恶魔的三根石柱投掷石块以驱除邪恶。活动开始后许多朝觐者争着投出石块,而另一些投完石块的教徒需要早些返回。由于语言不通、不识路标及警示牌等原因,朝相对方向行进的人流在米纳桥相遇,出现人流拥堵,最终发生严重的踩踏惨剧,局面失控达半小时之久,导致 118 人死亡,165 人受伤。

8.3 广场道路应对大型活动风险的监测与预警

第七条 【安全责任主体应当对封闭式广场、道路进行承载量测算】

[目的]

通过对封闭式广场、道路进行承载量测算,确保大型活动期间人群的合理密度与容量,避免人群的局部密集。

[要点]

1. 承载力测算。测算公共活动场所的容量或承载力,既包括特定场所的总容量,也包括若干关键地段或地点(事故易发点)的容量,某些具体设施设备(固定的、临时的)的容量,还包括管理、调度指挥的承受能力。要对活动场所及相关设施的容量做科学的、实事求是的测定和评估,并把它作为制订活动计划、确定活动规模、控制参与人数、协调活动进程的重要依据。大型活动人群规模预测,即实际可能参加活动的人员数量,可以通过人员数量历史变化规律,或比较同类型活动,通过科学的统计方法求得。

2. 先期处置。在人流拥挤广场、重要道路举办大型活动的主办方或承办方,应当根据相关规定和计算方式测算出广场、道路的最大承载客容量,当接近和超过上限时,必须按照相应级别的应急预案提前部署。

第八条 【安全责任主体应当根据需要对封闭式广场采用安检措施】

［目的］

部分大型活动需要实施安全检查的，应当进行防爆安检工作，确保活动现场安全和有序。

［要点］

1. 安检措施。常态情况下的开放式广场，在举办大型活动时可根据需要设立隔离栏，使广场处于封闭状态。有条件的情况下设置足够的安检门、X 光机和专业安检工作人员，落实安全检查工作。

2. 危险品防范。严禁携带爆炸性、易燃性、放射性、毒害性、腐蚀性等危险物质，以及非法携带的枪支、弹药、管制器具等。

第九条 【相关部门及时向社会发布大型活动的各类信息】

［目的］

信息的传播必须及时、客观、准确，并且满足不同公众群体的需要，有效引导活动的开展和人群的活动。

［要点］

1. 提前发布信息。大型活动承办单位需要至少提前 1 周面向公众发布相关活动信息和所采取的管控措施。

2. 多渠道发布信息。通过电视、报纸、网络、交通电台、户外情报板张贴或派发宣传单等渠道发布各类活动通告、交通管制消息以及实时交通消息。

3. 活动地区的信息发布。在活动现场，通过发送手机短信、电子公告栏、大屏幕、高音喇叭等多种形式，及时发布参加大型活动的安全提示，提高群众的安全意识和自我防范能力。对于临时变更信息，要向上级部门进行汇报，并将变更信息通过媒体和手机短信等方式及时向公众发布。

4. 交通信息发布。在各类大型活动的邀请函、车辆通行证（或停车证）、门票、入场券、宣传画上印制交通线路图及广场入口、停车场入口位置等，提醒群众按照正确的线路和入口进入活动现场，避免盲目前往而引发现场周边道路交通秩序混乱。

8.4 广场道路应对大型活动风险的应对与处置

第十条 【交通管理部门在活动期间形成联动效应，采取远端分流、周边封控措施】

［目的］

公安部门应当与地铁、公交等运营部门相互联动，才能快速、有效地引导和疏散人流。

［要点］

1. 交通管控与疏散。借助各种交通运营方式来联动配合，及时缓解人流聚集，疏散滞留的游客。根据人群数量增长情况，及时协调交通等部门采取公交绕行、地铁跳站、渡口关停等交通管控措施。

2. 增加运能，延长服务时间。进一步加强与交通运营管理部门的沟通联系，利用增加公共交通运能、延长服务时间等公交配套措施，减少活动区域周边道路的交通压力和停车矛盾。

3. 推行长短途公交驳运。采用长、短途驳运方式，让参加大型活动的市民充分利用公共交通方式，减少自驾车对道路交通造成的压力。合理调增公交线路。采用对途经活动区域或与交通警卫线路重叠的公交线路实施缩线、碰停、改道等措施，减轻对活动区域周边道路交通的压力。

第十一条【安全责任主体应足额配备与活动规模相适应的安全工作人员】

［目的］

聘请专业安保人员协助公安机关维持现场秩序，指导、督促并落实安全保卫措施，及时查处活动中发生的治安、刑事案件以及处置突发事件，更好地确保广场和道路的安全。

［要点］

1. 安保人员配置。根据大型活动的规模和性质，设定保安人员的配备数量。做到足额配备与大型活动规模相适应的专业安保人员及其他安全工作人员。这些人员包括：专门从事大型安保工作的保安队伍、安保专家队伍、志愿者队伍以及场所电力、通信保障方面的专业人员等。

2. 专业培训。安保人员都应熟知岗位、熟知职责、熟知任务、熟知程序、熟知要求，对紧急情况能及时妥善处置，并定期开展大人流防踩踏模拟演练。安保专家队伍可以为大型活动提供安检、防爆、交通、消防、处置突发事件等咨询和决策，其专业能力是保安人员所不具备的，承办者应根据需要聘请专业人士。

第十二条【在紧急情况下安全责任主体应正确使用安保力量】

［目的］

训练有素的安保人员是安全工作和风险管理的专业队伍。用好用足这支队伍，确保安保力量有效发挥，对于现场处置与管理意义重大。

［要点］

1. 第一批安保力量充足。遇到突发事件时，第一批次安保力量确保充足，形成战术上的相对优势，在最短的时间内控制局面和事态，争取主动权。避免由于安保人员不足造成长时间对峙和消耗，导致事态扩大等不利情况发生。

2. 专一性使用安保人员。在大型活动安全保卫工作岗位设置上，实行人员职责固定，不随意调动人员去完成其规定职责任务以外的其他工作，让专用安保人员集中精力，把本职工作做专做优。

3. 整建制使用安保人员。在开展安保工作时，应当整建制行动，发挥建制内一线指挥员与战斗员之间人头熟悉、配合默契、步调一致的优势，使安保人员效能发挥达到最大化。

4. 现场屯警。在靠近大型活动现场聚集警力，既使参战警力有身临其境的现场感，心理上始终保持战时的紧张状态，又能够让作战单位以最快的速度、最短的时间实现警力部署并投入实战。

5. 配备机动警力。为应对大型活动现场突发情况，按照宁可准备有余，也不能准备不足的要求，配备机动性强、战斗力强的后援机动力量。

第十三条 【安全责任主体做好大人流预警的迅速应急响应和前期处置】

［目的］

经由信息传递网络传送到中央信息处理中心的数据与预先制定的警情界限阈值进行比较，确定其警戒级别，并发出警报。警戒信息发布后，广场、道路相关责任主体根据预案迅速做出应急响应，进行前期处置，减少人员伤亡和财产损失。

［要点］

1. 迅速响应。广场、道路承办单位接到大人流的预警信息后，参与应急处置的各类各级部门应当迅速响应，并做好前期处置，再根据人流密度演变、预警级别采取相应级别的应急处置和人流控制措施。

2. 响应人员。对于因群众无序聚集而可能引发危险的情况，广场、道路主管单位的工作人员、值班人员应及时向上级有关部门报告，上级有关部门接到预警信息后，应当通知相关机构立即开展应急处置。安全管理人员作为突发事件的“第一响应者”，负有控制局面、组织疏导人群安全疏散的责任。

3. 靠前指挥。一旦发生踩踏等危急情况，值班人员要立即报告，并打开所有通道，及时疏导人员，实施应急抢险，防止事态恶化。安保部门负责人要第一时间赶到现场临时指挥，准确了解情况后，及时向相关部门汇报。相关部门工作人员接警后要立即赶到现场，听从现场领导统一指挥，分头开展工作，全力控制事态发展。疏散人员的临时集中地要安排在操场等空旷处。

4. 预案启动。大型群众性活动举办期间，发生危及公共安全的突发事件的，承办者应当立即启动应急预案，并报告公安部门。公安部门应当立即采取相应处置措施，维护现场秩序；对没有消除安全风险的活动，应当责令承办者立即停止活动。

第十四条 【安全责任主体应当根据大型活动情况采取具体疏散和处置方法】

［目的］

采取专业的、科学的、有效的人群管理处置方法，是快速疏散人流、降低拥挤风险的必要举措。

［要点］

1. 批次放行法。为了控制特定活动区域内人流量，避免人流在控制区域现场过度拥挤，同时又能确保较高的人流通行效率而采取的人流管控手段。内容包括：事先对活动区域进行划分，以合理有序的区间均衡分割整体人流；通过控制人流数量或穿插分割人流等方式，对无序聚集或排队进行有序切分；再根据活动区域人流饱和度及现场其他变量情况，按批次间歇递进放行人流。

2. 空格站位法。为防止大型活动中瞬时大人流所产生的人群前冲危险现象，选择在活动区域空旷地带视情设置空隙型人墙，通过采取安全保卫人员同排间隔站位、次排错位排列的方式，分割和引导人流沿空隙人墙曲折穿行，以减缓人流的前冲速度，确保人流行进安全。

3. 包块引领法。为避免聚集人流在行进中产生推挤、跌倒等意外情况，安全保卫人员应及时采取以下方式：领头引导——在队伍前方设置人墙引导人流移动，控制人流行进速度，防止人流向前冲压；切边阻隔——在人流两侧设置人墙跟随前进，协助控制人流行进速度，防止其他人员再进入扩大规模；断尾拦截——在人流后方设置人墙，控制队伍总体长度和团队跟进等，保证人流相对封闭。

4. 几何队形法。为避免多个方向人流的交会，以及大型活动散场人流与逆向通行人流造成对冲，在人流交会的对冲路口设置由安全保卫人员组成并符合区域地形特点的几何队形（通常为三角队形或圆队形），通过队形引导，使相向人流从不同侧向行进，达到有效控制人员进出比例、疏导对冲人流的效果。

5. 开关控流法。为确保重要区域、路口的人流、车辆有序通行，防止因大人流造成区域、路口人流通行较难断尾的无序状况，在人行道两侧设置引导安全保卫人员，通过与交通信号灯同步或根据当时实际情况设置引导线，形成类似“开关”的效果，以主动阻拦、切断通行人流，确保路口畅通。

6. 注水引导法。对已形成局部拥堵的开放性区域，视情划定拥堵区域范围，并拦截后续人流，同时清空前方疏散区域，形成分流人群的“蓄水池”。对聚集人流进行切块隔离，疏导拥堵现场，使其相对固定在原地。以分割切块的群体为单位，分批、分梯次引导人流离开拥堵现场，确保局部区域顺畅通行。

7. 穿插分割法。针对聚集人流滞留现场等不配合指挥的行为，在有效控制外围人流继续进入的情况下，由着装警力对聚集人流采取四面穿插、分割等方法，分散人流，化解危险。

【典型案例】

2004 年 2 月 5 日，北京市密云区在密虹公园举办第二届迎春灯展过程中，游客在密虹公园云虹桥上发生拥挤踩踏，导致 37 人死亡，37 人受伤。迎春灯展从农历正月初十开始，事发当天是第 6 天，平日观灯人数约 3 000 人，由于 2 月 5 日是元宵节，观灯人数增至 3 万多人，造成人员拥挤。最终，因 1 名游客在云虹桥上跌倒，引起身后游人拥挤，从而酿成惨剧。导致事故发生的直接原因有三点：一是承担主体责任的密云区城关派出所履行安全保卫职责不到位，执勤人员上岗时间推迟，工作失职；二是灯展主办单位、承办单位安全保卫方案落实不到位；三是灯展活动安全保卫小组没有要求承担安全工作责任的成员单位制定细化的安保方案，也未设立现场指挥协调机构。调查认定，北京密云区“2·5”特大伤亡事故是一起责任事故。

8.5 广场道路应对大型活动风险的信息管理

第十五条 【安全责任主体对群众自发聚集活动应当加强信息收集】

［目的］

应当高度关注群众自发聚集活动的安全管理，分析各种潜在的风险，及时采取针对性举措。

［要点］

1. 官方信息收集。要发挥情报信息主导作用，依托交通、客流、公安等情报信息资源，以及日常性基础工作资源，全面掌握社会不稳定因素的情报信息。

2. 多渠道信息收集。要及时发现利用互联网、微博、微信、QQ 群等网上渠道发布的各类可能引发群众聚集活动的情报信息，及时采取针对性工作措施。根据活动的性质、规模、现场环境、社会关注度以及周边治安环境等内容，分析各种潜在风险。

3. 及时掌握社会舆论。通过对报刊、杂志、新闻、互联网等主要媒体报道和发布信息的整理和提炼，了解大型活动社会关注程度，发现和积累一些潜在的、有价值的情报信息。通过群众监督、民情反馈等方式，了解特定群体的心理、情绪、思想动态以及带有倾向性的态度和立场。

第十六条 【安全责任主体应采用各种技术手段加强对人群聚集广场道路的信息监测】

［目的］

运用先进技术手段进行监测和预警，将有效提高大型活动的安全管理水平。

［要点］

1. 监控设备。经常举办大型活动的广场、道路，应当安装人流信息采集装置，根据图像智能识别系统，捕捉广场、道路的人流活动信息，计算人群流量、密度和步行速度等参数，通过模型判断实时人流状态，并预测该区域短时人群聚集态势。利用智能化视频监控系统，对重点区域、出入口、特种设备故障多发区域进行监控。

2. 动态识别。对进入监控场景的人群目标进行实时监测，重点关注人群高密度地区的异常情况，根据需要及时采取预警措施。对于监控室的监控屏幕和人员应当核定比例，同时对监控人员进行有效培训。

第十七条 【安全责任主体应当及时发布人流安全预警与变更信息】

［目的］

及时发布安全警示信息，对于引导人群分流、控制人群聚集、防止危险的发生，起着至关重要的作用。

［要点］

1. 发布风险信息。通过对广场和道路的承载量、人流密度的测算，及时通过大屏幕、高音喇叭、现场工作人员引导等方式公示数字及风险程度，明确引导公众做出理智行为，规避风险。同时，承办单位应会同通信部门，通过手机平台推送安全警示信息，防止人群因高度聚集引发危险。

2. 变更风险信息。公安部门做出撤销、变更或者撤回安全许可的，应当通过政府网站等形式，及时向社会公告。大型群众性活动变更、取消的，承办者应当通过广播、电视、报纸、互联网等方式予以公告，并及时向已经购票或者预约活动的参加人员做好解释说明、赔偿损失等工作。信息变更本身就是一种具有一定风险的行为，变更信息的发布务求准确、及时和全面。

8.6 关于应对大型活动风险的后期处置与总结

第十八条 【安全责任主体应当做好广场、道路各类突发事件的后期处置与总结】

［目的］

及时评估后期影响，做好善后工作和后续调查，对处置过程和效果进行总结，有利于提升风险管理水平，并为以后的管理和处置工作提供借鉴。

［要点］

1. 原因调查和责任追究。广场、道路相关责任主体应当按照各自权限、职责对突发事件进行全面调查，还原事件发生的全过程，找出原因，分析对策，对失职人员追究相应责任。

2. 损失评估。广场、道路相关责任主体应当对事件中的直接损失和间接损失进行评估，并报告上级部门。

3. 分析总结。突发事件处置完毕，负责事件处置工作的人员应在处置工作完成后及时提交书面报告。同时对事故中暴露出来的相关问题采取针对性的举措，并且举一反三，防止类似情况再次发生。

第十九条 【加强针对社会公众的安全风险意识教育和应急自救培训】

［目的］

提升公众的安全风险意识，培训其基本的应急自救技能，将有助于极大地提高全社会防范风险的能力。

［要点］

1. 风险意识教育。政府及相关部门应当对公众开展安全知识的培训、规则意识的教育、风险防范知识的普及以及针对群众恐慌心理的抚慰。通过广播、电视、报刊、通信、宣传车、手机等方式有效发送相关知识和信息，强化自我保护的意识和能力。

2. 应急演练。强化安全和自我保护教育，对中小学生、青少年进行各种应急安全演习。演练要有实用性，如遇人流拥挤情况，要保持冷静、不慌乱、不弯腰、不逆人流而动，不快速乱跑，寻找固定物体进行依靠；如果摔倒了要双臂交叉环形护住头和胸腔等。

3. 应急文化教育。政府及相关部门需对公众进行道德素质教育。广场、道路的游客需服从警察和安保人员的指挥，举止文明，遵守秩序，并能积极配合警察及安保人员的工作。

第二十条 【发动社会力量并组织志愿者广泛参与】

［目的］

鼓励社会力量有序参与应急管理是重要发展方向和趋势，社会协同参与将有效提升应急管理的能力和水平。

［要点］

1. 社会动员。大型活动可以根据需要发动周边地区民众参与管理，组建志愿者队伍。根据大型活动的需要配备一定比例的志愿者。志愿者应当具备一定的身体素质和心理素质，并参加相应的培训，应对突发事件的应急演练。

2. 模拟演练。应当根据演练情况不断修改应急预案。应急演练可增强队伍的整体能力，充分熟悉处置流程与内容。管理者也可通过演练，发现预案与处置方面的不足并不断进行完善。

9 景区(点)、公园大客流风险管理要略

随着社会经济的不断发展和生活水平的极大提高,人们越来越多地选择在节假日与家人外出旅游。风景名胜区域的景区、景点、度假区、公园成为人们出游的首选,是大客流最容易出现的地方。风景名胜区域的大客流风险管理在城市安全管理中的地位越来越重要。旅游安全维系着一座城市的形象与声誉。确保景区安全运行,确保游客安全游园,这是每一个旅游景区的基本职责。

本章中的景区(点)、公园(以下简称"景区")指的是以旅游及其相关活动为主要功能或主要功能之一的空间或区域,具有参观游览、休闲度假、康乐健身等功能,具备旅游服务设施并提供相应旅游服务的独立管理区,包括风景区、旅游度假区、自然保护区、主题公园、森林公园、游乐园、动物园、植物园及各类工业、农业、经贸、科教、军事、体育、文化艺术等旅游景区(点)、公园等公共活动区域。①

9.1 建立大客流日常风险管理机制

第一条 【景区的管理机构是安全责任主体】

[目的]

明确景区风险管理的责任主体,做到职权和责任明确,才能有效落实管理要求,提高管理效率和质量。

[要点]

1. 景区应建立自身日常的大客流安全管理机构。该机构接受政府部门的统一管理和领导,并定期向政府相关机构汇报工作。

2. 经营类景区的管理队伍。以商业经营为主的景区,应建立以安保及工作人员为主、以公共警力为辅的大客流安全管理和应急处置人员队伍,开展日常的风险识别和风险评估,并根据有关数据作出相应的风险管理对策。当大客流发生时,以商业经营为主的景区应当主要依靠自身的安保及工作人员对人流进行管理、分流和疏散,并充分发挥社会志愿者的作用,避免安全事件的发生。

3. 公益类景区的管理队伍。公益类景区的大客流安全管理和应急处置人员队伍,应当依托

---

① 中华人民共和国国家标准,旅游景区质量等级的划分与评定(GB/T 1775—2003),2018。

政府部门组建,以政府相应机构配备的公共警力为主、以景区的安保及工作人员为辅,同时重视和鼓励社会力量的积极参与。

第二条【明确各级政府管理机构的职责】

[目的]

景区的安全管理需要多部门配合协作。各级政府应当明确相应职能部门的职责,同时充分发挥统筹协调的作用。

[要点]

1. 分级管理、属地为主。各市和区(县)人民政府应该按照"分级管理、属地为主"的原则,成立专门负责景区大客流安全管理的机构,协调包括文旅、公安、消防、医疗、卫生、环保、交通等诸多部门的相关行政管理职能,使各部门相互配合协作,及时消除景区的安全风险隐患,或将风险事件的损失降到最低。一旦大客流安全事件发生,则可以统一指挥、有效联动,使应急处置及救援工作能快速有效地开展。

2. 应急演练。定期开展应急演练,让各部门和相关人员了解应急状态下的指挥方式和工作方式,熟悉操作流程,做到各个环节有序进行,临危不乱。应急演练应当每季进行一次,以防范不同环境、不同气候下的突发事件。

第三条【建立大客流常态化管理和风险预防机制】

[目的]

将大客流风险管理纳入常态化管理范畴,对风险随时进行跟踪和监控,才能有效预防风险。

[要点]

1. 强化风险识别与评估。在景区大客流常态化管理中,应当将大客流风险识别与评估作为管理的重点。

2. 景区的风险识别。景区应当组建熟悉景区环境、富有管理经验的专业队伍,根据实际情况,定期开展风险识别工作。具体包括风险源和不安全因素的排查,旅游高峰季节和平常时期的分类排查,高峰时段和一般时段的分类排查,以及重点区域和一般区域的分类排查。

3. 在风险识别的基础上进行风险评估。除了进行景区综合风险评估外,还应当对景区内开展的主题活动或大型活动进行统一管理,建立事前强制风险评估机制,尤其是建立节假日或重大节庆时的热门景区的大客流风险评估机制。公安部门在对大型活动进行审批时,应该将活动的安全风险评估作为必须申报的重要材料。相关风险评估的方法和标准应尽量统一,风险评估报告的审批也应当建立统一的标准。

4. 根据风险评估的结果制定工作方案。景区应当根据风险评估的结果采取应对措施,制定不同级别的工作预案,并分别制定各等级预案的启动标准。

5. 建立有效的避险互助机制。对景区内所有岗位的工作人员开展应急响应和救助能力的训练,对入园的游客加强公共安全和防范风险知识的宣讲和提醒,共同提高避险互助能力。

6. 严格落实景区最大承载量的管理与响应机制。景区应当公布主管部门核定的景区日最大承载量,制定并定期演练游客高峰时段分级应急预案。此外,在有风险隐患的地方配置相应的人力或安全设备,避免大客流安全事件的发生。

【典型案例】

2013 年 10 月 2 日,四川九寨沟景区发生大规模游客滞留事件。事件的起因是,由于少数游客在正常候车时间内,不听从管理人员指挥,强行拦车,导致部分站点观光车辆受阻,无法正常运行。此现象迅速引发连锁反应,造成整个运营车辆体系无法循环运转、大量游客无法正常乘车。由于候车或步行时间较长,部分游客心生怨气,不听劝阻,翻越栈道,走在公路上,导致整个客运系统几乎瘫痪。截至 19 时许,景区共滞留客人 4 000 余人。游客们纷纷抱怨,拥堵是管理不当所致。而景区方面则认为是少部分游客不听劝阻、拦车阻碍交通所致。此事件虽未造成人员伤亡,但是对景区的旅游声誉造成了较大影响。九寨沟管理局等相关部门于次日就该事件向游客公开致歉。客观地分析,游客人数过多与景区接待能力之间的矛盾是非常明显的。此外,游览线路的科学设计、接客车辆的调配与站点设置、游客情绪的及时化解与疏导、少数游客围堵车辆情况的及时发现与现场处置、滞留情况发生后的有效应对以及面对媒体的危机公关等,在管理体系、风险预警、响应机制、应急处置等各环节,这一事件带给人们更多反思。

9.2 景区安全通道管理与应急物资储备

第四条 【严格规划和落实景区的安全通道,并做好相关设施的配置】

[目的]

景区安全通道的科学设置与管理,将在大客流疏导、突发事件应对过程中发挥重要作用。

[要点]

1. 景区应当根据相关要求,设立多个科学合理的安全通道和应急通道,当大客流出现时,可以及时进行人流分流、疏散和分割。在安全通道、应急通道的入口和出口处应当设置足够醒目的标识,如果客流量过大,应当临时增设多个流动出入口备用。

2. 景区应当配备应急照明设备、应急广播和通信系统,并保持这些设备和系统功能完好,当大客流安全事件发生时可以随时投入应急使用。

第五条 【建立景区大客流分流配套管理体系】

[目的]

建有可用于疏导、分流大客流的场所和管理体系,当景区出现大客流时,可以对人流进行有效引导和分流。

[要点]

1. 建设配套的商业街区或郊野公园等场所。在景区附近建设商业配套设施、主题园、郊野公园等其他风景点,既可正常运营,又可在大客流时用于分散人流,防止游客在短时间内、大规模地集中进入核心景区。

2. 完善疏导客流的管理体系和道路网络。建立与核心景区一体化的客流限制、疏导和管控预案,定期进行人流引导、分流、疏散的安全演练。

第六条 【应急物资及设备的日常管理】

[目的]

应急物资及设备的有效使用,是应对和处置大客流事件的重要手段,可以充分确保景区突发安全事件时游客的人身健康和安全。

[要点]

1. 建立应急物资和设备日常管理机制。应当对相关物资和设备进行定期检查、维护与更新。

2. 城市中的公园和部分景区兼有城市应急避难场所的功能。这些场所的应急物资及设备的配备,应当予以充分关注,尤其是要考虑极端气候影响时应急物资的配备,保证应急物资充足,设施设备状态良好,随时可以投入应急使用。

9.3 设计安全游览路径引导客流流向

第七条 【科学设计景区安全游览路径,有效引导客流流向】

[目的]

安全游览路径的科学设计是风险管理的一种手段,也是应急处置的一项疏散举措,可以引导游客避免产生不安全行为。

[要点]

1. 明确设计游览路径的目标。根据景区特征和游览需求,为游客设计和推荐游览路径,可以提升游览质量,强化安全管理,同时,还可以避免出现人流对冲、相互交叉的现象。

2. 做好安全提示与警告。对于有个性化游览需求的游客,应当告知其务必在相关规定许可的范围内游览,并充分告知其安全提示和风险警告,同时做好相关的安全监测和跟踪工作。

第八条 【景区应当设置统一、显著的安全引导标识】

[目的]

安全标识在关键时刻起着指引和疏导的作用,有助于有序引导客流的走向,对于大客流中安全事件的预防和应急处置都具有十分重要的作用。

[要点]

1. 安全标志和安全提示。景区的安全标识应当醒目、样式统一、表达清晰,相关安全提示应当措辞规范、简明扼要,避免产生歧义和误解。安全标识和提示应当足够醒目,放置于关键部位和人流必经之处，起到指引、提示和预防的作用。

2. 工作人员应当亮明身份。景区内配备的安保人员应当统一着装，佩戴醒目的标识，便于安保人员在指挥和应急处置中发挥应有的作用。

第九条 【充分告知游客关于疏散通道、安全标识、安全提示及相关安全设施的使用说明】

［目的］

让游客充分了解景区的各类安全信息，可以有效提高游客自我保护能力，有助于紧急状态下开展疏散和救援工作。

［要点］

1. 游览前预先告知。在游客进行游览之前，景区方应当就景区的安全路径、安全设施、疏散通道、安全标识、安全提示等内容向游客充分告知，以增强和提高游客的安全意识。

2. 有效传达安全提示信息。告知可以通过书面、广播、短信、警示牌、导游等多种途径传达。例如，在纸质门票背面印制安全路径，在路口以醒目的标记标注安全通道、疏散通道的走向等。安全标识、安全提示的设计应当符合国家有关规定。

第十条 【景区应当建立动态的风险管理机制】

［目的］

景区在不同时期、不同阶段、不同季节会发生不同情形的风险，不存在一成不变的管理方式和一劳永逸的解决之道。

［要点］

1. 常态化管理与动态调整相结合。在坚持常态化严格管理的基础上，根据实际需要及时调整局部方案，确保管理的有效性。

2. 掌握动态调整的规律。针对景区在一年之中的旺季和淡季、一日之中的高峰和低谷以及不同天气、不同气候、不同主题下呈现出的风险形态，制定不同的方案与策略，精准把握变化规律，不断完善应对举措。

3. 节假日、重大节庆或大型活动期间，景区的安全管理应由日常管理上升为应急准备和管理状态。相关的人员、应急物资应配备到位。此外，各配套和联动部门也应处于应急准备状态，随时听从管理机构统一指挥和安排。

9.4 景区的客流信息统计与风险管理

第十一条 【针对景区开展大数据信息采集和网络化管理】

［目的］

准确感知和提前识别景区大客流出现的风险。

[要点]

1. 信息的采集。与景区客流相关的大数据信息包括本景区的门票购买信息、游客信息、交通信息(包括公路、铁路、航空等)、气象信息、邻近景区的相关信息等。在重大节庆假日期间,景区管理机构应当与其他相关部门合作,完成对相关大数据的采集与共享,并共同制定工作预案。

2. 信息的使用。景区应当将采集的重要数据和信息定期上报政府管理部门,根据需要以正确适当的方式向社会公开发布,对游客进行引导和分流。信息发布应当形成制度和规范,信息应当及时更新,并做到信息共享。

3. 信息的共享。在节假日期间,政府管理部门会在网络和媒体上公布各景点的客流量等相关数据。各景点应当及时公布、更新客流数据和景区的相关信息,引导客流的分布和走向。

4. 合理规划景区布点。政府部门应当对景区的规划、建设、主题进行科学设计,合理布局附近其他景区的选址、主题及配套设施。当某一景区出现大客流时,可以将外围游客引导到邻近的其他景区。

5. 节假日提前预告相关信息。景区应当在节假日、重大节庆或大型活动来临之前,在权威平台上统一向社会公布门票预售情况,方便游客人数的统计和限制,对客流动态情况及时发布。不售门票的公益性的景区应当采取预约入园的方式,提前做好安全管理措施,制定应急预案,有效限制客流量,保证游客安全。

第十二条 【建立景区日最大承载量和游客高峰时段的安全管理制度】

[目的]

对景区日最大承载量和游客高峰时段的识别、预警和响应机制,是景区大客流管理的关键与核心。

[要点]

1. 确定景区日最大承载量。景区日最大承载量是指在保障游客人身安全、旅游设施设备和旅游资源环境安全的前提下,景区日开放时间内能够容纳的最大游客数量。景区应当根据国家旅游局的《景区最大承载量导则》中规定的相关日最大承载量的计算方式和公式计算出景点的日最大人流承载量。

【参考资料】

2015 年 4 月 1 日,由国家旅游局制定并发布的《景区最大承载量核定导则》(以下简称《导则》)正式实施。根据《导则》的规定,各大景区应当核算出游客最大承载量,并制定相关游客流量控制预案。《导则》共列出了 7 类景区的基本空间承载标准。其中,八达岭长城核心景区人均空间承载指标为 1～1.1 m^2/人;故宫博物院核心景区人均空间承载指标为 0.8～3 m^2/人。《导则》还阐明文化遗址类和古街区类景区对游客流量的要求颇高,以秦始皇兵马俑为例,其遗址核心区的人均空间承载指标为 2.5～10 m^2/人,而剩余 5 类景区的这一指标的最小值则在 1 m^2/人左右。

2. 确定景区游客高峰时段。景区游客高峰时段是指,景区内游客数量达到或超过景区主管部门核定的日最大承载量80%的时段。景区应当根据国家旅游局的《景区最大承载量核定导则》中的规定,计算出景点的日最大人流承载量,并根据此数据确定游客高峰时段。

3. 游客高峰时段的应对举措。当景区处于游客高峰时段时,景区管理方应当立即停止发售现场门票,有序引导客流至景区外的其他景点和公园,以分散人流,避免短时间内景区内人流过于集中。

4. 科学制定景区门票的票务政策。在景区门票的发售与管理方面,可以采取门票预约、网络售票、实名售票及限制特殊门票的使用等方式,通过票务政策对游客的数量、入园时间进行有效控制与统计。在热门景点和旅游高峰时期,应当采用网上售票、预约售票的方式,限制并逐步取消现场售票。采用年票、季票和月票等门票制度的景区,可以明确规定,在节假日和旅游高峰时期不得使用年票、季票和月票入园,以准确预估当天入园的客流量。

【典型案例】

故宫博物院从现场售票进入"全网售票"时代,花了6年的时间。故宫博物院从2011年9月25日开始尝试网络预约售票,首日门票预定仅有287张,直至2014年,全年网络售票量也仅有2%左右。自从2015年故宫博物院开始实行8万人次限流和实名制售票起,网络售票比例开始明显上升,当年提升至17%,并在次年增长至41%。直至2017年7月1日,当日网售票和手机扫码购票方式开放,网售票占比在8月达77%,并在10月2日首次实现了全部门票网上销售。故宫博物院实行全网售票并取消售票处,不仅降低了观众参观的等候时长,而且可以实现"分时段售票、分时段参观、有效控制观众流量"的精细化管理,进一步提升观众参观的体验与感受。

9.5 建立大客流风险预警机制

第十三条 【景区应当建立大客流风险预警机制】

[目的]

对于可能出现的不同等级的大客流,应当预先制定标准与规范,及时发布预警信息,启动相应的应急预案。

[要点]

1. 执行国家颁布的行业标准与规范。按照《景区高峰时段应对规范》的规定,根据景区内游客量达到或超过景区主管部门核定的日最大承载量的百分比,将游客高峰时段应对等级分为一级、二级和三级,一级为最高。达到日最大承载量的95%及以上的为一级,用红色标示;达到日最大承载量的90%及以上的为二级,用橙色标示;达到日最大承载量的80%及以上的为三级,用黄色标示。

2. 预警信息的发布。针对不同的人流量制定不同的预警等级和标准,并配套不同等级预案的启动标准。当人流量达到一定级别的警戒线时,可以利用信息化手段自动报警,与常态化预警管理有机结合。

3. 建立应急预案启动标准与程序。建立不同级别的应急预案启动标准和程序。当不同级别的险情出现时，相应地启动不同级别的应急预案。应急预案启动标准与程序，应当具有可操作性。

第十四条【建立完善的预警响应机制】

［目的］

对风险预警采取及时、有效的响应举措，才能有效控制风险。

［要点］

1. 立即限制游客入园。在收到不同级别的预警后，景区应当立即启动不同的预案，并根据实际需要调整售(检)票窗口数量和售(检)票时间，采取网络预约、电话预约等多种售票方式有效控制景区接待的游客数量和接待时间。

2. 平台立即发布信息。建有及时发布旅游相关信息的平台，预警响应后，及时告知和提醒尚未入园的游客景区的游客数量、饱和情况，使游客主动选择其他客流量较少的景区。

3. 制定常态化的联动举措。景区应当与各相关部门，包括交通、餐饮、酒店、海关、媒体等部门保持良好的合作关系，信息共享，通过门票预售、媒体宣传、信息发布等措施，有效调控旅游客流，避免大客流的突然聚集。

4. 严格依法惩戒。政府应当对疏于履责、盲目追求经济利益、隐瞒大客流风险隐患的景区管理者，依法严肃追究法律责任，包括罚款、停业整顿、吊销经营许可证等，严重的要依法追究经营者的刑事责任。

9.6　景区大客流应急处置

第十五条【景区应当健全日常安全管理及应急处置培训机制】

［目的］

培养和提高相关人员的安全管理能力和救援技能，应对大客流安全事件的有效处置。

［要点］

1. 日常安全管理培训与知识的普及。建立日常安全管理方法及技能的培训机制，培养旅游从业人员的安全管理意识与技能。具体包括对管理人员、导游和讲解员进行救生技能和应急防护技能培训；利用公益广告或其他方式对景区内的游客进行安全知识和技能的宣传教育，使社会公众在紧急情况下可以开展自救与互助。

2. 应急处置的培训。模拟大客流安全事件发生的情形，景区第一时间启动应急预案并进行先期处置，所有工作人员各司其职、参与处置，防止事态扩大或恶化，同时将相关情况向政府管理部门报告。培训应当针对高风险区域和高风险时段，检验预案与流程，检验工作人员的处置状态和临场表现。

第十六条 【景区应当不断完善日常应急管理制度】

［目的］

风险管理的目的在于防患于未然。事先完善应对风险的所有制度与举措，就能在事件发生时进行有效的处置和救援，最大程度地确保游客的人身安全。

［要点］

1. 建立日常应急管理制度。景区应当建有应急管理机构，当大客流情况出现时，景区的应急管理机构应当迅速发挥作用，并在地方政府应急指挥机构统一领导下开展工作。景区应急管理机构应当按照景区主管部门和地方政府的要求与安排，配合公安、消防、医疗、卫生、环保等相关部门，构建应急管理体系。

2. 建立联席会议制度。建立健全各相关部门的联席会议制度，及时通报景区大客流的情况、分析研判形势、安排部署工作、协调解决问题，并同时参加政府组织的联席会议。

3. 完善应急处置的协作机制。当大客流出现时，应立即根据具体情况，分级启动应急响应机制。相关部门及人员应统一听从应急指挥的调动。管理机构应及时发布和更新相关应急处置信息，有序地对客流进行分流和疏散，并对相关受伤人员进行有效的救治。

4. 景区的各项安全设施应当配置完备。景区的各类消防、卫生、通信、交通、救援等设施和设备，应当配置齐全完备。相关行政部门应建立日常的安全检查和审核制度，对于不符合要求的景区，应当要求整改，不达要求不准营业。

第十七条 【当出现日最大客流承载量超过80%及以上时的应急处置】

［目的］

当客流量超过核定的日最大承载量的80％时，就是应对大客流的关键时刻，景区内的部分核心景点的瞬间承载压力将会非常高。

［要点］

1. 景区客流量达到日最大承载量的80％。当景区内游客数量达到最大承载量80％时，景区管理机构应当立即向社会公告并同时向当地政府报告。在当地政府指挥、指导和协助下，配合景区主管部门和旅游行政主管部门启动相应的应急预案。同时，景区要立即停止售票，并通过媒体、网络等方式对外发布相关信息，进行安全提示并发出预警。

2. 景区客流达到日最大承载量。当景区客流达到日最大承载量时，景区应当立即启动相应的应急预案，各部门立即组织疏散人流。景区应当通过各种有效方式及时引导游客的行进路线，减少甚至禁止局部的逗留，告知游客安全通道的地理位置，并同时公布相关人流疏散的信息。

3. 景区外围的客流控制。景区应当在政府相关安全管理机构的统一指挥下，对通往景区的外围道路入口和主要集散中心（地）进行流量监控，并采用多种方式在景区外部对人流和车流进行引流、分流和截流。

4. 开展心理疏导与安抚。根据实际情况，对暂时被困景区内的游客和人员进行心理疏导与安抚,对受伤、老弱等有特殊需要的游客进行救援和安排特殊照顾服务。

第十八条【建立应急状态下统一、权威的信息发布平台,依法及时发布信息】

[目的]

及时发布权威信息,可以让公众在第一时间了解相关信息,消除恐慌心理,杜绝谣言的产生。

[要点]

1. 及时通报和汇总信息。景区及相关机构应当及时向政府管理部门通报应急处置信息和进程,做到信息完整,渠道畅通。

2. 统一发布权威信息。政府主管部门应建立统一、权威的信息发布平台,各相关部门应统一发布口径,由政府管理机构及时和定期发布应急处置相关信息。

9.7 建立社会协同管理体系

第十九条【建设多元化构成的安保管理队伍】

[目的]

多方参与、协同配合、科学分工的运作机制,可以有效提高整个社会化解风险的能力。

[要点]

1. 专业的安保队伍。景区应当建立专门的安全管理员队伍,专门从事安全管理工作,接受公安部门的专业指导、监督和管理。景区的专业安保人员应具备相关的资质,具有安全保护、应急处置、紧急救援等方面的基本技能。

2. 安保管理机制。景区应当建立门卫、安保及志愿服务相互协作配合的安全管理机制,各司其职,互为补充。在举办重大节庆活动时,还应当聘请专业的安保公司加强安保力量。

3. 健全志愿服务管理。景区应当健全志愿服务申报审批机制及联络点管理,使志愿者能够有组织、有秩序、有分工地参与应急管理。

4. 开展应急救援技能培训。在景区内实地开展公益培训,普及救援知识,提升救援技能,加强安保队伍的能力建设与协同配合。

第二十条【建立景区与外部区域和单位的综合协调机制】

[目的]

当景区需要疏散大客流时,应当避免在景区外围出现大客流集聚情况。确保景区内游客安全,景区外秩序井然。

[要点]

1. 建立景区外部交通联动机制。政府部门应规划与统筹协调景区外部的道路交通及客运网络，统一指挥、统一协调，确保客流能及时从景区内向景区外疏散，避免游客在景区外围过度聚集和滞留。

2. 建立与各大通信公司的合作机制。利用通信公司平台和服务，保持应急状态下通信畅通，同时及时搜集和掌握大数据信息，准确发布应急处置和管理信息，确保游客情绪稳定，服从统一指挥。

3. 建立与附近医疗卫生机构的联动制度。一旦出现紧急情况，附近的医疗机构应第一时间参与应急救援，全力确保游客生命健康安全。

4. 建立与附近社区的联动制度。一方面，邻近的社区可以在紧急情况下，迅速组织力量赶赴现场。以邻近的社区为单位，以社区志愿者为依托，开展与人群疏散、救助技能相关的培训。另一方面，可以开发与景区的旅游主题和内容相配套的社区旅游，建设商务、文化等的配套设施，将附近的社区建设成为景区与城市之间的一个客流分流区和过渡带，将景区高峰时段和旺季大客流对城市道路交通的影响降到最低。

5. 建立与媒体机构、教育部门的联动制度。通过媒体宣传、学校教育等方式，对群众、学生普及安全知识，包括对危险的识别、自我避险、紧急自救、相互救助、紧急逃生等知识和技能，提高社会公众自身的素质和能力。

第二十一条【景区的管理应当强化以人为本的风险管理理念】

［目的］

从游客的切身利益和感受出发，以人为本进行安全管理。

［要点］

1. 救护通道。在排队等候区域、核心景点区域等经常发生大量游客滞留的区域，应当采取必要的客流缓冲、隔离等措施，同时务必要保留救护通道，一旦发生意外可以立即抵达事发点进行救助。

2. 特殊照顾的游客。景区应当根据实际情况，为老年人、残疾人、儿童、孕妇等需要特殊照顾的游客，提供特殊的照顾服务，以防在拥挤状态下意外情况的发生。

3. 其他人性化服务。景区内的美食街常常成为人流聚集的地方，应充分考虑游客的数量和需要，配备足够的餐厅、餐位和厕所。此外，景区的美食街区可以用作大客流、天气突变以及其他紧急事件时人群分流及避难场所，因此应当在美食街预留足够大的空间，并配备相应的安全管理人员。

第二十二条【建立常态化的风险管理跟踪、监控和总结制度】

［目的］

在实践过程中，不断完善的风险管理制度。

［要点］

1. 重点区域的风险跟踪。对景区内容易发生游客聚集的地方进行常态化的风险评估和跟踪,包括景区入口等候区域、售票处区域、排队入口处、景区出口集散区、核心景点区域、主题活动场所等。

2. 监督与总结。政府相关机构应当对景区建立风险管理跟踪和监控制度,对风险源进行常态化的管理和跟踪,同时对整改效果和经验进行回馈和总结,不断完善日常管理工作和应急响应制度,不断提高管理质量。

第二十三条 【中外合资的景区应当在尊重各方利益、制度和文化的基础上,互相联合,充分协作,共同开展景区的风险管理】

[目的]

尽量克服在文化与制度上的隔阂,充分尊重,真诚合作,共同维护景区的安全与和谐。

[要点]

1. 加强沟通与协作。中外合资经营的景区,应当加强中方管理方和外方管理方的沟通、协调和合作。在中方和外方的合作协议中,应约定好各自的安全管理范围和责任,并严格按照约定各司其职,将安全管理落实到位。

2. 遵守中国的法律。中方的相关职能部门必须按照中国法律法规的规定和要求,监督外方将安全管理责任落实到位。如有违反,应当依法和依约承担相应的法律责任。

10　学校场所大客流风险防控要略

学校是未成年人集聚的场所。校园安全不仅关乎未成年人的人身安全，更牵动着全社会最敏感的“神经”。学生的安危、家庭的幸福、社会的稳定，全都维系在一起。针对校园内人群密度高、年龄层次差异大、未成年人自我保护能力弱等特点，学校管理人员和教师应当将学生在校期间的安全管理工作放在首位，在校园内逐一排查各类安全隐患，严格制定并落实各项规章制度，充分做好各项预案与准备工作，尽一切努力维护好校园安全。同时，应当开展有效的安全文化素质教育。从小接受良好的教育，对于提升整个社会的安全意识和全民的安全素养具有无可替代的作用。

10.1　学校的主体责任

第一条　【学校是安全责任的主体，应当实行严格的安全责任制度】

［目的］

明确学校作为校园安全的责任主体，负有保障校园安全的主体责任。

［要点］

1. 建立健全学校领导安全责任制。学校要建立健全主要负责人负总责、各部门和各岗位各担其责的全员安全责任制，制定安全责任的考核标准和奖惩制度，保障安全责任落实。要按照“党政同责、一岗双责”要求，建立健全本单位负责人的安全岗位责任制，明确主要负责人、分管安全负责人、其他分管负责人承担的安全责任，并签订安全责任状。

2. 完善校园安全管理机构。学校应当设立安全管理机构并配齐专职安全管理人员，建立相关岗位的安全责任清单。高等学校要科学设置安全保卫机构职能，增加安全监管职责。学校应当充分调动各种社会力量，参与制订校园安全计划、突发事件应对预案等，为学校安全管理和建设提供咨询和帮助。

第二条　【学校应当建立完善的安全管理制度，有效落实安全管理责任】

［目的］

管理制度的建立和落实，是完善校园安全工作的重要前提。

［要点］

1. 建立完整的安全管理制度。建立安全工作例会制度，定期研究、分析、部署校园安全工作；建立安全例检制度，对检查的区域、内容、标准、频次等提出明确要求，检查情况登记在册；建立设施安全管理制度，对各类安全设施设备及时维护保养，消除安全隐患，确保完整好用；建立安全责任考核制度，建立全员安全责任考核办法，加大安全责任在工资绩效、晋级、评比中的考核比重，发生重大责任事件实行"一票否决"制。

2. 落实风险管控管理机制。落实安全风险管控和隐患排查治理的管理责任，建立安全风险普查、评估、警示制度。建立重大危险源辨识、登记、安全评估、报告备案、监测跟踪、落实整改等工作机制和管理办法。

第三条 【学校应当高度重视各类设施设备的定期检查和养护工作】

［目的］

确保设施设备的正常运转，确保校园内学生群体的人身安全。

［要点］

1. 设立专门的检查小组。学校应当落实责任，定期对各类设施设备进行检查和养护，发现安全隐患需立即排除。

2. 学校设施设备的安全问题。这些问题主要包括：(1)建筑物本身的牢固与安全，如建筑物墙面脱落造成意外伤害，或者搁置物和悬挂物脱落造成意外伤害；(2)供电设施老化引起的漏电事故；(3)煤气管道老化导致的煤气中毒或爆炸事件；(4)室外体育器材老化或者安装不符合技术规范造成的伤害事件等。

第四条 【学校的选址应当经过充分的评估，应当全面考察校园周边地形、环境、交通、污染等因素对校园环境和学生健康可能造成的影响】

［目的］

学校的选址，与校园的安全、学生的健康密切相关。

［要点］

1. 自然地形因素。学校的选址必须充分考察地质地形，避免地震、滑坡、决堤、山洪、交通事故等可能对学校造成的危害。

2. 生态环境因素。学校的选址必须充分考察周边环境，避免空气、噪声、水质等污染源可能对学校造成的危害。

第五条 【学校应当根据所处的自然环境和校园环境，制定校园安全应急预案，定期开展校园安全演习】

［目的］

确保快速有效地采取应急举措，最大限度降低事故发生的概率，减少事故造成的损失。

［要点］

1. 制定校园安全应急预案。各类学校应当根据国家规定，结合自身特点，在充分评估校园周边地形、环境等风险因素的基础上，制定符合本校实际需求的各类校园安全应急预案。预案要有针对性和可操作性，并根据学校的发展不断完善。一旦发生安全事故，应当立即启动应急预案，并按照预案有序组织各部门开展应急救援工作。

2. 定期开展应急疏散演习。为了加强学生应急反应能力和自救互救能力，学校应当定期开展各类安全事件的演习活动，如消防演习、防恐演习、疏散演习等。通过安全演习，培养学生听从指挥、团结互助、临危不乱的素养，帮助学生掌握应急避险的正确方法和逃生技能，熟悉学校紧急疏散的程序和线路，最大限度地保护在校学生的生命安全。

【参考资料】

2008 年 5 月 12 日 14 点 28 分，大地突然剧烈震动，汶川发生了“5·12”特大地震。突如其来的地震却没有让四川安县(今四川省绵阳市安州区)桑枣中学全校 2 000 多名师生惊慌失措。大地抖动的瞬间，同学们在教师的指令下，立刻趴在课桌下进行自我保护。当地震波刚一过去，同学们又迅速按照学校的统一指挥有序地疏散到了操场上。全校 31 个班 2 000 多名学生疏散完毕，仅用了 1 分 36 秒。强烈的地震严重地破坏了学校的所有房屋和各种设备设施，但 2 000 多名师生却安然无恙，创造了无一伤亡的奇迹。这都归功于学校从 2005 年就开始的、每学期一次从不间断的紧急疏散演习。此次逃生的过程、模式、结果与演习基本一模一样。

桑枣中学校长叶志平平时十分注重学生的安全教育。为了让学生在突发事故面前不惊慌失措，他坚持每学期对学生进行一两次应急安全疏散演练，让学生养成临危不乱、沉着应对突发事件的良好习惯。由于全校学生和老师平日训练有素，所以在这次特大地震面前，人人都能平安无恙。

第六条 【大学应当做好大型校园活动的安全管理】

[目的]

大学校园开放，活动繁多，人员复杂，为了确保安全，必须有序管理各类大型活动。

[要点]

1. 大学对于校园内举办的各项活动承担安全管理责任。学校方承担安全主体责任，承办活动的机构、部门应当对活动的举办承担直接责任。

2. 大学应当建立完善的管理制度。学校应当对校园活动的举办建立完善的申报审批制度和管理流程，对活动的内容、规模和要求等进行规范。

3. 承办方应当制定并向校方提交活动方案。承办方应当制定并提交大型活动的总体方案，具体包括活动时间、地点、人数、内容、形式等，相关场地示意图，活动场所安全容量，建筑消防和安全情况，以及安全工作方案与措施，包括安全保卫人员数量和任务分配、入场票证管理方案以及处置突发事件工作预案等。

4. 场所的安全。大学的广场、足球场、体育馆、礼堂、大型教室等场所，经常举办各类演唱会、招聘会、见面会及庆典活动，这些活动人数多、规模大，场所的消防安全必须符合有关规定，配备应急照明装置，出入口通道畅通，预留应急通道，并在醒目位置张贴安全须知。

5. 活动前的安全告知。校园大型活动开始前，应当对现场人员进行安全教育，倡导遵守秩序、文明参与，并告知发生突发事件情况时的疏散方法和路线。

10.2 校园安全规划及隐患关键点控制

第七条 【合理规划校园各类设施的出入口及道路，确保符合国家标准及安全需要】

［目的］

在遭受突发事件时，能够及时有效地疏散人流。

［要点］

1. 校园出入口。校园应设置两个以上出入口，出入口的位置应符合教学、安全和管理的需要，还应避免与人流、车流形成交叉；校园出入口应与市政交通衔接，但不应直接与城市主干道连接，同时校园主要出入口应设置缓冲场地；有条件的学校可设置机动车专用出入口。

2. 学校建筑物出入口及通道。校园内除建筑面积不大于 200 m^2、容纳人数不超过 50 人的单层建筑外，每栋建筑应设置两个以上出入口。教学用建筑物出入口净通行宽度不得小于 1.40 m，门内与门外各 1.50 m 范围内不宜设置台阶。教学用建筑物的出入口应设置无障碍设施，并应采取措施防止出入口上部物体坠落和地面打滑。停车场地及地下车库的出入口不应直接通向师生人流集中的道路。

3. 校园内道路。校园内道路应与各建筑的出入口及走道衔接，构成安全、方便、清晰、通畅的路网。校园应设消防车道，消防车道的设置应符合现行国家标准的有关规定，校园内人流集中的道路不宜设置台阶，需要设置的，台阶应当不得少于 3 级。

第八条 【幼儿园、中小学应当确保栏杆扶手、楼梯踏步等关键部位的安全，排除可能的隐患】

［目的］

学生在集中上下楼时，避免因栏杆扶手不坚固、楼梯踏步过高、楼梯过窄、部件损坏等因素而跌倒，引发踩踏事故。

［要点］

1. 楼梯扶手。楼梯两侧需设置扶手，幼儿园扶手高度不应大于 0.6 m；中小学校室内楼梯扶手高度不应低于 0.90 m，室外楼梯扶手高度不应低于 1.10 m。

2. 楼梯踏步。幼儿园、小学楼梯踏步的宽度不应小于 0.26 m，高度不应大于 0.15 m；各类中学楼梯踏步的宽度不得小于 0.28 m，高度不得大于 0.16 m。同时，在学校关键部位必须设置明显的警示标识。

第九条 【教室内走道宽度及桌椅摆放应当保持一定的间距，避免过度拥挤】

［目的］

教室是师生聚集场所，应当确保突发情况下能够应急疏散。

［要点］

1. 控制班级人数规模。学校应当控制好班级正常的学生人数，尤其是中小学，避免人数过多、班级过大。中小学若班级人数过多，加上学生年幼，紧急情况下疏散难度会骤增。

2. 保持合理的课桌椅排距及走道宽度。教室课桌椅的排距不宜小于 0.90 m，教室最后一排座椅之后应设横向疏散走道，自最后一排课桌后沿至后墙面或固定家具的净距不应小于 1.10 m，教室内纵向走道宽度不应小于 0.60 m。

第十条 【学校应当确保应急疏散通道设施设备完善，应急通道畅通】

［目的］

避免因应急通道堵塞、通道设施设备发生故障而影响紧急疏散。

［要点］

1. 应急疏散通道。应急疏散通道必须时刻保持畅通，疏散门不得上锁，不能使用转门、弹簧门和推拉门，应急疏散通道必须安装应急照明灯和灯光疏散指示标识。

2. 专人定期检查。学校应当安排专人对疏散通道畅通情况、设施设备完好情况进行定期检查和维护。

【典型案例】

2014 年 9 月 26 日 14 时 30 分左右，昆明市盘龙区明通小学发生踩踏事故，导致 6 人死亡，26 人受伤。伤亡者主要是一、二年级的学生。

当天下午，明通小学体育教师将体育教学使用的两块海绵垫子(长 200 cm、宽 150 cm、厚 30 cm)临时靠墙放置于学生午休宿舍楼一楼单元过道处。14 时许，学校起床铃响后，一、二年级午休学生起床后返回各班教室上课。学生在下楼过程中，由于靠墙的一块海绵垫子倒于一楼过道，造成通道不畅，先期下楼的学生在通过有海绵垫子的过道时发生跌倒，后续下楼的学生不明情况，继续向前拥挤造成相互叠加挤压，导致学生出现严重伤亡。

10.3 提升校园安保人员及教职员工的应急处置能力

第十一条 【学校应当提升校园安保人员应急处置能力】

［目的］

通过提升校园安保人员应急处置能力，可有效预防和减少各类不安全事件的发生。

［要点］

1. 组建校园安保队伍。学校应当组建专门的校园安保队伍，校园安保队伍是学校专门负责安全管理的专业力量。

2. 提升安保专业能力。学校应当通过安全责任素养培训、突发事件应急处置演练等方式，持续提升校园安保人员的安全责任意识、岗位职业素养和突发事件应急处置能力，筑牢校园安全防线。

第十二条 【学校应当建立并完善校园电子监控防范系统】

[目的]

通过电子监控防范系统监控校园各类安全风险。

[要点]

1. 配备校园电子监控防范系统。学校应当配备校园电子监控防范系统，通过技术手段对校园的路面、教学区、操场以及其他关键公共区域和部位进行 24 小时监控。

2. 安排专人监控和维护。电子监控防范系统需要有专业安保人员负责监控，发现异常要及时报警、处置和救助。

第十三条 【幼儿园、中小学教职员工应通过培训具备一定的应急救援能力】

[目的]

幼儿及中小学生缺乏自我保护能力，一旦发生危险，教职员工可以立即展开救援，最大限度地减少伤亡。

[要点]

1. 定期开展培训。幼儿园、中小学应当聘请专业人员对全校教职工开展应急救援培训，教职工应当掌握心肺复苏、止血、噎食紧急处理等应急救援能力，在学生出现意外情况时，可以第一时间进行施救。

2. 新进教职员工入职培训。对于新进教职员工应当进行更全面的救援技能培训，特别是针对未成年人的常见危险行为和情景开展培训，培训后进行严格的考核。

10.4 学生安全文化教育

第十四条 【设置安全教育课程，培养学生的安全素养及基本的救援能力】

[目的]

通过学习使学生具备一定的危险识别能力，掌握一定的自救技能。

[要点]

1. 中小学安全教育课程。中小学必须开设如《公共安全行为指南》等安全教育课程。安全教育课程可以将中小学划分为小学(低年级)、小学(高年级)、初中、高中四个阶段，同时根据不同阶段学生特点，设计生动的课程内容和教学模式。

教学内容应该包括“在路上”“在学校”“在家里”“在社区”等四个模块，使学生掌握报警求救方法、特殊天气下的危险识别与防护、遵守交通规则和公共秩序、在学校的行为规范、火灾(地震)等突发事件中的逃生技巧、自救互救知识和技能等。

教学模式应当考虑不同年级阶段、不同季节以及郊区和城区的不同情况，采取参观学习、课堂讨论、情景模拟、知识竞赛、专家讲座等多种形式开展安全教育。

2. 高校学生安全素养培训。高校应当在选修课中设置应急救援培训课程，课程内容包括心肺复苏和创伤救护技术（止血、包扎、固定、搬运）、紧急避险和防灾常识，以及在交通事故、中毒、溺水等常见灾害事故中的应对与处理等。通过培训，不仅可以提高大学生自救、互救能力，同时可以培养其社会服务意识。

第十五条 【对学生开展防范拥挤踩踏事故的教育和技能培训】

［目的］

让学生充分认识拥挤踩踏事故的主要原因和严重后果，掌握防范拥挤踩踏的基本知识。

［要点］

1. 上下楼梯应当保持安静，举止文明，人多的时候不拥挤、不推搡、不起哄、不打闹、不故意制造紧张或恐慌气氛。

2. 下楼时，应当尽量避开拥挤的人群；无法避开时，尽量走在人流的边缘处。

3. 顺着人流走，避免逆行，遇到台阶或楼梯时，应尽量抓住扶手，防止摔倒。

4. 当拥挤的人群向自己拥来时，应当立即避到一旁，不要慌乱，不要奔跑，避免摔倒。

5. 一旦身处拥挤的人群中，要注意自我保护，保持重心，防止被绊倒。

6. 当陷入拥挤的人流时，要用双臂保护好前胸，不要弯腰捡拾物品，即使鞋子被踩掉，也不要弯腰捡鞋子或系鞋带，尽量抓住坚固可靠的东西，待人群过去后再迅速离开现场。

7. 当发现自己前面有人突然摔倒，应当立即停下脚步，同时大声呼救，告知后面的人不要向前靠近，以保护自己不被挤倒。

8. 当自己被人群挤倒后，要设法靠近墙角，身体要蜷成球状，双手在颈后紧扣，保护身体最脆弱的部位。

第十六条 【加强学生集中活动时段的安全管理，做好行进路线规划】

［目的］

中小学、幼儿园集体活动多，时段较为集中，应当重点防范，确保安全。

［要点］

1. 集中活动的时段。早操、升旗仪式、课间休息、就餐、晚自习甚至上厕所，都是学生聚集、人群拥挤的时段，在中小学和幼儿园尤其明显。

2. 行走路线的规划与规范。学校应当针对不同年级或班级的学生，对其上下楼和行进线路做科学规划，使人群分流，避免过于集中，并确立靠右行走的规范。

3. 严格管理和执行。为确保规则的有效性，学校应当严格执行、严格管理：新生入学后应当进行专门的安全教育和培训；课间休息及就餐时段，各楼层应当有安全人员值班，督促学生注意安全；住宿的学生在结束晚自习回宿舍的路上，学校应当确保照明明亮、道路通畅，安全人员和教师应当进行夜间巡查。

【典型案例】

2017 年 3 月 22 日上午，河南濮阳县第三实验小学发生一起踩踏事故，该事故共造成 22 名学生受伤。其中 1 人在送往医院途中死亡，另有 5 人重伤。事发当日，学校安排了月考。按照时间安排，8 点 20 分早读课结束，8 点 30 分月考开考。因此，出现了学生“集体上厕所”的情况，导致秩序出现混乱，引发踩踏事故。涉事学校 19 个教学班，共有学生 1 600 余人，平均每班人数在 80 人以上，远远超过正常班级规模。河南濮阳县政府通报称，经初步查明，事故发生原因是课间时间较短，学生集中去厕所，拥挤导致踩踏。

第十七条 【幼儿园、中小学可采用分时段错峰放学制度】

［目的］

避免因学生集中放学造成楼道、通道的瞬间拥挤，确保安全。

［要点］

1. 放学时段的特点。放学时段，学生下楼梯、过(走)道非常集中，而且小学生情绪亢奋，经常争跑、推搡，容易引发混乱，在楼梯、拐角等部位容易触发危险。

2. 错峰放学。办学规模较大的学校，应当在放学时段对班级进行分流控制，错开时间，分年级、分班级排队逐次下楼和离校，强调安全第一，不强调整齐快速。

10.5 家长和学生的共同参与

第十八条 【幼儿园、中小学可以动员学生家长参与校园安全管理】

［目的］

提高家长对学校安全的重视，配合学校做好校园安全工作。

［要点］

1. 家长参与校园安全管理。幼儿园、中小学应定期召开家长会，与家长沟通学校的安全措施、安全教育、安全管理等内容，听取家长意见和建议，共同关注校园安全。

2. 带动社会参与和关注。家长的参与不仅有助于完善学校的防控举措，还能充分利用社会力量，共同关注和重视学校的安全教育，提升全社会的公共安全意识。

第十九条 【中小学可充分发挥学生参与安全管理的能力和作用】

［目的］

提高学生对安全的重视，提升自我管理能力。

［要点］

1. 学生干部的作用。学校可成立由各年级学生干部组成的学生安全自治小组，在学校日常学习和各项活动中，发挥学生自我管理的作用，提高学生的安全防范意识，督促自我及身边的同学注重安全。

2. 志愿服务的引导。学校可以倡导各类志愿服务活动，在上学、放学、下课、早操、用餐等高峰时段，由各班级学生轮流值班，协助学校进行安全管理，学校应对志愿服务中表现优异的学生进行表彰。

10.6 校园安全突发事件的应急处置

第二十条 【一旦发生突发事件，应当立即组建应急处置工作小组，全面领导处置工作】

［目的］

确保统一指挥、统一协调，提升应急处置的效率和效果。

［要点］

1. 现场指挥。现场指挥的职责主要包括：(1)第一时间到达现场，了解和掌握事故情况，控制局面，阻止事态发展，并研究事故处理的具体策略；(2)在第一时间向上级有关部门报告情况，并听从指挥，落实相关部署；(3)组织力量并全程指挥其他各职能人员投入工作；(4)密切配合公安、医疗、消防等机构对事故进行处理；(5)开展事故的调查、分析和处理，查找原因，落实责任。

2. 现场应急处置小组。现场应急处置小组的职责主要包括：(1)控制现场，维护秩序，防止发生混乱局面；(2)排查受伤人员，组织力量送伤病员到医院救治；(3)接待家长，做好情况解释说明及思想疏导工作，安抚家长情绪；(4)组织班主任管理好班内学生；(5)尽早向知情者、见证人调查事故起因，掌握事故的第一手资料。

3. 医疗救援小组。医疗救援小组的职责主要包括：(1)组织开展现场紧急救援；(2)组织护送受伤或发病者去医院救治；(3)配合医院的救治工作并跟踪了解病情动态；(4)接应赶到医院的家长，做好家长的安抚工作，防止家长出现情绪过激的情况；(5)随时与相关管理部门保持联系。

第二十一条 【发挥学校医务所的医疗救护水平】

［目的］

突发事件发生时，可以在第一时间对伤病员进行专业救助。

［要点］

1. 聘任专业校医。学校应当重视学校医务所的建设，必须聘任具备专业资质的校医，满足紧急救护的需要。

2. 加强对医疗资源的投入。学校应当重视医疗资源的投入，加强对校医的培训，提升校医务所医疗条件。

3. 与附近医院建立应急联动机制。学校应当在当地教育行政管理部门的支持下，与附近的综合医院建立应急联动机制，一旦发生突发事件，可以启动联动机制，使医院快速投入救治工作中。

11 宗教活动场所风险防控要略

近年来，随着我国经济的发展和社会的进步，正式开放的宗教场所不断增多，前往各宗教场所参加活动的群众人数也随之不断增加。部分宗教活动由于时间集中、人数众多，客观上造成活动场所及其周边区域在短时间内人流高度集中。其中，尤以佛教寺庙的新春祈福活动最典型。

为了确保这些活动安全有序地开展，我们应当在尊重宗教信仰和宗教礼仪习俗的基础上，根据宗教场所活动的规律，对场所消防安全、场外交通疏导、人群的行进路线等安全问题逐一梳理、认真部署，严格排查风险隐患，周密安排现场管理，确保宗教场所的风险防控工作。

11.1 举办宗教活动的管理流程

第一条 【承办方在规定日期内向相关宗教事务部门提出申请，并在活动举办前征求多方意见】

［目的］

宗教工作部门落实“事前审批，事中监督，事后总结”的全过程监督管理工作。

［要点］

1. 宗教活动场所在活动举办前履行报批手续。严格按照国务院《宗教事务条例》及地方宗教事务管理方面的法律规定，跨省、自治区、直辖市举行超过宗教活动场所容纳规模的大型宗教活动，或者在宗教活动场所外举行大型宗教活动，应当由主办的宗教团体、寺观教堂在拟举行日的 30 日前，向大型宗教活动举办地的区宗教事务部门提出申请。区宗教事务部门应当自受理之日起 15 日内，在征求本级公安机关意见后，做出批准或者不予批准的决定。做出批准决定的，由批准机关向市宗教事务部门备案。

2. 准备全面完整的报批材料。包括：

（1）较大宗教活动备案表，包括活动起止时间，预计参加人数、安保落实情况。

（2）较大宗教活动实施方案，包括活动举办主体、组织分工、活动管理组织、活动安排及程序和各类保障等要素。

（3）宗教活动拟举办地镇人民政府（街道办事处）出具的可行性意见书。

（4）较大宗教活动安全工作方案，包括安全工作组织系统、安全工作人员数量和岗位职责，场所建筑、设施的消防安全措施，车辆停放、疏导措施，现场秩序维护、人员疏导措施，突发事件或意外事故应急措施，等等。

3. 活动举办前征求多方意见。区宗教事务部门对于信教公民提出的指定临时活动地点申请的，应当在指定临时活动地点前，征求宗教团体和所在地的乡镇人民政府或者街道办事处意见；必要时，可以通过公告、听证会、座谈会等形式，听取周边居民、单位的意见。

第二条【严格落实“谁主办，谁负责”的安全管理原则】

［目的］

落实安全责任制，明确“第一责任人”，提高宗教活动场所安全管理能力。

［要点］

1. 落实宗教活动安全工作方案和安全责任制度。按照政府统一领导、相关机构监督管理、民族宗教部门行政指导、宗教团体督促协调、宗教活动场所全面负责、教职人员和信教群众积极参与的原则，宗教活动场所要严格落实宗教活动安全工作方案和安全责任制度，明确安全措施、安全工作人员岗位职责。

2. 采取相应的安全防范措施。按照《大型群众性活动安全管理条例》以及地方宗教事务管理方面的法律规定，主办大型宗教活动的宗教团体、寺观教堂应当预测参加活动的人数，评估活动风险，并在有关管理部门的指导下，采取相应的安全防范措施，做到措施严密，操作规范，管理有效。

第三条【建立相关政府管理部门联动工作机制】

［目的］

联动工作机制有利于形成统一、完善的应急救援指挥调度体系，使各部门、各组织在处置各类灾害和突发事件中各司其职、密切协同、形成合力，有效进行应急管理。

［要点］

1. 形成多部门联合参与的保障力量。为确保重大节日及敏感节点的运行安全，应当成立由宗教场所、所在地区统战部、民族宗教委、公安机关等部门组成的民族宗教工作领导小组指挥部，形成由公安、消防、城管、医疗机构等队伍联合参与的保障力量。

2. 联合制定应急预案并备案。公安机关等宗教管理机构、宗教协会和宗教场所要共同商议制定详细的应急预案，并报所在地的区宗教事务部门备案。

11.2 宗教场所配备的安全保障队伍与资源

第四条【宗教活动场所应组织成立安全管理小组】

［目的］

明确具体职责，有效实现人员的合理调配及责任到位。

［要点］

1. 确定安保人员比例。大型活动前，公安机关应依据安保人员的工作范围和具体职能要求确定安保人员配备的比例。

2. 成立安全管理小组。宗教活动场所应结合活动场地、活动形式及预计客流量等因素的分析，成立安全管理小组，明确安保工作内容，实现人员角色定位准确、职能履行到位的目的。

3. 安全管理小组应履行以下职责：

（1）制定本场所的安全管理制度、安全操作规程、事故处理和应急预案，明确安全责任。

（2）按标准配置安全设施、器材，设置安全标志，并定期组织检验、维修，确保完好有效，检验、维修记录存档备查。

（3）对本场所人员和信教群众定期组织进行安全宣传教育、安全培训和安全演练，熟练掌握消火栓、灭火器等器材使用方法。

（4）定期组织消防、食品、建筑、文物、车辆等安全检查，及时排查消除安全隐患，建立安全档案。

（5）法律法规规定的其他安全职责。

第五条 【发挥宗教教职人员参与协助人群管理的作用】

［目的］

由宗教教职人员出面引导和劝诫信教群众或游客，更有利于化解矛盾，优化现场管理。

［要点］

1. 严禁自带香支。在入园排队时，可由宗教教职人员谢绝信教群众或游客私自带香支进院施礼。

2. 人流量达到峰值时谢绝入内。当入园人流量达到临界值而停止售卖票时，可由宗教教职人员谢绝信教群众或游客入内。

3. 必要时简化宗教仪式。面对已经聚集的大客流时，可由宗教教职人员引导信教群众或游客简化宗教仪式，减少院内逗留时间，使人群快速通过，确保宗教活动文明有序地进行。

第六条 【充分发挥义工和志愿者队伍的作用】

［目的］

为大型宗教活动及重大节庆活动提供有一定安全管理经验的人力资源和应急支持。

［要点］

1. 发挥宗教界人士和信教群众的积极作用。开展义工自愿服务，组织成立宗教场所义工和志愿者服务队，并充分发挥其作用。义工和志愿者可参与宗教场所的日常事务管理、大型宗教活动及重大节庆活动的引导及管理工作。

2. 提升义工和志愿者安全管理职能。应当组织义工和志愿者参加相关宗教基础知识、大人流引导技能和应急技能的培训，并在人群组织、引导时佩戴明显标识。

第七条【活动承办方应配备医疗救护、消防、应急疏散等应急救援力量】

［目的］

配备应急处置的人力资源与设备资源，制定预案，明确职责。

［要点］

1. 定期维护设备。消防器材、防盗防烟装置、监控设备、照明设备需要定期检查和维护，发现问题及时整改，确保设备能够安全运行。

2. 制定安全工作方案。活动承办方要在政府有关部门指导下，制定并落实宗教活动的安全工作方案，落实医疗救护、消防、应急疏散等应急救援措施。

3. 配备医疗救治物资。宗教活动场所适当安排医疗救治措施和急救药品储备，做好医疗救治服务。

4. 定期组织演练。明确各岗位救援力量的职责，提高安全工作人员的安全意识和应急管理能力。

11.3 宗教活动场所的区域布设

第八条【宗教场所内指示牌、安全警示等标识应当足够醒目】

［目的］

应当以是否醒目、是否有效作为警示标志的设置目标，否则难以发挥安全警示的作用。

［要点］

1. 突出标识。宗教场所内应设置消防安全警示标识以及出入口、乘车路线、应急通道指示牌、应急照明灯等标识，并且放在醒目位置，便于进入现场的人员看见，并有足够的时间来注意它所表示的内容。

2. 广泛宣传。在殿堂、教堂、疏散通道、安全出口等重点区域设置疏散示意图或者通过张贴图画、广播、视频等方式，告知维护、使用消防设施、器材以及紧急情况下逃生自救的方法和要求。

第九条【完善宗教活动场所内部监控系统】

［目的］

建立信息监控网络，发挥人防技防的综合作用，确保宗教场所治安、消防安全。

［要点］

1. 完善监控设施。在宗教活动场所的重点区域以网格化形式进行布点，实现无盲点监控，如在出入口、院子、大殿、小殿等主要安全防范区域及重要文物等部位安装摄像探头和红外线报警装置，并且将这些监控系统全部与公安机关的视频监控系统联网。

2. 安排专人监控视频。大型活动期间，监控视频必须专用，且由专业人员查看，确保通信畅通并严密记录，发挥人防技防的综合作用。

第十条【设置宗教活动场所的安全缓冲区】

［目的］

缓冲区用以缓解人流压力，同时可以防止大客流时聚集在一起的人群内部的偶然事件（如受到惊吓）造成整个群体的混乱，从而产生不可预料的结果。

［要点］

1. 设置缓冲区。不少宗教活动场所空间有限，占地面积不大。因此，应当合理规划区域布局，在人群特别容易聚集的区域附近，设置一定大小的缓冲区并明确标识，以防万一。

2. 充分利用缓冲区。在紧急情况下，缓冲区可供人群疏散或避难，缓解危急状态，有助于人员的安全撤离。

第十一条【在宗教活动区域内设置分离化的行人活动路径】

［目的］

优化行人的空间活动路径，减少不同方向人流在空间上的冲突和交织区域，从而降低人群碰撞、拥挤踩踏等事故风险。

［要点］

1. 明确行驶路径。公共场所应通过行人活动路径的分离化设置，保证人群分门进出、单向行进。

2. 设置引导方式。分离化的行人活动路径需辅以引导标识和现场工作人员的引导等。

【典型案例】

2015 年 9 月 24 日，在距离麦加东部 5 km 处的米纳发生朝觐者踩踏事件。当天，来自全球各地约 200 万人穆斯林朝拜者正在参加每年一度的朝觐活动。这是近 25 年来麦加朝觐事故中最严重的一次。据相关报道，至少 1 399 名穆斯林朝拜者在该事件中丧生。沙特内政部发言人表示，该事故是由于一些朝觐者不听从工作人员指挥，逆向行进导致踩踏的。

第十二条【确保疏散通道及安全出口的畅通】

［目的］

确保人员疏散通道的畅通，确保消防车通道的畅通，以提高疏散和救援的效率。

［要点］

1. 疏散走道。疏散走道内不应设置阶梯、门槛、门垛、管道等突出物，以防人群疏散时有人跌倒，影响疏散速度和安全。

2. 安全出口。每个防火分区的安全出口不应少于两个，且应分散布置。

3. 出口处的设置。出口处不得设置门槛、台阶，不得采用卷帘门、转门、吊门和侧拉门，以防人群疏散时发生跌倒或堵门的情况。

第十三条 【合理设置与利用应急广播系统】

[目的]

及时发布安全信息，让群众在第一时间知晓预警消息与应急信息。

[要点]

1. 设置应急广播系统。活动场所应根据需要设置固定应急广播和流动应急广播。

2. 及时发布安全信息。应急广播应由指定人员开启及使用，及时、准确发布安全信息，引导人群有序疏散，缓解人群的紧张和慌乱。

11.4 宗教活动场所的安全制度建设与管理

第十四条 【宗教活动场所应当加强防火管理】

[目的]

宗教活动场所容易发生火灾，需要重点防控。场所内的火源、电源、电器电线等必须严格管理和维护。

[要点]

1. 安全使用明火。燃灯、点烛、烧香、焚纸等活动都必须在规定的区域内完成，并指定专人负责看管，严禁在规定的区域外使用上述物品。

2. 重点关注用电设备。宗教活动场所用电设备多，用电负荷大，供电主干线路可能会处于过载状态，电器线路需要及时进行改造和更新。

3. 安装防雷系统。在消防设计审核中应在主要殿堂都安装先进的防雷系统，以提高建筑防雷保护范围，增强建筑的防雷能力，抗御雷电火灾。

第十五条 【宗教活动停车场地的规范管理】

[目的]

规范停车秩序，确保应急通道的通畅，降低安全隐患。

[要点]

1. 建立停车场地管理制度。宗教活动场所应当规范停车场地的管理制度，保证必要的行人与车辆的集散地，以及车辆进出分道、公安车辆停放区、消防车停放区、应急照明车停放区等区域。

2. 形成停车管理工作行动小组。在停车场地的周围，交警和城管组成管理工作行动小组，通力保障道路交通安全畅通，维护宗教场所附近正常的市容秩序。

【典型案例】

2011 年 1 月 14 日晚间，印度西南喀拉拉邦发生重大踩踏事件，至少造成 100 人死亡和数 10 人受伤。事发前，当地印度教徒正在庆祝宗教节日，当时大约有 15 万人在观赏萨巴里马拉神庙仪式，仪式结束后人们准备从丛林中狭窄的小道步行回家。在人群行进过程中，一辆吉普车强行通过人群，在撞倒几名朝拜者之后，车体整个翻了过来。周围的人惊慌失措，在躲避交通事故时引发了整个人群的混乱，人们在狭窄的道路上四散奔逃，导致了踩踏惨剧的发生。

第十六条 【宗教场所应当设置人流拥挤密度预警标准】

［目的］

根据公共场所的最大客流承载量，设置预警标准，及时发现安全隐患。

［要点］

1. 设置人流密度安全预警标准。在宗教活动场所的主要客流聚集区，如客流排队等候区、殿堂内、祷告厅、餐饮区等区域，应当设置人流密度安全预警标准，并采取相应的管理对策。

2. 充分利用先进技术。运用当前先进的机器视觉、计算机图形图像视频分析技术、模式识别技术、人工智能机器学习、深度学习技术等，侦测预设区域的移动人流密度统计，当所监控的客流数量达到设定的阈值时发出警报，管理责任人启动相应的预警方案，防止产生安全事故。

11.5 宗教活动全过程的安全保障

第十七条 【举行大型活动前发布相关信息】

［目的］

及时发布参加大型活动的安全提示，有助于提高群众的安全意识和自我防范能力。

［要点］

1. 提前发布信息。在大型宗教活动举办前夕，预计信众和游客将临近接待限值时，应当及时通过电子屏、广播、微信平台等多种形式提前做好安民告示，控制和减少人流。

2. 告知注意事项。对于规模非常大的活动，可以提前向公众发送相关信息手册。内容包括活动时间、活动信息、交通信息以及相关注意事项，例如建议乘坐公共交通工具前往，注意附近道路限行的路段和限行时间等。

第十八条 【大型活动期间应保证现场通信信号畅通】

［目的］

避免由于人群大量聚集造成公众移动通信网络拥塞问题，同时保证突发事件指挥者、管理者、处置队伍之间通信畅通。

［要点］

1. 预先进行压力测试。事先进行测试，充分预估难度，确保活动当天信号畅通。

2. 增强通信信号。主办方应在活动开始前充分协调有关部门，采取有效措施增强现场管理人员的对讲机信号及人群的移动通信信号。

第十九条 【活动举办时，根据需要实施入场安全检查】

［目的］

充分保障大客流的安全以及宗教场所的安全。

［要点］

1. 严禁携带危险品。设置足量安检门、X光机和专业安检工作人员，落实“逢包必检，逢疑必查”的工作措施，严禁携带危险物品入场。

2. 严格落实安全工作。对拒不接受安全检查的，承办方有权拒绝其进入。

第二十条 【安排专人对排队区进行管理】

［目的］

防止排队人群过长而溢出排队区，影响其他区域的活动；同时也为避免排队区的人群聚集密度过高、等候时间过长而引发安全问题。

［要点］

1. 合理配置安保力量。逢重大宗教活动，应当在排队区域的前端及门岗处派出武警维持秩序，中端由所在街镇派出所民警及保安人员维持秩序，最远端由志愿者或义工进行引导。

2. 密切关注人流密度。当排队等候区域内的人流密度超过预警值时，应当禁止人员再进入这些区域；同时，通过分流措施将该区域的人群引导至密度较低的区域或其他路线上，以保证人员有序、安全地排队。

3. 及时告知排队时间。在排队过程中，应当以广播或电子屏等形式实时公布排队时间，同时用一些带有安慰性、劝诫性的话语缓解人群的焦躁情绪。

第二十一条 【实时监测宗教活动场所人流量】

［目的］

实时提供准确的客流信息，有助于及时发现和分析客流安全隐患。

［要点］

1. 实时监测人流量。利用物联传感的人流量计数器、红外传感器的公共场所人流量统计系统或通信运营商等高科技手段对活动场所的人流量进行实时监测。

2. 多措并举控制游客数量。当场所内游客达到最大承载量80%时，启动包括交通调控、入口调控等措施控制游客流量。

3. 及时启动应急预案。当游客数量接近最大承载量时，应当向社会公告并同时向上级主管部门报告，同时在上级主管部门的指挥、指导、协助下，配合启动应急预案。

4. 配备高科技设备。为进入现场的安保人员配备无线单兵图像传射设备，将现场的实时图像和音频信号回传至移动指挥车，使指挥者全面了解现场情况。

第二十二条 【实时发布客流及导览信息，有效掌握即时动态】

［目的］

及时发布人流量信息，确保观众能够根据实时信息进行分流，调整参观路线。有效获取异常情况信息，把握动态，及早采取应对措施。

［要点］

1. 实时发布信息。在活动过程中利用现代媒体技术实时、准确地发布当前情况信息，如活动安排与导览信息、排队时间信息、人群聚集密度信息等。

2. 主动收集信息。对于活动中可能造成影响的异常状况信息应当及时收集，如发现谣言散布，或扰乱秩序的违法行为，应在第一时间开展调查，及时制止并澄清。

3. 设置电子屏。可在重点位置设置电子显示屏，显示人群的密集分布情况与注意事项。

【典型案例】

2013 年 10 月 13 日上午，印度中部一所寺庙外发生踩踏事件。当天约有 50 万名信徒前往距离中央邦首府博帕尔 400 km 的达蒂亚地区一座寺庙参加宗教活动。事发时，有 5 万名信众正越过一座大桥前往寺庙，其间，一些朝拜者企图插队，于是故意散布谣言，说大桥将会垮塌。谣言立即引发了人群恐慌，惊慌失措的信徒争相抢过这座长约 500 m 的窄桥，最终酿成了踩踏事件。40 多人当场被奔走拥挤的人潮踩死，还有很多人从桥上掉落水中溺亡。踩踏事件发生后，20 多名医务人员迅速赶到现场。然而由于现场聚集了大量民众，救援工作开展得十分缓慢，造成很多伤者未能及时送医，伤亡惨重。

第二十三条 【宗教场所内一旦发生突发事件，必须尽快控制事态发展，并及时上报宗教事务管理部门】

［目的］

及时应对，有效控制，最大限度减少人员伤亡和财产损失。

［要点］

1. 处置工作要求高。宗教活动场所内一旦发生重大事故或者发生违犯宗教禁忌等伤害信教公民宗教感情、破坏民族团结、影响社会稳定的事件时，往往社会影响较大，处置工作要求高。

2. 及时报告宗教事务管理部门。宗教活动场所一旦遭遇突发事件，必须立即启动应急预案，并立即报告所在地的区宗教事务、公安等相关管理部门。

3. 有效控制事态发展。现场管理人员应当尽快形成分工联动、协同应对的工作格局，及时有效地控制事态发展。

【典型案例】

2015 年 7 月 14 日，印度南部安得拉邦在举行“浴河节”时发生踩踏，导致近 30 人死亡，40 人受伤。据警方称，当天参加“圣浴”活动的人数超过 100 万人。事发时，第一批朝拜者洗完“圣浴”后正在返回，第二批朝拜者即开始下河，引起人流对冲。这时有些朝拜者跌倒了，有些朝拜者弯腰捡拾被水冲走的鞋子，人群相互推搡、陷入混乱而发生踩踏。随着人流越来越密集，负责维护秩序的警察和志愿者难以控制场面，直到一个多小时后才渐渐恢复秩序。印度媒体认为此次灾难与现场组织工作不力有关。

第二十四条【果断采取救援行动】

［目的］

发生突发事件时，应当以最快的速度、最大的效能，果断有序地实施应急救援行动。

［要点］

1. 开通应急通道。在紧急情况下，应急指挥员应统一协调现场人群、管理人员并指挥车辆迅速开通一条应急通道，以保证救护车和警用车辆及时进入。

2. 第一时间救助伤员。采取一切可能的措施第一时间救助伤员。

3. 指挥现场群众。指挥、发动现场群众，协助将疏散出来的伤员迅速交给医疗救护小组。救护小组应当立即将疏散出来的危重伤员送往附近的医院。

第二十五条【第一时间向社会发布权威信息】

［目的］

第一时间发布权威信息，避免不实信息的传播。

［要点］

1. 主动发布信息。突发事件发生后，宗教活动主办单位应当在相关部门指导下，立即启动舆情应对预案，并协助有关部门主动联系媒体。

2. 建立信息发布平台。管理机构或政府主管部门应建立统一、权威的信息发布平台。做到第一时间发布权威信息，做到初发阶段正视事实、及时报道，延续阶段把握舆情、妥善应对，结束阶段报道结果、体现作为。

第二十六条【依法依规开展后期处置和总结】

［目的］

分析查找问题，总结经验教训，完善工作预案，提升管理水平。

［要点］

1. 及时开展善后工作。重大事件现场处置结束后，应当及时评估其后期影响，依法依规开展善后工作。

2. 对事件影响进行后续调查，对处置过程和效果进行评估，提出改进措施。

名词索引